Ferdinand Franz Wallraf, Johann Heinrich Richartz

Ausgewählte Schriften

Ferdinand Franz Wallraf, Johann Heinrich Richartz

Ausgewählte Schriften

ISBN/EAN: 9783743659919

Hergestellt in Europa, USA, Kanada, Australien, Japan

Cover: Foto ©ninafisch / pixelio.de

Weitere Bücher finden Sie auf **www.hansebooks.com**

Ausgewählte Schriften

von

Ferdinand Wallraf.

Herausgegeben

im Auftrage und auf Kosten des Königlichen Commercienrathes

Joh. Heinr. Richartz.

Festgabe

zur

Einweihungs-Feier des Museums Wallraf-Richartz.

Köln, 1861.

Druck von M. DuMont-Schauberg.

Vorwort.

Die Opferwilligkeit eines hochherzigen kölner Bürgers hat durch die Erbauung des neuen Museums aus eigenen Mitteln die Ehrenschuld abgetragen, welche seit mehr als 35 Jahren drückend und mahnend auf der Stadt Köln gelastet. Der königliche Commercien-Rath Johann Heinrich Richartz wollte den schweren Vorwurf, daß man in Köln nicht Sinn noch Dank für die werthvolle Erbschaft des verstorbenen Professors Wallraf habe, nicht länger auf seine Vaterstadt drücken lassen. In edlem Patriotismus entschloß er sich, auf eigene Kosten ein Museum zu erbauen, in welchem der Wallraf'sche Nachlaß, die Frucht des mühevollsten Ringens, der größten Selbstopferung und der mannigfachsten Entbehrungen, dem Wunsche des Erblassers gemäß aufgestellt und für die Stadt Köln sowohl wie für alle Kunstfreunde nutzbar gemacht werden könne. Das Museum Wallraf-Richartz gibt jetzt Kunde, zu welchen Opfern ein hochherziger Gemeinsinn, der die Bürgerkrone verdient, im Interesse der einheimischen Kunst und zum Ruhme der Vaterstadt bereit ist. Dieser Prachtbau ist ein herrliches Denkmal, welches nicht weniger den eblen Erbauer als den kunstbegeisterten Schenkgeber der darin aufbewahrten Kunstschätze ehrt und unsterblich macht. Es ist das schönste Monument, welches den Bestrebungen Wallraf's auf dem Gebiete der Kunst gesetzt werden konnte.

Herr Richartz glaubte aber, daß an der Feier des Wallraf'schen Ehrentages, an dem Inaugurationsfeste des neuen Museums, etwas fehle, wenn bei dieser Gelegenheit nicht auch die wissenschaftlichen, schriftstellerischen Leistungen des verewigten Professors zu Anerkennung gebracht würden.

Eine solche Anerkennung erblickte er in der Herausgabe einer Sammlung ausgewählter Wallraf'schen Schriften. Fünfzig Jahre lang ist Wallraf gleichsam der Träger des geistigen und wissenschaftlichen Lebens in der Stadt Köln gewesen. An ihn schloß sich alles, was in den traurigen Zeiten religiöser, sittlicher, bürgerlicher und wissenschaftlicher Verkommenheit und Stagnation nach etwas Höherem und Edlerem strebte. Wenn Wallraf als Belletrist und Historiker auch nicht epochemachend war, so gebührt ihm doch das Verdienst, daß er in Zeiten innerer Zerfahrenheit, bürgerlicher Charakterlosigkeit und wissenschaftlicher Ignoranz die Liebe zur Dichtkunst anregte, das Streben zur Aufhellung der vaterstädtischen Geschichte weckte und das Verständniß der einheimischen Kunst anbahnte. Wenn er auch nicht zu den Kraftgenies gehörte, so gebührt ihm doch der Ruhm, daß er in den traurigen Zeiten innerer Auflösung für das geistige und wissenschaftliche Leben in seiner Vaterstadt eine Grundlage rettete, auf der eine glücklichere Zukunft fortzubauen im Stande war. Seine Schriften repräsentiren ein halbes Jahrhundert kölnischer Geschichte, und schon in dieser Rücksicht verdienen sie der Nachwelt erhalten zu werden.

Ferdinand Franz Wallraf, am 20. Juli 1748 einem biedern, frommen Bürgerpaar geboren, genoß im elterlichen Hause eine sehr sorgfältige Erziehung. Die Frömmigkeit der liebenden Mutter war besorgt, das Herz des kleinen Ferdinand mit der innigsten Gottesfurcht zu erfüllen. Daneben schlug die ergebenste Elternliebe und der ehrfurchtvollste Gehorsam die festesten Wurzeln. Hinreichend vorbereitet, trat er mit dem zwölften Jahre in das Gymnasium ein. Sein rastloser Geist, sein freundliches Benehmen, sein freier, offener Blick, sein gewecktes Wesen, seine bescheidene Sprache sicherten ihm bald die allgemeinste Zuneigung bei seinen Lehrern, wie bei seinen Mitschülern. An Allem erkannte man in ihm ein glänzendes, vielversprechendes Talent. Die Aufmerksamkeit, welche der fleißige, muntere, einnehmende Knabe auf sich zog, ging bald über die Gränzen seiner Schule hinaus. Gerne folgte er der Einladung, den Menn'schen Familien- und Freundeskreis zu besuchen, wo treue Freundschaft, heiterer Sinn, klare Lebensanschauung, Liebe zur Kunst, Pflege der Wissenschaft, Begeisterung für alles Schöne und Edle heimisch war. Dieser schöne Kreis war es, wo sein Geist Erquickung und Anregung suchte, wenn ihm bei der Geistlosigkeit der akademischen Vorträge alle Lust an der Gelehrtenlaufbahn zu vergehen drohte, wenn das Leben mit seinen vielen Plagen und Sorgen ihm seine Stunden verbittern wollte. Durch die Unterhaltung, die er hier fand, konnte Wallraf die Starrheit der Wissenschaft mit der Heiterkeit des Lebens vereinen. Plane wurden hier angeregt, die in dem geistigen Leben der Stadt Köln eine heilsame Reform anzubahnen geeignet schienen. Hier gewann die Bildung seines Geistes und Herzens eine Grundlage, auf der er, mit der Hoffnung eines günstigen Erfolges, in seiner Vaterstadt die Hebung jedes geistigen Strebens und die Beförderung der allgemeinen Gesittung sich angelegen sein lassen konnte. Das Menn'sche Haus war für ihn eine Kunstschule, in der er einen ängstlichen Dilettantismus allmälig zu einer tiefen Kunstkenntniß entwickelte. In dem Menn'schen Hause legte Wallraf den Grund zu seiner Richtigkeit des Blickes, seiner Schärfe des Urtheils, seinem Glück in der Erfindung und seiner Gefälligkeit in der Composition, alles Vorzüge, wodurch er sich später so sehr auszeichnete. Hier begann er sich vorzubereiten zu dem

Kampfe, der das geistige Leben in Köln seiner Dumpfheit und Abgeschlossenheit entreißen sollte. Hier, wo mit ernsten Beschäftigungen harmlose Heiterkeit Hand in Hand ging, begann er sich auch in der Musik zu üben, einer Kunst, die ihm in späteren Jahren so manche trübe Stunde erheiterte. Auch als Dr. Menn im Juli 1781 starb, blieb das alte Verhältniß in dem Menn'schen Hause ungestört bestehen. Rathend, tröstend und nach Kräften helfend, stand Frau Menn dem jungen Wallraf, der inzwischen Professor geworden war, in allen Beschwernissen und Mühseligkeiten zur Seite.

Der höhere Unterricht war es, worin Wallraf seinen Lebensberuf zu finden glaubte. Neigung wie Anlagen sprachen hierfür. Auf einem der kölner Gymnasien, dem Antiquissimum Montanum, wo er im Jahre 1769 angestellt wurde, sollte er seine Professor-Laufbahn beginnen. Er mußte sich dem hier wie an den anderen Gymnasien eingeschlagenen Lehrgange anschließen und seinen lebhaften Geist in die Fesseln eines Unterrichts-Systems einzwängen, dessen bedeutende Mängel er erkannt und dessen schwache Seite er in dem Menn'schen Familienkreise mit dem bittersten Spott zu geißeln gelernt hatte. Der lernbegierige junge Mann hätte sich gerne auf einen einzelnen speciellen Zweig der Wissenschaft geworfen, dem er den größten Theil seiner Zeit hätte widmen, und in dem Ausdauer und Fleiß ihn zu möglichst hoher Vollkommenheit hätte bringen können. Doch die hergebrachte Lehrweise ließ keine begeisterte Vorliebe für einen bestimmten Unterrichts-Gegenstand aufkommen. Von Fachlehrern wußte man an diesen Anstalten nichts; es gab nur Klassenlehrer, und diese mußten alle vorkommenden Fächer vortragen und in allen Unterrichtsgegenständen gleichmäßig zu Hause sein. Dieser Umstand war es vorzüglich, wodurch Wallraf's stiller Unmuth zu bestimmterem Ausspruche kam. Das offene und freie Wesen, womit er diese Einrichtung rügte, zog ihm das höchste Mißfallen fast aller seiner Collegen zu. Man suchte Mittel, sich des

unbequemen Krittlers auf eine glimpfliche Art zu entledigen. Darum
übergab man ihm ein abgelegenes Silentium, wo ihm Mangel und
Noth jede Lust zu weiteren Aussetzungen gegen die bestehende Schul-
ordnung nehmen sollte. Erst nach vieljährigem Darben und Harren
gelangte er 1782 als Professor der Rhetorik zu einem Freitische.
Durch den Haß und die Anfeindung seiner Collegen ließ er sich
nicht abhalten, fort und fort auf die alten Mißstände im kölner
Unterrichtswesen und auf die Nothwendigkeit einer gründlichen Reform hinzuweisen. Er erkannte recht klar, was den Gymnasien wie
der Universität noth that, und er wollte nicht den Vorwurf auf sich
laden, da geschwiegen zu haben, wo eine bessere Erkenntniß eine
freie, unumwundene Sprache zur Pflicht machte. Je mehr er an-
gefeindet, gelästert und verhöhnt wurde, desto vernehmlicher ließ er
seine Mahn- und Strafreden ertönen. Je mehr man ihm wider-
sprach, desto ernster beschäftigte er sich mit diesem Gegenstande und
desto fester wurde in ihm die Ueberzeugung von der Unhaltbarkeit
des bestehenden Schulwesens. Ihm schienen die besten Früchte von
der Reform erwartet werden zu müssen, welche auf der alten
Grundlage eine neue zeitgemäße Schöpfung zu entwickeln bemüht
sei. Lange aber dauerte es, ehe die ernste Sprache, mit welcher er
die Sache der Reform vertrat, Gehör fand. Der Magistrat, dessen
Sache es war, diese Frage zur Erledigung zu bringen, ging lange
Zeit mit den Vertretern der Universität im Widerstand gegen jede
Aenderung Hand in Hand. Erst als der kölner Universität von
Seiten der neugegründeten Akademie zu Bonn die ernstesten Gefahren zu erwachsen drohten, entschloß der Magistrat sich, die von
kurfürstlicher Seite gegen das stadtkölnische Schulwesen gerichteten
Klagen durch eine gründliche Umgestaltung zu beseitigen. Er entschloß sich darum, den Rath und Beistand des Mannes zu erbitten, der in vorzüglichem Grade befähigt schien, mit völliger Unbe-
fangenheit des Urtheils die Schäden anzugeben, deren Heilung in

hohem Grade noth that. Und das war Wallraf. Dieser war eben von einer längeren Reise zurückgekehrt, die er auf besondern Wunsch und in Begleitung des gelehrten und kunstliebenden Vice-Dechanten des hohen Domstiftes, des Grafen Wilhelm von Oettingen-Baldern, nach dem mittleren und südlichen Deutschland unternommen hatte. Offen das Herz und frei den Blick, war er hinaus geeilt in die weite Welt, um sich ungestört den Eindrücken zu überlassen, welche herrliche Naturschönheiten, interessante Bekanntschaften, neue gelehrte Verbindungen, reiche und kostbare Schätze der Kunst und Wissenschaft auf seinen empfänglichen, lebhaften Geist machen mußten. Seinen vielen Feinden zum höchsten Aerger stieg seine Autorität rasch zu solcher Höhe, daß Jeder, dem es um Hebung der kölner Schulen zu thun war, seinen Blick voller Hoffnung einzig und allein auf Wallraf richtete. So stellte denn auch der Rath an ihn das Ansuchen, einen Plan zur Reform des kölner Unterrichtswesens auszuarbeiten und einzureichen. Mit der feurigsten Begeisterung und mit patriotischer Liebe zu der Anstalt, die ein neues Aufblühen seinem Eifer und seinen Vorschlägen verdanken sollte, ging er an die Erfüllung seiner schwierigen Aufgabe. Das von Wallraf Anfangs 1784 eingereichte Reformproject war zu neu und zu kühn, als daß die besorgliche Bedächtigkeit des Magistrats sich zur energischen Durchführung dieser Vorschläge hätte entschließen können. Nur Verdruß und Kummer waren die Früchte, welche Wallraf aus seinen Reform-Vorschlägen ärntete. Seine Collegen konnten ihm es nicht vergessen, daß er den Versuch gewagt hatte, sie aus ihrer Behaglichkeit aufzurütteln. Von Tag zu Tag wurde seine Stellung unangenehmer und unhaltbarer. Sein freundschaftlicher Umgang mit einzelnen Männern, die zum bonner Hofe in näherer Beziehung standen, wurde dahin gedeutet, daß er es im Geheimen mit den Febronianern und Illuminaten halte. Auch die Leichen-Inschriften, die er beim Tode des Kurfürsten Max Friedrich auf Ansuchen des bonner Gouvernements abfaßte*), mußten dazu dienen, solchen gehässigen Verdächtigungen frische Nahrung zu geben. Weil er in dem Kampfe zwischen Köln und Bonn nicht mit der ganzen Kraft seines Geistes für seine Gegner in Köln Partei ergreifen und nicht eine solche Stellung einnehmen wollte, wie seine Fähigkeiten erwarten ließen, mußte er als ein Gesinnungsgenosse des frivolen und ungläubigen Eulogius Schneider verschrieen werden. Die kränkende Feindseligkeit, mit der ihm seine montaner Collegen aller Wege begegneten, veranlaßte ihn, sich einen festen Rückhalt in einer andern Facultät zu sichern. Es gelang ihm dieses in der medicinischen. Er erhielt die Bestallung zur Professur der Botanik und damit eine Canonical-Präbende im Stift Maria in capitolio. Hierdurch ließ er sich aber nicht bestimmen, seine Vorträge im philosophischen Cursus aufzugeben. Er that noch mehr: in einen neuen Zweig der philosophischen Wissenschaft, der bis dahin in Köln noch völlig unbekannt geblieben war, wollte er seine Zuhörer einführen. Es war dies die Aesthetik oder die Theorie des Geschmacks in den schönen Künsten und Wissenschaften. Diese Vorlesungen schienen dem ganzen wissenschaftlichen Streben und Leben in Köln einen neuen Geist einhauchen zu wollen; sie wurden allmählich zu einer Art von Modesache. Jeder, der auf Bildung Anspruch machte, glaubte sich mit den von Wallraf behandelten Gegenständen bekannt machen zu müssen. Mehrere Fürsten und Grafen des hohen Domcapitels, die städtischen Bürgermeister, einzelne Rathsmitglieder, viele Stiftsherren und andere angesehene Einwohner konnte man häufig um Wallraf's Lehrstuhl versammelt sehen. Wallraf's Bedeutung und Ansehen stieg so hoch, daß seine Freunde daran denken konnten, ihn zum Rector der Universität zu wählen. Im Jahre 1794 gelang es, seine Wahl durchzusetzen. Wallraf's Rectorat war ein äußerst

---

*) Abgedruckt S. 401 ff.

freud- und trostloses. Mit blutendem Herzen mußte er zusehen, wie der scheußliche Vandalismus der französischen Kriegsschaaren und der verblendeten vaterstädtischen Republicaner mit den wissenschaftlichen Hülfsmitteln der Universität sein frevelhaftes Spiel trieb. Die französische Republik goß in Köln vor und nach alle öffentlichen Institute in französische Formen. Die französischen Gesetze veränderten langsam die ganze Physiognomie dieses alten reichsstädtischen Gemeinwesens. Als die Universität aufgefordert wurde, gleich den übrigen Corporationen, der französischen Republik den Huldigungseid zu schwören, bestand Wallraf darauf, den Eid abzulehnen, bis der Friedens-Congreß zu Rastatt eine reichsgesetzliche Bestimmung über das Schicksal des linken Rheinufers getroffen habe. Dieser Beschluß hatte zur Folge, daß Wallraf und die ihm gleichgesinnten Professoren Haas, Cassel, Bracht und Müller ihrer Stellen entsetzt wurden. Durch Decret des Commissars Rethel wurde Dr. Best an Wallraf's Stelle zum Rector ernannt. Best erfreute sich aber nicht lange der neuen Würde. Die Universität, die mit den ehrwürdigsten Einrichtungen des deutschen Reiches so innig verwachsen und gegen das republicanische Kirchenthum so feindselig gestimmt war, konnte dem französischen Gewalthaber gegenüber auf keinen langen Bestand mehr rechnen. Noch in demselben Jahre VI mußte sie den republicanischen Grundsätzen zum Opfer fallen und einer auf französischen Fuß gesetzten Centralschule weichen.

Das Kaiserthum trat 1804 an die Stelle der Republik. In Köln lebte man sich bald hinein in die neue definitive Ordnung. Wie sehr auch bei der neuen Verwaltung die bureaukratische Centralisation, der anmaßende Beamten-Hochmuth, die ausgedehnte Policeigewalt und die wachsame Fiscalität in Finanzsachen gegen die patriarchalische Gemüthlichkeit des alten reichsstädtischen Regiments abstach, so befreundete man sich doch recht bald mit der Herrschaft eines Mannes, der den revolutionären Schwankungen ein Ende zu machen, die so lange gestörte Ruhe wieder herzustellen und das friedlose Ringen nach neuen Zuständen zu glücklichem Ziele zu führen versprach. Das Geschenk der Ruhe, des Friedens, der Ordnung und der Gesetzlichkeit ließ den Kölner vergessen, daß er dieses Geschenk gegen das Opfer seiner Nationalität hatte erkaufen müssen. Das Reich alter deutscher Herrlichkeit war zusammengebrochen, und es kann nicht auffallen, daß man sich in Köln mit so geringem Widerstreben in die neuen Verhältnisse fügte, welche den alten Traditionen widersprachen, die alte Verfassung vernichteten, die alten Verbindungen abschnitten und für den städtischen Handel, die städtische Verwaltung und die städtische Civilisation eine völlig neue Grundlage legten. Auch Professor Wallraf brachte es über sich, sein deutsches Bewußtsein zu unterdrücken und sich als einen treuen Unterthanen des Staates zu bezeigen, dem er jetzt durch rechtskräftige Verträge angehörte. In Napoleon erkannte er noch nicht den ehr- und herrschgierigen Eroberer, welcher der halben Welt seinen eisernen Fuß auf den Nacken setzte. Er sah einstweilen in ihm nur den glorreichen Helden, der die gestörte Ordnung wieder herstellte, die vernichteten Altäre wieder aufrichtete, die geächtete Kirche wieder in ihre Rechte einsetzte und die aufgewühlte Welt mit den Segnungen des lange vermißten Friedens erfreute. Darum glaubte er sich den Vorwurf vorlauter Zudringlichkeit und bürgerlicher Charakterlosigkeit nicht zuzuziehen, wenn er dem ruhmreichen neugekrönten Kaiser ein Herz voll Bewunderung und Verehrung entgegentrug, und den Ruhm dieses gewaltigen Helden in Gedichten, Sprüchen und Inschriften feierte. Durch die Inschriften, welche Wallraf auf den Einzug des Kaiserpaares in die Stadt Köln (1804) abfaßte*), bewies er, daß das große Lob, welches ihm der göttinger Philologe Heyne wegen seiner Fertigkeit im Lapidarstyle

---

*) Abgedruckt S. 408 ff.

zwanzig Jahre früher gespendet hatte, keine bloße Höflichkeits-Bezeugung gewesen war. Durch seine große Belesenheit in den römischen Classikern, seine genaue Kenntniß der alten Steinschriften und die tiefe Auffassung des Geistes der Römersprache, hatte er sich im Entziffern wie im Anfertigen von Inschriften eine allgemein anerkannte Autorität verschafft. So oft Behörden, gelehrte Anstalten oder Private für besondere feierliche Gelegenheiten monumentaler Sprüche bedurften, nahmen sie die Zuflucht zu dem Genie und der Feder des Professors Wallraf *).

Wallraf erkannte, daß der Wille Napoleon's der Schwerpunct der europäischen Geschicke geworden war, und daß es nur eines Winkes von diesem aufstrebenden Adler bedürfe, um die Stadt Köln völlig zu vernichten oder zu Glanz und Wohlstand empor zu heben. In den Transparenten und Inschriften, welche schmeichelnd den hohen Ruhm des Kaiserpaares verkündeten, hatte Wallraf in bescheidener Form die Wünsche eingeflochten, welche er in Bezug auf die alte Würde, den alten Ruhm und den alten Handel seiner Vaterstadt durch Napoleon verwirklicht zu sehen hoffte. Manche Vortheile wurden der Stadt auch durch den Kaiser zugewandt; sie waren aber nicht im Stande, die ehemalige Reichsstadt vor einem raschen Ruin zu wahren. Ihr Handel sank, ihr Wohlstand nahm ab, ihre Bevölkerung schmolz zusammen, ihr Glanz erlosch. Der reißende Verfall der Stadt erfüllte den Professor Wallraf mit dem tiefsten Schmerz. Angesichts der innern Zerrüttung, von der die städtischen Verhältnisse mehr oder weniger berührt wurden, war es nicht zu verwundern, daß Wallraf's Begeisterung für Napoleon allmählich etwas abblaßte. In politischer wie ökonomischer Beziehung schien Kölns Untergang unvermeidlich. Dagegen wollte Wallraf auf dem Gebiete des Geistes und auf dem Felde der Kunst und

---

*) Verschiedene abgedruckt S. 411 ff.

Wissenschaft seiner geliebten Vaterstadt einigen Ersatz für die großen materiellen Verluste erringen.

Im Jahre 1797 hatte die Universität mit den verschiedenen Gymnasien einer so genannten Centralschule weichen müssen. Wallraf war dabei als Lehrer der schönen Wissenschaften angestellt worden. An Stelle der Centralschule trat am 23. Nov. 1803 eine Secundärschule, der man den schon bald vergessenen Namen „Gymnasium" wiedergab. Napoleon sagte bei seiner Anwesenheit am Rheine, 1804, der Stadt Köln die Gründung einer Secundärschule zweiten Grades zu. Wallraf erhielt an dieser Anstalt wieder die Professur der schönen Wissenschaften. Durch diese Schule konnten aber die Mängel nicht ersetzt werden, durch welche die Pflege der Fachgelehrsamkeit und der eigentlich gelehrten Bildung in Köln verhindert wurde. Es mußte daher der städtischen Verwaltung Vieles daran liegen, daß bei der neuen Organisation des französischen Unterrichtswesens die Stadt Köln mit einem Institut bedacht werde, auf dem der Abschluß eines gelehrten Fachstudiums möglich gemacht werden könne. Der Erfolg schien den kölner Bemühungen günstig sein zu wollen. Vorerst sollte Köln sich mit einem Lyceum begnügen, bis der geeignete Moment eintrete, wo das Lyceum zu einer förmlichen Akademie erhoben werden könne. Doch in Folge des dem Rhein immer näher rückenden Kriegsgetümmels blieb das Decret über die Gründung des kölner Lyceums unausgeführt. Als das stolze Gerüst der napoleonischen Tyrannei zusammenbrach, wurde auch mit dem französischen Unterrichtssystem völlig gebrochen. An die Stelle der französischen Anstalten trat zu Köln ein mit zwei Vorbereitungs=Collegien verbundenes vierclassiges Gymnasium. Zum Director dieser neuen Anstalt wurde der um das höhere Schulwesen wohlverdiente Professor Seber aus Aschaffenburg ernannt. Bis zu seiner Ankunft, im October 1815, versah Wallraf als Senior der Professoren das Amt des Directors. Wie wenig diese neue

Schuleinrichtung auch den gerechten Ansprüchen der Stadt Köln und den Wünschen der kölner Bürgerschaft entsprach, so glaubte man sie doch als die Grundlage zu einer mit der Würde und der Bedeutung der Stadt in Verhältniß stehenden Studien-Einrichtung begrüßen zu dürfen. Wallraf wollte die wirre, trostlose Zeit vom Abzug der Franzosen bis zur Herstellung sicherer, gesetzlicher Zustände unter einer neuen Regierung nicht vorübergehen lassen, ohne alle Mittel zu einer wenigstens theilweisen Wiedergewinnung der früheren Herrlichkeit aufzubieten. Drei Dinge waren es, die ihm ganz besonders am Herzen lagen: die Zurücklieferung der von den Franzosen geraubten Antiquitäten und Kunstschätze, die Rehabilitirung der früheren reichsstädtischen Unabhängigkeit und die Wiedererrichtung der aufgehobenen Universität. Nur geringen Theils sah er seine unabläßigen Bemühungen mit Erfolg gekrönt. Zu seinem größten Verdruß wurde 1818 Bonn definitiv zum Sitz der Rhein-Universität bestimmt. Von nun ab blieb Wallraf dem öffentlichen Unterricht fern, und seine ganze Zeit und Kraft bis zum Ende seiner Tage wandte er seinen Sammlungen, historischen Studien und anderweitigen wissenschaftlichen und belletristischen Beschäftigungen zu.

Wallraf's ganzes geistiges Streben war mehr localer als allgemeiner Natur. Vor der großen deutschen Erhebung gingen seine patriotischen Gefühle nicht über die Mauern seiner Vaterstadt hinaus. Deutsche Vaterlandsliebe war ihm ein schöner Name aus längst verschollenen Zeiten. Er hatte kein Vaterland kennen gelernt, das einer hohen Sympathie und einer feurigen Begeisterung werth gewesen wäre. Im Leben und Wesen des deutschen Reichskörpers war noch kein Moment zu Tage getreten, worauf ein deutscher Mann mit Stolz hätte hinschauen können. Einheit, Freiheit, Kraft und Macht des deutschen Reiches waren leere Redensarten, mit denen man nicht vermochte, einen Mann, der nur auf die Hebung seiner besonderen Heimat sann, aus seinem beschränkten Streben zu höheren Ideen empor zu heben. Darum wurde Wallraf's ganze Begeisterung einzig und allein seiner Vaterstadt gewidmet. Der Ruhm, die Ehre, der Glanz, der Reichthum, der Vorrang der Stadt Köln galt ihm Alles. Keine Mühe war ihm zu groß, keine Arbeit zu schwer, kein Opfer zu drückend, um das Ansehen und den Vortheil seines lieben Köln zu fördern. Weil aber die Gegenwart so wenig Ruhmvolles bot, darum wies er auf den Glanz einer großen Vergangenheit hin. An Kölns ehemalige Größe klammerte er sich an, um den städtischen Patriotismus seiner Mitbürger zu wecken und ihren Stolz zu heben. Eine große Vergangenheit wollte er heraufbeschwören, um die Mängel einer kläglichen Gegenwart zu verdecken und die Hoffnung auf die Wiedergeburt einer glorreichen Zukunft anzuregen. Darum warf er sich mit der ganzen Kraft seines Geistes auf das Studium der vaterstädtischen Geschichte, um seine Mitbürger bei jeder Gelegenheit darauf hinweisen zu können, wie weit sie hinter den Bestrebungen und Großthaten ihrer Voreltern zurückgeblieben seien. Es lag ihm ferne, ein zusammenhangendes Werk über die kölnische Geschichte zu liefern. Er wollte nur anregen, die Liebe zur vaterstädtischen Geschichte anfachen und die dunkelsten Partieen der kölner Vergangenheit in klares Licht setzen. Seine historischen Aufsätze erschienen zuerst in den monatlichen Beilagen der Kölnischen Zeitung im Jahre 1802 und 1803, dann fortgesetzt in der Geschichts= und Sitten=Chronik von und für Köln, bis 1804; im Jahre 1819 erschienen sie bei M. DuMont=Schauberg besonders abgedruckt unter dem Titel: „Beiträge zur Geschichte der Stadt Köln und ihrer Umgebungen." Diese Arbeit bildet in dem vorliegenden neuen Abdruck die erste Abtheilung. Es ist nicht meine Aufgabe, aus diesem Aufsatze Alles hervor zu heben, was mit den Ergebnissen meiner Forschungen im Widerspruch steht *).

---

*) Auf einzelne unhaltbare Behauptungen wird in den nachfolgenden Bemerkungen aufmerksam gemacht.

Nur das sei bemerkt, daß Wallraf ebenso wie Brölmann und Gelenius, in dem Streben befangen war, die ganze Größe Kölns auf römische Grundlage zurück zu führen. Er hat Recht, unter römischer Herrschaft hatte Köln eine Zeit lang auf gewaltiger Höhe gestanden und einen bedeutenden Antheil an dem Glanze und an der Herrlichkeit der römischen Hauptstadt genommen. Köln war in der That das deutsche Rom geworden. Als die Franken der Römerherrschaft am Rhein ein Ende machten, mußten alle römischen Prachtbauten, fast alle römischen Einrichtungen und Schöpfungen unter fränkischen Streichen in den Staub niedersinken. Ein neues Volk brachte neue Gesetze, eine neue Verfassung. Die Franken mußten es verschmähen, auf den römischen Stamm ein fränkisches Reis aufzupfropfen, auf römischer Grundlage einen fränkischen Bau aufzurichten. Es ist völlig undenkbar, daß die siegreichen Franken sich der Superiorität der römischen Patricier unterworfen hätten; sie konnten es nicht dulden, daß die Verfassung der eroberten Stadt sich nach den Principien des römischen Patricierthums entwickelte. Darum werden die Wallraf'schen Conjecturen, welche die alten kölner Geschlechternamen von den römischen Patriciern herleiten und in jeder Thor- und Straßenbenennung einen römischen Ursprung erkennen wollen, schwer zu vertreten sein. So wie Wallraf in seiner Vorliebe für das kölnische Römerthum die richtige Gränze überschritt, so ließ ihn auch sein städtischer Patriotismus und sein republicanischer Stolz bei der Beurtheilung der Streitigkeiten zwischen der Stadt und den Erzbischöfen das klare Recht und die historische Wahrheit manchmal zu sehr übersehen. Namentlich ist dies auffallend in dem Aufsatz über die Vergrößerung der Stadt. Er wollte nicht zugeben, daß die kölner Bürgerschaft gegen den Erzbischof Bruno I. etwas republicanischen Undank bewiesen habe. In allen Eigenthumsstreitigkeiten zwischen den Erzbischöfen und der Stadt Köln stellt er sich entschieden auf die Seite seiner Vaterstabt. Vor dem Richterstuhl des Rechtes ist diese Parteinahme aber nicht stichhaltig. Stolz auf ihren Glanz, ihre Macht, ihren Reichthum und ihre politische Bedeutung, erlaubte sich die Stadt manche Eigenmächtigkeiten, die mit den wohlerworbenen Rechten der Erzbischöfe nicht zu vereinbaren waren. Man muß es dem vaterstädtischen Patriotismus Wallraf's zu Gute halten, wenn er solche Eigenmächtigkeiten und Uebergriffe mit warmer Begeisterung in Schutz nahm.

Mit dem Ende des 18. Jahrhunderts waren in Köln die letzten Reste der alten reichsstädtischen Größe zusammengebrochen. Mit Recht konnte Wallraf befürchten, daß der Hauch der neuen Zeit und der Hochmuth des windigen Franzosenthums, wie das bürgerliche Leben, so auch das ganze geistige Wesen der Stadt Köln des echten kölner Original-Charakters entkleiden werde. Wallraf mit seiner warmen Liebe für das scharf markirte Kölnerthum trat muthig gegen diese Gefahr in die Schranken. An der Spitze und mit der Beihülfe mehrerer jungen, rüstigen Kräfte regte er in der Stadt Köln ein geistiges Streben an, welches allen nivellirenden fremdländischen Einflüssen trotzte und auf vaterstädtischer Grundlage ein national-kölnisches Leben weckte. Die Sonderstellung, in welche Köln während der norddeutschen geistigen Regung auf Grund eigenthümlicher Verhältnisse geschoben worden, wurde im Anfange des neunzehnten Jahrhunderts in Folge politischer Verhältnisse aufrecht erhalten. Darum sah sich auf dem Gebiete des Geistes das kölner Wesen und Leben auf seine eigene Triebkraft angewiesen. Fremde Nahrung hatte es nicht, noch suchte es dieselbe. Es fußte auf kölner Boden, bezog sich auf kölner Dinge und trug einen echt kölner Charakter an der Stirn. Der Kreis, in dem sich dieses geistige Leben der Stadt Köln bewegte, war beschränkt; aber innerhalb dieser engen Gränzen gab es Anregungen und Haltpuncte genug, um einem selbstständigen geistigen Streben den Charakter der Originalität und einer unläugbaren wissenschaftlichen Bedeutung zu verleihen. Der Hauptträger dieses selbstgenügsamen Kölnerthums war Professor Wallraf. Mit klarem Kennerblick wußte er aus der heranwachsenden Jugend die Kräfte herauszufinden, welche er für geeignet hielt, gemeinschaftlich mit ihm den Ruhm seiner Vaterstadt zu erhöhen und bereinst nach seinem Ableben das von ihm begonnene Werk zu vollenden. Die meisten dieser Schüler schlossen sich in engster Freundschaft an den geliebten Lehrer an. Sie versammelten sich an bestimmten Abenden um den verehrten Meister zu musicalischen oder literarischen Unterhaltungen und Aufführungen. Die musicalische Liebhaber-Gesellschaft führte das Motto: Veniam petimusque damusque vicissim. Die literarischen und schönwissenschaftlichen Unterhaltungen hatten ihren Haupthalt in der von Schug gegründeten so genannten olympischen Gesellschaft. Wenn auch der nächste Zweck dieser Vereine lediglich gesellige Unterhaltung war, so konnte es doch nicht fehlen, daß der hier herrschende Geist ihre anregende Wirkung auch auf weitere Kreise ausdehnte. Höchst bescheiden war der Einfluß, den sich diese Gesellschaft auf den Geschmack und die Bildung der kölner Einwohnerschaft zutraute; doch die Erfolge waren glänzender und nachhaltiger, als man bei den kühnsten Hoffnungen hätte erwarten können. Ohne es selbst zu ahnen oder zu beabsichtigen, waren diese Freundeskreise die eigentlichen Retter eines originellen kölner geistigen Lebens: in ihnen fand der echte kölner Humor Aufnahme und Aussprache. Sie weckten den Bürgerstolz des kölner Volkes und nahmen die poetische Handhabung des platten kölnischen Dialektes in sorgsame Pflege. Aus ihnen gingen die bekanntesten kölner Volkslieder hervor; ihnen verdankt der kölner Carneval seine frische Belebung und seinen pikanten Witz; aus ihnen erhielt das kölner Hänneschen seine witzigsten Bonmots und seine beliebtesten Localpossen. Von Wallraf selbst ging in diesen Gesellschaften die nachhaltigste Anregung aus. Sein sorgsam=

stes Streben ging dahin, in der allgemeinen troftlofen Zerfahrenheit die alte Volksthümlichkeit in seiner Vaterstadt zu retten, den bekannten kölner Humor rege zu halten und die kölner Volkssprache in besondere Pflege zu nehmen. Schon in seiner Jugend versuchte er sich nicht ohne Glück in poetischen Arbeiten. Seine lebhafte Phantasie, seine klare Weltanschauung und seine gewandte Diction hatten seinen Erzeugnissen gerechte Anerkennung gesichert. Doch er kam bald zu der Ueberzeugung, daß die Dichter-Laufbahn sein eigentlicher Beruf nicht sei. Der poetische Funken, der in ihm sprühte, sollte aber keineswegs völlig erstickt werden, vielmehr sollte er den Impuls zu einer stillen, gemüthlichen Literatur geben, welche in der vom literarischen Weltverkehr abgeschlossenen Stadt Köln freudige Familien-Ereignisse, harmlose Neckereien, unschuldige Scherze und lustige Schwänke zum Gegenstand der Darstellung wählte. Wallraf pflegte mit großer Vorliebe diese hausbackene Dichtung. So oft in einer befreundeten Familie ein Geburts- oder Namensfest, eine Kindtaufe, eine Verlobung, eine Hochzeit oder ein Jubiläum gefeiert wurde, ermangelte Wallraf selten, durch ein passendes Gedicht seine Theilnahme kund zu geben. Mit Rücksicht auf Veranlassung, Verhältnisse und Personen sprach sich gemessener Ernst oder heiterer Scherz oder schalkhafte Neckerei in solchen Versen aus. Wenn er einen Freund zu sich einladen, eine Gefälligkeit mit Uebersendung eines kleinen Andenkens erwidern oder herzlichen Dank für ein freundliches Geschenk aussprechen wollte, waren es gewöhnlich einige Reime, die er zum Träger seiner Wünsche und Gedanken machte. In dem Kreise, in welchem er sich bewegte, sollten die Nachklänge des poetischen Charakters, den das kölner Volksleben im Mittelalter getragen hatte, wieder geweckt werden. Es gelang ihm, die Prosa des Lebens durch einen Anflug poetischer Stimmung aus der dumpfen Alltäglichkeit empor zu reißen.

Dem Professor Wallraf, welcher im Anfange unseres Jahrhunderts die Fäden der kölnischen Literatur in der Hand hielt, gebührt das Verdienst, zu dem frischen Leben, welches sich zu dieser Zeit auf dem Gebiete der Kunst in Köln zu regen begann, die Grundlage gelegt und eine Kunstrichtung angebahnt zu haben, welche sich die Wiederbelebung des guten Geschmacks und des christlichen Kunstgeistes zur Aufgabe machte. Zwar trug Wallraf keineswegs das klare Bewußtsein in sich, daß die Rückkehr vom Zopf und von der modernen Classicität zu christlichen Motiven und zu Formen, die mit christlichen Ideen harmoniren, noth thue. Dafür war er noch zu sehr befangen in der Richtung des achtzehnten Jahrhunderts. Aber der freie Sinn, mit dem er die schönen Formen der mittelalterlichen Kunst bewunderte, und der rastlose Eifer, mit dem er alle Reste aus einer großen Vergangenheit zusammenschleppte, waren wohl geeignet, die Scheidewand zu untergraben, die bis dahin das Kunstleben von den mittelalterlichen Vorbildern abgesperrt hatte. Wenn bei ihm selbst auch christliche Kunst-Ideen noch nicht zum Durchbruch kommen konnten, so bot doch das Interesse, welches er allerwärts für mittelalterliche Kunstproducte anregte, Haltpuncte genug, um die Kunst wieder in den Dienst des christlichen Geistes einzuleiten. Er legte den Boden zurecht, auf dem Friedrich Schlegel weiter bauen konnte. Durch Schlegel ergoß sich ein neuer Geist über die kölner Kunstschätze, und an seiner Hand bildete sich Wallraf zum genialen Lehrmeister, aus dessen Schule die begeistertsten Kunstjünger nach allen Weltgegenden hinausgingen. Er gründete, wenn auch nicht nominel, so doch factisch, in der Stadt Köln wieder eine Kunstschule, wie eine ähnliche vor Jahrhunderten daselbst geblüht hatte. Durch ihn wurde in Köln ein Kunstleben angeregt, welches für die Wiederbelebung der deutschen Baukunst und für den allgemeinen Aufschwung einer künstlerischen Strebsamkeit von den heilsamsten Folgen sein mußte.

Für alles, was einen kräftigen, poetischen Charakter an sich trug, besaß Wallraf Sinn und Begeisterung. In keinem Zweige der von ihm gepflegten Künste und Wissenschaften verläugnete er seine ästhetische Natur. Alle seine Studien hatten eine ästhetische Färbung. Bei seinen mittelalterlichen Sprach= wie Kunst=Studien wurde er hauptsächlich angezogen durch den poetischen Grundton, der sich durch alle Erzeugnisse dieser Zeit hindurchzieht. Wenn ihm auch das klare Verständniß der mittelalterlichen Kunst fehlte, so wurde dies theilweise durch das richtige Gefühl, das er diesen Pro= ducten entgegen trug, ersetzt. Er stand auf der Scheide der Zei= ten, bereit, den Zopf und Classicismus aufzugeben und den neuen Geist freudig zu begrüßen. Es war aber noch unmöglich, daß er zu einer inneren Klarheit gelangte; Altes und Neues lief ihm noch bunt durch einander. Darum kann man bei ihm von einer bestimm= ten Richtung in der Kunst eigentlich gar nicht reden. Er befand sich nach und nach in einem Reichthum von Allerlei und schenkte allen Resten der Vergangenheit Aufmerksamkeit und Liebe. Zur Bewältigung des aufgehäuften Stoffes gelangte er nicht, darum auch nie zur Aussonderung alles desjenigen, was ohne Werth und Bedeutung war. Kunstsinn, d. h. eine von Natur aus gegebene Empfänglichkeit für die Eindrücke der Werke der Kunst und eine ruhige, in und bei den Werken ruhende und aus stiller und auf= merksamer Betrachtung sich entwickelnde Anschauung, besaß Wallraf in hohem Grade. Was ihm in einem ausreichenden Maße fehlte, war die Kunstkenntniß. In Folge der Spärlichkeit der ästheti= schen Hülfsmittel war es für ihn gar schwierig, sich die Kenntnisse zu verschaffen, die ihn das große Gebiet der Kunst vollständig be= herrschen lassen konnten. Weder standen ihm die Mittel zu Gebote, die ihm das Technische der Kunst allseitig klar machen konnten, noch befand sich in Köln der Kunstwerke eine solche Anzahl, daß er eine deutliche Uebersicht der Hauptwerke aus den verschiedenen Schulen und Zeiten hätte gewinnen können. Wegen der Mangel=

haftigkeit der Kunstkenntniß konnte er auch in der Kunstkritik den Grad der Vollkommenheit nicht erreichen, den er, im Besitze der Hülfsmittel und Kenntnisse, die unsere Aesthetiker besitzen, sicherlich würde erreicht haben. Wenn Wallraf in dieser Beziehung nach Maßgabe des ihm zu Gebote Stehenden beurtheilt wird, so muß man seinen diversen Gemälde-Kritiken alle Gerechtigkeit widerfahren lassen*). In den verschiedenen Jahrgängen des bei Kaufmann in Köln erscheinenden „Erholungs-Taschenbuches", so wie in den einzelnen Heften des „Museums zu Paris" commentirte er eine Reihe der verschiedenen im Museum zu Paris sich befindenden Gemälde, um durch Beispiele seine Mitbürger in höhere Kunstkenntnisse einzuführen und mit feinerem Geschmacke für das Schöne auszurüsten. Seine letzte Abhandlung über das Dombild, in dem „Taschenbuch für Freunde altdeutscher Zeit und Kunst", liefert den Beleg, daß durch die erweiterten Kunstkenntnisse, die er sich im Jahre 1812 bei seiner Anwesenheit in Paris gesammelt hatte, seine Anschauungen geläutert und seine kritischen Anlagen in vortheilhafter Weise ausgebildet worden waren. Der Aufschwung, den die Liebe zur Kunst bei der Befreiung Deutschlands gewann, erhöhte in bedeutendem Grade das Interesse, welches er schon so lange für alle Kunstgebilde bewiesen hatte. Männer wie Schlegel, Tieck, Görres und Göthe festigten in ihm die Liebe zur mittelalterlichen Kirchen-Baukunst, über deren zeitgemäße Berechtigung damals der erbitterste Kampf ausgebrochen war. In dem Ringen und in den Widersprüchen der damaligen Zeit vermochte er sich nicht auf den Standpunct zu schwingen, auf dem wir Wallraf mit seiner begeisterten Liebe zur Kunst und mit seinem edeln Patriotismus so gern sehen möchten. Erst seinen Schülern war die Möglichkeit geboten, den Standpunct zu gewinnen, den Wallraf nicht erreichen konnte.

---

*) Abgedruckt S. 295 ff.

Den Epigonen war es ein Leichtes, die Früchte mühseliger Kämpfe für sich zu nehmen und ohne sonderliche Mühe mit künstlerischen und kritischen Kenntnissen zu prunken, deren Erringung dem Professor Wallraf äußerst schwer oder ganz unmöglich war.

Eine besondere Bedeutung für die Stadt Köln hat Wallraf durch seine werthvolle Sammlung gewonnen. Sein Sammlereifer wurde getragen von antiquarischer Liebhaberei, von künstlerischer Begeisterung und von städtischem Patriotismus. Für den genaueren Beobachter mußte schon seine Knabenzeit auf den Charakter des späteren Bücher- und Alterthums-Freundes schließen lassen. Mit seinem Fortschritt in der Wissenschaft und Kunstliebe hielt seine Lust des Sammelns gleichen Gang. Wie bedauerte er, daß die Liebhaberei oft größer war, als die Mittel. Nichts, was einen Antiquarius, Bücher- und Raritätenfreund nur irgenwie interessiren kann, verschmähte er; doch richtete er sein Haupt-Augenmerk auf solche Alterthümer, Drucksachen und Gemälde, die in irgend eine Beziehung zur stadtkölnischen Geschichte gebracht werden konnten. Wie ihm seine Vaterstadt über Alles ging, so mußten auch in seinem Cabinette Reste kölnischen Römerthums, kölnische Münzen, kölnische Urkunden und Incunabeln, kölnische Waffen und Hausgeräthe, kölnische Gemälde, Handzeichnungen und Holzschnitte in erster Reihe stehen. Je mehr sich seine Bekanntschaft mit auswärtigen Gelehrten und Kunstfreunden ausdehnte, desto zahlreicher wurden die Zusendungen zu seinen Sammlungen. Bis zum Einmarsch der Franzosen hatten Wallraf's Sammlungen einen bescheidenen Umfang nicht überschritten. Als aber Adel und Geistlichkeit vor den französischen Vandalen die Flucht ergriffen, machte sich Wallraf die dargebotene Gelegenheit zu Nutze, um aus den verlassenen, verschleppten oder zum Kauf angebotenen Kunst- und Bücherschätzen das Werthvollere in seinen Besitz zu bringen. Rastlos rannte er von Kloster zu Kloster und schilderte allerwärts mit beredter Zunge die Gefahren, denen alle Kunstschätze ausgesetzt wären, wenn sie nicht zur rechten Zeit in Sicherheit gebracht würden. Vielfach ging man auf seine Vorstellungen ein; die bedrohten Kunst- oder literarischen Schätze wollte man lieber dem Professor Wallraf in Verwahr geben oder käuflich überlassen, als den Händen französischer Soldaten oder Speculanten überantworten. So rettete er manchen herrlichen Schatz, der sonst in dem wilden Sturme durch Bosheit, Leidenschaft, Habsucht oder Ignoranz vernichtet oder dem vaterstädtischen Besitz entfremdet worden wäre. Ehe die französischen Commissare in den einzelnen Archiven, Bibliotheken und Bildersälen zur Inventarisirung erschienen, hatte Wallraf meistentheils schon ergiebige Vorlese gehalten. Ob seine Geldmittel für seine verschiedenen Ankäufe ausreichten oder nicht, kümmerte ihn wenig. Wenn ihm die nöthige Baarschaft zur Bezahlung eines angekauften Buches, Manuscriptes oder Bildes fehlte, ersuchte er den einen oder den andern seiner Freunde um ein kleines Darlehen. Wenn ihm dann für seinen Haushalt nichts übrig blieb, fror und darbte er zu Hause, bis Hunger und Kälte ihn trieb, den gastlichen Tisch eines seiner näheren Bekannten in Anspruch zu nehmen. Für Wallraf's Sammlungen wurde durch die Säcularisation des katholischen Kirchen- und Klostergutes ein neuer Zeitabschnitt eröffnet. Mit den Summen, die er von einzelnen Freunden entlehnte, war es ihm möglich, einen großen Theil der werthvollen Gegenstände, die damals zu Spottpreisen verschleudert wurden, in seinen Besitz zu bringen. Sein Haupt-Motiv hierbei war und blieb der patriotische Wunsch, aus dem allgemeinen Schiffbruche für die Vaterstadt so viel zu retten, wie möglich war. Er wollte seinen Mitbürgern Gelegenheit geben, die Werke der Vorwelt zu bewundern und die Gegenwart mit den erloschenen Zügen der Vergangenheit zu vergleichen. Seine Sammlung sollte dem Kenner wie dem Unkundigen die Stufenfolge der Kunst in den mannigfachsten Erzeugnissen und die mit jedem

Zeitabschnitte wechselnden Eigenthümlichkeiten in den Kunstgebilden vor Augen und Geist führen. Nach Maßgabe seiner Kräfte und Mittel wollte Wallraf dem Kölner die Mittel bieten, sich neben dem Studium und der Nachbildung guter Kunstmuster auch jene wissenschaftliche Kunde zu verschaffen, welche die gewöhnliche Kunstfertigkeit über die Stufe mechanischer Technik erhebt. Ihm, dem Patrioten, dem Gelehrten, dem Aesthetiker, dem Dichter, war es Bedürfniß, seine Mitbürger die unbedingte Nothwendigkeit jenes Wissens fühlen zu lassen. Nur in einer Menge von Werken der Plastik aus allen Zeiten, in einem reichen Vorrath von Handzeichnungen, Holzschnitten und Kupferstichen, in einer zahlreichen Sammlung von Büchern, vaterländischen Drucken und Erzeugnissen der berühmten kölner Malerschule, so wie er sie aufzutreiben vermochte: — nur hierin sah er die Mittel, seine Ubier zu einer geistigen Regsamkeit aufzurütteln, welche die alte Liebe zur Kunst und die alte Begeisterung für Wissenschaft zu wecken und thätig zu machen geeignet war.

Immer zahlreicher häuften sich in Wallraf's Wohnung, der ihm vom Dompropst Franz Grafen von Oettingen-Baldern überlassenen Dompropstei, die mannigfachsten Gegenstände der Kunst und Wissenschaft. Die Anläufe und Zusendungen waren so massenhaft, daß Wallraf an eine systematische Ordnung und Aufstellung seiner Schätze gar nicht denken konnte. Einen bedeutenden Zuwachs erhielt er aus dem Schlosse Blankenheim und aus dem an den Landgrafen von Hessen-Darmstadt verkauften Museum des Barons Hüpsch. Was die Gemälde anbetrifft, machte er die besten Anläufe im clevischen Gebiete.

Wallraf prahlte nicht mit seinem Patriotismus; aber er glaubte auch kein Hehl daraus machen zu müssen, daß er sich bloß als ein Werkzeug betrachte, um seiner Vaterstadt die Grundlage zu einem instructiven Kunst-Museum zu sichern. Es war eine Zeit, in welcher der kölner Bürgerschaft eine solche Wohlthat gleichsam aufgezwungen werden mußte. Nachdem der Stadt mit der Vernichtung ihrer Klöster und öffentlichen Institute alle Anstalten genommen waren, worein sich noch ein kleiner Rest der früheren kölner Kunstgröße verborgen hatte, war Gefahr vorhanden, daß jedes Zeugniß einer glanzvollen, ruhmreichen Vergangenheit über kurz oder lang aus dem Beringe der Stadt weichen werde. Unkenntniß und Eigennutz drohten, sich zu gleichen Theilen daran zu betheiligen, auswärtigen Speculanten alles zu überantworten, was für den städtischen Besitz hätte erhalten werden sollen. Allein, verlassen und unbegriffen, hatte Wallraf den Kampf gegen die trostloseste Indolenz seiner Zeit aufgenommen. Er lebte der frohen, zuversichtlichen Hoffnung, daß die Zukunft die Bestrebungen mit Dank anerkennen werde, für welche die Gegenwart nicht Sinn und Verständniß besaß. Für eine empfänglichere Nachkommenschaft wollte er die Mittel retten, welche den Sinn für Kunst und Wissenschaft, der in einer kalten, gleichgültigen Gegenwart völlig zu Grunde zu gehen drohte, wieder zu wecken im Stande waren. Er besaß aber auch Patriotismus genug, um mit Aufopferung von Mühe, Zeit und Vermögen seinem Ziele unverdrossen zuzusteuern. Die Vaterstadt war es, deren geistige Hebung er bei seiner rastlosen Sammelthätigkeit stets vor Allem im Auge hatte. Schon im Jahre 1809 erklärte er, daß es sein unabänderlicher Wille sei, die Stadt Köln zur Erbin aller seiner Sammlungen einzusetzen. Seine Freunde glaubten aber, daß solcher Bürgersinn und solche Hochherzigkeit von Seiten der Stadt durch eine Gegen-Erkenntlichkeit beantwortet werden müßte. Die dieserhalb angeknüpften Unterhandlungen wollten jedoch lange nicht zum Ziele führen. Die Sache blieb ruhen, bis unter preußischer Herrschaft am Rheine völlig neue Verhältnisse sich zu gestalten begannen. Jetzt glaubte Wallraf seine Schenkungs-Angelegenheit in befriedigende Ordnung bringen zu können. Auf den Bericht des mit der Revision der kölner Schulverwaltung beauftragten Oberlandesgerichts-Assessors Reigebauer verfügte der General-Gouverneur unter dem 3. October 1814, daß die Sammlungen des Professors Wallraf zum Besten der kölner Erziehungs-Anstalten angekauft werden sollten.

Die Erledigung dieser Angelegenheit verschleppte sich aber bis in das Jahr 1818. Ein bösartiges Fieber drohte in diesem Jahre den Tagen Wallraf's ein Ziel zu setzen. Wallraf verstand den Wink aus der Ewigkeit, und er entschloß sich endlich, die so lange verschobene Schenkung in definitiver Form festzustellen. Am 9. Mai unterzeichnete er das Testament, wonach er die Gemeinde Köln zur Erbin seines sämmtlichen Nachlasses, er bestehe, worin er wolle, einsetzte, und zwar unter der unerläßlichen Bedingung, daß seine Kunst-, Mineralien-, Malerei-, Kupferstich- und Bücher-Sammlung zu ewigen Tagen bei dieser Stadt zu Nutzen der Kunst und Wissenschaft verbleiben, derselben erhalten und unter keinem erdenklichen Vorwande veräußert, anderswohin verlegt, aufgestellt und derselben entzogen werden solle. Doch Wallraf genas wieder. Recht bald konnte er das Krankenbett verlassen und mit verjüngtem Muthe seine alte Thätigkeit wieder aufgreifen. Um ihm in seinen alten Tagen einen geringen Ersatz für all die Entbehrungen zu bieten, unter denen er sein mühevolles patriotisches Werk zu Stande gebracht hatte, bewilligte ihm der kölner Stadtrath eine Jahresrente von 4000 Franken. Der Dank der Stadt wollte dem großmüthigen Schenkgeber für jede frühere Kümmerniß durch diesen Bürgerlohn möglichsten Ersatz bieten und einen Lebensabend bereiten, der von jeder Nahrungssorge frei sei. Doch Wallraf nahm diese Pension, diese gerechte Anerkennung seiner hohen Verdienste, nur an, um dieselbe auch wieder zum Nutzen und Ruhme der Vaterstadt zu verwenden. Aber jetzt bei seinem reicheren Einkommen borgte, bettelte, darbte und fror er wieder für die kölnische Kunst, wie früher in gedrückteren Tagen. Seine Einkünfte dienten seinem Patriotismus nur als Mittel, seiner Vaterstadt einen Kunstschatz zu hinterlassen, der vergeblich seines Gleichen suchen könne. Mit leichtem Herzen erklärte er sich bereit, für Jahre lang seine städtische Pension zu verschreiben, um seiner Vaterstadt den Besitz von Kunstgegenständen zu sichern, nach deren Besitze die Sehnsucht eines jeden Alterthumsfreundes gerichtet sein mußte. Am Ende des Jahres 1817 nämlich brachte der italienische Kunsthändler Gaetano Giorgino eine Sammlung römischer Antiken, die ursprünglich für das Cabinet des inzwischen verstorbenen Königs von Würtemberg bestimmt waren, nach Köln. Es war seine Absicht, diese Kunstschätze dem königlichen Museum in London zum Kauf anzubieten. Vor seiner Abreise stellte er dieselben in Köln einige Tage zur Schau aus. Wallraf sah nicht sobald diese Kunstwerke, als auch schon der Entschluß bei ihm gefaßt war, diese werthvollen Gegenstände um keinen Preis aus seiner Vaterstadt gehen zu lassen. Er wollte eher Noth und Hunger leiden, als auf den Besitz der fraglichen Sculpturstücke verzichten. Auf eigene Hand kaufte er 24 Piecen dieser Sammlung für die Summe von 16,352 Franken, und bat den Ober-Bürgermeister, ihn durch Vorausbezahlung seiner Pension in den Stand zu setzen, seiner Verbindlichkeit sich zu entledigen.

Der Stadtrath schien sich durch den opferwilligen Patriotismus des kunstbegeisterten Wallraf nicht beschämen lassen zu wollen. Sofort beschloß er, auf Wallraf's Ansuchen nicht einzugehen, sondern die Zahlung der angekauften Antiken auf die Stadt-Casse anzuweisen.

Bis zum letzten Lebenshauche wollte Wallraf nicht ermüden in Aufopferungen, Anstrengungen und Entbehrungen der mannigfachsten Art, um der Stadt Köln eine möglichst reichhaltige Sammlung kölner Alterthümer und Kunstschätze zu hinterlassen. Wie viel Räumlichkeit Wallraf's Wohnung auch bot, so war sie doch zu klein, um die täglich anwachsenden Sammlungen zum Zweck eines gefälligen Eindrucks und einer bequemen Uebersicht aufstellen zu können. Der Ober-Präsident Graf zu Solms-Laubach sorgte dafür, daß für einen Theil dieser Sammlungen in dem Jesuiten-Schul-Collegium zwei Säle und eilf Zimmer hergerichtet wurden. Der größte Theil blieb aber in den verschiedenen Räumlichkeiten der Propstei in chaotischer Verwirrung durcheinander, bis der Tod des Professors Wallraf, am 18. März 1824, eine systematische Ordnung möglich machte. Die literarischen Schätze wurden vorläufig im Rathhause untergebracht, die Kunstgegenstände und Antiquitäten im Anfange des Jahres 1827 in dem ehemaligen kölnischen Hofe aufgestellt. Wallraf's Wohnung, die alte Dompropstei, wurde vom Domcapitel zur Einrichtung von Vicarien in Anspruch genommen. Auf Betreiben des Herrn Baurathes Biercher ertheilte die königliche Regierung am 11. Februar 1829 die Genehmigung, daß die Stadt dieses Gebäude vom Domcapitel gegen einen Bauplatz auf der Burgmauer umtauschte und die alte Propstei nebst einer als Knabenschule benutzten andern Domherren-Curie zur Anlegung des „Wallrafsplatzes" niederlegte.

Endlich hat der Wallraf'sche Nachlaß, Dank der Hochherzigkeit und Opferwilligkeit des Herrn Commercienrathes Richartz, eine bleibende Stätte erhalten, die, was Pracht und Schönheit anbelangt, sich kühn mit den größten und reichsten Museen Deutschlands messen kann. An dem Ehrentage, an welchem dieser Kunstpalast eingeweiht wird, soll sich das Andenken an Wallraf's begeisterten vaterstädtischen Patriotismus mit unauslöschlichen Zügen in die Herzen aller Kölner eingraben. Zur dauernden Erinnerung an diesen Ehrentag überreicht der Erbauer des Museums den Freunden und Verehrern des Professors Wallraf die nachstehende Sammlung ausgewählter Wallraf'scher Schriften. Wallraf's Bedeutung war localer, stadtkölnischer Natur; sein Einfluß und seine Wirksamkeit ging kaum über die Stadtmauern hinaus. Gerade diese beschränkte Richtung seines Wirkens war seine Freude und sein Stolz. Auch seine Schriften bewegen sich innerhalb solcher localen Gränzen, und gerade in dieser Beziehung haben sie unverkennbar eine hohe Bedeutung. Die hier gebotene Auswahl seiner prosaischen, poetischen und epigraphischen Arbeiten haben ihrer Zeit das Verdienst gehabt, in der größten Zerfahrenheit alles geistigen Lebens in der Stadt Köln den Sinn für Wissenschaft, Kunst und Poesie erhalten und gehoben zu haben. Und gerade darum bilden sie gleichsam den Ehrenkranz, den Herr Richartz um das Monument winden will, welches er in dem neuen Museum dem Professor Wallraf gesetzt hat.

Köln, den 1. April 1861.

Dr. Leonard Ennen.

Dem edlen Erbauer des neuen Museums war es nicht beschieden, den Ehren- und Freudentag zu erleben, an welchem die prachtvolle Schöpfung seines hochherzigen Gemeinsinnes feierlich eingeweiht und ihrer Bestimmung übergeben wurde. Der Commercienrath J. H. Richartz starb, bevor der herrliche Bau, an welchen sein Herz mit so warmer Liebe sich gefesselt und dem er das ganze Denken und Streben seiner letzten Lebensjahre geweiht hatte, den Schlußstein erhalten und der städtischen Verwaltung zum Dienste der Kunst überwiesen werden konnte. Für die Einweihung und Eröffnung des neuen Kunstpalastes hatte Richartz den 1. Juli festgesetzt, und schon waren alle Vorbereitungen getroffen, um diesen Tag zu begehen, wie es der Prachtstiftung selbst angemessen und der Person des edlen Erbauers würdig schien. Da plötzlich legt der unerbittliche Tod seine kalte Hand auf die lebhafte Begeisterung, zerreißt das schöne Festprogramm und verwandelt den heitern Freudenjubel in eine stille, wehmüthige Trauerfeier.

Durch diesen Trauerfall verliert auch die vorliegende Sammlung der Wallraf'schen Schriften die Bedeutung, welche ihr vom verstorbenen Richartz ursprünglich zugedacht war. Mit dem geistigen Nachlasse des seligen Wallraf in der Hand, wollte er seine und Wallraf's Freunde in die prachtvolle neue Wohnstätte der Wallraf'schen Kunstschätze einführen. Ein Trauerflor hat sich nun um das Weihegeschenk der Freude geschlungen, und dasselbe erhält jetzt zugleich den Charakter eines theuren Andenkens an den zu früh hingeschiedenen Richartz. Dem Erben blieb es vorbehalten, dieses Andenken den Freunden und Verehrern des Verstorbenen zu überreichen. Dieser Erbe, der Herausgeber des berühmten Werkes „Germaniens Völkerstimmen", Professor Dr. M. Firmenich, glaubte das Andenken des verstorbenen Oheims in ganz besonderer Weise zu ehren, wenn er in diesem Buche neben dem Bildnisse des Professors Wallraf auch das Portrait des verstorbenen Richartz aufnehmen ließ. Gerade deßwegen konnte das Buch nicht an dem ursprünglich festgesetzten Tage, am 1. Juli, zur Vertheilung kommen; es wurde hierzu nun das mit dem neuen Museum in so enger Beziehung stehende Künstlerfest gewählt. Bei dieser Gelegenheit wird die Schrift den Freunden kölner Kunst und Geschichte überreicht als ein bescheidenes Erinnerungszeichen an zwei Männer, in denen die wärmste Liebe zur vaterstädtischen Größe und Kunst schlug, und welche Kraft und Muth besaßen, während ihrer Lebzeit der Bethätigung solcher Liebe die großartigsten Opfer zu bringen.

Johann Heinrich Richartz, ein kölner Sohn aus dem letzten Decennium des vorigen Jahrhunderts, fand seinen Lebensberuf im Stande des Kaufmannes. Mit den erforderlichen Vorkenntnissen ausgerüstet, erweiterte er den Gesichtskreis seines mercantilen Lebens durch die Erfahrungen und Beobachtungen, welche er als junger Geschäftsmann in Mainz, Brüssel und Antwerpen machte. Der Erfolg entsprach vollkommen seinen Hoffnungen und Anstrengungen. Es gelang ihm, das Geschäft, welches er in Köln auf eigenen Namen gründete, bald zu hoher Blüthe zu heben und demselben reichen Ertrag abzugewinnen. Sein klarer kaufmännischer Geist erkannte sehr gut, daß er durch eine directe Verbindung mit Nord- und Südamerica recht bald mit den blühendsten Häutehandlungen zu Antwerpen in erfolgreiche Concurrenz treten könne. Das Geschäft mit America wurde mit dem besten Erfolge gekrönt, und nach einer 36jährigen rastlosen kaufmännischen Thätigkeit sah er sich im Besitze eines selbsterworbenen Vermögens, durch welches er alle an das Leben zu stellenden und von äußern Glücksgütern abhängigen Wünsche zu befriedigen vermochte. Als er sich 1861 von aller mercantilen Geschäftsthätigkeit zurückzog, entschloß er sich, den Rest seiner Tage sich selbst und seiner Vaterstadt zu widmen. Jetzt erst fühlte sich sein Leben, Streben und Handeln frei von dem Drucke geschäftlicher Thätigkeit, die so lange jede eclatante Aeußerung seiner warmen, opferwilligen Liebe zu seiner Vaterstadt und deren Größe zurückgehalten hatte. Es erwachte jetzt in der ruhigen Muße eines sorglosen Lebens die Erinnerung an das in Antwerpen aus Freundesmund vernommene bittere Wort, daß die reiche Stadt Köln nicht Dank noch Sinn für die herrliche Schenkung des so hochverehrten Professors Wallraf habe. Richard gestand sich, daß die werthvolle Erbschaft, welche ein hochherziger Bürger seiner Vaterstadt als Frucht des mühevollsten Ringens, der größten Selbstaufopferung und der mannigfachsten Entbehrungen hinterlassen hatte, in Köln bei Weitem nicht die verdiente Anerkennung fand. Wenn Richartz auch früher im Drange der Geschäfte keine Zeit gefunden für die Pflege von Kunstliebhabereien, und wenn seine Erziehung auch eine ganz andere Richtung als die Ausbildung ästhetischer Gefühle und Anlagen verfolgt hatte, so war doch sein Gemüth stets empfänglich geblieben für alle Eindrücke des Großen, Edeln und Schönen und sein Herz hatte eine begeisterte, zu jedem Opfer bereite Liebe zur Größe seiner Vaterstadt bewahrt. In den nüchternen mercantilen Bestrebungen und Beschäftigungen hatte er sich gegen den kalten Hauch unserer Zeit, der so leicht alles Ideale vernichtet und so gerne jeden Entschluß und jede Handlung lediglich nach Procenten abmißt, zu schützen gewußt. Sein ganzes Leben, in welchem Einfachheit, Nüchternheit und Anspruchslosigkeit mit hochherzigem Wohlthätigkeitssinn und fürstlicher Freigebigkeit aufs glücklichste verbunden war, gab die Bürgschaft, daß es nur einer geringen Anregung bedürfe, um da, wo es noth thue, für die Ehre und Größe seiner Vaterstadt, so wie für die Hebung und Förderung der städtischen Kunst, mit den reichsten Mitteln einzutreten. In der Zeit, in welcher alle Vorschläge und Berathungen in Betreff der Errichtung eines neuen Museums an der Finanzfrage scheiterten, weckte das nur oberflächlich hingeworfene Wort eines Freundes wie ein Blitzfunken den schlummernden Gedanken zu raschem, festem Entschluß. Durch die That wollte Richartz beweisen, daß er weniger im Treiben einer lebhaften Industrie und in den Procenten eines gefährlichen Geldmarktes als in einer gediegenen geistigen und sittlichen Cultur den Maßstab für den wahren geistigen Fortschritt und die Grundlage zu soliden bürgerlichen Verhältnissen zu suchen geneigt war. In edlem Patriotismus und im Geiste einer kunstbegeisterten Vergangenheit entschloß er sich, der städtischen Verwaltung die Geldmittel zur Verfügung zu stellen, welche zur Errichtung des so lange und schmerzlich vermißten Museums erforderlich waren. Am 3. August 1854 machte er der Stadt das Anerbieten, „zur Bestreitung der Baukosten eines neuen städtischen Museums an die Stadtcasse die Summe von einmalhunderttausend Thalern einzuzahlen". Sobald das Anerbieten mit dem innigsten Danke angenommen und die Errichtung des Museums „Wallraf-Richartz" gesichert war, bildete dieser Bau den Centralpunct seines ganzen Denkens und Sinnens. Jeden Gedanken, der darauf hinzielte, dem Museum eine höhere Zier zu verleihen, griff er mit freudiger Hast auf und prüfte denselben nach allen Seiten; fand er ihn zweckmäßig und ausführbar, so fragte er nicht nach den Kosten. Mit fürstlicher Freigebigkeit hat er so die Mittel zu den Fresken, der Tuffsteinverblendung, den Parketböden und den Standbildern hergegeben. Er besaß die Bescheidenheit zu gestehen, daß seine Bildung, seine Kenntnisse und Erfahrungen zu einer allseitigen, eingehenden Beurtheilung aller Vorschläge, welche die Verschönerung des Baues bezweckten, nicht zureichten. Darum erbat er sich zu diesem Zwecke stets den Rath und die Unterstützung solcher Männer, in die er das Vertrauen setzte, daß ihre Rathschläge auf gediegener Sachkenntniß und einem geläuterten Geschmack beruhten. Wenn er sich für irgend einen Rathschlag entschieden hatte, blieb sein Entschluß fest und unabänderlich. Er verschmerzte jeden Verdruß, bestand jeden Kampf, schlug jede Anfechtung ab, wenn es darauf ankam, an dem Neubau eine Einrichtung zur Ausführung gebracht zu sehen, für die er sich auf den Rath seiner Freunde und nach reiflicher Ueberlegung entschieden hatte. So gelang es ihm, mit einem Kostenaufwand von nahezu 200,000 Thalern einen Kunstpalast herzustellen, der sich den prachtvollsten Museen in ganz Europa kühn an die Seite stellen kann. Gleich beim Beginn des Baues war ihm klar geworden, daß die mit dem Museum zusammenhangende Minoritenkirche neben dem herrlichen neuen Museum nicht länger in dem ruinenartigen Zustande verbleiben könne. Darum entschloß er sich auch sofort, dem Herrn Cardinal Erzbischof die Mittel zur Restauration dieses Gotteshauses zur Verfügung zu stellen. Er setzte seinen Stolz darein, in diesen Gebäulichkeiten der Stadt architektonische Monumente zu schenken, welche im Kranze der herrlichen kölner Baudenkmale mit die hervorragendste Stelle einnehmen. Es war dies ein edler Stolz, der nur in edlen Seelen seinen Sitz haben kann.

Richartz baute kühne Hoffnungen auf den lockenden Zug seines schönen Beispiels. Aber die Nachahmung blieb weit hinter seinen Erwartungen zurück. Es zeigte sich, daß die Hochherzigkeit und Opferwilligkeit eines Richartz eine äußerst seltene Bürgertugend ist.

Der Name des hochverehrten Richartz war bald auch weit über den Bering der städtischen Mauern gefeiert. Von allen Seiten kamen Beweise der größten Verehrung und höchsten Anerkennung. Durch des hochseligen Königs Majestät erhielt er den Titel eines königlichen Commercienrathes und die Decoration des Rothen Adler-Ordens britter Classe. Die Universal Society for the encouragement of arts and industry übersandte ihm im Juni 1857 eine goldene Medaille und die königliche Akademie der Künste zu Berlin ernannte ihn zu ihrem Ehren-Mitgliede.

Das Museum ging seiner Vollendung entgegen. Die Vorbereitungen zur feierlichen Eröffnung und Einweihung waren in vollem Gange. Da ward Richartz plötzlich um die Mitte des Monats April d. J. durch ein heftiges, mit einem langjährigen Herzübel zusammenhangendes Brustleiden auf das Sterbelager geworfen. In den vielen, oft heftigen Schmerzen, mit denen er die eilf letzten Jahre seines Lebens heimgesucht war, hatte der schlichte, einfache

Mann seine Heiterkeit und Theilnahme im geselligen Umgange nicht verloren; er bewahrte sie auch bis zum letzten Athemzuge. Als er die Stunde seiner Auflösung nahen sah, wollte er nicht von dieser Erde scheiden, ohne auch noch über das Grab hinaus seiner Hingabe an die katholische Kirche, seinem Mitgefühl für unverschuldetes menschliches Elend, seiner Liebe zu seiner Vaterstadt und seiner Begeisterung für die Kunst das glänzendste Zeugniß zu geben. In seinem letzten Willen bestimmte er die Summe von einmalhunderttausend Thalern zur Gründung eines städtischen Irrenhauses. Zehn Jahre lang sollen aber die Zinsen dieses Capitals zum Ankauf von Gemälden älterer und neuerer Meister für das Museum verwandt werden. Zum Ausbau der Minoritenkirche bestimmte er noch 9000 Thaler; dem Dom vermachte er 2500, der Kirche St. Jakob ebenfalls 2500 und der Stadt Köln noch 2000 Thaler zur Dotation einer Freistelle an der Rheinischen Musikschule. Nachdem er so seine zeitlichen Verhältnisse geordnet, bereitete er sich zum Scheiden. Er ergab sich darin, daß er den Tag nicht sehen sollte, auf den er sich so lange und herzlich gefreut; er versöhnte sich durch den Empfang der h. Sacramente mit dem Himmel und schlummerte am 22. April sanft zum jenseitigen Leben. Die ganze Stadt war niedergeschmettert bei dieser Trauerkunde. Richartz wurde zur Ruhe geleitet, wie es ein Bürger von solchem Gemeinsinn verdient. Er fand seinen Platz auf dem Friedhofe neben Professor Wallraf.

So ruhen zwei Männer neben einander, die im äußern Leben einander zwar fern gestanden, deren Inneres aber in einem Streben nach gleichem Ziele erglühte. Ihre Lebenswege, Neigungen, Bestrebungen und Erfolge waren ganz verschieden. Wallraf wurde getrieben von heißem Wissensdurst, seine Auffassung des Lebens war eine ideale, sein Lebensweg war voller Dornen, seine Tage voll Kummer und Verdruß, sein höchstes Glück bestand im Besitze von Büchern, Antiquitäten und Kunstwerken. Richartz war durch und durch Kaufmann, sein Sinn stand auf Erwerb, sein Ringen ging auf Ausdehnung seines Geschäftes und seine Erfolge waren ungemessene Schätze, als Grundlage für ein ruhiges, genußvolles Leben. Doch bei aller Verschiedenheit zeigte ihr Charakter einen Zug, in dem ihr ganzes Denken und Streben zusammentraf, der ihre Wirksamkeit in eine so segensreiche Bahn einwies und der ihnen bei Mit= und Nachwelt ein unvergängliches Andenken gesichert hat. Das war die Liebe zur Vaterstadt und die Begeisterung für die vaterstädtische Kunst. In gleicher Liebe und Begeisterung haben sie während ihrer irdischen Laufbahn gewirkt und gestrebt, bis sie auf dem Friedhofe neben einander ihre Ruhe fanden.

**Ehre ihrem Andenken,
Friede ihrer Asche!**

Köln, den 1. August 1861.

Dr. Ennen.

Bemerkungen.

Seite 50 u. a. St. ist die Bezeichnung Churfürst für die mittelalterlichen Erzbischöfe von Köln verfrüht.

S. 60. Der kölner Burggraf hatte einen ganz anderen Rechtskreis, als ihm von Wallraf zugetheilt wird.

S. 61. Lies 1164 statt 1162.

S. 172. Das hier über die kölner Verfassung vor 1396 Mitgetheilte kann nach den nunmehr in der ersten Abtheilung des ersten Bandes der „Quellen zur Geschichte der Stadt Köln" abgedruckten Materialien zur Geschichte der stadtkölnischen Verfassung berichtigt werden.

S. 196. Siehe die Anmerkung zu S. 328.

S. 232. Die hier angenommene Bevölkerungszahl der Stadt Köln ist ohne Zweifel übertrieben. Das Nähere wird an einer andern Stelle angeführt werden.

S. 251. Siehe Anm. S. 302.

S. 296. Der Rathsgottesdienst wurde bis zur Erbauung der Rathscapelle 1426 in der Capelle auf der Marktpforte gehalten. Der Grund zur Verfolgung der Juden ist in noch ganz anderen, als in den von Wallraf angegebenen Motiven zu suchen.

S. 302. Die Deutung der Schrift-Charaktere ist etwas kühn; neuere Forschungen haben erwiesen, daß das Gemälde um 30 bis 40 Jahre später als das Jahr 1410 zu setzen ist.

S. 323. Der Name Kalf ist zwar ein kölnischer Familienname; ich finde ihn in hanseatischen Acten des 15. Jahrhunderts. Neuere Forschungen haben es mehr als wahrscheinlich gemacht, daß die Schriftzeichen auf dem Säbel des Standartenträgers keine Beziehung zum Namen des Künstlers haben, und daß der Maler unseres Bildes der in Alban's Kirchspiel angesessene Meister Stephan Lochner gewesen ist.

S. 328. In dem Originalbrief des P. P. Rubens fehlt das Wort „gebooren". Hierdurch verliert der in Rede stehende Brief in Bezug auf den Geburtsort des Meisters die Bedeutung, welche Wallraf ihm zuschreibt. Bezüglich dieses Punctes siehe das Broschürchen: „Der Geburtsort des P. P. Rubens, von Dr. Ennen, Köln, 1861, M. DuMont-Schauberg". Rubens bestimmte sein Meisterwerk für die Peterskirche nicht als Geschenk, sondern in Folge eines Auftrages des Großhändlers Jabach.

S. 339. In dem Aufsatz über die Restauration der Pfarrkirche von Neuß spricht sich noch ganz die Vasari'sche Ansicht über die gothische Baukunst aus; später kam Wallraf zu anderer Ueberzeugung.

Inhalt.

	Seite
Vorwort	III—XXXII
Aufklärung und Vermuthungen über die Urgeschichte Kölns	1—333
I. Alter Boden, Zweck und Gründung der Stadt	3—7
II. Die ersten Thore der Stadt, ihre Namen und die Tempel in ihrer Nähe. — Anbau der Feldgegend umher	7—14
III. Die Rheininsel. — Der Lauf des Rheinarms zwischen der Insel und der alten Stadt. — Beweis des von unsern Chronikern seither unbemerkten Daseins dieser Insel. — Ihr Raum ꝛc.	14—23
IV. Umwandlung der Rheininsel bei den Ubiern — Römern — Agrippinensern. — Der Altar der Ubier. — Das Forum insulae. — Die Marktstationen ꝛc.	24—31
V. Brücken und Zugänge der Rheininsel ꝛc., besonders die Brücke Konstantin's des Großen	31—41
VI. Konstantin's Brückenveste zu Deutz. — Widerlegung der Zweifel an der Vollendung der Brücke. — Veränderungen auf der Rheininsel und in der Stadt unter Konstantin und nach seinem Tode. — Einfall und Verwüstung Kölns durch die Franken. Silvan wird zum Kaiser ausgerufen und ermordet. Julian (der Apostat genannt) erobert Köln, erbaut es wieder und befestigt es nachher sehr. Vermuthung über die zum Theil noch stehenden großen Thürme auf der ehemaligen Rheininsel	41—50

**

		Seite
VII.	Die letzten Epochen der Rheininsel. — Wann und wie sie sammt der Brücke verschwunden sei. — Heißer Wunsch, daß unsere Väter für ihre möglichste Erhaltung oder Herstellung gesorgt hätten	50—59
VIII.	Reflexionen und Vorschläge für Gegenwart und Zukunft	59—67
IX.	Ueber die Vergrößerungen Kölns gegen die Landseite	67—78
X.	Nähere Erläuterung des Vorigen. — Die Pfarrgemeinden	78—94
	A. Die erste nördliche Vergrößerung	79—81
	B. Die erste südliche Vergrößerung	81—85
	C. Westliche Vergrößerung unserer Stadt	85—88
	D. Kölns östliche Vergrößerung	88—94
XI.	Topographie des Inselmarktes	94—105
XII.	Umschließung der Stadt Köln durch ihre jetzige große Mauer. — Unwahrheit der Angabe, daß selbige vom Erzbischof Philipp von Heinsberg oder zu dessen Zeiten erbaut sei	105—133

Vermischte Aufsätze.

I.

Die erste Bevölkerung unseres Landes	137—142
Der Dom zu Köln	142—155
Die alte Gottestracht	155—157
Das Verschwinden der Kirchenmusik zu Köln	158—169
Das Haus der Familie von Haquenay	169—170
Der Senat der Ubier oder der freien Stadt Köln an die National-Versammlung der Franken	171—187
Denkschrift über die Verluste, welche die freie Reichsstadt Köln durch die Franzosen erlitten	187—223
Denkschrift in Bezug auf die Gründung einer Rhein-Universität	224—283

II.

Nachrichten über ehrenhafte Kölner unserer Zeit, welche durch ihre Ausbildung und durch ihren aus der Fremde hieher schallenden Ruf in Kunst und genialer Wissenschaft sich besonders hervorthun. 1. Gau	284—289
2. Hittorf	289—294

III.

Das berühmte Gemälde der Stadtpatrone Kölns, ein Werk altdeutscher kölnischer Kunst von 1410, in der hohen Domkirche daselbst .... 295—327
Die Kreuzigung des Apostels Petrus. Gemälde von Rubens ..... 327—336
Die Ermordung des heil. Peter von Mailand. Gemälde von Titian 336—346

Poesie.

Chrysostomos .... 349—352
Ode an Joseph Franz und Theresia ꝛc. .... 352—357
Francisco Pickio .... 357—358
Ode an Hardy .... 358—365
Erklärungen dazu .... 365—376
Hymnus .... 376—377
Epistola Gamandri ad I. M. DuMontium .... 378—388
Uebersetzung der epistola Gamandri von Bruch .... 379—389
Noten zu der epistola Gamandri .... 390—394
In Bruchii natales .... 394—396
Auf den Tod des Joh. Bapt. Lugino .... 396—398

Inschriften und Grabschriften.

Tituli et Inscriptiones ad funus eminentissimi et celsissimi principis D. Maximiliani Friderici etc. .... 401—405
Inschriften zur Feier der Wahl des Dompropstes Franz Wilhelm v. Oettingen. 1786 .... 405—406
Inschriften bei der Todtenfeier für Kaiser Leopold II., in der Rathhaus-Capelle zu Köln, 1792 .... 406—407
Inschriften am Rathhause zu Düsseldorf bei dem Einzug Ihrer Herzoglichen Durchlauchten Wilhelm und Marianne von Baiern, den 26. Juli 1804 .... 407—408
Inschriften beim Einzug Ihrer Kaiserlichen Majestäten Napoleon und Josephine in die Stadt Köln, den 14. Sept. 1804 ... 408—410
Auf das Grab Kaiser Karl's des Großen 411

	Seite
Brauweiler	411—412
Auf die Rückkehr der Reliquien der heiligen drei Könige	412—413
Aufschrift am Eingang des allgemeinen Friedhofes zu Köln. 1809	413
Auf das Grab des Bischofs Berdolet	413
In honorem domvs divinae et in memoriam Petri Anth.	414
Auf Joseph Hoffmann's Grab	414
Auf Friedrich Wilhelm III	414—415
Inschriften am Katafalk in der Domkirche bei den Exequien für den Pastor DuMont. 4. und 5. Dec. 1818	415—416

Aufklärung und Vermuthungen

über

die Urgeschichte Kölns.

(Zuerst abgedruckt in den monatlichen Beilagen zur Kölnischen Zeitung, im Jahre 1802—3, welche später unter dem Titel: Geschichts-, Kunst- und Sitten-Chronik von und für Köln, bis ins Jahr 1804 fortgesetzt worden. — Später besonders abgedruckt in: Beiträge zur Geschichte der Stadt Köln und ihrer Umgebungen. Köln, 1818, bei M. DuMont-Schauberg.)

I.

Alter Boden. Zweck zur Gründung der Stadt.

Die Gegend Kölns und den Boden, den unsere Stadt bedeckt — die Bucht des durch eine lange Insel damals hier getheilten und diesseits auf die innern Hügel stark anströmenden Rheines — die Thongründe zwischen den Hügeln, noch voll Waldbäume und Dickgesträuch, welche aber schon durch die rohe Pflege einiger Hüttenbewohner, Fischer und Ueberfahrer bereinst alle Fruchtbarkeit versprachen — endlich diese zur Vertheidigung so bequeme Gränzfuhrt gegen die kriegerischen Deutschen fand Julius Cäsar im Laufe seiner Siege wichtig genug, zu einem der ersten Wirkungspuncte der römischen Macht zu bestimmen. In diese Gränze setzte er deßwegen seine so berühmte Holzbrücke, um den damals noch jenseitigen, aber mehr als die andern Deutschen schon gebildeten, schon Handel treibenden Ubiern *), welche Cäsar's Politik zu gewinnen suchte, auf ihr Begehren gegen die ihnen aufsäßigen Sueven Hülfe zu leisten. Der Fluß war breit, reißend und tief; sie boten ihm ihre Schiffe zur Ueberfahrt an; aber er hielt es theils zu unsicher, theils seinem Geiste und der Größe der Römer zu wenig angemessen, sich der von ihnen hergebrachten Fahrzeuge zu bedienen. Sein Gedanke war, die Ubier sowohl, als die fernern Völker durch ein, ihnen groß und furchtbar auffallendes Unternehmen zu überraschen. Er

---

*) Die alten Ubier wohnten längs dem jenseitigen Ufer von der Wetterau und dem Nassauischen herab bis gegen die Ruhr.

schildert es selbst in seinen Denkwürdigkeiten mit einem Tone von zufriedenem Stolze: wie in zehn Tagen Zeit das Holz zu seiner Brücke geschnitten, beschlagen, eingepfählt, zusammengefügt und das Heer von ihm darüber geführt gewesen sei. Sein Aufenthalt auf der rechten Rheinseite dauerte nur achtzehn Tage: indeß er die Sueven in ihre Wälder zurückjagte, und die Ubier zu Verbündeten und Schutzverwandten der Römer, aufnahm.

Cäsar's Nachrichten und Operationspuncte, worauf er jetzt den Glanz Roms und seinen eigenen Herrscherplan gründete, blieben die Richtschnur der nachfolgenden Feldzüge und der von ihm gewählten Heerführer. August, dessen Kriege mit den Deutschen einen wichtigen Theil seiner Geschichte ausmachen, und dessen Thatenführer und Schwiegersohn Marc. Vipsanius Agrippa fanden es gut, das Bündniß mit den Ubiern immer fester zu knüpfen. Agrippa, als Präfect von Gallien, kam selbst, sah und bestimmte unseren Boden zu einem römischen Standquartier. — Welche Lage war ihm dazu günstiger, als diese Reihe von Hügeln hinter dem doppelten Strome des Flusses, dazwischen sich eine so lange, leicht zu vertheidigende Insel einschloß, wo er zugleich, jenseits von den verbündeten Ubiern geschützt, dies Volk nun auch durch nähern Umgang prüfen, sich in seine Versammlungen mischen, durch Handelsverträge, Verheißungen und Nachbarschaft sich ihrer Treue und Dienste auf immer versichern konnte. Sein Standlager, vierseitig mit eben so vielen Eingängen, wie die Römer sie anzulegen und mit Pfahlmauern zu umzäunen pflegten, erst mit einer eigenen Legion besetzt, bald lockend für die Ubier durch den wechselseitigen Besuch, durch römische Feste, durch Agrippa's Popularität und die Sicherheit des Aufenthaltes, ward die Gründung unserer Stadt *). Agrippa brachte einige der Vornehmsten und die Blüthe dieses Volkes den Rhein herüber, wodurch er zugleich ihr jenseitiges Ufer, und sie diesseits die Ausdehnung ihres Bodens und ihrer Gewerbvortheile zu gewinnen dachten. Bald siedelte viel des Volkes sich

---

*) Ungefähr 35 Jahre vor der christlichen Zeitrechnung.

hier freiwillig an, sie verlegten hieher ihren Hauptsitz und wurden die Besatzung jenes Lagers, ohne jedoch ihren jenseitigen Boden preis zu geben, dessen Erhaltung beiden Theilen eben so wichtig bleiben mußte *). Agrippa selbst blieb vier Jahre ihr Vorsteher, baute Tempel und Prätorien, gewöhnte sie an die römischen Sitten, Gesetze, Sprache, Kriegsübungen und Religion, ohne ihnen jemals ihre eigene zu verbieten. Der neue Hauptsitz der Ubier ward schon durch den Vorschub seines Stifters, durch Anbau des Bodens, durch Bevölkerung, durch Genuß der Ruhe und durch den freien Handel nach Deutschland und Gallien so reich und berühmt, daß er den Neid aller Nachbarn erweckte **). Handel war die Losung unserer Urväter, Handel und Freiheit machte sie zu dem Volke, das Jahrhunderte hindurch die Würde seiner Gründung behauptete.

Agrippa, Tiberius, Drusus (dieser war fünf Jahre Präses der Provinz: indeß er seine fünfzig Castelle längs dem Rheine erbaute) und dann Drusus' Sohn, der edle Germanicus, also die vornehmsten Römer jener Epoche, die nächsten Anverwandten des August, folgten sich hier auf einander, und bewohnten zur Zeit der deutschen Kriege diese neue Stadt als erste Kriegs- oder Staats-Beamte.

Des Germanicus Gemahlin, Agrippina (die ältere), die Tochter des Agrippa, August's Enkelin, ein Weib von unverfänglicher Tugend, Mutter von drei Söhnen und drei Töchtern, gebar hier Agrippina (die jüngere) — welche durch ihre Geburt, durch ihren Bruder C. Caligula, durch ihren eigenen Sohn Nero, durch ihre Heirath mit dem Claudius, eine Urenkelin, Tochter, Schwester, Gemahlin und Mutter von Cäsaren ward, — eines der größten, talentreichsten, Alles umfassendsten Weiber, die je die Welt unter den Throngeburten entstehen sah. Als Gemahlin des Claudius, den sie völlig beherrschte, als Mutter des Nero, den sie, um allein zu herrschen, zu lang und zu unglücklich von der Regierung zurück-

---

*) Ut arcerent, non nt custodirentur. Tac. de mor. germ. c. 29.
**) Transrhenanis gentibus invisa civitas opulentia auctuque. Tacitus.

hielt, lag es ihr am Herzen, den Ort ihrer Wiege zu adeln und in ihm das Andenken ihrer Tage bei der Nachwelt zu verewigen. Sie gab nun unserer Stadt ihren Namen Agrippina, sandte zum dauernden Glanz eine von römischen Ritterfamilien und Veteranen ausgewählte Pflanzung dahin. Sie verschönerte sie von innen mit einem Capitol, mit neuen Tempeln, Prätorien, Schulen, Amphitheater, Markt, Naumachie und Waffenplatze; von außen mit Mauern, Thürmen und Thoren, über deren Bögen ihr goldener Name glänzte, wovon wir noch das Beispiel über der Paphenpforte übrig haben*). Durch sie erhob sich der Ort zum Hauptsitze der Provinz; von hier aus sollte Agrippina's Macht und Roms Größe, wie aus einem dahingepflanzten Nebengestirne, Strahlen in die benachbarten und verbündeten Nationen und in die zukünftigen Eroberungen schicken**).

Ihre Schöpfung ward ein Abbild von Rom, ein kleines Rom hier am Rheine (welche Benennung sich auch in spätere Zeit, obwohl mit veränderter Bedeutung, nach eingeführtem christlichen Glauben und dessen hier eben so merkwürdigen kirchlichen Ereignissen fortpflanzte). Die mit den Römern nun zu einem Volke vereinigten Ubier nannten sich mit allgemeinem römischen Namen Agrippinenser, wodurch diese sich bei ihren jenseitigen Nachbarn desto mehr dem Spott und Hasse aussetzten, als wenn sie sich gar ihres deutschen Ursprungs schämten. Sie feierten mit einander zur Ehre ihrer neuen Stifterin jährliche öffentliche Feste***), welche sie selbst noch nicht aufgaben, auch nachdem der Muttermörder Nero Agrippina's Geburtstag im Römer Kalender unter die verwünschten Tage setzen ließ.

Es sind diese Angaben nicht so beweislos, als vielleicht mancher, mit unseren häuslichen Dingen unbekannte Kritiker glauben

---

*) C. C. A. A. = Colonia Claudia Augusta Agrippina.
**) Agrippina, ut vim suam sociis quoque nationibus ostentaret. Tacitus annal. lib. XII.
***) AVGVSTALES — QVI...AGRIPPINAE AVGVSTAE I. O. M. ET GENIO COLONIAE LVDOS FECERVNT: XIII. XII. K. MART; Inschrift bei J. Lipsius.

könnte. Viele Namen jener Ritterfamilien, eben der sich hier aufhaltenden Legaten, Tribunen ꝛc. ꝛc. haben sich in Inschriften auf Aren, Bildsäulen und anderen Denkmälern, noch bis auf unsere Zeiten erhalten: z. B. der Aemilier *), Corviner, Gavier, Furier **), Dextriner ***) ꝛc. Solche waren ehedem in den hiesigen öffentlichen Gebäuden, als im Zeughause (wo die französischen Sammler sie ausbrachen und wegnahmen), und in Privatsammlungen, als der ehemaligen Broelmannischen, Rinkischen, Beywegischen, jener des gelehrten Domprobsten, Grafen von Neuenar, des Domherrn Moritz Grafen von Manderscheid ꝛc. anzutreffen. Viele sah man noch in jener des gelehrten und emsigen Sammlers Hrn. von Hüpsch und anderswo. — Mehrere aber und verlorene finden sich noch abschriftlich in dem seltenen Epideigma unseres gelehrten Historikers Broelmann, bei Gelen, Crombach u. A., in den Werken des Gruterus, Reinesius, Mobius ꝛc. und der vom Hrn. v. Hüpsch herausgegebenen Epigrammatographie.

Die vierseitige Form und der Umfang der ersten Stadt zeigen sich noch an den Spuren der alten, fast ewigen, mit runden Thürmen abwechselnd besetzten Gußmauern, unter deren Ueberrest jene bei St. Claren und Apostelnkloster-Ecke, wegen ihrer alten Musiv-Arbeit noch jeden Beobachter und Kenner fesseln.

II.

Die ersten Thore der Stadt, ihre Namen und die Tempel in ihrer Nähe. — Anbau der Feldgegend umher.

Die ursprüngliche Größe der Stadt in ihrer vierseitigen, fast viereckigen Form (wie sie aus dem Standlager der Römer entstanden war) mag sich ungefähr ins vierte oder fünfte Jahrhundert

---

*) Inschrift an der Wand des Klosters Lämpchen auf der Burgmauer. [Jetzt Museum Wallraf-Richartz.]
**) V. S. DIO SANCTO HERCVLI FVRIVS DATIVVS — auf dem Fuß einer marmornen Bildsäule des Hercules. [Im Museum.]
***) In einem Hause auf dem Domkloster.

der christlichen Zeitrechnung erhalten haben. Die ersten vier Thore, sammt den dazu führenden Gassen, haben ihre Benennung von den damals nahe dabei gelegenen Göttertempeln bis heut zu Tage noch nicht verloren.

A. Das östliche, gegen den Rhein zu, war die Porta Martis, die Martpforte, vom Volke gewöhnlich die Marktpforte genannt — daher die Namen: Marktpfortengasse, Brückenstraße, welche letztere an ihrer obern Gegend noch jetzt auf der Brücke genannt wird, weil sie zur Standbrücke auf die Insel führte. Die Pforte selbst lag am Ende zwischen den zwei großen gegenseitigen Eckhäusern bei der Juden- und Obenmauern-Straße. Eines dieser Häuser ist noch mit dem Standbilde des Mars, welches bei seiner letzteren Erneuerung unglücklicher Weise nur aus einer Almanachs-Figur nachgeformt wurde, das andere mit der Statue der Erzengels Michael bezeichnet.

Der von Agrippa (eher als von der Agrippina Augusta) erbaute berühmte Mars-Tempel lag nahe am Civil-Prätorium (dem Rath- oder jetzigen Gemeinde-Hause). In diesem Tempel hing das Siegerschwert des Julius Cäsar, welches die Römer, vielleicht noch Agrippa selbst, den Ubier-Agrippinensern, aus Achtung für ihre Treue, zum Geschenke gemacht hatten. Hier hingen die gemeinschaftlichen Feldzeichen und Siegestropäen der Römer und Ubier. Hier wurde über Krieg und Friede bestimmt, und Bündnisse abgeschlossen; hierhin führte man den Vitellius beim Abend in seinem Hauskleide und rief ihn auf die Stelle des Otho zum Kaiser aus. Vitellius ließ sich das Schwert des Julius Cäsar reichen, hielt es gleichsam zum Besitzergriffe seiner Würde hochgezückt in seiner Rechten, und so ward er von den Soldaten und Agrippinensern in Pomp und Triumph durch die vornehmsten Gassen der Stadt getragen. Den Dolch, womit indeß der hülflose Otho nach seiner kurzen Herrschaft zu Rom sich selbst entleibt hatte, ließ der neue Kaiser auch in eben diesem Tempel aufhängen *).

---

*) Sueton. in Vitell.

Unsere Gelehrten, welche die großen Ideen des römischen Baugeistes und die Muster ihrer Architektur nicht eigentlich studirten, welche die großen Männer nur nach der Politik und dem Luxus der römischen Familien sehr eingeschränkt abmaßen, bildeten sich ein, daß ein solcher Tempel, worin so große Feste und Begebenheiten gefeiert worden sind, nur ein kleines delubrum gewesen wäre. So pflanzt z. B. unser guter Albenbrück in seiner Brücken-Vorstellung (de ponte Const.) den Marstempel, wie ein offenes Sommerhäuschen, oben auf die Stadtmauer hin ꝛc. Aber, wie ist es zu denken, daß ein prächtiger Agrippa — oder eine stolze Agrippina so ärmliche Pläne gebilligt, daß Legaten und Präfecte und ihre Weiber, welche aus dem glänzenden Rom und seinen Marmortempeln und Palästen herkamen, hier in einer zum Hauptsitz der Provinz erwachsenden Stadt mit solchen Armseligkeiten sich befriediget hätten. Die spätere Restauration dieses Marstempels durch Aurelius Sintus unter Diokletian (wofür man eine Inschrift aus dem Gruterus anführt, welche in der alten Sammlung des Domgrafen von Manderscheid gewesen, aber nicht in Köln gefunden sein soll) wollen wir, als zweifelhaft, nicht anführen.

Auf die Stellen der alten Göttertempel pflegten die Christen hernach Capellen oder Kirchen hinzubauen, und selbige sehr klug einem mit der alten Bestimmung oft symbolisirenden Schutzheiligen zu widmen. Auf diese Weise errichteten sie an die Stelle des Marstempels eine, dem Erzengel Michael gewidmete Capelle *).

---

*) Auch die Michaels-Capelle wurde späterhin mit ihrem Stadtthore an das neue Rheinufer versetzt, wo sie aber im Jahre 1389 mit der ganzen Gegend des Buttermarktes, und einem Theile der Salz- und Lintgasse ꝛc. abbrannte. Man baute die Capelle zwar dürftig wieder auf; allein der Senat ließ sie, weil ihre Lage den Abfluß hinderte, im Jahre 1644 abbrechen, und in die St. Martinskirche versetzen. Zum ewigen Denkzeichen sind zur selbigen Zeit an den obengemeldeten Eckhäusern, zwischen welchen die erste Marktspforte der Römer gestanden hatte, auf Veranstaltung des Senates die angeführten zwei Statuen errichtet, die gegenseitigen Inschriften verfaßt, und zwischen den Wappen der damaligen Consuln errichtet worden. Sie bestehen in folgenden lateinischen Distichen, welche die Geschichte kurz enthalten:

Die Tempel lagen durchgehends unweit der Stadtpforten, und die herein kommenden Fremden wurden dahin gewiesen, um den Göttern des Ortes zu opfern; dies diente auch zu einer Glaubensprobe bei den damaligen Verfolgungen der Christen. Daher schon in etwas mildern und aufgeklärten Zeiten, wo die Christen wegen der Intoleranz des Pöbels ihren Gottesdienst zwar noch nicht öffentlich in den Städten ausüben durften, ihnen dennoch ihre Kirchen außer den Thoren hinzubauen gestattet wurde.

B. Die südliche Pforte war die Porta Jovis, die Hochpforte; ihre Stelle wird nach der Linie der alten Stadtmauer ungefähr in der obern Region unserer Hohenpfortenstraße gewesen sein. Ihre Benennung kam vom Tempel des Jupiter, welcher unter den capitolinischen Gebäuden das vornehmste war.

Ich wage die Vermuthung — und glaube sie gründen zu können auf die, wegen des hier anprallenden Rheins und seiner Insel damals so feste, über alles erhabene, gesunde Lage — auf den Umfang — auf die von jeher heilig gehaltene Würde des Ortes — auf die von Rom ursprüngliche, nur zu Rom und Köln noch unveränderte, bei uns nimmer vergessene Benennung CAPITOLIUM: daß hier Agrippa's erster Aufenthalt, und hier von ihm der erste Tempel des Jupiter errichtet gewesen sei; daß hier die Wohnung des edlen Germanicus, hier die Geburtsstätte Agrippina's, welche nachher als herrschende Augusta diesen Ort ihrer Wiege mit neuen

---

a) Ædibus his phano martis celeberrima porta
    Astitit, hanc urbis struxit Agrippa parens.
Addidit illustreis aras, ubi jura ferebant
    Bellorum et stabant fixa trophæa Diis.
Helc gladius magni fuerat suspensus Iuli,
    Silvius et quo se foderat ensis Otho.

b) Porta Michaeli Christo regnante dicatur,
    Sanguinei Martis cum simulacra labant.
Ast obscura fuit moles et inutilis urbi;
    Translatis igitur fit via plana sacris.
Ut jam Mavortis sunt diruta mœnia portae:
    Dextera sic urbem servat ab hoste Dei.

Gebäuden vergrößerte und verschönerte — daß hier die Schatzkammern, das Regierungs-Prätorium der Provinz, und das Haus der Präfecte gestanden habe, und daß dieses Rufes, dieser Vorzüge halber, auch die hernach herrschenden Franken- und Austrasier-Könige diesen Ort zu ihrem Palaste zu wählen fortfuhren.

Der Raum des Capitols umfaßte das ganze Revier innerhalb der anliegenden östlichen und südlichen alten Stadtmauer (welche sich von dem noch so genannten Palast, dann dem Alt-Degrotischen Hause bis zur alten Hochpforte erstreckte) und der jetzigen Pfannenschlägergasse, längs welcher die westliche Gränzlinie bis zum Bogen des Burghofes fortlief, wohin dieser Eingang führte und wo damals und noch späterhin nach den fränkischen Zeiten der Burgvogt sich aufhielt. — Hier schloß diese Linie den Augustinergarten ein, ging über den Elogiusplatz bis wieder zum alten Ufer. Spuren davon sind noch die der nachherigen Abtissin zu St. Marien überlieferten Lehngränzen, selbst die uralte jährliche Stifts-Procession am Himmelfahrtstage, welche diese Gränzen umging.

Zum hohen Tempel und ehemaligen Capitol richteten sich die vornehmsten Gassen der alten Stadt. Die ganze hohe Straße hat noch daher ihren Namen: Platea Jovis.

C. Die Hochstraße gränzte bei der Hohenschmiede an die Paphenstraße, welche, seit zwei Jahrhunderten erst, von dem zu den fetten Hennen genannten alten Familienhause des berühmten Buchhändlers Mylius, die Benennung: unter fetten Hennen bekam. Die Paphenstraße führte nordwärts zur Paphenpforte. Ihren Namen erhielt sie vom Tempel der Venus Paphia, welcher, der Vermuthung nach, ungefähr an der Stelle der, zu unserer Zeit zerstörten, uralten Margarethen-Capelle gelegen war. Unsere alten christlichen Vorfahren hätten also auch hier das Symbol der über die Versuchung siegenden schönen Tugend wiederum sehr passend ergriffen *).

---

*) Daß diese Pforte durch die Geschichte zweier darin erhenkter Domherren, die einen gewissen Bürgermeister, Herman Gryn, einem ausgehungerten Löwen Preis ge-

D. Das vierte Thor war die Porta Herae, von dem Beinamen Hera, der bekanntlich der Juno zugelegt war. Die daher später entstandene Benennung: Ehrenpforte hat sich nach der zweimaligen Vergrößerung der Stadt und Versetzung dieser Pforte bis auf unsere Zeiten erhalten. Die Lage der ersten Pforte war die Linie der alten Mauer, wo noch der, durch die alten Bauplätze verengte Durchgang eine Spur davon ist. Indeß läßt sich der eigentliche Standort des Tempels der Göttin in der dortigen

<small>geben hätten, die Pfaffenpforte heiße, ist ein Volksmährchen, welches der Haß der kölnischen Bürger wider die, ihre Stadt immer hart anfeindenden, Kurfürsten erzeugt hat. Hätten doch wohl die Domherren den zu sich eingeladenen Herman Gryn wohlfeiler umbringen können, als durch einen damals so selten und theuer hieher zu bringenden und zu verwahrenden Löwen! Zwar beruft sich das gemeine Volk zur Bekräftigung seines Wahnes auf das Bild an unserem, im Jahre 1571 erst erbauten Rathhausportal, welches, seiner Meinung nach, diese Geschichte vorstellen soll. Allein unser gelehrter Broelmann, der zur Zeit der Errichtung dieses Bildes schon blühete, und vielleicht an den schönen Inschriften auf den Bogengalerieen Mitarbeiter war, verwirft selbst, wie jeder gescheidte Kritiker, diese Geschichte. Das Bild stellt einen römisch, nicht kölnisch gekleideten, in offener Luft stehenden Helden vor, welcher einem Löwen, der ihn anfällt, eilends seinen mit dem Mantel umschlungenen Arm in den Rachen steckt und ihn mit seinem Dolche erlegt. Es ist dieses nichts als ein Symbol der in großen Gefahren sich immer mit Hülfe gegenwärtigen Klugheit, welche jeder Regierung eigen sein muß. Das minder aufgeklärte, bloß sinnliche Volk, welches das Bildliche und Symbolische von dem rohen Körperlichen selten zu unterscheiden vermag, nimmt die Symbole der Stärke und Klugheit für einen wirklichen Löwenkampf. Das nämliche Symbol findet sich an mehreren von hier entlegenen Oertern, z. B. im Schlosse zu Blankenheim. An allen diesen Stellen müßte denn also dieselbe Geschichte sich ereignet haben. Der alte von Hagen würde in seiner zur selbigen Zeit verfaßten Reimchronik, worin er die damaligen Fehden der Kölner mit den Kurfürsten erzählt, gewiß nicht davon geschwiegen haben. Gelenius widerlegt übrigens jene Fabel bis zur Evidenz. Diejenigen, bei welchen die Paphenpforte, damit doch eine Pfaffenpforte daraus würde, lateinisch Porta Flaminea heißt, gründen ihre Taufbenennung auf die Ursache, weil ein alter Dom vor der Stadt, in der Gegend von St. Andreaskirche gelegen habe, und die Pfaffen (wie man im alten Deutschen alle Clericos nannte) durch diese Pforte zur Kirche gegangen sein sollen. Allein diese unschuldigen lateinischen Wiedertäufer bedenken nicht, daß in den früheren Zeiten die zum Stifte gehörigen Personen herkömmlich in der Clausur wohnen mußten, und also nicht täglich schaarenweise diese Pforte zu durchwandern hatten. — Zudem ist der lateinische Name Flamen niemals den Priestern des Christenthums beigelegt worden.</small>

Gegend durch nichts sicher bestimmen. Einige, und zwar auch unser Gelenius, scheinen zu vermuthen, daß die Porta Jani, wovon die dermalige Hahnepforte ihren Namen habe, eines der ersten vier Thore gewesen, und etwa aus der Naumachia (dem Neumarkte) geradezu ins Feld geführt habe — oder daß diese Pforte an einen ehemaligen Janustempel, wobei des Marsilius Grab (Marcellus=Stein) lag, gegen St. Reinold über, gegränzt hätte; allein es ist im ersten Falle unwahrscheinlich, daß das St. Apostelnstift jemals diesen Durchgang hätte verbauen dürfen, da zudem in den dagegen liegenden alten Mauerresten keine Spur einer Pforten=Oeffnung vorkommt; im anderen Falle würde die Pforte außer der Mauerlinie gelegen, und würde die Lung= (nach Einigen Longinus=) Gasse, welche von Gelenius Via pulmonaria *) genannt wird, und nach der Januspforte geführt haben soll, dem römischen Herkommen zuwider gar keine Richtung oder Verbindung zu der Porta Martis gehabt haben. Hingegen bemerkt man aus jedem alten und neuen Plane unserer Stadt die Gassen=Verbindung der Porta Martis mit der Porta Herae. Diese ging durch die Brückenstraße und Klödergasse, an deren Ende aber geradefort durch eine, jetzt mit Häusern und Gärten geschlossene, Richtung in der Heimersgasse, auf einen offenen Platz, zu den Oliven genannt; von da lief sie durch die Gärten der westlichen Häuser in der jetzigen Oliven= oder Bilsgasse, wo sie sich, der ordentlichen Richtung nach, in die alte Mauer=Oeffnung unserer Hera=Pforte vor St. Apern ergoß.

Die Feldgegend um die Stadt ward ihres fruchtbaren Bodens wegen vortrefflich angebaut. Waffen= und Uebungsplätze, Grabstätten, Tempel, Villen, Gärten, Bäder und Wasserleitungen, für

---

*) Die Benennung vicus pulmonarius ist hier wohl die wahrste; denn die Arbeiter der in späterer Zeit in der St=Peters=Pfarre so häufigen Tuchfabriken fanden hier zur Mittagszeit alle wohlfeile Fleischspeisen für sie vorbereitet und käuflich. Daher auch neben der Lunggasse noch die Fleischmengergasse (mangones carnium): eine Benennung, die zu den Beweisen von den ursprünglich lateinischen Straßen=Namen gehört.

welche der Luxus der reichen Römer und Agrippinenser binnen den Mauern keinen Raum mehr fand, mußten bald den Ort umgeben, der nach Agrippina's Plan den benachbarten und verbündeten Nationen Roms Größe und ihre Macht zeigen sollte, und wo die Civil- und Kriegsgewalt der Provinzen ihren Sitz hatte. Neben den Villen siedelten sich die Höfe der Ackerbauer und wurden Weiler; aus den Kriegerschanzen ꝛc. entstanden Dörfer und Märkte, deren einige von den Namen der Anführer noch jetzt Benennungen römischen Ursprungs tragen. Selbst der oben angeführte Janus-Tempel, und vielleicht auch das Monument des Marsilius, dessen Ueberrest noch lebende Kölner gekannt haben, jene Gebäude auf der Höhe nach Rodenkirchen, und viele Spuren von Grundmauern und Grabstätten, welche seit Jahrhunderten entdeckt worden sind, gehören dahin. Auch ist es nicht zu läugnen, und es gibt wirkliche Anzeigen, daß man, insonders gegen die Rheininsel hin, in die Mauer vor und nach mehrere Pforten gebrochen habe, um die Wege zu den neuen Waffen- und gymnastischen Uebungsplätzen, zu den Villen, Tempeln ꝛc. ꝛc. zu verkürzen, und den Genuß der frischen Luft sich leichter zu machen. Vor den Hauptpforten, insonders an den Heerwegen, entstanden Vorstädte, und diese Vorstädte bestimmten hernach die **erste** Vergrößerung der Stadt. Neue, vor diesen Thoren bald wieder angelegte Vorstädte verursachten endlich in spätern Zeiten die **zweite**. Aber vor der Martispforte auf der großen Rheininsel, als der Kehrseite gegen die fremde Gränze, muß nothwendig Agrippina's Plan vorzüglich ausgeführt worden sein.

III.

Die Rheininsel. — Der Lauf des Rheinarmes zwischen der Insel und der alten Stadt. — Beweis des von unseren Chronikern seither unbemerkten Daseins dieser Insel. — Ihr Raum ꝛc.

Hier ist der Anlaß, von dieser Rheininsel zu reden, den Lauf des sie umfassenden Armes zu bestimmen, ihren Raum, und welche Anwendung die Römer und die Agrippinenser davon gemacht haben, welche Veränderung endlich damit vorgegangen sei, durch die möglichsten Beweise darzuthun.

Unsere gedruckten und geschriebenen Chroniken schweigen davon. Die bildlichen Vorstellungen der alten Stadt, selbst jene von der Brücke Cäsar's und Konstantin's im Epideigma unseres Broelmann, welche letztere Bossard in seiner unzuverlässigen Securis ad radicem copirt hat, zeigen von ihr keine Spur. Der einzige Jesuit Aldenbrück in seiner lateinischen Abhandlung über die konstantinische Brücke, die er im Jahre 1767 dem hiesigen Senat dedicirte, unterlegt wenigstens in seinem Abrisse einen Inselboden, ohne jedoch im Context sich darüber insonders auszulassen. Bei den römischen Schriftstellern sucht man sie umsonst, außer in der Anrede des Redners Eumenius an den Konstantin.

Eumenius lebte zu Cleve, war zu Köln im Gefolge des Kaisers Augenzeuge von dem, was Konstantin unter uns that. Hier ist die Stelle der Rede, wo er bei Errichtung der hiesigen Brücke gelegentlich der Insel erwähnt: Ubi jam immani meatu ferox (Rhenus) et alvei unius impatiens in sua cornua gestit excedere. Deutsch: Da, wo nun der Rhein mit seinem ungeheuern Strome hinstürmend sich nicht mehr in Einem Bette hält und muthwillig mit zwei Hörnern (zwei Armen) ausfällt. — Hier ist der Beweis der Insel von einem damals lebenden Zeugen. Der Beweis ihrer Größe wird durch folgende Aufschlüsse klar werden.

Die Benennung der St. Martins-Abteikirche: S. Martini in insula (St. Martin auf der Insel) und daher die Ueberlieferung unserer Voreltern, daß der Rhein vordem über den Altenmarkt geflossen sei, hat sich bisher im Volke noch hinlänglich erhalten. Aber es gibt Leute, welche sich diese Insel fast nur als einen Raum einbilden, der sich allein für den Umfang des St. Martins-Gebäudes, durch einen kurzen Rheinarm von der übrigen Stadt abgesondert hätte. Wenigere wissen es, daß der Abstrom des Flusses vom ganzen Heumarkte herabgekommen sei; und desto seltsamer wird's Manchem scheinen, der es zum ersten Mal hört, daß diese Insel von der Gegend des jetzigen Beyenthurmes schier über den ganzen östlichen Rand der jetzigen Stadt und vom dermaligen Rheine über die Linie des halben Heumarktes — bis zu der dermaligen Trank=gasse sich erstreckt habe.

Auf der Höhe, neben dem Leinpfad nach Robenkirchen zu, dort, wo man jetzt die Mühle und die Gartenanlagen des Herrn Huybens erblickt, standen ehemals römische Gebäude. Ursprünglich war da einst eine Veste (eine Burg) *); denn der Ort trägt noch jetzt den Namen: Die alte Burg; und die Straße aus der ersten alten Hohenpforte dahin, hieß lang die Burgstraße (Burgstrazza) **). Von jeher und noch bei der letzten Umschaffung des Bodens sind daselbst Alterthümer mancherlei Art, sammt Grundsteinen und Bau=zierathen römischer Herkunft ausgegraben worden, deren einige ben=noch wohl zu künstlich bearbeitet waren, um daraus allein für Ueberreste von einem der fünfzig Castelle des Drusus zu gelten; reiche Agrippinenser erster Zeit hatten gewiß diese anmuthige Lage auch zu ihren Villen gewählt. — Hieraus schließe man: daß von der Zeit an der Rhein dort noch in seinem alten Bette laufe.

Aber unweit von dieser Gegend zielte der sich überlassene Lauf des Flusses mit mächtigem Anstoße (immani meatu) immer mehr gegen die Lage unserer alten Stadt an. Er spült, so weit er nun dort aufgehalten wird, wirklich sehr in die Tiefe. Ehe der Strom daselbst noch den Widerstand antraf, den man ihm bei der letzten Vergrößerung Kölns, durch die Damm= und Mauerwälle vor dem Beyenthurme — oder dergleichen man ihm schon ehedem bei

---

*) Wahrscheinlich, wie man nach der Angabe unseres berühmten gelehrten Geschichts=forschers, des Domherrn v. Hillesheim, glauben kann, eines der 50 Castelle des Drusus, die er meist auf Hügeln, den Krümmungen des Rheins entgegen, an=legte, wo die Römer den kommenden Strom aufs fernste beobachten und beschützen konnten. Daher der unter den Oertern am Flusse so oft vorkommende Name Kassel entstanden ist. So kommt in unserer Nähe auch ein Nieder-Kassel vor, welches vielleicht das Untere, gleichwie jenes auf der Höhe das Obere Kas=sel, zur Sicherheit des hiesigen Römer-Standlagers, gewesen sein kann.

**) In einer Urkunde des Bischofs Wichfrid vom Jahre 948. Harzheim Concil. gorm.

der ersten Vergrößerung der Stadt oberhalb der Nebels=
kaul entgegen gesetzt hat, muß er gewiß einen Theil seines natür=
lichen Laufes einwärts gegen die Tiefe der jetzigen Weingärten ge=
richtet haben, welche sich dort am Fuße der St. Severins=Höhe
ausbreiten, und in welche man vom Walle an der dasigen Stadt=
windmühle herabschaut: denn ungefähr in der Gegend, wo das der=
malige Rheinwerth (Wehr) anfängt, stieß der Fluß auf den Kopf
eines unabweichlichen steinichten Hügels, wovon unser Wörth noch
ein Ueberbleibsel ist. Dieser, bis hinter die jetzige Stadtmauer
fortragende feste Hügel, dessen überschütteter Boden jetzt auch jene
Weinberge noch so gedeihlich macht, und der sich, durch das Gra=
ben in beträchtliche Tiefen, wiederfindet, bildete einst die Stirn
unserer großen Insel. Hier war es, wo der Rhein, der nach sei=
ner alten Laune oft noch eben so in unseren Tagen das kleine
Werth dort umschlingt, damals, nach dem Ausdrucke Eumenius,
in seine zwei große Arme ausfiel. Er behielt mit dem stärkern,
hinter der Insel, fast den gegenwärtigen Lauf; für seinen diesseiti=
gen Arm war aber kein anderer Weg, als durch das Thal zwischen
unserer einst ununterbrochenen Insel und jener, von St. Severins=
Höhe fortlaufenden, erhabenern Erdstrecke, worauf Agrippa an
dessen Ufer, beim Hügel des jetzigen Capitols, den Grund zu
unserer Stadt legte.

Dieser Rheinarm strömte also erst durch einen Theil jener Tiefe
und der nunmehrigen Gärten hinter der obern Stadtmauer *). Er
lief quer durch die so genannte obere Zugasse und Rosengasse, durch
den Sions=Klosterplatz, quer über den jetzigen Katharinengraben,
die Nebelskaul, die Klapper= und kleine Witschgasse, dann die obere
Wendung der Pudelsgasse vorüber; ferner durch die Strecke, die zum
Theil das Kloster zum Filzengraben und dessen westliche Nachbarschaft
einnimmt, wo nächst bei der jetzigen neuen Pumpe das Limpat **)

---

*) Hier wird der **Plan** von Köln zur Basis gelegt, welchen der geschickte und emsige
städtische Artillerie=Hauptmann Valentin Rheinhardt 1752 herausgegeben hat.

**) Von dem wegen der Bebauung des Limpats entstandenen Streite zwischen dem
Kurfürsten und der Stadt Köln, sammt dem darüber erlassenen schiedsrichterlichen

(Leinpfad) herauskam. An dieser Stelle blieb lang nachher noch eine Gasse, bei welcher schon frühe die dasige Gerichtbarkeit Ouersburg (Oursbruch, jetzt Airsbach) ihren Sitz ergriffen hatte, und woran auch, wie bisher, der St. Johanns-Kirchsprengel sich endigte.

Von hier floß der Rheinarm über eine Strecke der Malzbüchelgasse und ihrer hier ostwärts gelegenen Häuserstellen. Er bespülte jetzt den Hügel des Capitols (St. Mergensberg), an dessen Ecke in der alten Mauer wahrscheinlich bald eine Anfuhr und Rheinpforte eröffnet worden ist; dann durchlief er (jedoch mit Beobachtung des Raumes für das Limpat) die Gassen und Bauplätze der gegenwärtigen Häuser hinter der, jetzt aufgehobenen, St. Martinspfarrkirche fast bis zum dritten Theile der Breite des Heumarktes. Die Emporkirche von St. Martin *), beim Eingange oben Mauern, ruht

---

Urtheile des Kaisers Friedrich Barbarossa, folgt Mehreres nebst dem Auszuge dieser Urkunde, wann wir die Vergrößerungen der Stadt angeben werden.

*) Die Pfarrkirche dieses Bezirks lag ursprünglich im Capitol. Sie war einst die vornehmste der Stadt, die Pfarrkirche des fränkischen und austrasischen Palastes und seiner ganzen Gegend; also gewiß älter als die wirkliche St. Marienkirche, welche Pipin's Gemahlin Plectrubis zum Gottesdienste für ihr errichtetes Edelstift um das Jahr 700 erbaute. Jene alte erste Pfarrkirche soll, der Tradition nach, den Titel der Apostel Petrus und Paulus geführt und etwa an der Stelle der welschen Capelle gestanden haben. Von ihrer Kirchhofstätte neben dem alten Rheinufer hat der Leichhof noch seinen Namen behalten. Die Invocation des heiligen Bischofs Martin war zu Plectrubis und Pipin's Zeiten sehr aufgenommen. Beide stifteten unter dem Titel Maria und St. Martin auch eine Kirche in Orpen am Ardenner-Walde. St. Martins Mütze (keine Inful, sondern eine Ohrkappe von violfarbiger Seide), aus Plectrubis ursprünglicher Reliquien-Sammlung, hat nach manchen Plünderungen, Brand und Verwüstungen sich noch im Kirchenschatze von St. Marien erhalten. Die Verehrung des heiligen Martin, welche der uralten Pfarrkirche zuletzt eigen gewesen zu sein scheint, ist in die neue Martinskirche auf dem Ufer hinübergewandert, deren Erbauung endlich der, bis an das jetzige Rheinufer anwachsenden Stadt und der damaligen, des Handels und des Hansebundes wegen, sich daselbst hindrängenden Menschenmenge nothwendig wurde, wobei aber das St. Marienstift sich erst das Einsetzungsrecht des Pfarrers vorbehielt, und lang behauptete; bis es laut der folgenden Verzichtungsurkunde damit zufrieden war, daß die Pfarrgenossen ihm das erwählte Subject vorstellen sollten; welches letztere Recht auch endlich, bei der Incor-

wirklich auf Resten der Stadt= und Ufermauern, welche auch noch, mit Spuren von Ueberbleibseln eiserner Haltringe für Schiffe, sich in Gewölben dieser Gegend entdecken lassen.

Der Strom ging weiter über den Steinweg, und dessen östliche Hausplätze ꝛc. ꝛc., der porta Martis (Martpforte) und dem hoch= gelegenen Civil=Prätorium (jetzigen Gemeindehaus) gegen den alten Markt vorbei, wo seine Linie schon einlenkte. Die Wendung des längs den alten Mauergränzen im 15. Jahrhundert errichteten Rathsthurmes, und die schiefe Lage der wirklichen Häuserreihe aufm alten Limpat daselbst zeigen noch die Spur dieser Uferlinie. Merk= würdig hiezu scheint auch der nach eben derselben Richtung ge= kehrte, in seinen Fundamenten uralte Bogen im Eingange zum Thale, gegen der jetzigen Bechergasse über, obwohl er obenher mit Duck= steinen ausgeflickt ist. Es läßt sich vermuthen, daß dieser noch ein ursprüngliches Joch einer Communicationsbrücke zu der über den Kammmacherbrand damals fortlaufenden Insel gewesen sei: der= gleichen gewiß mehrere von Stein oder Holz (wie vielleicht auch der

---

poration einer Stiftspräbende mit der Pfarrei, sich in die Annahme des Pfarrers zum Capitel verloren hat.

In nomine S. et individuae Trinitatis. Gerberna Abbatissa, Clementia Decana, totusque Conventus S. Mariae in Capitolio Coloniensi etc. Noverit universitas vestra, quod, cum in ecclesia S. Martini min. in Colonia Plebano carere contigerit et de constitutione alterius fuerit ordinandum, Parochiani ejusdem loci de templo instituendo tractantes plenum jus et liberam potestatem eligendi Plebanum in praedicta ecclesia sine nostra habebunt contradictione. Et si aliquam in ecclesia nostra personam idoneam, quae iis competat, oligere voluerint, hoc non aliqua necessitate, sed ex libera facere poterunt voluntate — alioquin personam — quam elegerint, Abbatissae ecclesiae nostrae — praesentabunt, et ipsa sine omni contradictione aut dilatione praefatam ecclesiam personae conferet praesentatae.... Ut ergo omnis dissensionis materia super institutione vel electione Plebani praefatae ecclesiae, imposterum inter ecclesiam nostram et memoratos parochianos conquiescat, jus ipsorum et nostrum circa hoc consistens, ut praemissum est, ... duximus reducendum... Acta sunt haec anno Dom. incarnationis millesimo ducentesimo vicesimo tertio.

hölzerne Steg beim obigen Filzengraben-Limpat) auf die Insel geführt haben werden.

Durchs Thal zielte nun der Strom über die Stelle des nach= herigen bischöflichen Hofes und Gartens, wo die uralte Drachen= pforte unten am Domhofe in der Stadtmauer durchgebrochen war. Hier darf man die Versicherung von Augenzeugen nicht vorbeigehen, welche zwischen den Jahren 1743 und 45 beim Ausgraben des Sandes, den man zum Baue der St. Johannskirche und des Se= minariums brauchte, in diesem Grunde auch noch die Ufermauern mit Ringen bemerkt haben. Unser Strom lief nun den Marien= grabenberg vorbei, strich dort quer über die Trankgasse, bis dahin, wo es noch wirklich am Ufer heißt, und wo die alte St. Serva= tiuscapelle anschießt, welche der Tradition nach (siehe den Gele= nius) am Hafen, vielleicht am Eingange zum alten Hafen vom unteren Rheine herauf, gelegen war. Hier haben endlich die bei= den Ströme sich wieder zu einem gemeinschaftlichen Bette vereinigt.

Dies war also der Lauf unseres Rheinarmes. Nun zur Be= stimmung dessen, was diesen Lauf leitete, und welchen Raum zur Insel er umfaßte. Der Leser vergesse aber nicht, daß er alles die= ses nur im Zeit= und Gränzpuncte der alten ersten Stadtmauer zu betrachten habe, bevor es nöthig war, noch jene Schluchten, Com= municationsgassen und Pforten auf den dermaligen, zu einem ein= zigen Strome nachher eingeschränkten Rhein zu öffnen oder zu errichten.

Eine stehende Insel, was ist sie anders, als ein unabweichba= rer, mehrentheils im Grunde steinichter Berg oder Hügelsaum, der über den gewöhnlichen ihn umgebenden Wasserspiegel hervorragt? So wie nun der Boden, worauf unsere St. Martins=Abtei liegt, einst über den jetzigen Altenmarkt, als das Bett des ihn durchströ= menden Rheines, hervorgeragt haben muß, eben so muß einst die ganze Bodenstrecke zwischen den beiden Rheinarmen, welche bis jetzt noch mit der wagerechten Lage von jenem St. Martinsgrunde gleich oder höher liegt, hier Insel gewesen sein, und unserm beschriebenen Rheinarme den Weg gewiesen haben. Laßt uns diese Inselgränzen aufspüren.

Die Vergleichung der gewöhnlichen mäßigen Wasserhöhe mit anderen, insonders jenen seltenen in unserer Lebensperiode von 1784 und 95, ist selbst für den ungelehrigsten Beobachter hier das natürlichste Wägemaß. Es erhellet schon hieraus, daß in jener Zeit der Rhein in seiner gewöhnlichen Höhe von unserem angegebenen Inselkopfe an, nirgendwo anders hätte eindringen können, woher er gegen den Hügel unseres Capitols anzuprallen vermochte. Das gegenwärtige Werth, dessen Gipfel wirklich vom gewöhnlichen Wasserspiegel nie bedeckt wird, hing einst mit dem erst in näheren Zeiten daselbst erhöhten Ufer zusammen; denn an der dortigen Stadtmauer, gegen die Neckelskaul hin, bemerkt man noch die vorige Untiefe an späteren, aus der Erde kaum hervorragenden, zugebauten Pforten, welche gewiß auf die damals gewöhnliche Wasserhöhe berechnet waren; man bemerkt sie sogar selbst an der mit ungleichartigen Materialien erhöhten alten Mauerzinne. Das Ufer bei der Neckelskaule, wo hernach die erste Vergrößerung der Stadt endigte, lag dennoch schon höher; mit ihm stand die sich daran nähernde Gegend des Werths im Höhenverhältnisse des Zusammenhanges. Der dortige bergige Erdsaum ist bereits auf dem Holzmarkte beim großen Armenhause so erhaben und fast höher gelegen, als der Boden der St. Martins-Insel. Er senkt sich etwas hinschweifend bei Lyskirchen; aber die Kirche selbst ist, wenigstens in ihrer Gründung, noch auf der alten Insel erbaut gewesen, und eines unserer ersten christlichen Alterthümer. Ihre unteren Mauerlagen, insonders an dem uralten Haupteingange, welcher aus so vielen, alles umher zerstörenden Wasser- und Kriegsverwüstungen sich erhalten hat, zeigen keine Ducksteine. Die Einfassung der Thür und das in Medaillenform darüber ausgehauene Gotteslamm mit der Schrift umher (Se dolet hoc titulo stratam rabies inimica) verrathen den Styl und Charakter des 6.—7. Jahrhunderts. [?]

Wenn auch die Gruft unterm Chore daselbst (Cella, Crypta S. Materni), als worin St. Matern entweder einst lebend gewohnt haben oder todt aufbewahrt worden sein soll, dem Kritiker nicht die Wahrheit jener frommen Tradition beweiset, welche schon einen

Schüler Petri hier zum Stifter des bischöflichen Sitzes machen will, so verläugnet sie doch nicht ihr im Alterthum vergrabenes, ehrwürdiges Herkommen. Diese Kirche hieß nach der Veränderung der Insel: St. Maria am Ufer. Sie war die Pfarrkirche eines da herum entstandenen Dörfchens Nothhausen, welches später als eine Vorstadt von Köln betrachtet wurde: wie es in einer Urkunde des Erzbischofs Anno für St. Georgs-Stift vom Jahre 1067 vorkommt *). Unter allen Wasserhöhen hat nur die von 1784 den Altartisch bedeckt. Das alte hohe Ufer hinter und neben der Kirche, welche nun senkrecht abgeschnitten und mit der Stadtmauer bekleidet ist, schweifte sonst langsam bergab in den Fluß, und betrug bis zum gewöhnlichen Wasserspiegel über 10 Fuß. In dem Gärtchen des benachbarten Hahn'schen Hauses ist man sogar, bei nicht tiefem Eingraben, noch auf das alte gute Steinpflaster dieses Inselbodens gerathen.

Die Erdhöhe dieser Strecke steigt nun sichtbarlich fort, außer daß sie, wie gesagt, bei allen zu den Rheinpforten führenden Gassen durchschnitten und vertieft ist. Sie hebt sich zur Straßburger- (A) Gasse, durch die Gasse auf der Arc genannt, (B) über den Rothenberg, quer durch die Lintgasse, über den Boden der St. Martins-Abtei, geht nun abschweifend gegen den Kammmacherbrand bis zur Trankgasse hin, in welcher Gegend unsere Insel aufhörte.

Dieser fortlaufende Hügel ragte ehedem über den Wasserspiegel zwischen den Armen des Rheines. Er bildet noch jetzt eine Bogensehne (Chorda), deren Scheitelpunct in den oben angegebenen Gassen zwischen (A) und (B) liegt; denn der Boden des Hauses Nro. 1099 daselbst wurde im Jahre 1784 vom Rheine nicht bedeckt, und in dem Hause dagegen über Nro. 1009 hat das Wasser nur die Schwelle überspült; da hingegen, wie uns bekannt ist, auf Plätzen, welche unser alter Rheinarm einst durchströmte, mehrere Häuser bis zum ersten Stockwerke und weit höher im Wasser lagen, — da

---

*) S. Maria in Nothuisen in suburbio civitatis colon. juxta ripam Rheni sita cum banno, una cum subjecta sibi villa et omnibus suis justitiis, agris etc.

der oberhalb dem Beyenthurme ausgetretene, nun uferfreie Rhein mit seinem natürlichen Stoße dort auf St. Severins=Graben gegen die Stadtmauer wüthete und durch die eingestürzten Bogenwölbungen hereindrang, — da der ganze Rhein gleichsam die Gränze seines alten Besitzthumes wieder heimsuchte, und zum Ersatze seines ihm einst abgezwungenen Rechtes, nun mit nie gezeigter Gewalt sein Andenken erneuerte.

Dieser, von der angegebenen Gegend am Beyenthurme sich erhöhende — nun längs den Mauern unserer ursprünglichen Stadt, bis etwa der jetzigen Trankgasse vorbei, — zwischen den zwei Rheinströmen hervorragende, ununterbrochene Erdsaum — war also eine Insel. Ihre Länge mag ungefähr vierhundert Ruthen, ihre größte Breite 30 bis 36 Ruthen betragen haben. Die alte erste Agrippinenser=Stadt lag also auf einer noch erhabeneren Hügelreihe am diesseitigen Arme des Rheines.

Cäsar hatte hier die Lage zu seiner Brücke, Agrippa jene zu einem römischen Standquartier, zur Gründung einer Bündnißstadt zwischen den Römern und Ubiern und zu einem Wirkungspuncte der römischen Macht in jeder Hinsicht mit kluger Ueberlegung gewählt. Die Stadt Agrippa's mit ihrem stolzen Capitol, ihren Tempeln, Prätorien, Wachthürmen und Handelsschiffen am hohen Ufer hinter der Insel amphitheatralisch ausgebreitet, glänzte auch schon damals als Halbmond in der gegenseitigen Ferne, die Völker der Wälder und Sümpfe einladend zur Freundschaft, zur Verbrüderung mit den Römern, mit der gebildeteren Menschheit und mit der Freiheit, aber auch blitzend gegen die Feinde des glücklichen Roms und seiner auch einst unüberwindlichen Macht.

Der Leser wird hieraus bereits den Schluß machen, daß die schöne Insel selbst, als ein Haupttheil der Seite, von welcher Agrippa's und Agrippina's Stiftung den verbündeten und benachbarten jenseitigen Nationen in die Augen fallen sollte, nicht öde, nicht leer von Gebäuden und Denkmälern geblieben sei.

IV.

Anwendung der Rheininsel bei den Ubiern — Römern — Agrippinensern. — Der Altar der Ubier. — Das Forum insulæ. — Die Marktstationen ꝛc.

Auch außer dem Gesichtskreise der mechanischen Kritik, welche in der Vorzeit nichts für geschehen oder möglich halten will, als wovon sie den Buchstaben findet, liegt noch im logischen Felde der Geschichte so vieles, was den weltkundigen Seher, wo es ihn gleich im Grunde nicht überzeugt, dennoch aufklärt, und seinen Geist zum Beifalle oder zur Widerlegung erweckt; wodurch dann manches Wissenswürdige nicht mehr, wie es der allgemeine Fall ist, so unlöslich und undenkbar begraben bleibt, als ob es in der That nie geschehen wäre, indem ein Ding unter gleichen Umständen dennoch immer geschieht.

Hierzu muß also der Zeitenforscher seine Zuflucht nehmen, wenn ihn Denkmäler und Urkunden verlassen. Hier spricht er gleichsam die leere Stätte, Luft und Erde an, und glaubt von der Inspiration der Schatten sich umsäuselt zu hören, die einst an dem Orte wehten, um ihm die Urgestalt oder das Abbild des Verlorenen im Spiegel der immer wiederkommenden Perioden der Dinge zu zeigen.

Stellen wir nun unsere Frage: welchen Gebrauch einst die noch jenseitigen Ubier, — welchen die Römer, — welchen beide hernach als Agrippinenser, von dieser ihrer Rheininsel gemacht haben, so löset dieses Problem sich fast durch die Vorfrage: wozu würde ein jedes, im Genusse seiner Ruhe und seiner bereits erworbenen Handelsvortheile dort immer neidisch gestörte, hier für seine Habe Sicherheit und Absatz findende Volk, wie unsere Vorväter, — wozu würde jedes planvolle, Zeit und Ort benutzende Genie, wie Cäsar und Agrippa, — wozu würde jede so kräftige und glanzliebende Nation, wie die Römer, — jede endlich unter befestigter Macht hier ihres Reichthums frohe und genußsuchende Gemeinschaft, wie die Agrippinenser, eine in ihrer Lage so nützliche und angenehme Insel angewandt haben? Laßt uns nicht ahnen, daß die vereinigte, mit jedem Mittel zum Können und Wollen ausgerüstete Erfindungskunft etwas für jene Epoche Paſſendes hier unangewandt oder unverſucht gelaſſen habe!

1) Gewiß haben ſchon die noch jenſeitigen Ubier aus Noth und Gewinnbegierde den vortheilhafteſten Gebrauch von der Lage dieſer freien oder gemeinſchaftlichen Inſel nicht verſäumt. Ihre ſchon alte Neigung zu den römiſchen und vor-römiſchen Galliern, ihre Handelsverbindungen, ihr dadurch erleichterter Beſuch von fremden Kaufleuten, ihre bald gewünſchte Sicherheit der Ufer und Schiffsſtationen, ihre Anerbietungen an Cäſar und Agrippa, die tägliche Gemeinſchaftlichkeit ihrer Volkslenker mit ihnen, ihre Theilnahme an den römiſchen Uebungen und Feſten, und aller Einfluß dadurch auf ihren Charakter und Wohlſtand können ihre Abſicht auf den Gebrauch dieſer Inſel nicht ausſchließen. Ihre Hauptörter am Ufer waren die ſchon älteren Derter Mülheim und Deuß, wo die handelnden, die reicheren Familien, und die Erſten ihrer Republik wohnten, wovon Cäſar ſelbſt ſagt, daß er ſie bereits als ein geſittetes, beredtes, wohlhabendes, gewerbſames und bedürfnißkundiges Volk angetroffen habe *). Immer geneckt vom Neid und der Raubſucht unthätiger, nur kriegeriſcher, herumirrender Nachbarn mußten ſie ihre Habe, und die zum Handel eingeſammelten Producte des Landes und des Fleißes ſchützen, und oft über den Fluß herüberretten. Deuß ſcheint aber aus der Herleitung ſeines ehrwürdigen Namens vom vaterländiſchen Gotte, oder dem dafür gehaltenen Urvater Teut, Teutates, Tuiscon oder Deuſon — den Anſpruch auf das älteſte Herkommen und das Vorrecht gehabt zu haben, und hier mag wohl ihr Volksrath, womit Cäſar und Agrippa unterhandelten, ſich verſammelt haben. Gleichwohl iſt nach immerwährenden Verwüſtungen dem Orte nichts von dem, was er war, als kaum der Name noch übrig. Seine gewählte Lage, der Mitte der Inſel und der Ueberfahrt von und zur Hauptſtraße Gal-

---

*) Ubii, quorum civitas ampla atque florens, — ceteris humaniores, propterea quod Rhenum attingunt, multique ad eos mercatores ventitant et ipsi propter propinquitatem gallicis sunt moribus assuefacti. Caes. de bell. gall. I. 4.

liens gegenüber, woher ihm damals die reisenden Handelsleute zu=
flossen, die mehr für Geld als Tausch die deutschen Producte ein=
kauften, bestimmt dessen Verbindung mit der Insel selbst, und sie
scheint daher schon damals der Markt oder gleichsam die Börse ge=
wesen zu sein, wo die wechselseitigen Waaren ausgestellt, und wo
Tausch und Handel geschlossen wurden.

2) Als Cäsar und die Römer hier erschienen — Cäsar, der schon
in Gallien so gut als allein herrschte, der sich da festzusetzen dachte,
wenn sein großer Plan zu Rom mißlänge, — der Geld in Rom
geliehen hatte, um in Gallien Herzen und Völker zu erobern*) —
so war ihm heimlich wohl, von den Ubiern angerufen zu sein, um
vielleicht durch Bündnisse, Schrecken und Ehrfurcht sich an der Gränze
zu sichern oder gar sich auch jenseits auszudehnen. — Er fand für
seine Absicht nichts günstiger, als unseren erhabenen Uferboden an
dem, mit einer solchen Insel, gegenüber dem Hauptsitz der Deutschen,
durchstrichenen Rheine. — Aus Hochsinn und Erfahrung hatte er
Grund, die spielende Umfahrt um die Insel mit den ihm angebo=
tenen Kähnen zur Uebersetzung seiner Armee auszuschlagen, und der
Größe und Schleunigkeit seiner Plane gemäß auf den Bau der
Brücke zu denken, wozu die Inselbreite seine, obwohl für den Raum
des größeren, tieferen Armes noch immer erstaunliche, Arbeit den=
noch sehr erleichterte, indem er zugleich an vier Enden gegen ein=
ander die Brücke anfangen lassen, und um so viel geschwinder be=
endigen konnte. Indeß mag ein künftiger Herausgeber von Cä=
sar's Werken dieses in einer Note benutzen, und über den nur zehn=
tägigen Bau eines solchen ungeheuren Werkes seine Leser um etwa
4= bis 500 Fuß der Länge weniger in Erstaunen setzen.

3) Als nun Marcus Agrippa, auf Cäsar's Plan fortarbei=
tend, diesen Boden zu seinem Standlager und zur Stadt gründete,
wohin er die Volksblüthe der Ubier verpflanzen wollte, damit sie
durch sich selbst zugleich hier die Rheingränze des römischen Galliens
schützten: (siehe I.) war es da nicht wieder die Rheininsel, be=

---

*) Aurum in Gallia effutuisti, heic sumsisti mutuum. *Suet.*

ren Vortheile er sichtete, und wo er durch Kriegerschauspiele, Volks=
feste, einladende Verheißungen und Popularität das Volk gewann,
dessen Häupter er schon durch seine Kraft, durch Umgang und Ver=
träge eingenommen hatte? Wo verbrüderten sich zuerst Gallier
und Römer mit den Germanen? und wo anders kamen die
Ubier am nächsten von ihren Gränzen her, um nun die Bewohner
dieser neuen Stadt zu sein, als über diese Insel?

Eine solche Bundesstiftung, die Aufnahme, die Wohnveränderung
einer Nation, dazu der ersten Jenseitigen, welche die Römer in dem
Gebiete ihres Reiches sich ansiedeln ließen, geschah damals nie ohne
feierliche Religionshandlung, ohne Schwur vor errichteten Altären.
— Wo war der natürlichste Gränzplatz, an dem sich die Verbün=
deten mit einander dazu versammeln konnten? Sollten die Helden,
die Sprecher des Volkes ein von ihrem Hauptorte stundenweit fer=
neres Ufer dazu gesucht; sollten sie zusammen auf dem einseitigen
Boden Eines ihrer Gebiete — oder sollte gar jedes Volk abge=
sondert für sich, mit Einladung des Andern, dieses gemeinschaftliche
Fest veranstaltet haben, wenn auch selbst sie in Sitten oder Got=
tesdienst noch so wesentlich entfernt gewesen wären?

Ich stehe hier also an dem, durch die zweifache Angabe des
Tacitus und durch die Uneinigkeit der Gelehrten darüber, so be=
rüchtigten Altare der Ubier. Ich frage aber zuerst, was war
dieser Altar? Dann läßt sich sagen: wo er war oder wo der Al=
tar sein konnte, wovon Tacitus spricht. Jene Vorfrage ist von
jeder Partei der Kritiker vorbeigegangen worden. Ward der Altar
allein für den Tag und die Feier des Uebergangs — ward er ge=
meinschaftlich errichtet, oder war beiderseits Einer nach jeder Sitte?
war er, oder ward er erst nach dem Tage, als ein steinernes dauern=
des Merkmal des glücklich geschehenen Actes erbaut? — Und wel=
cher Gottheit? — Sollten die Römer allein vor einer Gottheit der
Ubier mit ihnen — sollte das Volk der Ubier einem ihnen noch
unbekannten Götterwesen der Römer, sollten sie zusammen dem im
Leben schon vergötterten August oder dessen Genius an Einem
Altar geschworen und geopfert haben? Die meist noch hierin wenig

unterrichteten Ubier (hier muß man die Masse der zulaufenden deutschen Ankömmlinge wenigstens, und ihren Charakter ansehen) waren im eigenen gottesdienstlichen Systeme je roher und natürlicher, desto fester, um sich nicht schon am ersten Tage des Bundes eine unbekannte Religion oder gar einen noch lebenden Gott aufbringen zu lassen. Soll Agrippa oder sein Pontifex, beim Gewinn einer neuen Nation, da gleich den Bekehrer gemacht und mit seinen Römern so intolerant gewesen sein, da diese vielmehr die Götter der fremden Ueberwundenen zu den ihrigen nahmen? Ich halte dafür, da der Altar zum gemeinschaftlichen Opfer und Schwur errichtet war, so war er ein einfacher oder doppelter Cippus (Opferstein), so groß, daß jede der beiden sich verbindenden Nationen nach ihrer Weise die Handlung und das Opfer daran verrichtete: die Ubier vielleicht der Sonne oder dem Geiste Tuiscons; die Römer wahrscheinlich dem Mars, als ihrem Feldgotte. — Deßwegen setzte Agrippa alsbald Mars dem Helfer einen Tempel an der Rheinpforte der neuen Stadt, von wo aus diese Gottheit sie in die Schlachten begleiten, und worin der, sich nun künftig umtaufende, deutsche Ankömmling seinen Göttergruß verrichten sollte.

Diesen wirklichen gemeinschaftlichen Altar des Bundestages also mit Rau nach Deutz, als dem Abgangsorte — oder mit unserem gelehrten Domprobste Grafen von Neuenar und mit Blum nach Godesberg, oder mit Gelen und Aldenbrück nach Bonn hinsetzen, ohne behaupten zu können, daß daselbst der feierliche Uebergang der ubischen Volkshäupter geschehen sei, — und zwar nur darum, weil man des später lebenden Tacitus angegebene Entlegenheit desselben von Xanten anders nicht pünctlich auflösen können sollte: mit dieser Logik halte ich es nicht.

Als ein Denkmal aber, auch nach dem Bundestage, steht er wiederum nicht schicklicher und gewisser, als an einem Mittelorte des Uebergangs, wenn Raum und ein dazu wie gewöhnlich erhabener Ort es so begünstigen. Lipsius setzte ihn unbestimmt bei Köln, und unser gelehrter Hillesheim bestimmte ihn ganz nahe an den Rhein bei dieser Stadt, auf den Burgplatz im Huyben'schen

Garten. Aber mir ist der Ort, sowohl für den zur wirklichen Feier selbst erbauten, als für einen nachher zum Denkmal errichteten Altar, nach der Religionssitte beider Verbündeten, der **höchste Hügel unserer Insel**, den man noch jetzt auf der Are nennt, wohin ihn auch Crombach und v. Hüpsch schon pflanzten. Die immer erhaltene Feierlichkeit des **Namens** dieser Gasse bestimmt mir den Ort, wo durch eine sonderbare Fügung Wasser und Eis unsere Ara bis heran noch nicht erreicht hätte. Diese Stelle hat mir immer dazu heilig geschienen. Es ist nicht jene, vom Volke auch so betitelte, Gasse, welche der Börse gegenüber einen Ablauf des Unraths (**eine Ahr**) in den Rhein führt, sondern jene andere, welche, mit **dem Rheine parallel**, den höchsten Grund neben der Straßburgergasse ausmacht. Dieser Ort, nicht jener Canal, ist selbst in dem Rheinhardtischen Plane: Auf der Are bezeichnet. Sein Name ist nicht mehr so stumm, als er wäre, wenn alles das, was wir über den ununterbrochenen Boden unserer Insel sagten und noch zu sagen haben, nicht mit seiner Urbestimmung übereinstimmte; oder wenn ein anderer Grund dafür so wahr sein könnte, als ihn hier das Herkommen des Orts macht; zumal, da durch **jenen Volksirrthum** beinahe die eigentliche Are seitdem eine Gasse ohne Name geworden ist, und jetzt auch **Straßburgergasse** wie ihre Nachbarin, oder von Einigen sogar nach dem Titel eines ihrer Einwohner, genannt wird.

Uebrigens behält der Verfasser sich vor, zu einer anderen Zeit diesen Stoff auszuführen. Verschiedene Gründe, insonders des Nau und unseres **Hillesheim** dienen ihm zur Stütze seiner Behauptung.

Versetzen wir uns nun hier in die Vision unseres, vor dem Schauspiel dieses merkwürdigen Tages entzückten ernsten Gelenius [*]), wie er daran nicht zweifelt, daß an jenem Tage, unter dem Zujauchzen des Volkes beider Ufer, auf die Anordnung des prächtigen Agrippa, einerseits diese Heerführer und die ersten Beamten der

---

[*]) Gelen. de adm. Lib. I. p. 4.

Römer, mit ihrem Pontifex, Augur und Altardienern, zwischen den Adlern und Verillen; dort der Volksrath und die Väter der Ubier mit ihren Druiden und Barden die Ara umkreisten, bei Schall und Getöse der Hörner und Harfen nun den feierlichen Bund beschworen, und Opfer schlachteten, — dann vermischt an Gasttafeln zechten, wo Verbrüderung und Handschlag kein Spiel war, — dann hochjauchzend im heitersten Zutrauen in die neue Bundesstadt hereinzogen: so wäre dieses ein Stoff, den noch ein neuer vaterländischer Rubens uns schuldig würde, und welcher, wo er Mesquebas verdienstvollen Bildern über unsere Urgeschichte in dem Vestibul unseres alten Senates beigesellt, aber mit wärmerer Theilnahme und richtigerem Costum behandelt wäre, den Geist der Kölner für die Würde ihrer Herkunft und die Ehrliebe ihrer Väter wieder entflammen könnte.

Die Insel blieb nun der Ort der täglichen Zusammenkunft für die Bewohner beider Ufer. Mitten auf ihrem schon lang gemeinschaftlichen Forum (Marktplatze) stand, am rechten Orte, das jedem heilige Asyl, die Ara, mit der Ehrenwache der Verillen und vielleicht mit schattigen Eichen und Pappelgruppen umgeben, bald mit einer schönen Säulenkuppel bedeckt; und hier herum werden nun Bedürfniß und Erfindung nicht versäumt haben, das Ehrwürdige des Ortes mit dem Angenehmen zu verbinden, Uebungsplätze für Taktik und Gymnastik, Wachthäuser, Sacellen, Rennbahn und Bäder zu errichten, um die Ubier mit dem Geiste sowohl wie mit den Sitten der Römer bekannt zu machen. Ich halte dafür, daß die Sommerlustration der Weiber, wovon wir zu Petrarca's Zeiten noch die Spuren sahen, von einem an der Insel damals gemeinschaftlichen Gebrauche der Ubier und Römer ihren Ursprung hatte; denn beide Völker übten sie einst, nach verschiedenem Herkommen ihrer Väter-Religion. Noch späterhin, als die Insel schon verschwunden war, hat der große Platz um die Ara, wovon der Heumarkt bisher ein Theil ist, den lateinischen Namen: Forum insulæ, der Markt der Insel, beibehalten. Gelen wußte dieses und hat es aufgezeichnet; in uralten Documenten, selbst in Schreinen, soll es vorgekommen sein. Die Stationen der Verkäufer, und die Waarenlager breiteten sich nun da nach der Art ihrer Natur um den Platz der Ara her. Hievon entsprangen die Namen der Regionen der Insel und ihres großen Marktes. — Da, wo Flößen und Holz angehäuft waren, war das Forum lignarium, der Holzmarkt; der Thurmmarkt näher an der Ara, wo vielleicht Miscellanwaaren für Kleidung und dgl. zu haben waren; weiter der Kreidemarkt, wo Kreide, Farben, Kalk ꝛc.; der Lohmarkt (nicht Lausmarkt), Buttermarkt, Fleischmarkt ꝛc., wo dergleichen Producte meist von der deutschen Gränze herkamen; der Frucht- und Heumarkt, der Krautmarkt nordwärts neben der Brücke an der Martpforte u. s. w., bis zum tieferen Theile am Hafen, wo die größeren Fahrzeuge, die Kriegs- und Bedürfnißschiffe der Römer, die Handelsschiffe der Agrippinenser, und die Fremden, die von durchschifften Meeren dort ankamen, auch noch den Gränzen der alten Stadtmauer vorbei ihre Station und Sicherheit hatten, da, wo keine Gassenbrücken ihre Durchfahrt hinderten, und wo nun dort am Ende der Insel für Schiffsvolk und Calonen (Packträger und dergl.) Kost und Trank feil war, — woher die Namen der Trank- und Kostgasse entstanden sind ꝛc.

V.

Brücken und Zugänge der Rheininsel ꝛc., insonders die Brücke Konstantin's des Großen.

Agrippa der Prächtige *) hatte also mit der Erbauung der Stadt auch den Grund gelegt, unsere Insel mit jeder Anstalt und

---

*) Man vergesse nicht, daß dieser eben auch der Mann war, der zu Rom das kostbare Meisterstück der hohen Baukunst, das Pantheon (die wirkliche Maria rotunda) mit seinen Granitsäulen und den durchaus in kostbarem Erz gearbeiteten Zierathen in der Gewölbdecke, und mit eben solchen erhabenen historischen Bildstücken und Inschriften im äußeren Giebelfelde errichtete. Soll dieser sich zu Köln mit der Errichtung so ärmlicher Anstalten befriedigt haben, als schon manche Gelehrten sich solche nach dem gemeinen Geschmack und unserer jetzigen Sitte einbildeten?

Einrichtung zu versehen, wodurch dieser Ort des Bündnisses nun für beide verbrüderte Nationen einladend, sicher und ehrwürdig sein und bleiben mußte. Sie, die Verbündeten selbst bestrebten sich auch mit einander wetteifernd, ihn mit Denkmälern zu heiligen, und mit Bequemlichkeiten und Verschönerungen zu umgeben. Die folgenden Legaten des Augustus mußten in den Plan des Stifters treten. Auch der edle Germanicus sicherte und verschönerte dieses Elysium seines Wohnortes durch eigene Würde, durch seine Volksliebe, durch öffentliche Feste und römische Spiele, woran er mit seinem zahlreichen Hause Theil nahm, und wobei die Ubier Mitgenossen und ihre Jugend Lieblinge wurden, indeß beide Ufer zujauchzten. Jedoch Agrippina's planvoller Gedanke, ihren Geburtsort hier an der Gränze des Reiches für die jenseitigen Freunde und Feinde der Römer zum Sterne ihrer Allgewalt zu erhöhen, muß vorzüglich die Verschönerung der majestätisch erhabenen Rheinseite unserer Stadt und Insel betroffen haben. Es läßt sich schließen, daß mit den vielen Ritter- und Veteranen-Familien, welche sie zu mehrer Bevölkerung und Würdigung eines Ortes, dem sie ihren Namen gab, aus Rom hieher schickte, sich auch allerhand Gelehrte, Künstler, Aufseher öffentlicher Anstalten und dergleichen hier einfanden, die ihre Penaten und Götterbilder in Bronze und Marmor, ihr Hausgeräthe in römischer und griechischer Form, nebst den Werken ihrer Dichter und Geschichtschreiber mitbrachten. Denn Dinge solcher Art, deren jedoch Tausende seit so vielen Jahrhunderten durch Krieg, Raub und Brand, oder Mißachtung verloren gegangen sind, entdeckten sich dennoch oft wirklich hier und da auf unserem Boden wieder, und mehr als ein Verehrer der vaterländischen Alterthümer sucht, sie noch im Original oder im Andenken zu retten. Auch in wirklichen sowohl, als aufgezeichneten Inschriften, deren Urstücke verschwunden sind, erscheinen verschiedene Benennungen von Dingen oder Personen, welche die Einrichtung oder Verwaltung von öffentlichen Spielen, Gebäuden, Bädern, Wasserleitungen u. dgl. bezeichnen *).

*) Bei Broelmann, in seinem Epideigma. — Gruter, Reinesius, Ewertius, auch Gelen und Anderen.

Wenn man sich nun den Baugeist und die Prachtliebe der Römer hinzudenkt, welches Volk sich gewiß seine verlassene Hauptstadt hier wenigstens im Kleinen wieder zu verschaffen suchte, und welches nebst der reicheren Classe der Ubier-Agrippinenser, durch den von Natur sicheren und geräumigen Schiffshafen zwischen der Stadt und der Insel, den Mittelpunct des Handels aus den nächstgelegenen Meeren und Provinzen hieher zog: dann liegen hier schon Data, woraus die calculirende Phantasie sich bereits ein so reiches und glänzendes Bild des ersten und anderen Jahrhunderts unserer Stadt und Insel zusammensetzen kann, daß es kein Wunder ist, wie sie schon so frühe unter Feinden und Freunden sich eine solche Menge Neider erweckte.

Die Hauptbrücke der Insel war immer jene bei der Martpforte. Gewiß eben der Ort der Brücke Cäsar's: denn wie natürlich und wie römisch mußte es einem Agrippa sein, die Stelle, wo der erste Römer den Rhein unterjochte und die von ihren benachbarten Feinden geneckten Ubier in Schutz nahm, durch ein Werk ähnlichen Gebrauches zu verewigen? Zudem war an dieser Stelle (wie wir schon einmal berührten) der Ausgang der Landstraße, die vom römischen Gallien her, gegen das Herz und die breiteste Fläche der Insel gerade hin auf den jenseitigen Hauptsitz der handelnden Ubier zielte. Diese und so viele andere Gründe dafür, welche sich sowohl in der ökonomischen als taktischen Land- und Wasserbaukunde auffinden, konnte der so schlaue, in Allem erfahrene und hurtige Geist eines Cäsar, schon bei der ersten Anlage seines Standquartiers, und nach ihm auch Agrippa, hier nicht unbenutzt lassen. Vielleicht war sogar noch jener Theil von Cäsar's Brücke zwischen unserem Ufer und der Insel, oder waren wenigstens ihre Einpfählungen übrig geblieben. Wenn eine Stelle in Cäsar's sechstem Buche vom gallischen Kriege nicht durch die gedruckten Ausgaben um ein einziges M verstümmelt wäre, so hätte man zu dieser Angabe einen auffallenden Beweis. Cäsar nämlich, da er nach der Verjagung der Sueven und Befreiung der Ubier sich nicht länger jenseits aufhalten konnte, weil da kein hinlänglicher Vorrath von

Lebensmitteln für sein Heer zu finden war, indem die Teutschen zu wenig Ackerbau trieben: so beschloß er, diesmal nicht weiter in Teutschland einzudringen. Indessen um die verjagten Feinde nicht ganz außer Furcht wegen seiner Rückkehr zu setzen, führte er zwar sein Heer zurück; aber den hintersten Theil der Brücke, welcher an das Ufer der alten Ubier stieß, ließ er auf eine Strecke von CC (200), setze MCC (1200), Fuß abbrechen, und am Ende des anderen Theiles der Brücke baute er einen hölzernen Thurm von vier Seiten, befestigte dann den Ort mit Verschanzungen, und ließ daselbst eine Besatzung von zwölf Cohorten, unter dem Befehl eines rüstigen jungen Anführers, Munatius Plancus. Jene 1200 Fuß wären nun eben die Entfernung unserer Insel vom jenseitigen Ufer. Wahrscheinlich baute er also diesen Thurm auf eben diese Insel, und so ließ er den Theil der Brücke vom römischen Ufer bis zu derselben unabgebrochen, welchen Theil oder dessen Pfähle wenigstens Agrippa dann bei der Anlage seines Lagers und der Stadt zur Bestimmung der Martpforte benutzte, und welche Stelle nachher auch Kaiser Konstantin der Große zu seiner Brücke bestimmte.

Jedoch ehe wir zur Beschreibung dieser berühmten Brücke Konstantin's übergehen, indem sie erst um das Jahr 310 nach Christi Geburt angefangen wurde, müssen wir bemerken, daß damals schon in der alten Stadtmauer mehrere Thore und Zugänge auf die Insel geöffnet gewesen seien, wovon wahrscheinlich eines beim Capitol, und ein anderes bei der jetzigen Neugasse (also beide ungefähr in gleicher Entfernung von der Martpforte) gelegen waren. Von den letztern redeten wir bereits in der Abtheilung III., indem wir den noch stehenden Bogen beim Eingange zum Thale, der so genannten Bechergasse gegenüber, als ein Ueberbleibsel einer daselbst gestandenen Brücke zum unteren Theile der Insel, angaben. Auch scheint die Nachbarschaft dieser Brücke veranlaßt zu haben, daß im uralten Palaste unserer Bischöfe auf dem Domhofe, der ans Ufer des Rheines schoß und nachdem der Rhein sein dortiges Bett verlassen hatte, dessen Boden zum Garten gewann, daselbst die, erst zu unserer Zeit zerstörte Drachenpforte *) eröffnet wurde. Die äußere Form und die Steinart an dieser Pforte zeigten die Spuren des 4.—6. Jahrhunderts.

Die Pforte und eine Brücke zur Insel bei dem Capitol ist, wahrscheinlich an der jetzigen St. Mergenstreppe, schon früher eröffnet worden. Der Ort, wo die öffentliche Gewalt ihren Sitz hatte, deren schnelle Gegenwart auf der Insel, an der Ara und der Gränze des Reiches mehrmals nothwendig ward, erforderte bald einen, für sie dahin offenen Zugang. Schon der Aufstand der Veteranen-Wache daselbst, gegen die nach dem Tode des Augustus von Rom abgeordneten Legaten, welche die Legionen unserer Gegend für die Annahme des Tiberius stimmen sollten, und die Germanicus selbst an der Ara durch sein Ansehen noch retten mußte, wird die Nothwendigkeit derselben erwiesen haben. Zudem konnten die ökonomischen Erforderlichkeiten des Hauses der Präfecten dieser Gemächlichkeit nicht lange entbehren.

Wegen Gleichheit des Stoffes lassen sich auch hier jene Brücken zur Insel einschalten, welche früher oder später neben den Enden der alten Stadtmauer errichtet waren. Wir berührten schon die obere Brücke, welche auf der jetzigen Bachstraße an der Malzmühle vorkam, und, nach dem noch erhaltenen Namen, am hölzernen Steg, von Holz und nicht sehr breit gewesen zu sein scheint. Unweit Lyskirchen soll auch ein, in den alten Schreins-Archiven ad Pontem (an der Brücke) benanntes Haus vorkommen, welche Benennung dessen alte Stelle auf der Insel selbst, vielleicht an derselbigen hölzernen Brücke zu unserem Ufer, bezeichnet. — Die untere Brücke neben der alten Stadtmauer entdeckt sich durch eine uralte Schrein-Nachricht: sie hat unweit der jetzigen Mariagraben-

---

*) Diese Pforte wird von Gelenius mit einem römischen Namen, Porta Pythia, angegeben, und es scheint, daß er sich daselbst einen, dem Apollo Pythius dem Drachenbezwinger, geweihten Tempel gedacht habe, wofür sie uns aber zu spät erschaffen zu sein scheint, da ihr Entstehen nicht mit den römischen Tempeln und Pforten gleichzeitig eintrifft.

probstei auf die Inselgränze geführt *). Dergleichen Angaben, wie uninteressant und überflüssig sie manchem Leser vorkommen werden, unterstützen dennoch immer mehr die Wiederauffindung unseres alten Zustandes. Sie bereiten Data zu Untersuchungen über Bevölkerung, Gebräuche, Wohlstand, Bau- und Sinnesart unserer lieben Voreltern — und dienen, einst die beiden noch so dunkeln Epochen des Zustandes unseres alten Kölns unter der Herrschaft der Römer und unter der Herrschaft der Franken in Licht und Vergleichung zu setzen.

Wir übergehen hier noch manche, vielleicht Anderen bekanntere Anstalten zum Behuf unseres alten Ufers, unserer ehemaligen Schifffahrt, unseres Hafen- und Inselmarktes, um die Brücke Konstantin's, jenes erstaunliche Werk zu erreichen, dessen Bewunderung, und, fast kann man sagen, dessen Stelle und Geschichtkenntniß selbst für die meisten Kölner sich in dem Alles verschlingenden Nachen der Zeit verloren hat, und sogar bei Gelehrteren zweifelhaft geworden ist.

Diese Brücke muß man nicht mit jener des Cäsar vermischen. Abbildungen davon findet man im Epideigma unseres Broelmann, und eine in dem bekannten Buche: Securis ad radicem, welche jedoch der Broelmann'schen nachcopirt ist. Beide sind mit einem Idealplan unserer alten Stadt verbunden. In den Entfernungen der Pfeiler, in dem gänzlichen Mangel des Inselgrundes, in dem unwahrscheinlichen Gedanken des hohen Thurmes auf der Mitte des Stromes, und im Zeitgeschmacke der Architektur sind aber beide unrichtig. Bei Gelegenheit des ungewöhnlich kleinen Wassers 1766, wo, um die Christferien her, erst das große Schiff des Holländers Heinrich von Rheindorf auf den Bogen-Ruinen gegenüber dem Salzthore strandete, und bald darauf, als mehrere alte Pfeiler schon über dem Wasserspiegel erschienen, faßte unser ehemaliger fleißiger Jesuit Albenbrück den Gedanken, diese Pfei-

---

*) Hæc est platea *a ponte* secus Rhenum juxta domum Præpositi de Gradibus etc. — Charta Imi Scrinii Niedorich circa finem Sæculi XII.

ler durch den damaligen geschickten städtischen Ingenieur und Artillerie-Hauptmann Valentin Rheinhardt in ihrer Dicke und ihrem Zwischenraume messen zu lassen. Darauf schrieb Aldenbrück seine, jetzt schon seltener gewordene Abhandlung über die hiesige Brücke Konstantin's, und dedicirte diese Schrift dem Senate *). Er lieferte darin, nebst jener Brücken-Abbildung Broelmann's von 1608, seine eigene mit dem verjüngten Ruthenstabe darunter, gestochen von Everh. Wyon. Aldenbrück's Darstellung der Brücke und des Stromes nach Rheinhardt's Bemerkungen, auf Ort und Stelle eingerichtet, wobei zugleich zum ersten Mal ein Stück unseres alten Inselbodens vor der Martpforte richtig unterlegt erscheint, ist in so weit die wahreste und einzige. Er führt auch die Schriftsteller an, welche vor ihm über die Brücke etwas hinterlassen haben.

Unkundige haben nun mehrmal bald Konstantin's, bald Cäsar's Brücke an der Ecke des Beyenthurms finden wollen, betrogen sich aber durch den oft sichtbaren Anbau einer späteren Bogenwölbung, worauf, wie man versichern kann, einst nichts weiter als ein altes Wachthaus gestanden hat, dessen Abbildung man noch auf alten Abrissen unserer Stadt, z. B. in Münster's Kosmographie, in Merian's Werken und in dem Städtebuch unseres alten gelehrten Braun, Dechanten beim Mariagrabenstift, findet. Dieses letztere Werk hat unser reicher Buchhändler Hierath mit dem geschickten Kupferstecher und Kunsthändler Abr. Hohenberg in einer prächtigen Auflage mehrerer Bände gr. Fol. 1618 herausgegeben.

Konstantin der Große hat seine Brücke an eben dem Ufer der Martpforte angelegt, wo wirklich eine, vielleicht auch noch hölzerne Brücke, als ein Ueberbleibsel oder ein Andenken der Cäsarischen, auf das Forum insulæ und zur Ara führte. Cäsar's Brückenstelle konnte damals durch Tradition oder Denkmale noch bekannt sein,

---

*) Augustini Aldenbrück ad ampliss. et inclyt. Senatum P. Q. A. de Ponto Constantiniano Agrippinensi disquisitio historico-critica etc. 1767 apud. Lud. Schorn.

und in dieser Reflexion Konstantin's großen Gedanken erregt haben. Konstantin war vielmal in diesen Gegenden, hielt sich zu Trier und oft in Köln auf. Seine Mutter Helena besaß hier eine Palast=Wohnung, welche, nach Gelen's Angabe, auf dem Grunde des St. Claren=Klosters erbaut war. Eumenius, der vom Vater und Vorfahren Konstantin's als öffentlicher Lehrer der Redekunst zu Cleve angestellt war, und zu Trier bei einem Feste seine Lobrede an den Konstantin hielt, hat noch die Erbauung der Brücke hier gesehen, welche er in jener Rede hochtönend anführt *). Er spricht darin von unserer Rheininsel (was wir schon ad III. anführten) und cap. XIII. redet er von der Ehrfurcht, welche schon der Anfang dieses Werkes den weggeschlagenen feindlichen Völkerhaufen (den deutschen Franken) einflößen müßte, damit sie nie ohne Furcht der Wieder=kunft und Strafe lebten, obwohl der Kaiser selbst diese Brücke mehr zum glänzenden Denkmal seiner Regierung, und zur Zierde der Reichsgränzen, als zu einer Nothwehre erbaute: weil dennoch der Rhein voll bewaffneter Kriegsschiffe, und alle Ufer bis an den Ocean mit hinlänglicher Besatzung versehen waren. Er bewundert vorzüglich und mit Recht das erstaunlich kühne Unternehmen über den breiten reißenden Fluß, der schon hier so viele verschlungene Flüsse mit sich führt. „Die Natur selbst", fährt er fort, „muß hier deiner göttergleichen Macht gehorchen, da in die Schlünde dieser Wellen die Fundamente einer solchen Last eingesenkt werden, die nun eine ewige Dauer haben sollen." — Nun vergleicht er des Xerxes an einander gekettete Flottenbrücke über den Hellespont und jene des Caligula über den Meerbusen von Bajä mit diesem Werke, und sagt: „wo die Feinde des Reiches schon jetzt bei Grundlegung der Brücke erschrocken ihre Geißeln geschickt haben, was werden sie thun, wenn einst dieses Werk in seiner ganzen Ausführung dasteht!" Hieraus schließe man, wie wichtig und heilig noch damals unsere Stadt den Römern war; in welchem Andenken Cäsar's, Agrippa's

---

*) Panegyrici veteres, edit. cum notis de la Baune S. I. ad usum Delphini. Paris. 4.

und Agrippina's Entwürfe, — in welchem Ruhme unser Hafen und unsere Insel gewesen sein müssen.

Die Errichtung dieser Brücke fällt am wahrscheinlichsten ins Jahr 310, ins dritte oder vierte Jahr der Regierung Konstantin's, und ihr Bau kann sechs Jahre gedauert haben, worüber aber Data fehlen. — Sie war meist durchaus, wenigstens in ihren schönen Bekleidungen, von lebendigen Felssteinen erbaut. Der Verfasser erinnert sich, noch mehrere Stücke davon mit vortrefflichen Zierathen jener Zeiten unter jenen Steinen gesehen und umgewälzt zu haben, welche bei dem Baue des neuen Kirchthurmes von St. Pantaleon angewandt worden sind. Der Erzbischof Bruno hatte nämlich die Steine der endlich abgebrochenen Konstantins-Brücke zu der Erbauung dieser Kirche und Abtei brauchen lassen. Bei dem neuen Thurmbau sind nun endlich jene ehrwürdigen Ueberbleibsel mit handwerksmäßiger Unwissenheit in die Fundamente geworfen oder zerhauen worden, anstatt daß gelehrtere Eigenthümer und ein Baumeister von Geschmack sie einer besseren öffentlichen Anwendung an dem Gebäude nebst einer unterrichtenden Inschrift gewürdigt hätten. Von M. J. Laporterie, einem damaligen leidenschaftlichen Ausspürer und Zeichner unserer Alterthümer, existiren noch Abbildungen einiger dieser schönen Stücke mit Arabesken-Laub; und in der Ufermauer unter der deutzer Pfarrkirche hat sich davon noch das Stück eines Frieses mit Blätterwerk in gelblichem Sandsteine erhalten, welches zur Probe dienen kann, daß die Brücke bis nach Deutz ausgebaut gewesen sei. Aus diesen Steinzierathen läßt sich schließen, daß sie wenigstens ein vortreffliches Geländer und ein Simswerk von prächtigen Verhältnissen gehabt habe, und überhaupt sehr prächtig und massiv gewesen sein müsse.

Broelmann läßt in seiner Abbildung die Brücke Konstantin's von der Martpforte an bis nach Deutz auf 42 Bogen und Pfeilern, durchaus ohne Inselboden, über den Strom gehen. Er berechnet die Distanz von Pfeiler zu Pfeiler auf etwa 2½ Ruthe, bauet mitten auf der Brücke einen hohen, selbst zum damaligen Kriegsgebrauche hier unschicklichen, schweren Thurm, ohne daselbst die Grundmasse und die Breite des Raumes zu verstärken. Unweit von jedem Ende pflanzt er zwei Wachthäuschen. Die Länge der ganzen Brücke mißt er ungefähr zu 1600 Fuß. Uebrigens läßt er das Aeußere, nach den Angaben des Eumenius, nicht ohne einigen Charakter von Zierde und Würde.

Nach Rheinhardt's Angabe, welcher 1766 die Intervalle einiger, wirklich erschienener Bogenpfeiler abmaß, und zwischen drei gleichen Pfeilern, von der mittleren Senklinie, die ähnliche Weite von 6 Ruthen fand, berechnete nun Albenbrück die Strecke der Brücke, und setzte, von dem Ufer der Martpforte an, bis zur ersten Inselgränze (an die Höhe des Heumarktes) zwei Bogen; die Breite der Insel selbst verglich er mit der Länge von 6½ Bogen, welches mit der von uns (ad III.) angegebenen Inselbreite zu 36 Ruthen fast überein trifft; von der anderen Gränze der Insel bis nach Deutz setzte er 13 Bogen. Er scheint hier die Streichlinie der Insel dem jetzigen Ufer gleich genommen zu haben, und berechnet dadurch die Breite jenes Rheinarmes zu 78 Ruthen oder 1248 Fuß, welche Weite der Fluß zwar erst nach dem Verschwinden der Insel und nach der Vereinigung der beiden Ströme erhielt, welche aber (die Abschwemmung der Ufer von Cäsar's Zeiten abgerechnet) unsere bei der Abbrechung der Brücke Cäsar's oben angezeigte 1200 Fuß des hinteren Rheinbettes richtig bestätigt.

Aus den Beobachtungen Rheinhardt's ergibt sich nun, daß Konstantin zur Erbauung dieser Brücke einen vortrefflichen Meister und einen zweckmäßig überlegten Plan angeordnet und gewählt habe, worin Stärke, Bequemlichkeit und Schönheit verbunden waren. Wenn auch, wie mir wahrscheinlich vorkommt, irgendwo im mittleren Strome nicht ein besonders größerer Bogen befindlich war, so scheinen mir schon die angegebenen Intervalle der Pfeiler groß genug, um die Kriegs=Galeeren und gemeinen Handelsschiffe damaliger Art hindurch zu lassen. Die Breite der Bogen und eben so der Brücke fand Rheinhardt zu 40 Fuß. — Albenbrück's Zeichnung der Brücke selbst ist aber, gleich seinem Mars=Capellchen dort auf der Stadtmauer, sehr unrömisch und charakterlos

Er vergaß auch die zwei Wachtthürme (Castelle), welche nach ihrer Zweckmäßigkeit, nach dem Zeugniß alter Ruinen und nach der Tradition auf der Insel errichtet waren, und wovon noch der Name der Straße unter Kästen herrührt. So wie auch noch Häuser an der Salzgasse im Schreine der Pfarre St. Brigiden den Namen: Domus ad Pontem beibehalten haben.

Die kostbare Ausführung der Brücke (aus den bei St. Pantaleon und am deutzer Ufer bemerkten, in Sand- und Felsstein ausgehauenen Verzierungen für die Stirn- und Geländersimse berechnet), die Kühnheit des Plans und die Masse des Ganzen beweisen es uns, welch ein erstaunliches, wahrhaft kaiserliches Werk hier einst unsere Stadt beschützte und schmückte, wovon also Eumenius nicht zu viel sagte, und wogegen wohl alle jetzigen Brücken Europa's keine Vergleichung aushalten. Allein — Masse, die du den Feinden des Reiches und der Vergänglichkeit Trotz bieten solltest! du bist dennoch verschwunden! Noch mehr — du bist — selbst am Orte, wo du standest — vergessen worden! und was wüßte noch die Nachwelt von dir — ohne den geringen — auch nun fast verschwundenen — Rest deiner Ruinen?

VI.

Konstantin's Brückenveste zu Deutz. — Widerlegung der Zweifel an der Vollendung der Brücke. — Veränderungen auf der Rheininsel und in der Stadt unter Konstantin und nach seinem Tode. — Einfall und Verwüstung Kölns durch die Franken. Silvan wird zum Kaiser ausgerufen und ermordet. Julian (der Apostat genannt) erobert Köln, erbaut es wieder und befestigt es nachher sehr. Vermuthung über die zum Theile noch stehenden großen Thürme auf der ehemaligen Rheininsel ꝛc.

Die Erbauung der Brücke Konstantin's, wie Eumenius sie hier noch ansah, wurde zwischen den bewaffneten Kriegsschiffen fortgesetzt. Mit ihrer Vollendung entstand aber zugleich zu ihrem Schutze und zur steten Sicherheit der Reichsgrenzen jene starke Veste, worin Konstantin das alte Deutz einschloß *), und in welcher er eine, mit unserer Stadt und Insel nunmehr immer und ungehindert verbundene Kriegsbesatzung anordnete. Da in unserer Gegend der Centralpunct der römischen Kriegsmacht gegen die jenseitigen Feinde war, so zeigte sich in der Anstalt der Brücke Konstantin's schon der Zweck seines überdachten Planes. Diese Brückenveste mußte also den Franken**) desto verhaßter werden, je mehr sie

*) Deutz und dessen Rheinbezirk war immer noch der Sitz vieler jenseits gebliebenen Ubier. (Siehe I.) Es gehörte zur überrheinischen Reichsgränze (Limes transrhonanus Imp.), wie diese schon zu Trajan's Zeiten bekannt war. Es hatte seither zur Schutzwehr der Agrippinenserstadt und der Ara der Ubier auf der Insel gedient: gewiß war es also vor Konstantin's Epoche schon mehrmals befestigt worden. Daß Konstantin wegen veränderter Zeit- und Kriegsumstände den Ort in ein neues wichtiges Werk einschließen mußte, und daß eine stehende Brücke dazu vortheilhaft war, darüber muß nun der Geschichtsforscher aus den Epochen der alten Bau- und Kriegskunst seine Hülfskunde ziehen.

**) Unter der Benennung: Franken (Freie), sammelten sich mehrere Nationalstämme, bald des unteren und nördlichen, bald des mittleren Germaniens, zu einem gemeinen Vereinigungsbunde der Freiheit. Ihre Sprache, Sitten und Gewohnheiten zeigten, daß sie einst ursprünglich deutsches, und nicht vielleicht aus Gallien einst hergekommenes Volk sind, wofür insonders einige gallische Schriftsteller es gern ausgäben: als wenn sie Ursache hätten, sich dieser ihrer deutschen Urväter zu schämen! Ihr gemeinschaftlicher Name: Franken, kommt zuerst ums Jahr 259 in der Geschichte vor. Ueberwundenen Stämmen theilten sie diesen Namen mit. Sie widerstrebten insonders in unseren Gegenden immer der Despotenherrschaft der Römer, suchten über den Rhein in Gallien sich auszudehnen, was ihnen mehr als einmal gelang. Maximian selbst führte im Jahre 288 schon eine Anzahl ihres Volkes nach Gallien, und Konstantius hernach noch mehrere, welche sich im Trierischen und in Belgien ausdehnten. Eben dieser Kaiser vertrieb sie aber im Jahre 294 aus den batavischen Inseln, wo sie sich gegen den Willen der Römer festsetzen wollten. Konstantin der Große hielt sie in Furcht. Nach dieser Zeit wuchsen sie an und verjagten endlich die Römer hier weg, verbreiteten sich in den diesseitigen Rheinprovinzen bis tief in Gallien hinein. Ihr König Chlodowig der Erste, der Enkel des Merodäus, erbte die Stammländer der Franken im nordwestlichen Alemannien, und zum Theil die Eroberungen im nordöstlichen Gallien, bezwang endlich im Jahre 507 ganz Gallien und stiftete die fränkische Monarchie. Diese wurde nach seinem Tode im Jahre 511 wieder in zwei verschiedene Reiche unter dem Namen Austrasien und Neustrien getheilt. Die Könige von Austrasien hielten ihren Hof erst in Metz, und hernach hier in Köln in den Gebäuden des alten Capitoliums, welcher Ort also, nach den ersten

ihre Hoffnung, die Römerherrschaft bald vom Rheine wegzudrängen, dadurch vereitelt und die Gefahr vorbereitet sahen, durch diesen, vor ihren Füßen immer anwachsenden Koloß, vielleicht auch endlich verschlungen zu werden.

Fast noch im ersten Jahre des Baues regten sie sich daher schon mit störenden Angriffen; und — sie wurden gezähmt. Dies war wohl der Zeitpunct, wo sie für die Beobachtung der Ruhe die Geißeln abliefern mußten, wovon Eumenius spricht. Aber sie ruhten nicht; denn als nun Konstantin, noch nicht gar zu Ende des Baues, im achten bis neunten Jahre seiner Regierung, in Mailand der Vermählungsfeier seiner Schwester Konstantia mit dem Licinius beiwohnte, da wagten sie einen wirklichen Ueberfall an einer tieferen Stelle des Flusses. Jedesmal mußte der Kaiser, und zwar im letzteren Falle mit eilendem Fluge, nach Köln zurückkommen, um sie zu züchtigen. Er that es auch sehr nachdrücklich durch sich selbst sowohl, als durch seine Feldherren, und endlich durch seine Söhne, welchen er, einem nach dem anderen, auch nachdem er jetzt schon seine neue Thronstadt Konstantinopel anzuordnen begonnen, zum Glanze und zur Vertheidigung der Rheingränze hier und in unserer Gegend meistens ihren Aufenthalt bestimmte; indessen seine Mutter Helena sich mit ihren hierländischen Stiftungen beschäftigte. — Namentlich sein Sohn Crispus gewann im Jahre 318 mit väterlichem Glücke hier über die Franken einen glänzenden Sieg. — Daß Konstantin sogar auch im späteren

---

großen Stiftern Kölns, den römischen Präfecten, gewiß auch den römischen Kaisern und also dem Konstantin bei ihrem Hiersein, dann endlich den fränkischen Königen und ihren Hausmeiern (majores domus) zum Aufenthalt gedient hat, bis ihn Pipin's Gemahlin Plectrud, in altkölnischer Sprache Blittard oder Blittrud genannt, um das Jahr 700 zur Errichtung ihres Edelstiftes anwandte, dessen Dasein endlich nach einer Periode von mehr als 1100 Jahren sich nun in dem wirbelnden Ocean unserer Schicksale verlor. Welche großen Dinge sind also auf diesem Hügel, zwischen diesen Mauern gesagt, entworfen und geschichtet worden! Welcher Schatz von Alterthümern muß hier durch so mannigfaltige Unfälle verschwunden sein! Noch sah unser Auge Reste davon zertrümmern! Könnten die Ursteine dieses ehrwürdigen Ortes reden!

Zeitraume seiner Regierung es dennoch nicht versäumte, einigemal hier zu erscheinen, bezeugen die in zwei sehr verschiedenen Jahren von ihm in Köln gegebenen Gesetze *).

Konstantin müßte nun nicht der Kaiser und Feldherr, nicht der Mann von so vieler Ehrsucht und Entschlossenheit gewesen sein, wofür ihn die Geschichte erkennt, wenn er bei solchen Vortheilen, bei seiner noch spät hier wiederholten Gegenwart, an einem Orte, den seine Mutter und Söhne so oft sahen, mit Aufopferung der so kostbaren Vorbereitungen zu einer Bauanstalt, deren Arbeiten, wie es Kennern bewußt ist, sich auch nicht so leicht unterbrechen lassen, dennoch die Brücke und ihre Schutzveste, dieses Werk seines Stolzes und der consequenten taktischen Nothwendigkeit, entweder durch den Trotz der Feinde oder durch eine planlose Nachlässigkeit unvollendet gelassen, oder wenn er sie gar schon im Entstehen vernichtet hätte.

Dieser Meinung ist aber nun der, aus Vorliebe für seine Nation etwas eigensinnige, gallische Geschichtsforscher H. Valesius, welcher, nach Gewohnheit, unbekannt mit unseren häuslichen Dingen und gleichgültig gegen ihren Werth, die Nichtvollendung dieser Brücke, wiewohl nur als eine nackte Idee aufstellt **), und eben so die Existenz ihrer Schutzveste zu Deutz meist aus dem Grunde verwirft, weil die vom dasigen Abte Rupert deßhalb angeführte Steinschrift von diesem selbst erdichtet worden sei, indem die Autoren davon schwiegen. Seine Meinung dürfte uns weniger kümmern, wenn nicht unser Hillesheim sie angenommen und den Pfad unserer vaterländischen Geschichtsforscher hier verlassen hätte.

Hillesheim glaubte mit noch einem anderen uns näher betreffenden Beweise, welcher unten als fünfter Einwurf vorkommt, sie fast bis zur moralischen Gewißheit unterstützen zu können.

---

*) Coss. Constantino Aug. et Licinio 319. — Coss. Pacatiano et Hilariano 332. Valesius Rer. franc. pag. 26.

**) Perfici enim Constantinus vetuit, difficultate aut metu (!) deterritus; vel certo effectum Franci resciderunt. Vales. L. I. pag. 18. Ohne Gewährsmann.

Da ein uns so wichtiger Gelehrter dieses in seinen Dictaten öffentlich verbreitet hat, so erlaube man einer bescheidenen Kritik ihre Rechte.

Sein erster Einwurf ist auch jener des Valesius: die deuzer Steinschrift sei falsch. — Antwort: Dem Ansehen des gelehrten und frommen Abts Rupert ist es auf sein Wort zu trauen, daß er die Bruchstücke einer solchen Inschrift zu Deuz gefunden habe. Wie er sie nun selbst mit unpassenden Ausdrücken des Mittelalters ergänzte, oder wie und woher Brower in seinen trierischen Annalen erster Edition sie verbessert lieferte, dieses macht zwar ihren Inhalt, selbst durch den Unterschied, in einzelnen Theilen verdächtig, vernichtet jedoch durchaus nicht das vormalige Dasein einiger verstümmelten Stücke, über welches das Zeugniß des Abts Rupert immer besteht. Aber wir wollen auch auf diesen Beweis nicht so vieles Gewicht setzen. — Zweiter Einwurf: Eumenius sage nichts von der Vollendung der Brücke. — Antwort: Eumenius hielt seine Lobrede zu Trier höchstens im zweiten, sei es auch im dritten Jahre des Brückenbaues. Er konnte also nichts mehr davon loben, als was er eben sah, nämlich die Fortsetzung desselben, die Schönheit des Planes, den Zweck und die Festigkeit der Anlage. Im übrigen mußte er ihr nur eine ewige Dauer verheißen. — Dritter Einwurf: man finde näher gegen Deuz keine Pfeilerstücke. — Antwort: Dieses ist noch nicht hinlänglich entdeckt und erwiesen. Beim Abbrechen solcher Werke wird nur meistens auf gutes Glück und unregelmäßig verfahren. Die Pfeilerreste daselbst konnten beim seichteren Ufer, bei öfteren Abfließungen, bei so manchen Veränderungen der deuzer Strom- und Festungswerke 2c. leichter erreicht und vernichtet werden. Im mittleren tiefen Schlunde konnten sie aber durch den gewaltigeren Stoß der Wellenstürme, der Eismassen, des so zerstörenden Triebsandes gelös't, niedergeworfen, versunken sein. Beim tiefer sinkenden Wasser könnte es geschehen, daß man zur Sicherheit der Schifffahrt auch noch hier die davon übrigen Trümmer wegräumte. Die Nachwelt würde alsdann imgleichen an unserem Ufer keine Reste mehr finben, aber dennoch die Existenz der Brücke, wofür unser Zeugniß gilt, deßwegen nicht läugnen dürfen. — **Vierter Einwurf:** Konstantin habe sich hernach im Orient aufgehalten und mit der Erbauung von Konstantinopel zu viel beschäftigt, als daß er an die Vollendung der kölnischen Brücke hätte denken können. — **Antwort:** Als er Konstantinopel baute, war die hiesige Brücke schon lange fertig, und sie konnte gewiß binnen sechs Jahren fertig sein. Von ihrer anfänglichen Erbauung bis zum Baue Konstantinopels verliefen wenigstens fünfzehn Jahre. Die Dedication dieses neuen Roms geschah erst gegen das Jahr 330 unter dem Consulat des Gallicanus und Symmachus. Auch Konstantin's schon angeführte spätere Erscheinungen hier am Rheine und seine mittelbare Aufsicht durch seine Söhne bezeugen hinlänglich, daß er dabei die Sorge und die Vertheidigung der hiesigen Rheingränze nie versäumt habe. — **Fünfter Einwurf** (als der Hauptgrund): Da man im Jahre 870 die Wahl des Bischofs Willibert bei unruhigen Zeiten unternahm, und die Geistlichkeit diese Wahl gegen den Willen Karl's des Kahlen, welcher über Köln herrschte, nicht in dieser Stadt, sondern zu Deutz in dem Gebiete Ludwig's des Deutschen verrichtete, welcher ihnen geneigter war, kam man nach der vollbrachten Wahl von Deutz NB. zu Schiffe zurück. Warum nun zu Schiffe, wenn die Brücke bis auf Deutz gereicht hätte? — **Antwort:** Dieser Grund kommt zu spät. Er beweis't höchstens, daß nach einer Dauer von sechstehalb hundert Jahren, nach so vielen Erschütterungen und Verwüstungen durch Krieg und Natur, bei der wachsenden Unmöglichkeit der nöthigen Unterhaltung ꝛc., die Brücke Konstantin's nicht mehr brauchbar, oder wirklich gefährlich war: wie dieses auch bei wenigeren Schicksalen eines solchen Werkes, selbst in kleineren Flüssen, mit der Erfahrung der Baukenner übereinstimmt. Und zugegeben, sie hätte noch gestanden, wie hätte die Versammlung der verhaßten heimlichen Wähler es wagen dürfen, mit ihrem unangenehmen Clienten öffentlich über die Brücke in die Stadt zu ziehen? Zweifelsohne wird sie deßhalb unvermerkt oder mit einfallendem Abende zu Schiffe nach Köln zurück geflüchtet sein. Cum ob Carolinae factionis periculum palam non anderet intrare. HARZHEIM.

Daß inzwischen aber die Brücke damals, im Jahre 870, nachdem im Jahre 851 die Normannen hier Alles verwüstet und zerstört hatten, wirklich unbrauchbar oder gefährlich sein mußte, erhellet daraus, daß sie etwa ums Jahr 950 vom Erzbischofe Bruno ganz abgebrochen wurde.

Für das Dasein der vollführt gewesenen Brücke stehen aber, außer der Ehrsucht des entschlossenen, siegreichen, hier noch so oft gegenwärtigen Konstantin — außer der den damaligen Gränzvertheidigungen taktisch angemessenen Nothwendigkeit der Vollführung und der Brückenveste — außer den an der deußer Ufermauer noch erscheinenden Steinresten, welche in der Materie und Zeichnung mit denen zu St. Pantaleon gefundenen übereinkommen, auch noch folgende nicht unerhebliche Gründe:

1) Sollte eine ursprünglich unvollendete, nur vielleicht bis zum halben Rheine reichende, alte Brücke, welche dazu unter allen Umständen seither hinderlich und unnütz gewesen wäre, bis zu Bruno's Zeiten stehen geblieben sein? 2) Unter Bruno's vorgegebenen Ursachen zum Abbruche der Brücke war hauptsächlich diese: daß ihr Uebergang durch Räubereien und Todtschläge gefährlich geworden wäre; wie hätte das sein können, wenn sie nicht bis Deutz geführt hätte? Endlich 3) der Kaiser Otto zürnte sehr über die vom Erzbischof Bruno unternommene Vernichtung der Brücke, und hat ihn, wie Rupert angibt, zur Wiederherstellung derselben zwingen wollen. Sollte der Kaiser nun seinen Bruder zur Wiedererbauung einer immer unvollendeten, immer hinderlichen, baufälligen, unnützen Bogenmasse gezwungen haben? Doch genug hievon.

Wie schön muß nach der Vollendung dieser prächtigen Brücke und ihrer Schutzveste, zwischen allen den Schiffmassen im Hafen, hinter dem menschenvollen Inselmarkte, die erhabene Außenseite Kölns, — wie glänzend muß sein Inneres zu den Zeiten Konstantin's gewesen sein? Die öftere Anwesenheit des Kaisers, seiner Mutter und seiner Söhne, die beständige Gegenwart der Kriegs-

führer und der Flotte laffen auf den Gewinn und den Wohlftand der Einwohner fchließen und werden gewiß die Errichtung mehrerer anderer herrlicher Gebäude in der Stadt veranlaßt haben. So war der erfte, nach griechischem Geschmack länglich viereckige, mit orientalischen Granitsäulen und einem vergoldeten Dache gezierte St. Gereonstempel (ad aureos Martyres) das Werk der Helena *).
Bekanntlich fing Konstantin an, der chriftlichen Religion nicht nur die öffentliche Freiheit zu geftatten, sondern er erhob fie sogar zur Religion des Thrones und des Hofes. Der Dienft in den Göttertempeln, die endlich nur meiftens aus Ceremonie bei den öffentlichen Volks- und Kriegsfeften, aber felten mehr aus ernfter Andacht besucht wurden, fing an aufzuhören. Vermuthlich wird die bisher so heilige Ara der Ubier auf unserer Infel um diese Zeit bald auch vernachläffigt und vielleicht höchftens nur noch als politisches Denkmal erhalten worden sein. Es ist auch sehr wahrscheinlich, daß die zwei, von der angegebenen Stelle dieser Ara auf der Rheininsel fast gleich entfernten, jetzigen Kirchen: St. Marien in Lyskirchen und St. Martin, damals aus zwei daselbst gelegenen agrippinensischen Delubren (kleinen Opfertempeln) zu christlichen Capellen umgewandelt worden, welche der uns zum Bischof gegebene und beim Kaiser sehr angesehene Matern, den man gern für den zweiten dieses Namens ausgeben will, eingeweiht hat. Diese beiden Capellen (und nicht St. Martin allein) erhielten sich auf und mit der Rheininsel. Aus ihnen entstanden endlich die zwei jetzigen größeren Kirchen selbigen Namens.

Konstantin der Große starb im Jahre 337 zu Nikomedia in Bithynien. — Seine drei Söhne Konstantin, Konstantius und Konstans warfen das Testament des Vaters um. Der älteste

---

*) Nicht der gegenwärtige rundliche, deffen Materialien und Bauart kein so spätes Alterthum verrathen. — Außer der Gereonskirche baute Helena auch die Hauptkirchen zu Bonn und zu Xanten. Mit diesen Monumenten wollte sie die drei Marterplätze der christlichen Thebäer-Legion in unserer Gegend verewigen. Diese ihre urfprünglichen Gebäude haben aber fpäterhin überall durch neue erfetzt werden müffen.

nahm Britannien, Hispanien, Gallien, also hierin auch Köln. Er bekriegte den Konstans. Dieser überwand ihn und vereinigte dann diese Provinzen mit den seinigen. Aber die Franken hatten sich die Unruhen des Reiches zu Nutzen gemacht, sie waren mächtig in Gallien eingefallen ums Jahr 338. Auch Magnentius rief, nachdem er den Konstans hatte ermorden lassen, die Franken und Sachsen gegen den Konstantius. Zwar Silvanus Bonitius, ein fränkischer Heerführer, rettete diesen. Aber Silvan selbst machte sich hier in Köln eines Aufruhrs gegen Konstantius verdächtig, ließ sich vom Volke zum Kaiser ausrufen, und ward darauf von einem seiner bestochenen Waffenbrüder meuchelmörderisch hingerichtet. Dies soll in der uralten St. Cornelius= und Cyprians=, oder der jetzt auf deren Stelle erbauten St. Severinskirche geschehen sein, wohin Silvanus sich geflüchtet hatte und wo ein ehemaliges Monument auf dem Chore noch für sein Grab gehalten wurde. Die Franken, Alemannen und Sachsen fielen hernach ungehindert in Gallien ein und eroberten alle Rheinstädte; auch Köln ward nach einer langen schweren Belagerung von ihnen eingenommen und verwüstet. In dieser Verwüstung sind gewiß schon die meisten ältesten Denkmäler unseres Ursprungs verschwunden. Es wäre zu glauben, daß auch Konstantin's Brücke hierbei gelitten habe; aber aus den Zeugnissen ihrer späteren Fortbauer steht zu vermuthen, daß die Franken dieses schöne feste Werk auch zu ihrem eigenen Vortheile erhalten haben.

Konstantius nahm seinen Verwandten und Kriegsführer Julian (Apostata, den nachherigen Kaiser) gegen die Franken und Alemannen zu Hülfe. Julian öffnete sich einen Weg bis Köln, eroberte die Stadt, erbaute und befestigte sie wieder bergestalt, daß der römische Historiker Ammianus Marcellinus, der hier mehrmal gegenwärtig war, sie nun urbem ampli nominis et munitissimam — eine Stadt von großem Rufe und eine starke Reichsveste nannte. Diese Befestigung mußte nun hauptsächlich gegen die besiegten Franken und Alemannen gerichtet, also am Rheine und auf der Insel angebracht sein.

Hier ist der Verfasser nach aller Untersuchung auf die wahrscheinlichen Gründe zur Vermuthung gerathen, daß jene großen rundlichen Thürme: 1) an der Rheingasse; 2) der Thurm an dem ehemaligen v. Siegen'schen Hause, welches in der Beschreibung unseres Geographen Mathias Quaden, seiner ehemaligen Größe und Pracht wegen, so sehr gerühmt und jetzt in mehrere Abtheilungen getrennt ist, wovon Herr Schophoven die größte bewohnt; 3) an der Marktmannsgasse auf Rheinberg; 4) jener an der Salzgasse; 5) der auf Rom; 6) ein ehemaliger an der Mühlengasse, wovon der alte Patricier-Familien-Namen: von der Mühlengasse zum Thurn, herstammte, und vielleicht noch ein siebenter tieferer Thurm diese Befestigung Julian's auf unserer Rheininsel ausgemacht haben und davon noch Ueberbleibsel sind. Von diesen Thürmen ist dem oberen Theile der alten, hinter ihnen gelegenen, Marktstraße der Name Thurnmarkt gegeben worden.

Julian wird bei der Erneuerung Kölns auch nun gewiß an der Brücke Konstantin's ausgebessert haben, was daran verdorben war; oder er selbst hätte sie damals schon abgebrochen und zu den neuen Gebäuden angewandt, wenn sie so sehr verdorben oder als eine unvollendete hinderliche Masse da gestanden hätte. Auch wird in der von Ammianus Marcellinus so gerühmten neuen Befestigung Kölns außer jenen Thürmen auf der Insel zugleich eine Erneuerung der Veste zu Deutz erfolgt sein; denn ohne diese wäre das gerühmte Werk taktisch unvollkommen geblieben.

VII.

Die letzten Epochen der Rheininsel. — Wann und wie sie sammt der Brücke verschwunden sei. — Heißer Wunsch, daß unsere Väter für ihre möglichste Erhaltung oder Herstellung gesorgt hätten.

Verschwunden ist nun unsere große Rheininsel! Nur ihr zurückgelassener Kopf, das kleine obere Werth, hebt als ein Bild ihrer ganzen Gestalt, sich in der alten Richtung dort noch aus den Wellen empor. Mit ihr verschwand unser Hafenstrom und die stolze

Brücke Konstantin's. Die zwei Arme des Flusses sehen wir nun durch eine lange, hohe, kostbare Ufermauer zu einem einzigen Bette eingeengt. Der Weg, worauf einst die Kriegs- und Handelsschiffe der Römer und Agrippinenser bei unserem hohen Capitol, beim Marstempel und bei den Prätorien vorbei segelten, ward endlich befahren von Frachtwagen, oder war bedeckt mit Gebäuden, und, gleich der festen Strecke seines ausgehöhlten Nachbarbodens, eingespannt mit Wölbungen, die, ach! in den glänzenden Zeiten unseres Hansestandes, zum freien Eintausche der Erzeugnisse aller Welttheile, den Reichthum unserer goldreinen Weine und die mannigfaltigsten Producte unseres treuen Fleißes aufbewahrten.

Jedoch das weitschichtige Feld vor der alten Rheinmauer ist vielleicht ohne namhaften Gewinn der Stadt angewachsen. Die hohe heilige Stelle der Ara ist vertilgt und vergessen! Das Andenken ihres Namens ist auf den Ablaufplatz einer Cloake versetzt worden! Den schönen Inselhügel hat man aus ängstlicher Behülflichkeit mit tiefen Schluchten durchschnitten, um die Zugänge zum neuen Ufer zu erhalten. Hier und auf ihrer heitersten, gesündesten Fläche haben auf dem nach einer schrecklichen Verwüstung wieder auflebenden Ufer, aus Nahrungskummer und Geschäftigkeit Menschen sich in Hütten und Häuschen gelagert, auf deren willkürlichen Stellen ihre glücklichere Nachkommenschaft, im billigen Geize ihres Besitz- und Nahrungsrechtes, ohne Leitung, ohne Vorsicht und Geschmack, sich in enge, schmutzige Gassen zusammendrängte.

Aber welche Ursachen haben diese Umschaffung veranlaßt? In welchem Zeitraum entstand sie? Was hat unsere Stadt dadurch gewonnen oder — verloren?

Fragen von mannigfaltigen, aber in der Untersuchung untrennbaren Seiten. Noch ist es zu unzeitig, sie zu erschöpfen. Unsere Geschichtsquellen haben sich dafür zu sehr in Dunkel oder in Labyrinthen verloren. Aber der Verfasser ist zufrieden, wenn er durch ihre Veranlassung nur seine lebenden Mitbürger zum Interesse und zu Reflexionen über unseren verlorenen oder wieder zu erringenden Werth hinführt, oder auch einem glücklicheren Forscher vielleicht nur Gesichtspuncte enthüllt, die unsere Vorfahren zu beobachten vernachlässigt haben, und deren Resultate dennoch der Zukunft erfreulich und zugleich nützlich wären. An die im vorigen Abschnitte angeführte Befestigung des Kaisers Julian laßt uns daher den Faden zu den letzten Epochen der Insel wieder anknüpfen.

Es ist zu vermuthen, daß Julian damals diese Befestigung Kölns mehr noch zum Schirme als zum Trotze unternommen habe, weil er, die künftigen vielen Geschäfte im Orient voraussehend, der hiesigen Reichsgränze eine haltbare Sicherheit verschaffen wollte. Dadurch bestärkt sich auch die Vermuthung des Verfassers, daß Julian einstweilen jene festen Thürme (vielleicht auch ihre Zwischenmauer) auf unserer Rheininsel längs der Stadt erbaut habe, um den hiesigen Inselmarkt und Handelsplatz sowohl, als die Kriegsschiffe im Hafen zu decken, und zugleich den Zugang über die konstantinische Brücke vor jedem plötzlichen Anlauf zu schützen, wenn jemals wieder die Veste zu Deutz durch einen Ueberfall in feindliche Hände gerathen würde. Diese Befestigung der Insel vollführte er auch eigentlich nur erst dann, als er nach der Wiedereroberung der Stadt mit den fränkischen (germanischen) Oberhäuptern einen vortheilhaften Frieden geschlossen hatte: denn diese hielten, wie es scheint, bis dahin die Veste zu Deutz sammt den anschießenden Rheindörfern noch im Besitze. — Der zu kühne Julian fiel in einem unglücklichen Treffen im Jahre 363, und Jovian, sein Nachfolger, bald darauf im Jahre 364.

Noch in selbigem Jahre kam der neue Imperator Valentinian nach Gallien, um die von Julian nun so wichtig befestigte und durch ihre Wiederherstellung berühmt gewordene Stadt der Agrippinenser zu besichtigen. Er bestellte hier neue Statthalter und Aufseher über die Reichsgränze auf der Insel und in der Brückenveste. Wahrscheinlich erneuerte er auch das Friedensbündniß mit den Häuptern der jenseitigen Franken (worüber im Cod. Theodos, L. XI. tit. XI. prid. Kal. Octob. Agrippinæ, die Rede ist). Deutz und das jenseitige Rheinufer waren schon damals wieder in der Gewalt der Römer.

Valentinian fing nun an, längs dem ganzen Rheine fast bis zum Meere, und wo er konnte, sogar auch am jenseitigen Ufer, neue Thurmschlösser nach Art jener des Drusus zu errichten, oder vielleicht am hiesigen Ufer die Ruinen der Drusischen herzustellen. Dennoch versuchten die Sachsen wieder hier einzubringen: sie wurden aber von Valentinian bei Deutz durch eine große Niederlage gedemüthigt. Brücke und Insel dienten ihm zum Zwecke.

Ums Jahr 394, nachdem die Franken bereits wieder mehrere Einfälle gewagt hatten, führte Arbogast, selbst ein Franke, gegen sie ein römisches Heer über die hiesige Brücke. Also erhielt sich noch die Rheininsel und die konstantinische Brücke alle diese Epochen hindurch, und selbst durch die späteren im Jahre 406 und 407, wo nach Zeugniß des heiligen Hieronymus und des Priesters Salvianus (welcher hier in Köln gebürtig war), zur Zeit der bekannten allgemeinen Völkerwanderung, unzählbare Feinde und Räuber von allerhand Nationen in Gallien und insonders hier in Köln haus'ten, in welcher Zeit auch die äußerste Armuth und Gesetzlosigkeit herrschten und sogar die Stelle des Befehlshabers vom unteren Deutschland (Dux et Præses Germaniæ secundæ) hier unbesetzt blieb *).

Die Brücke überstand hernach die Verwüstungen der Hunnen ums Jahr 450. Sie diente endlich zu jenem für uns entscheidenden (dritten) Einzuge der Franken, welche um das Jahr 475 auf unserer Rheinseite und zuerst in Köln ihr Reich gründeten.

Wer wird daran zweifeln, daß die ersten Franken, bei ihrem nun gesicherten Besitze Kölns, zur Erhaltung und Blüthe dieser Hauptstadt jeden, ihnen schon genug bekannten, Vortheil der Lage und der alten Verbindungen benutzt haben werden, welche Köln einst so reich und berühmt gemacht hatten, daß es längst ihren Neid erweckte? In den ersten Zeiten mag freilich die Ordnung der Dinge durch die Natur der Umwälzungen gestört und manches Verhältniß unterbrochen worden sein. Aber bei der hiesigen Ausdeh-

---

*) Siehe die Notitia imperii Guid. Pancirol.

nung ihrer Herrschaft, sowohl auf jener Seite des Rheines, woher sie kamen, als auf dieser, wo sie sich nun immer mehr ausdehnten, mußten sich für unsere Stadt neue Aussichten für jedes Nahrungsgeschäft eröffnen, wofür nur eine solche, in dieser Gegend einzige, wirklich im Besitze ihrer Vortheile so gesicherte Stadt empfänglich sein konnte. Daß aber Insel und Hafen, und wie daher zu schließen ist, die Aufnahme der Schifffahrt und des Handels unter den Franken fortgebauert haben*), beweiset sich aus den Zeiten unseres heiligen Bischofes Cunibert**), der selbst ein Franke, von der Mosel war, und dem der König Dagobert viele Güter zu seiner Kirche schenkte; denn Cunibert erweiterte und bestiftete damals reichlich die am Eingange des Hafens gelegene Kirche des heiligen Clemens, welche die christlichen Schiffleute diesem Schutzheiligen der Wasserfahrer daselbst errichtet hatten.

Der Verfasser glaubt auch, daß wirklich im 7. bis 8. Jahrhundert auf dem Theile der untern Insel, um die hernach sogenannte Groß St. Martinskirche ***), so wie auf der obern um die Maria=Lyskirche, sich Hütten und Häuser angesiedelt haben, woher deren ursprüngliche Pfarrei=Gerechtsame entstanden sind. Beide Kirchen sind, wie schon gesagt ist, ihrem Ursprunge

---

*) Der Frankenthurm mag vielleicht auch einst zur Hafenpforte gedient haben.
**) In seinen Unterschriften nannte er sich schon Archi-Episcopus.
***) Ich begreife nicht, wie unser gelehrter Broelmann in seinem Epidoigma in der an den damaligen Abt zu St. Martin, Balth. Reinen von Bree gerichteten Beschreibung der constantinischen Brücke es sehen und sagen konnte: Pons ille maximus juxta Coloniam istam paulatim tantum alluvione limi glareaeque ad ripam nostram accessit, ut ingens insula vel sit onata, vel quae exigua ibi fuerat, alveolo intermedio completo conclusoque, ripae conjuncta consolidataque sit. Humilem, superinundationibusque obnoxiam sancti quidam Patres Scotici benedictinae societatis sibi ad pietatis exorcitium, salicibus forte, dumetis, vepribus asperam incultamque, domicilium et heremum legerunt etc. — Nun baue mir doch Einer ein Werk wie die jetzige St. Martinskirche auf einer so neu entstandenen Schlamm- und Sandinsel-Boden, oder lasse den, gewiß bis zum Jahre 700 daselbst noch immerfort dauernden, offenen Marktplatz der Stadt mit hohem Wildgesträuch bewachsen, damit fromme Mönche dort eine Einöde finden können!

nach uralt. Der in der Martinskirche noch gegenwärtige alte Taufstein trägt das Zeugniß jener Zeiten, worin die Taufhandlung durch **Hereinsteigen** oder **Eintauchen** ins Wasser geschah, und wie wir bereits von der ersten Lyskirche (Maria in Nothhausen) anführten, war diese schon lange vorher **auf der Insel** (wohin eine Brücke zu ihr führte) mit Häusern und einer uralt herkömmlichen Pfarrgerichtsbarkeit umgeben, als die Vereinigung der beiden Ufer entstand; wo dieses Dörfchen hernach als eine Vorstadt von Köln betrachtet, und endlich durch das bereits angezeigte Diplom des Bischofes Anno vom Jahre 1067 mit seiner alten Banngerechtsamkeit zur Fundation des Stiftes St. Georg angewandt wurde.

In den Jahren 782—789, wo Karl der Große seine Heereszüge gegen die Sachsen unternahm, führte er seine Völker immer hier über den Rhein. Auch hieraus selbst ließ sich schließen, daß Insel und Brücke noch insoweit im Stande waren; denn das ausdrückliche Zeugniß seiner Zeitgenossen und des Abts Regino von Prüm spricht von zwei Holzbrücken, die Karl über die Elbe schlug, aber von keiner solchen, die er zu diesem Zwecke irgendwo über den Rhein nöthig gehabt hätte. In dem Betrachte der immerwährenden Durch- und Nachzüge ist dieses kein ganz undeutliches Zeichen, daß ihm die konstantinische Brücke noch dazu gedient habe.

Diese sind die höchsten Epochen, in welche das Dasein der Brücke Konstantins, und zwar zuletzt nur durch einen unaufhörlichen Wechsel von Beschädigungen und Ausbesserungen, sich erhalten haben kann.

Aber die fernere Rettung gegen ihre Vernichtung durch so manche äußere Kraft mußte endlich unmöglich werden: besonders, wo die Lasten der Krieges- und Proviantwagen schon in den fränkischen Zeiten an Zahl und Masse ungeheuer anwuchsen. Nun erschien ihr denn auch der Zeitpunct, wo sie durch ihr wesentliches Verderben und den gänzlichen Mangel an Mitteln nicht mehr zu retten war.

Es war der zweifache Einfall der Normannen und Dänen in den Jahren 881—882 und 892, wo unsere Stadt und Alles um uns her in den Rheingegenden, bis tief in Belgien, mit Feuer, Schwert und Umsturz verwüstet, jede Gestalt dessen, was noch war, vernichtet wurde. Uns ist auch aus dieser Zerstörung fast nichts mehr übrig geblieben, als die festen Ruinen der Stadtmauer und einiger Pforten; die unterirdischen Gewölbe der Häuser; die Krypten der damaligen Kirchengebäude in Lyskirchen und St. Marien im Capitole sammt dessen Theile des obern Chortempels; verlassene Trümmer von Säulen und Mauern öffentlicher Gebäude; einige unter dem Schutt verborgene Gräber und Denkmäler mit Inschriften; sonst keines der bedeutenderen Zeugnisse unserer alten Größe, und fast kaum etwas Bewegliches, was noch bei Zeiten gerettet worden war. Alles übrige, was wir jetzt für Alterthum halten, ist nur Neugeburt der Herstellung im 10.—13. Jahrhundert.

In diese schreckliche Epoche fällt also gewiß auch die unheilbare Beschädigung unser konstantinischen Brücke, welche nun wohl, durch halb eingestürzte Bogen zur Ueberfahrt der Lasten unbrauchbar, nur noch von seltenen kühnen Fußgängern betreten, und deßwegen durch Duelle und Todtschläge berüchtigt, endlich aus hinlänglichen Ursachen vom Erzbischof Bruno ganz weggeräumt werden mußte.

So verschwand denn Konstantin's stolzes Monument an der Gränze des römischen Reiches, welchem einst Eumenius aus der kostbaren, mit den eifrigsten Anstalten, wovon er noch Zeuge war, betriebenen Vollführung eine ewige Dauer prophezeite. Merkwürdig ist, daß sein Verschwinden eben den Zeitraum bezeichnet, worin Otto der Sachse nun die Stützen des römischen deutschen Kaiserthums auf beiden, einst feindseligen Ufern gründete. Wie ist doch über und unter dem Monde Alles nur Unbeständigkeit, alles ewiger Wechsel! — Mit der Brücke verschwanden auch der Rheinarm und die Insel. — Aber wie? — Das ist nun die Frage.

Der Schreiber unserer dürftigen alten gedruckten Chronik, gleichwie er sogar die Beobachtung des ehemaligen gewissen Daseins der großen Rheininsel vergaß, schweigt auch mit unseren übrigen bekanntesten Jahrgeschichts-Sammlern von dieser uns so merkwürdi=

gen Begebenheit ihres Verschwindens. Keine öffentliche Steinschrift hat sie aufbewahrt. Die geschriebenen sparsamen Nachrichten darüber haben sich vielleicht sammt ihren Zeugen, noch binnen der wiederholten Verwüstung selbst, verloren. Keine Presse konnte sie damals vervielfältigen. Die Volkstradition hat sich meistens nur auf die Martins-Insel eingeschränkt. — Doch laßt uns auch selbst den gemeinen Lauf der Dinge oder das Verhalten der Menschen in dergleichen Umständen aus unserer neuesten Zeitgeschichte abziehen: wie mancher ist in solcher Ebbe und Flut der Erscheinungen, zwischen dem Drange der Sicherheits- und Nahrungssorgen, zwischen den getäuschten Erwartungen, müßig, aufgelegt, kalt oder billig genug, daß er für diese vor und nach zufälligen Veränderungen, wovon er in jedem Mitlebenden einen ewigen Zeugen zu sehen glaubt, und deren Summe erst endlich wichtig wird, sich unberufen und mit Gefährlichkeit zum Notar für die Nachwelt mache? Soll man nun, wo der Buchstabe fehlt, das Phänomen der Veränderung gerade wegläugnen oder bezweifeln? Soll man jede Logik bei einer solchen Beobachtung für unnütz oder betrüglich halten? Wie arm wäre die Geschichte, wenn hier sogar die Stelle des Vergessenen nicht spräche, oder niemand wäre, der hierin das geisterhafte Echo der Vergangenheit durch ein Zeichen zu verstehen sich bemühte?

Die gemächlichste Auflösung der vorliegenden Frage ist freilich diejenige, womit sich bereits so mancher Gelehrte und Halbgelehrte durchhalf, wenn er sich auch nur bloß den Lauf des Rheines über den Altenmarkt bis um St. Martinskloster dabei einbildete: der Fluß — heißt es — ist hier abgewichen, wie es zu Worms und zu Neuß geschah. — Allein, an diesen Oertern hat er sich ein neues Bett, ein entferneteres gegenseitiges Ufer gesucht; hier aber fließt auch noch sein zweiter Arm an seiner Stelle; hier ist Deutz sein anderes Ufer geblieben. Unser langer, viel höherer Inselsaum ließ ihn auch nicht über sich abweichen. Also hat nicht die Natur, auch nicht der Zufall allein, sondern meist die leitende Kunst, die haushälterische Noth, die Hoffnung einer vortheilhafteren Anwendung seines Laufes ihm geholfen.

Die durch den wiederholten Einfall der Dänen und Normannen vollbrachte Zerstörung unserer Stadt, der Einsturz der Gebäude, die Selbstrettung und das hülflose Elend der Einwohner ließ unser inneres Rheinbett mit den darein gestürzten Trümmern angefüllt. Träg und schlammig drängte sich vielleicht Jahre lang der Stromarm dadurch her. Die Stadt hatte keine Mittel, ihn zu reinigen. Schifffahrt und Handel stockten. Köln war in den Unruhen von 846 bis 851 ohne Bischof. Auch Karl der Kahle zu Aachen und Ludwig der Deutsche waren verfeindet; Köln und der Rhein lagen auf den Gränzen der Verfeindeten. Mit dem zweiten schrecklichen Einfalle der Normannen 881—882 dauerten diese unglücklichen Zeiten fast bis zum Ende des 9. Jahrhunderts. — Die Bischöfe und Kurfürsten arbeiteten dann an der Ausdehnung ihrer Macht und an der Unterjochung der Nachbarstädte. Bruno, des Kaisers Otto Bruder, ward hier Kurfürst. Er war mächtig, und das Herzogthum Lothringen kam zu den Besitzthümern des Kurfürsten von Köln. In ihm vermuthet der Verfasser den Mann, welcher ums Jahr 960 an dem hinteren Inselsaum nun das Rheinbett vertiefen und daher die schon lange baufällige Brücke Konstantin's abbrechen ließ, — der nun den großen, zweiarmigen Fluß in ein einziges Strombett sammelte. Er verstopfte also den Einfluß des inneren Armes, vielleicht durch die Erderhöhung bei der jetzigen Neckelskaul, so daß dieser sich dort mit dem anderen vereinigte, wodurch das obere Werth sich auch noch in seinem ursprünglichen Besitze gehalten hat. Das alte Pfarrdörfchen Nothhausen kam zum Continent. Die versenkten Trümmer und die neueren Gebäude ebneten hernach den hier verlassenen Arm des Flusses.

Auch der Gewinn des Bodens vor der Stadt muß hier in Betracht gezogen werden, welchen die Kurfürsten ihrer Alleinherrschaft zueigneten, und worüber wegen des Hafen- und des neuen Bebauungsrechts der alten Rhein- und Inselfläche die Bürger Kölns, wenn auch nicht gleich mit dem mächtigen Bruno, dennoch im Gefühle ihrer Kraft mit dessen Nachfolgern in einen langen Streit geriethen; indem es sich denken läßt, daß ihrem größten Haufen die, obwohl übel berechnete Vergrößerung und Anbauung der Stadt geschmeichelt habe.

Der Erzbischof Bruno hatte schon die Steine der abzubrechenden Konstantinsbrücke zur Errichtung des ursprünglichen St. Pantaleons-Kloster- und Kirchengebäudes bestimmt, welches letztere gleichsam die Hofkirche der verwitweten Gemahlin seines Bruders, der Kaiserin Theophania, einer gebornen griechischen Prinzessin, werden sollte, von deren hiesigem langem Aufenthalte Einige, nicht ganz ohne Grund, die Benennung des dort anliegenden Griechenmarktes herleiten, wo ihre Wohnung war. Noch sieht man in der jetzigen Kirche Bruno's und Theophania's prächtig erneuerte Grabstätte.

Bruno beschenkte das dem festen Boden nun anwachsende St. Martins-Kloster mit Stiftungen und mit den Reliquien des heiligen Eliphius, vielleicht um den Mönchen den Verlust ihrer angenehmen Lage und einiger Vortheile zu versüßen, oder von dieser Veränderung ihnen selbst sowohl, als der Andacht der neuen Nachbarn ein Denkmal zu stiften. Sein dritter Nachfolger, Warinus, baute hernach zwischen den Jahren 990 und 1000 das Kloster und die jetzige große Kirche, nebst der St. Brigidencapelle, in deren erweitertes Gebäude nach einem späteren Zeitraume der Pfarrdienst übertragen wurde.

VIII.

Reflexionen und Vorschläge für Gegenwart und Zukunft.

(Man vergesse nicht, daß Prof. Wallraf diese Vorschläge im Jahre 1803 geschrieben.)

Der mächtige Bruno, welcher im Jahre 961 (indeß sein Bruder, Kaiser Otto der Große, in Italien kriegte) Verwalter des deutschen Reiches war und nun schon das Herzogthum Lothringen mit dem Kurfürstenthum Köln vereinigt besaß, war der Erste unter den deutschen Bischöfen, der den Plan hegte, die weltliche Herrschaft über den Hauptort seiner Kirche mit der geistlichen zu verbinden. Ehemals ließen die Kaiser solche Hauptstädte durch ihre Statthalter, Burggrafen ꝛc. regieren. Da die Bischöfe nun schon im Gebrauche hatten, diese Oerter im kanonischen Verstande: un‍seren Sitz, unsere Stadt, unsere Metropolis zu benen‍nen, trugen sie endlich solche Benennungen auch in den weltlichen Herrschersinn über, und suchten, erst durch die erhaltenen Statt‍halterschaften und die verjährte Ausübung allerhand obrigkeitlicher Rechte, dann durch Hofhaltung und Besitz, die Städte selbst, deren Bürger ihre Freiheiten und Eigenthum zu behaupten nicht im Stande waren, zu ihren übrigen ländlichen und häuslichen Erwer‍bungen zu fügen.

Bei Bruno war es nun der Fall, daß er durch Herkommen und Verbindung als der Sohn und der Bruder eines Kaisers und als Verwalter der höchsten Reichsmacht, die Person des Erzbischofs mit jener eines mächtigen Fürsten vereinigte und seine Nachfolger in den Stand setzte, nichts weniger zu sein*). Fast am Ende sei‍ner zwölfjährigen Regierung holte noch Bruno seinen Bruder den Kaiser nach Köln, wo Otto der Dritte, seine Mutter Mathilde, seine Schwester Gerberga, sammt ihrem Sohne Lothar, dem damaligen Könige von Frankreich, und Heinrich, Herzogs Hein‍rich von Baiern Sohn, wirklich angekommen waren. Es war ein stattlicher Einzug. Die hohen Gäste wurden von der versammelten Geistlichkeit und dem Volke mit möglichster Pracht empfangen. Hier feierte Bruno mit ihnen die Pfingstfeste. Gleich darauf reis'te er mit Gerberga und ihrem Sohne, dem König Lothar, nach Frankreich zurück, um dort einen Zwist unter seinen Vettern zu

---

*) Notatum esto, quod Ottone Magno præ primis cœperit eorum (Eccle‍siasticorum) autoritas; quoad jura et jurisdictionem in sæcularibus pri‍mus eorum omnium fuit Bruno, Archiepiscopus Coloniensis, frater Ot‍tonis Magni, qui facillime obtinere poterat sæcularem potestatem ab Imperatore, cujus frater erat. Item: Daher begannten die Bischoffen erst weltlich Recht zu haben, das dauchte unbillig manchen Mann. — Securis ad rad. aus Crusii Diss. de variis potest. imper. Item Speyr. und Erfurt Chronik.

schlichten. Da ward er krank zu Compiegne, starb zu Rheims im Jahre 965. Sein Körper ward nach Köln gebracht und, wie gesagt, in der St. Pantaleons-Kirche beigesetzt. Er hinterließ seinem Sprengel und Kurfürstenthum Köln viel Reichthum und Land.

Was hätte nun die Stadt wohl vermocht wider einen durch weltliche Kraft so starken geistlichen Arm! Welche Dinge konnte dieser wollen und ausführen! Durch die Verstopfung unseres inneren Rheinarmes, den Bruno wahrscheinlich der Stadt entzog, und durch dessen Gewinn zum jenseitigen Strome erwarb dieser nun sich und seinem Stifte schon den Inselboden und den ganzen Rhein, weil die Kurfürsten damals alles, was vor der Stadtmauer lag, ihrem Rechte zuzueignen anfingen. Hier scheint es, daß er, im Besitze von Lothringen und einer so weitschichtigen Gränze des Flusses, den anwachsenden Rheinhandel sammt der Schiff- und Flößfahrt ausschließlich für sich und sein Stift beabsichtet habe. — Nach Abbruch der konstantinischen Brücke bestellte Bruno zwölf Fährmänner, und trug ihnen die Fährgerechtigkeit zu einem Mannlehne auf*). — Durch die Vereinigung der Ströme ward jetzt der eingeschränkte Rhein zwischen der Insel und Deutz tiefer und reißender. Die Sandbänke längs dem steinernen Rücken unserer Insel mußten daher sich bald durch die Gewalt des Stromes wegschwemmen. Der Anbau der neuen Häuser und Hütten am Ufer hinter den Thürmen Julian's scheint damals stiftisch geworden zu sein: denn die Fehde zwischen der Stadt und den folgenden Kurfürsten über den Bodenbesitz gegen den Rhein zu wurde nachmals offener. Da noch im Jahre 1162, nach Ueberbringung der Körper der heiligen drei Könige, durch den erstaunlichen Zulauf von Fremden und durch den hier anwachsenden Handel die Stadt wieder zu klein und gegen feindliche Anfälle unsicher war, wollten die Bürger sie befestigen und über die Gränze des alten Limpats vergrößern; allein

---

*) He sagte 12 Verren ewich des Vairs zo warden, lud be Lude oder zo voiren und dat eyclich Verre synre Soen zwey die Eltsten nae syme Dode erven soulde ꝛc. Köln. Chronik pag. 132. — Daher die Fährkammer oder Brückenbeerbten.

der damalige Kurfürst Philipp verbot und hinderte noch jeden Anbau auf dem Heu= und Altenmarkt. Selbst durch schiedsrichterlichen Ausspruch Kaisers Friedrich vom Jahre 1164 mußte der alte Inselmarkt (der Heumarkt und Altenmarkt) unbebaut bleiben. Die Kurfürsten behaupteten hier ihre Stand= und Verkaufs=Gerechtsame *), und den Heumarkt hatten sie größtentheils den Stiftern und reichen Klöstern eingeräumt, um dort ihre Fruchtstapel (Stapelplätze) zu errichten.

Wichtiger also, als man ehedem glaubte, ist in der Geschichte unserer Stadt der Abbruch der konstantinischen Brücke durch Bruno. Sie begleitete nämlich den Verlust unseres Rheinarmes und der schönen Insel, und beabsichtigte vielleicht durch die Beeinträchtigung unserer alten Handels= und Hafenrechte die Umänderung der ganzen Urgestalt der Stadt. Sie veranlaßte das Aufkommen so mancher kurfürstlichen Rechte binnen den Mauern, ohne jedoch den Geist der Agrippinenser und der herkömmlichen Freiheit aus ihrem möglichst vertheidigten Besitzthume verdrängen zu können.

Blickt hier der patriotische Bürger Kölns noch einmal zu jener vortrefflichen ursprünglichen Lage zurück, welche auf dem langen hohen Bergsaum am alten Rheinarme Vater Agrippa zur Gründung der Ubierstadt wählte, und mit Tempeln und Prätorien begränzte; muß er dann nicht ausrufen: Mit welcher Vernunft und Wahl, mit welcher Berechnung auf Vortheile und Gefahren bis in die späte Zukunft hatten nicht die Römer unser Köln auf diesen Hügel gepflanzt, wo herab es an den Gränzen des Reiches als ein Spiegel der römischen Größe, zu welchem unsere Agrippina es erhob, bei jedem Aufgang der Sonne einladend oder drohend jenseits in die Felder der Verbündeten und der Neider ewig hinblitzen sollte! Wie konnte man diese schöne Lage so vernachlässigen, so verändern? War es unmöglich, sie zu erhalten? Läßt sich kein Theil ihrer verlorenen Vortheile wieder herstellen? — Wir antworten . . . .

---

*) Womit auch wohl die Fettwage in Verbindung gestanden haben mag.

Hinlänglich sehen wir es aus den übel berechneten Anmaßungen und Planen des mächtigen Bruno, auf dessen Pfade seine Nachfolger fortwanderten, daß wir die Väter und den Genius unseres eigenen Volkes deßhalb nicht beschuldigen dürfen. Sie hätten das Gefühl für Agrippa's und Agrippina's Stiftung, und den letzten Funken vom Römergeiste, der jetzt noch jeden rechtschaffenen Kölner so leicht erwärmt, nie verläugnen, nie die Erfahrung und die Ueberzeugung der aus ihrer Lage bereits genossenen und künftigen Vortheile so gleichgültig übersehen können. Würde man in einem vorübergehenden Zeitpuncte unserer Schwäche (war es aus Kaperei, aus Furcht oder Neid unseres sich verrathenden Volksglückes?) den inneren Rheinarm uns nicht abgeleitet, die schöne lange Rheininsel nicht geraubt haben; würde man die nothwendigen Vergrößerungen der Stadt an der Rheinseite immer auf den Gränzen des Hügelsaums, aber nur feldwärts ausgedehnt haben, was wäre Köln geblieben, und was wäre es geworden, und wie viel möglicher, wie viel leichter könnte es jetzt noch aus den Trümmern seines verlorenen Daseins und Glückes wieder bald emporsteigen!

Hehr und heiter, im vollen Sonnengenusse von allen Winden durchweht und gereinigt, heilsam für Einfluß und Stärkung der Leibes- und Geisteskräfte, würde seither diese seine alte Lage immer noch auf Zeugung, auf jede Kraftanwendung und Erhaltung gewirkt haben. Geborgen läge noch unser Eigenthum gegen jede Gefahr des anschwellenden Flusses, als wenn der Geist der ersten Erbauer selbst die außerordentlichen Schreckensscenen von 1784 vorgefühlt hätte, wo der Rhein kaum wieder die Wurzel des unverletzbaren heiligen Hügels am Capitol berührte. — Welche Stadt am Flusse thronte prächtiger, erhabener und anlockender? Welche hätte ihren Eintritt freier von den Ausdünstungen jener nie trockenen Schluchten und Winkelgäßchen eröffnen können? Und was sprächen jetzt seine Tempel und Thürme am alten Ufer, die sich noch, aus der Entfernung jenseits gesehen, über alle dunklen Thalgebäude des Neuen erheben! . . . Unser ehrwürdiges Capitol, unser Rathhaus-

Thurm mit seinen zweihundert Standbildern umher, welche einst nach künstlichen Verhältnissen, von unten bis oben, dem Auge in gleicher Größe erschienen!*) Unser in die Wolken hinansteigender Dom, vorzüglich seine Chorseite, dies Alles übertreffende Meisterwerk deutscher Art und alten deutschen Kunstfleißes, und all das Thurmgewühl in absteigender Linie! — Wie sicher und geschützt würde Köln hinter dem Doppelstrom und der augenblicklich durch Krieger und Wehre zu befestigenden langen Insel jetzt prangen! Wie natürlich gefunden wäre auch hier der Raum zu einem Sicherheits- und Freihafen, zum Schiffwerfte und zu Waarenlagern! Und — die Inselhöhe selbst, welch ein elysischer Aufenthalt und allgemein gesuchter Spazirgang wäre sie uns noch zwischen den Alleen von Segelmasten und grünenden Bäumen, unter denen dann nun ein würdiges Denkmal die alte Stelle unserer Ara unvergeßlich gemacht hätte!

Wie heilsam würde auch der Stadt jener erste Zustand der Insel und des Hafens für die Zeit der großen Blüthe ihres Handels und ihrer Gewerbe im Hansebunde gewesen sein, und was würde man nicht gewagt haben, ihn herzustellen, wenn die durch Bruno ausgeführten Anstalten nunmehr nicht jedes Mittel dazu unmöglich gemacht hätten!

Dieses sind nun Verluste, in welche Köln durch die Uebermacht der so mächtig gewordenen Bischöfe gestürzt wurde, die dann selbst ihren Gewinn und das gemeine Wohl nicht zu befördern wußten, indem sie nicht minder dadurch, als hernach durch die willkürlichen Auflagen und Zollplackereien, das Aufkommen des gemeinen Handels in ihrem eigenen Districte nur desto mehr hinderten. Sie sahen sich zwar daher schon in früheren Zeiten gezwungen oder bewogen, die Kölner von der Entrichtung ihrer Rheinzölle zu befreien; allein die alte, nicht ohne Opfer erhaltene Freiheit wurde wieder nach Willkür weggenommen, und für die inneren Mittel und Anstalten zur Beförderung des Ganzen sowohl, als für die Sicherheit der

---

*) Quad von Kinkelbach Deutsch. Nat. Herrl.

Schiffe, der Hafen- und Werft-Anstalten absichtlich unbekümmert, fuhr man fort, bis zu den letzten Zeiten jedes Fleckchen Erde abzustreiten, wenn auch ein gemeinsames ewiges Wohl für Land und Leute darauf hätte gewonnen werden können.

Seit jener Bodenveränderung war also hier kein Weg mehr, zur Bildung eines sicheren und gemächlichen Hafens einen neuen Stromarm herzuleiten, wie jener alte war, der vom Heu- und Altenmarkte her, und den Mariengrabenberg vorbei, mit lebendigem Flusse ihn einst bildete und reinigte. Indeß erhielt sich der städtische Sicherheitshafen fortan auf seiner herkömmlichen Stelle vom Kost- und Trankgassen- bis zum nachherigen Neugassen-Thore. Die Stadt mußte ihn nunmehr mit kostbaren Anstalten zu einem Uferbusen umbauen und jährlich so mit neuem Kostenaufwande reinigen, wenn sie die Schifffahrt und das herkömmliche Stapelrecht, besonders im damaligen Hansebunde, nicht aufopfern wollte. Daher entstand das uralte Pfahlwerk, welches man im Jahre 1802 bei dem niederen Wasser und der veranstalteten Ufervertiefung am Mühlengassen-Bollwerke entdeckte, und welches unter demselben noch fortlaufen muß, wo es vor älteren Zeiten, ehe dies neuere, mehr herausragende Bollwerk gebaut wurde, bis an eine, den Flußlauf wahrscheinlich mehr schieflings befördernde Wallmauer reichte: wie die Spuren auf den älteren Grundrissen der Stadt es anzudeuten scheinen. Jenes wiedergefundene Pfahlwerk war der Rest der alten Hafen- und Eiswehr. Vor dem gemauerten Busen des Hafens baute man im 17. Jahrhundert, nach einem holländischen Kriegsplan, das gegenwärtige Bollwerk und daran eine etwas höher liegende Eiswehr, welche im 18. Jahrhundert mit einer größeren und auch zum Schiffergange und Waarenlager brauchbaren Eiswehr, gegenüber der Fischpforte, vermehrt ward. Beide hat aber der Eisgang vom Jahre 1784 weggeführt.

Allein, indem der Rhein seinem natürlichen Strome nach nunmehr nie, als bei hohem Wasser, diesen Busen füllt, und dann in dessen Boden immer so häufige Sandlette absetzt, gegen die kein Pfahlwerk schützt, so bleibt die ganze, ohnehin der Gefahr sehr ausgesetzte, Anstalt unbrauchbar, und wird, wenn wir ihrer noch bedürfen, es immer mehr werden, es sei denn, daß sie mit jährlichem großem Aufwande in einer dauernden Vertiefung von etwa 18, 16 oder wenigstens 12 Fuß vom Uferrande erhalten werde, wenn sie anders die Schiffe auch in einem kleineren, selbst im gewöhnlichen Wasser sichern soll.

Seit den schicksalvollen Jahren sind daher bereits in der Zeit der vorigen Stadtregierung zu einer neuen derartigen Anstalt Plane begehrt und angegeben worden; die Umstände haben aber theils ihre Annahme, theils jede Ausführung zurückgesetzt. — Was ist aber jetzt einer Stadt möglich, deren Nerven gelähmt, und deren Urtheil und Wille hierin unwirksam sind?

Jedoch, wäre in dem Bilde dessen, was war, und im Ueberreste der Rheininsel nicht etwas zu diesem Zwecke wiederzufinden?...

Die alte Rheininsel längs der Stadt mit ihrem inneren Strome gab unseren Urvätern die natürliche Stelle an, wo sie den ersten Hafen anlegten, und wo die Handels= und Kriegsfahrzeuge, selbst die Schiffe des Konstantin stapelten, womit er die Gränze des Reiches hier deckte. Römer und Ubier benutzten da mit einander die Vortheile, welche die Insel und der Strom, der Blüthe des Handels und des Gewerbes, dem Nähr= und Wehrstande lieferten. Das gegenwärtige Werth ist noch ein Rest dieser Insel, das Bild des Ganzen; es kann uns daher auch zu einem Plane zurückführen, welcher die mit der Insel verlorenen Vortheile einiger Maßen wieder ersetzen könnte.

Erlaube man uns also, ohne den Werth jener ausführlicheren fremden eingelieferten Vorschläge damit zu vergleichen, hier auch diejenige Idee hinzuwerfen, welche einst ein hiesiger Beobachter darüber angab, und hier den alten und neuen Local=Verhältnissen anpassend glaubt.

Er findet es gut, das jetzige Werth mit dem Ufer zu vereinigen, was wirklich durch die Zeit so gut als geschehen ist. Dann schlägt er vor, unterhalb der Alten Burg aus dem dort ausströmenden Rheine einen großen, schleusefähigen Canal gegen einen schicklichen Ort an der St. Severins-Windmühle hin zu leiten. Dieser Canal wäre nun für die Stadt von einem vielfachen Nutzen, da wir außer dem kleinen Bach kein inneres fließendes Wasser haben. An diesem Canal könnten schon auf dem Graben, und so weit er dazu brauchbar wäre, Fabriken arbeiten, und allerlei dienliche Mühlenwerke, selbst Papiermühlen ꝛc. angelegt werden. Er könnte noch anderswohin sich theilen ꝛc.

Er strömte dann längs dem Fuß des St. Severins-Hügels gegen den Sions-Klosterplatz. Auf diesem Wege wäre nun der Platz für ein weites Bassin zu suchen, welches für etwa 200 oder mehrere große und kleine Fahrzeuge Raum hätte. An der Neckelskaule wäre eine doppelte Damm- und Eingangsschleuse zu errichten, durch welche die Schiffe, selbst die beladenen, bei eintretendem Winter vermittelst eines Haspelwerks hineingezogen würden, und daselbst mit sonstigen dafür nöthigen Anstalten versehen, stete Sicherheit finden könnten. Das Bassin hätte ein bewegliches, lebendiges, durchlaufendes Wasser, und reinigte sich gut. Das Beyenbollwerk und ein auf dem Werth selbst noch anzulegender Mauerwall schützten Alles gegen die größten Gefahren des Eisgangs oder der Ueberschwemmungen. Außer den Zeiten der Gefahr diente dieser Canal selbst noch an den inneren Stellen zu allerhand Anlagen, wobei die Kunst und Erfahrung hier das weitere Mögliche anrathen würde.

Die Ein- und Auslaßschleusen würden zu jeder Modification seines Gebrauches dienen. So erhielt denn doch unsere Stadt wieder etwas, das manchem Verfalle vorbeugen, manchen Aufschwung ihrer niedergeschlagenen oder schlafenden Kräfte wieder rege machen könnte.

IX.

Ueber die Vergrößerungen Kölns gegen die Landseite.

Der ursprüngliche fast viereckige Raum unseres alten Köln, wie es Agrippa aus der Form eines römischen Standlagers geschaffen hatte, selbst für ein ordentliches Feldlager im Kriege zu klein, mußte auch schon frühe zu eingeschränkt sein für eine Stadt, die fast allein für ihre öffentlichen Gebäude, für ihre Tempel, Prätorien, für ihr Capitol, ihre Markt- und Uebungsplätze, ihre Kriegs- und Civil-Anstalten ꝛc. bald eine ansehnliche Ausdehnung erforderte; besonders aber für eine solche Stadt, woran unsere stolze Agrippina den verbündeten und benachbarten jenseitigen Nationen ihre Macht und Roms Größe zeigen wollte: denn hier durchkreuzten sich die Landstraßen und Heerwege*), hier concentrirte sich bald der Handel aus Gallien und Deutschland und von dem Ober- und Niederrheine. Hier war dafür der bequemste und vorzüglichste Hafen, der mit den Meeren des Nordens und besonders des von Cäsar eroberten Britanniens in Verbindung stand; hier war der Sitz der römischen Heerführer und Präfecte, der Sitz der Militär-, Civil- und religiösen Gewalt. So viele Vorzüge, so viele Nahrungsquellen eines Ortes, die sich täglich vermehrten, mußten es bald veranlassen, daß auch außer den zu engen Schranken seiner Mauer, nicht nur des gesunderen Aufenthaltes, sondern auch des Raumbedürfnisses wegen, die angewachsene Menschenmenge von Ubiern, Galliern und Römern sich in Vorstädte ausdehnte; besonders, da noch Agrippina zum Glanze ihres Geburtsortes jene römischen Ritter- und Veteranen-Familien hieher gesandt hatte, welche mit ihrem Vermögen auch den römischen Geist, Geschmack und Luxus mitbrachten, und das offene Feld nachher mit Villen und Lustgärten bebauten. Dies sind Data, an denen der Statistiker nicht ohne Reflexion vorbeigehen darf: denn sie dienen dem Forscher, um über die wahrscheinliche **Bevölkerung und den Blüthezustand Kölns unter den Römern** einiges Licht verbreiten zu können, und verrathen schon, an wie manchem beobachtungswürdigen statistischen Puncte der ältesten Epochen unserer Stadt die hiesigen Gelehrten, als für ihre Untersuchungen zu ge-

---

*) Die Heerwege von Trier und Bonn nach Neuß, Xanten ꝛc., dann die aus dem belgischen Gallien über die hiesige Brücke und Insel nach Deutschland waren in den Itinerarien berühmt.

ringfügig oder zu profan, vorbeigegangen sind, da ihr Beruf sie meistens nur auf kirchliche Gegenstände hinzog.

In den Vorstädten siedelten sich Veteranen, Landarbeiter, Krämer, Wirthe, Fremde und heimliche Anhänger fremder Religionssysteme an. Die Villen und Lustgärten der Vornehmern hatten inzwischen die heitersten, fruchtbarsten und wichtigsten Plätze *) um die Stadt eingenommen, und es ist wahrscheinlich, daß mancher unserer ältesten Herren- und Lehnhöfe, und selbst die Plätze, worauf hernach die wichtigsten Kirchen, Klöster und Dörfchen umher entstanden sind, einst ursprünglich Römer-Villen oder Delubren (kleine Tempel) waren.

Die Grundlagen zu diesen Vorstädten bildeten nun zuerst die römischen Heerwege und Landstraßen (viae praetoriae, militares). Sie hatten den Gesetzen nach eine ansehnliche Breite **) und gingen, so viel möglich war, in gerader Linie aus, kamen in Hauptstädten und besonders an wichtigen Gränzflüssen zusammen, sie wa-

---

*) Es ist bekannt, daß Julius Cäsar zuerst in Gallien den Weinstock pflanzte. Wie früh mag wohl diese Pflanzung an unseren Rhein gekommen sein?

**) Sie hießen deswegen viae latae (breite Straßen). Diesen Namen hatten auch daher einst selbst die St. Severinstraße und die St. Marcellenstraße, bis zum alten Eigelsteinerthore, und so finden dieselben sich noch in alten Schreinurkunden benannt. Die Heerstraße nach der ältesten Ehrenpforte, gegen St. Apern ausgehend, hat daher einzig noch bis jetzt diesen Namen (breite Straße) behalten, obwohl selbige eben so sehr und noch mehr, als jene, in ihrer Breite geschmälert und verbaut worden ist; aber als Herrstraße hieß sie doch nicht Hoeres, als wenn dieses Heerstraße bedeuten sollte, sondern Heras von Here (Juno). Indeß war schon beim Anfange des Mittelalters nichts als die strenge Religiosität und der Abscheu oder die fromme Unwissenheit in der heidnischen Mythologie Schuld daran, daß man alle Ableitungen von alten Götternamen verbannte, und solche uralte Benennungen mit möglichst tonverwandten Ausdrücken umtauschte. Daher man auch in den alten Schreinurkunden keine porta Herae findet und die porta Paphia so gern mit porta Clericorum verwechselt hat, als wenn die Geistlichen des alten St. Andreas-Münsters (Monasterium) oder allenfalls des antiqui Summi durch diese Pforte täglich mehr heraus und herein in die Stadt zu laufen gehabt hätten, denn einst jene von St. Gereon, St. Georg, oder St. Aposteln, die auch so nahe an den Pforten lagen. — In unserem Texte reden wir aber auch noch nicht von der Epoche, worin die Schreinsprache und Einrichtung in ihr Wesen gekommen war.

ren möglichst zu einer gleichen Höhe ausgefüllt, und oft gegen die nebenliegenden Tiefen sehr erhaben, gleichwie die hiesige vor der porta Jovis auf der St. Severinsstraße oder alten Burgstrazza, im Verhältniß gegen die ost- und westwärts liegenden Gassen, und auch die vor der porta Paphia auf der St. Marcellenstraße *) gegen die Tiefe der Maximinenstraße, wovon man noch besonders im jetzigen botanischen Garten die deutlichsten Spuren bemerken kann. Sie waren mit Steinen gepflastert, und hier formirten sie oft zugleich hohe Dämme. Schon diese Heerwege waren für eine Stadt und vorzüglich für eine römische Gränzstadt an einem solchen Flusse,

---

*) Gleich vor der Paphenpforte ist späterhin sogar die Spurlinie des Eingangs der alten römischen Heerstraße vertilgt worden, und nur durch einen krummen Weg bis in die Marcellenstraße gelangt man jetzt erst in diese Linie zurück, welche sich dann deutlicher auf dem Eigelsteine wieder zeigt. Diese Vertilgung der dortigen Heerstraße entstand dadurch, weil daselbst ein uraltes großes Landgut (vielleicht auch einst eine alte römische Villa) gelegen war, deren Gränzmauer fest an die alte Heerstraße schoß, woraus hernach ein dem Domstifte zugehöriger Wingarten entstand, dessen Raum die Hausplätze der oberen Trankgasse, den jetzigen kölnischen Hof ꝛc. bis in den District des ehemaligen Jesuiten-Collegiums umfaßte. Man fing vielleicht später an, gegen den Rücken jener Gränzmauer Häuser zur Vorstadt anzubauen, wodurch nun, wie solche noch jetzt stehen, die Schranken der alten Heerstraße überschritten wurden, während zur andern Seite Raum genug zum Ausweichen vorhanden war; doch damals in den mittlern Zeiten ward auf Regelmäßigkeit und Schönheit der Gassen wenig Rücksicht genommen. Hieraus schließt man auch, wie schlecht gegründet die Ansicht derjenigen ist, welche die vormalige St. Mathias- oder Matthäus-Capelle nächst der Marcellenstraße für das erste Kirchlein des uns als Jünger Petri zum Bischofe aufgestellten St. Matern angeben wollten. Denn würden die Römer in jenen Zeiten je zugegeben haben, in der Mittellinie der öffentlichen Heerstraße ein ansehnliches Gebäude, ein ihnen, der Religion wegen verdächtiges Häuschen zu erbauen? Oder würde je ein etwas kluger Christ ein offenes Bethaus daselbst erbaut haben? Höchstens gehört dieser Invocationstitel des heiligen Matthäus zur alten St. Andreaskirche, welche einst ad S. Matthaeum in veteri fossa, St. Matthäus auf dem Graben, genannt wurde. Dieser alte Graben war jener um die ganze erste Stadtmauer. Seine Spuren in der Schmierstraße sind noch die Treppen von der Burgmauer herunter, wo die alte Mauer in die Vorstadt durchbrochen wurde. Der Name Schmierstraße entstand in den mittlern Zeiten dadurch, daß Schinken-, Speck- und Schmalzkrämer daselbst zu wohnen pflegten, worunter das Haus eines sehr Wohlhabenden: domus Arvinatoria, in den Schrein-Nachrichten unseres gelehrten Alterthumsforschers, des Hrn. Licentiaten Glasen, vorkommt.

ein unermeßlicher Vortheil, besonders wenn die Schiffsstationen für Krieg und Handel noch dazu kamen. Es war daher auch natürlich, daß die Vergrößerung unserer Stadt zuvörderst auf dem von Süden nach Norden gerichteten Heerwege anhob, und daher läßt schon der erste Grund der größeren Ausdehnung und Bildung des jetzigen Halbmondes an der Höhe der Rheinseite sich ermessen.

Eben so halte ich für wahrscheinlich und der Natur der Sache gemäß, daß die Vergrößerungen unserer Stadt zuvörderst an der unteren Seite außerhalb der porta Paphia angefangen haben: 1. Weil in der oberen Gegend die Aussicht des Capitol, als wo das Praetorium und Palatium der Legaten, der Präfecten, und die Wohnung der Cäsaren bei ihrem Hiersein war, dann des Tempels des Jupiter daselbst, und die Befestigung dort umher nicht sobald durch nahe Gebäude gehindert werden durften. 2. Weil an der unteren Gegend des Hafens die größte Bevölkerung der gemeinen Classen und die Bedürfnisse sich zuerst anhäuften. Aber auch aus Spuren der Tradition und aus Resten des Alterthumes läßt sich dieses vielleicht noch mehr verdeutlichen.

Die Tradition hat sich erhalten, daß der so genannte St. Ursulen-Acker, als der Marterplatz der Ursula-Gesellschaft, von den ältesten hiesigen Christen mit einer Mauer umschlossen worden sei. Man nennt sogar einen hiesigen Bischof Aquilinus, welcher ums Jahr 237 gelebt, die Ursula-Gesellschaft aufgenommen, die Ermordeten begraben*), ihnen eine Kirche erbaut, und eine Mauer um

---

*) Unsere Geschichte der St. Ursulen-Gesellschaft, wenn sie auch in der ganzen hyperbolischen Ausdehnung von Zahl, Eigenschaft und Zeit nicht so wahr sein sollte, als unsere frommen Voreltern sie glaubten, und als selbst unser sonst fleißiger gelehrter Geschichtsforscher, der Jesuit Crombach, sie aus Traditionen und frommen Erscheinungen zu beweisen sich alle Mühe gegeben hat, so läßt sich dennoch das Wesentliche davon und selbst eine Anzahl von den Gründen, welche Crombach beigebracht hat, nicht so leichtsinnig wegwitzeln, als es jetzt unter unseren Leutchen ohne Geschichtskenntniß und Kritik Mode geworden ist, gleich alles, was unseren Vätern einst ehrwürdig war, zu läugnen. Wir bemerken hier auch selbst, daß der angewiesene Marterplatz für die Ermordung von 11,000 zu klein gewesen wäre, daß die Anzahl der gebrauchten Schiffe damaliger Art in unserem Hafen keinen

den ganzen Acker gezogen haben soll. Der Marterplatz soll sich vom alten Hafen, wo die Ankommenden aus den Schiffen gestiegen wären, von der Blut- oder Blootgasse (Blomgasse) bei St. Cunibert, einerseits über den jetzigen Machabäerkloster-District (welche Kirche ehemals mit dem Ursulenstifte um den Hauptort des Ereignisses einen hartnäckigen Streit kämpfte), dann quer über den Eigelstein, und durch den St. Ursulen-District, — andererseits von der St. Johannsstraßen-Höhe durch die Gärten über St. Maximinen- und Marcellenstraße, bis nahe an die Würfelpforte erstreckt haben. In der That war von lange her dieser ganze District mit einer Mauer eingeschlossen, welche auf mehreren Stellen, besonders auf dem Entenpfuhle und über den alten Graben an dem St. Ursulen-Weingarten, noch sichtbar ist, und deren Materialien meist noch aus Ziegel-, Basalt- und altem Schiefer- oder Flözstein be-

---

Raum gehabt hätte. Und wo wäre diese Flotte ohne ein erstaunliches Aufsehen zusammen genommen, wäre sie wohl so unbeachtet bis hieher vorbeigelassen worden? — Aber daß eine derartige ansehnliche Gesellschaft aus dem schon christlichen Britannien (welches damals mit unserer römischen Stadt schon viel Kriegs- und Handelsverkehr hatte) hier, nach einer in Italien gemachten Reise, eingekehrt und selbst in einer stürmischen Epoche für den christlichen Glauben ermordet worden sei —, daß ihre Anzahl auch wohl aus hundert Köpfen (numerus certus pro incerto) bestanden und sie sich allenfalls auf 5 oder 10 Schiffen befunden haben könne, daß wirklich in verschiedenen Städten der Reise-Route noch ihr Andenken übrig sei, daß ihr Begräbniß und die Entdeckungen davon feierlich gewesen —, daß man Namen davon in Gräbern und Särgen wiedergefunden habe ꝛc., daß man endlich, wenn auch unter den entdeckten Körpern viele römische Soldaten und andere vermischt waren, dennoch auch viele Verwundungen an Spuren von weiblichen Skeletten, die man aus Kleidungen und Zierathen erkannte, angetroffen habe —, daß selbst bei einer solchen Christenverfolgung die eben hier gegenwärtige Gesellschaft der Ursula mit mehreren christlichen Einwohnern vermehrt werden und im Grunde für den Zweck dieselbe Geschichte bleiben konnte ꝛc. ꝛc., dieses und Mehreres spricht immer dafür, daß überhaupt das Wesentliche der Tradition und unsere Gläubigkeit daran in der These nicht so grundlos sei, um die kahle Unterstellung von nur zwei Personen, Ursula und Undecimilla, dafür annehmen zu müssen; und daß endlich das neue kölnische Brevier nach dem Sinne der besten Kritiker Recht habe, nur Ursula mit einer großen Anzahl Gefolges für diese Geschichte zu nennen. Dennoch reden wir nur hierüber im Vorbeigehen. Dieses Werk ist für solche Untersuchungen nicht bestimmt.

stehen, die also noch etwa vor dem Ausgange des 7. Jahrhunderts errichtet zu sein scheint. Diese Mauer ging vom Rheine an unter Kranenbäumen quer dort über die alte Heerstraße (wo die alte porta Aquilina *) darin geöffnet war) gegen den Entenpfuhl, und so fort bis dahin, wo sie durch die Würfelpforte durchbrochen wurde; nun etwas schief längs dem Ipperwald, und schloß sich dann an die alte Stadtmauer an, woselbst späterhin eine so genannte Judenpforte gegen die jetzige Friesenstraße zu führte. Sie war auch durchaus mit einem Graben umgeben.

Diese Mauer scheint die Gränze einer der ältesten Vergrößerungen gewesen zu sein. Allein ihre Anfangs-Epoche ist nicht zu bestimmen; wer weiß, wie manche Vorstadt daselbst vordem schon durch Kriege und Verwüstungen vertilgt war! — Die alte Stadtmauer blieb daselbst so lange, bis die jetzige erbaut, und die alte Eigelsteinspforte gegen Kranenbäumen weggeräumt wurde. Sie von jenem Bischofe Aquilin, oder von diesem auch nur den Namen der Pforte herschreiben, verräth zu viel Leichtgläubigkeit. Freilich waren die Ergänzer der Bischöfenreihe bis zum heiligen Petrus hinauf, auf welchen man auch hier so gern die Gründung der Christengemeinde zurückführen wollte, darüber froh, daß sie durch den alten Namen der porta Aquilina einen Aquilinus als Augenzeugen der Ursula-Geschichte und als einen bischöflichen Erbauer der Stadtmauer in die Geschichte hineinschieben könnten; allein der Bischof Aquilin, der (wenn er auch damals gelebt hätte) als ein

---

*) Der Ausdruck porta Aquilina führt auf die Vermuthung, daß das Wort Eigelstein aus dem fränkischen Aiglo (Eigel, Adler), also Aiglestein, entstanden sei. Vielleicht stand einst über der Pforte oder dort hinaus ein solches altes römisches Feldzeichen, vielleicht ein Gebäude oder ein Grabmal eines alten römischen Heerführers, wie zu Igel bei Trier — oder es war da der Begräbnißort der Soldaten ꝛc., wo ein spitzer Steinhaufe nach der römischen Gewohnheit (oder eine Spitzsäule von Steinmasse in Eichelform, wie man eine solche gleichfalls zu Mainz angibt) aufgerichtet war, woran jedoch ein Adlerzeichen angeheftet sein konnte: und so wäre auch der Ausdruck: Eichel-stein, zwar keine Säule; aber Aiglestein, mit der porta Aquilina zusammen genommen, berechtigt uns, Eigelstein nicht als Eichelstein zu schreiben, wie dieses schon Einige versuchten.

frommer Privatmann noch kein Vermögen und Ansehen für die Erbauung einer solchen Mauer hätte daran setzen können, gehört unter die späteren Erfindungen *).

Für diesmal sei es uns genug, daß wir die Spuren jener Mauer als die Gränze der früheren nördlichen Vergrößerung unserer Stadt angeben, sie mag übrigens ihre Entstehung oder Erneuerung jeder früheren oder späteren Epoche, auch schon nach den Verwüstungen, zu danken haben.

Diese Mauer hatte also ihren Anfang, oder eigentlich ihr Ende dort gegenüber der unteren Spitze der ehemaligen Rheininsel, wo die uralte, dem heiligen Papst Clemens, als dem Patron der niederländischen christlichen Schiffleute, gewidmete Capelle erbaut war **). Dort an einer Gassengränze neben Kranenbäumen erscheint auch noch bei einem verengten Durchgange hinter den Stiftsgärten die, selbst auf dem Rheinhardt'schen Plane der Stadt noch angedeutete Bogenruine einer alten nördlichen Stadtpforte, mit welcher eine neuere Pforte der letzten Vergrößerungs-Mauer, gegenüber der Kaltenhäuser-Straße, in Verbindung gestanden zu haben scheint.

Sie umschloß den ganzen Umfang des ehemaligen römischen Coemeterium vor der porta Paphia, auf dem Eigelstein, in der Machabäerstraße, wo man, beim Ausgraben zum Bau der St. Johann- und Cordula-Kirche, der Machabäer- und späterhin noch sogar der Capuciner- und Ursuliner-Gebäulichkeiten, ganze Lagen von römischen Steinsärgen gefunden hat.

Auf der Stelle unseres jetzigen Zeughauses, bis wohin die Mauer

---

*) Hatten wir damals schon christliche Glaubensprediger, so waren es höchstens freiwillige oder abgeordnete Priester (Missionare), deren Namen kaum oder gar nicht aufgezeichnet, oder verloren, und daher zu ewigem Andenken nicht aufbehalten worden sind.

**) Unter der erhöhten Chortribune der darüber vom heiligen Bischof Cunibert zuerst erbauten, nun dessen Namen führenden, schönen Stiftskirche sieht man diese Capelle noch wirklich durch einen Gitterrost hinter dem Hochaltar, neben den kleinen Fenstern zur Epistelseite. Der ehemalige, mit einem Gestell von gegossenem Kupfer bezeichnete, so genannte St. Cuniberts-Brunnen (in kölnischer Mundart: Pütz) vor dem Hochaltar war der Einlaß dazu.

reichte, war auch das Armamentarium der Römer gewesen, neben welchem, in dem jetzigen Weingarten des Hrn. Fürth, das sehr vertiefte und ausgebreitete Amphitheatrum oder der Fechtplatz der römischen Krieger lag *). Westwärts schoß daran das große römische Militär-Prätorium, wovon der schöne Mosaik-Thurm, ein opus tessellatum, bei St. Claren, noch zum dritten Theil erhalten, aber nun durch eine policeiwidrig angebaute dicke Mauer geschändet worden ist **); ostwärts die Burgmauer (murus castrensis), welche noch die ganze Gegend der jetzigen Mariengarten-Gasse und der Römer-Gasse (vicus romanus), bis zur Drusus-Gasse (vicus drusianus) umschloß, und das Quartier (die Casernen) der römischen Krieger dort bildete. — Von dem Zeughause und dem Militär-Prätorium erstreckte sich nordwärts bis in den von Zuydwyck'schen Garten die Breite, und von der Würfel- oder Worpil- (Wurfpfeil-) Pforte westwärts bis an die jetzige Stadtmauer die Länge des römischen campus martius, dessen erste Gegend den campus ballistarum (weil man die Ballisten und großen Kriegsmaschinen aus dem Zeughause zur Hand hatte); die zweite, über den jetzigen St. Gereons-Driesch hin, den campus velitum, und endlich die letzte, von dem Gereons-Kloster an, den campus der Spießer (lanceariorum) bildete, woher die dortige Spießer-Gasse noch ihren Namen behalten hat.

Aus dem Gesagten ergibt sich nun auch die Ableitung des Namens der Würfel-Pforte. Nimmt man nämlich an, daß bei dem campus ballistarum die Säule oder der Platz war, wo die tesserae militares (Kriegsparole) ausgetheilt wurden, so hat die Benennung porta tesserarum einen Grund, in der Voraussetzung, daß in den düsteren unlateinischen Zeiten das Wort tessera ungeschickt durch Würfel verdeutscht worden. Angenommen aber (und nicht ohne Grund), daß die Austheilung jener Losungszeichen näher

---

*) Fast zehn Jahre lang hat man noch in der Mitte des vorigen Jahrhunderts allen Bauschutt und Unrath dahin gebracht, um diese Amphitheatral-Vertiefung zu füllen.
**) In Betreff solchen Unfugs geht man hier zu ungebührlich an dem Urtheil von Alterthums-Kennern vorbei.

bei der Wohnung des mächtigen römischen Militär-Legaten geschehen sein müsse, so ist die Benennung: Wurfpfeil-Pforte, porta ballistariorum oder ballistarum, die natürlichste.

Vor dem Militär-Prätorium ist die Hinrichtung der 300 christlichen Soldaten aus der Thebäer-Legion vor sich gegangen; der Platz wird noch heut zu Tage der Mordhof genannt. Helena, welche sich mit ihrem Sohne Konstantin im Gebäude des Militär-Prätoriums aufgehalten hat, ließ die Gebeine jener dort verscharrten Thebäer aufsuchen. Sie ließ einen viereckigen Tempel mit fremden Granitsäulen für sie aufbauen und eine der prächtigen Säulen blieb noch zum Andenken, drei Epochen nach einander neu erbauter Kirchen hindurch, an ihrem alten Platze selbst stehen, bis sie von den französischen Zerstörern zu unserer Zeit in Trümmer zerschlagen und mitgenommen wurde, um sammt den übrigen Säulen jenes ersten Gebäudes, welche Karl der Große zu seinem aachener Münster einst von hier, angeblich gegen die Herrschaft Viersen, ertauschte, nach Paris geschleppt zu werden.

Jener St. Gereons-Tempel blieb mit seinen Umgebungen lange vor der Stadt, in seinen eigenen Mauern abgesondert, liegen. Der freie Platz hinter dem Chor der Kirche heißt noch jetzt St. Gereons-Driesch, welches Wort, vom griechischen ὄρις (Streit, Krieg) hergeleitet, unsere obigen Angaben bestätigt.

Wie aber die Gerichtsbarkeit des Niederreichs in diesem ganzen District der nördlichen Vergrößerung unserer Stadt zuerst sich errichtet habe, ob sie erstens schon durch die Zustimmung der Einwohner und Gutsbesitzer selbst noch zur Zeit der Römer- oder Franken-Herrschaft (welches wohl nicht wahrscheinlich ist) entstanden sei; oder zweitens, ob erst unter den Kaisern, oder drittens, ob unter der von den Bischöfen an sich gezogenen Regierung (welche also nicht völlig in die Stadt selbst gedrungen wäre), oder ob sie durch jede Art von Einem zum Anderen übergegangen sei, darüber läßt sich die Wißbegierde der Forscher und des Publicums nicht gründlich befriedigen. Inzwischen hat unser oft belobter würdiger

Herr Licentiat Clasen uns von diesem Gerichte (Niederich) sehr interessante Nachrichten geliefert *).

Die Epoche der südlichen ersten Vergrößerung unserer Stadt ist eben so unsicher zu bestimmen. Lange vor den Zeiten des Bischofs Anno wurde das auf der ehemaligen Rheininsel, um die alte St. Maria- und Maternuskirche angesiedelte Dörfchen Noithusen (Rothhausen) schon als Vorstadt (suburbium) betrachtet **). Es ist glaublich, daß auf demjenigen uralten Stadtgraben, welcher die jetzige untere Bachstraße ausmacht, die Häuserreihe der südlichen Seite dort entlang sich zuerst gebildet, und nach Vereinigung der Rheinarme sich endlich mit jenem Dörfchen Rothhausen ungefähr daselbst, wo die Gerichtsbarkeit Airsbach sich setzte, verbunden habe. Außer dieser Häuserreihe am damaligen Graben scheint mir der Heerweg selbst (die Burgstrazza) freigeblieben zu sein. Der Bischof Anno baute nun 1067 die ungeheure feste Masse des St. Georgs-Thurmes. Sollte diese aber zu einem Thurm oder zu einer Capelle dienen, so scheint die in Stärke und Größe mit ihr gar nicht verhältnißmäßige Kirche mehr des Thurmes, als der Thurm der Kirche wegen daran gehängt worden zu sein. Er setzte ihn gerade vor die hohe Pforte der Stadt (porta alta) ***), wie er selbst in seinem Diplom sagt, fast auch mitten in die Heerstraße (Burgstrazza) und die Bürger hatten den nicht ungegründeten Argwohn, als sie dafür hielten, daß dieser, für die damalige Zeit fast unüberwindliche, Steinhaufen ihnen einst wohl etwas zu nahe stehen könnte. Daß damals die Gegend da hinaus noch meist unbebaut gewesen sein müsse, zeigen auch die ungeheuren Gartenplätze der dortigen Stiftshäuser nach dem jetzigen Stadtthore hin, welche sich andernfalls damals wohl nicht so ungehindert hätten ausdehnen können. Allgemach siedelten sich nun dort neue Bewohner längs der Burgstrazza oder alten dortigen breiten Straße

---

*) Im köln. encyklopäd. Journal 2c. 1779.
**) Siehe Abschnitt III.
***) Der Ausdruck: porta Jovia, war schon damals, wie jener: porta Paphia und porta Hera, aus schon angeführten Ursachen verbannt und umgeändert.

hinauf an. Vom Dorfe Roithusen an vermehrten sich auch, der Nahrung wegen, am Rheinufer noch die Wohnungen der Schiffleute und Rheinarbeiter. Daher entstanden neue Häuserreihen, welche sich auch mit Quergassen gegen die Burgstraße wieder anhingen, während sich die Wohnungen der Feldarbeiter von der westlichen Gegend her anpflanzten.

X.

Nähere Erläuterung des Vorigen. — Die Pfarrgemeinden.

Aus dem Alterthume der in unseren Vorstädten nacheinander entstandenen Pfarrgemeinden, wie die bei Gelenius, in den vorigen Stadtkalendern und Gebetzetteln vorkommende Kirchen-Ordnung dieselben angibt, läßt sich schon über die ursprüngliche und fortschreitende Vergrößerung und Bevölkerung unserer Vorstädte Vieles aufklären. Die ursprünglichen inneren Pfarrsprengel der alten Stadt gehen natürlich in dieser Ordnung den äußern vor. In den früheren kirchlichen Zeiten haben in den Vorstädten noch die älteren Monasterien (Stifts- und Abteikirchen) die allgemeine Seelsorge und Sacramentspendung ausgeübt, woher auch in denselben die uralten Taufsteine, z. B. jene in Groß St. Martin, St. Georg und St. Gereon, bisher übrig sind. Nachher mögen beiderseits Ursachen entstanden sein, daß die so sehr anwachsenden Pfarrgemeinden sich von jenen absondern mußten und oft neben den Mutterkirchen ihre eigenen Gotteshäuser erhielten, worin sie ihre, besonders in fränkischen Zeiten, miteinander verbundenen kirchlichen und bürgerlichen Ceremonien und Freiheiten ungehindert üben konnten; sowie die Stiftscapitel und Klöster nun auch endlich gerne für sich bleiben und ihren Gottesdienst in Zeit und Raum ungehindert halten wollten.

Innerhalb des uralten Stadtbezirkes selbst, wo man damals noch nicht jenes allgemeine Stadt- und Zunft-Regiment in einem einzigen Rathhause kannte, welches im 14. Jahrhundert erst aufgekommen ist, war jeder Pfarrsprengel ein religiöser und zugleich bürgerlicher District. Jeder hatte sein Gebuirhaus (Bürgerhaus) zum Pfarrgemeinde-Gericht, welches zugleich für ihr kirchliches und bürgerliches Schrein- und Gerichtshaus, wie zu ihrem Waffen- und Sammelplatz diente. In den Vorstädten aber, je nachdem sie sich endlich aus den Grundherrlichkeiten der Capitel, Abteien und abeligen Ritterhäuser gebildet hatten, blieb, auch nach ihrer Anschließung zur eigentlichen alten Römerstadt, die innere Verfassung von jener der letzteren abgesondert und verschieden, indem die neu Angeschlossenen sich ihre Freiheiten darüber bedungen zu haben scheinen. Jede dieser Vorstädte machte gleichsam nur eine, für sich ursprüngliche, bürgerliche Parochie aus, wozu die nachher dort entstandenen oder angränzenden Pfarreien sich an- oder einschlossen. Daher waren auch noch die sogenannten Flügel-Gerichte, z. B. das St. Severins-, St. Pantaleons-, Eigelsteiner-Gericht ꝛc. übrig, welche sich mit ihren Privilegien und Herkommen oft viel brüsteten, und wo auch die kurfürstlichen Auflaurer noch in späteren Zeiten auf Grund vorgeblicher Territorial- oder Schutzrechte manche Unbilligkeiten und gewaltsame Eingriffe in die allgemeine Stadtordnung und Gesetze sich erlaubten.

Die Gerichtsbezirke, wie jede der ersten Pfarreien einen eigenen ausmachte, hatten ihren Greven (comes, advocatus) ihre magistros civium (Bürgermeister), Amt- und Rathmänner, ihre Bürgermatrikel und eigene Schreinverwaltung. Die Schreinverwaltungen waren von jener alten Verfassung in ihren besonderen Districten (welche die Spuren des Alterthums der Stadt und der Stadtrechte noch verdeutlichen) bis zu unseren Zeiten übrig geblieben, wo auch sie im Strome der allgemeinen Umwälzungen untergingen. Für ihr hohes, selbst bis in die fränkischen Zeiten hinaufreichendes Alter sprechen Documente aus dem eilften Jahrhundert, welche schon auf das hohe Alter derselben Rücksicht nehmen.

A. Die erste nördliche Vergrößerung.

Dem Verfasser schien aus angegebenen Gründen der nördliche Anbau der Stadt zuerst mit einer Mauer angeschlossen worden zu sein, welche vom Ende des Hafens bei den Kranenbäumen, quer über den Eigelstein, wo dann die erste Pforte dieses Namens geöffnet war *), über den jetzigen Entenpfuhl und Altengraben sich erstreckte, hier den St. Ursulen-Acker, wo ihre Ueberbleibsel noch sichtbar sind, einschloß, nun die Würfelpforte enthielt, und neben dem jetzigen Zeughause mit der ersten römischen Mauer zusammen stieß.

Diese, wahrscheinlich zuerst ummauerte Vergrößerung der Stadt lag fast in der Form eines Cirkelquadranten vor der noch jetzt dastehenden römischen Paphenpforte. Der ganze District erhielt den Namen: suburbium inferius, das Niederich = das Niederreich, und so nannte sich auch noch die bis zu unseren Zeiten daselbst waltende Schreingerichtsbarkeit, worüber unser verehrungswürdiger, emsiger Herr Lic. Clasen uns so schätzbare Nachrichten lieferte.

In unserer nördlichen Vergrößerung der Stadt scheint dann, wegen der ältesten Ansiedlungen am Rheine, zuerst die Pfarre von St. Lupus als eine abgesonderte Pfarrgemeinde entstanden zu sein, in deren District auch das Gericht Niederich seinen Sitz nahm. Dann folgte die von St. Marien-Ablaß, welche den größten District des St. Ursulen-Ackers und hernach noch den rechts liegenden Theil der vor der Würfelpforte neu entstandenen Vorstadt unter sich hatte. Drittens, die von St. Paulus, welche Pfarrei aus dem alten St. Matthäus- oder Andreas-Münster hervorging und nebst ihrem District im Niederich, auch den andern Theil der neuen Vorstadt vor der Würfelpforte umschloß, welcher den Ipperwald und Mordhof enthielt. Viertens die von St. Servatius, eine ursprünglich auch wohl sehr alte Pfarrkirche am Hafen, welche aber in späteren Zeiten nach St. Cunibert verpflanzt wurde, und durch diese neuere Veränderung

---

*) Die alte Eigelsteinspforte, mit einer Wohnung darüber, stand noch im Jahre 1424 mitten auf der Straße. Der Magistrat löste nachher das Eigenthumsrecht ab, welches mit einer Grundfahr belegt war, und ließ den hinderlichen Steinhaufen abbrechen.

daher in den tieferen Rang in der Kirchen-Ordnung gekommen sein mag *).

B. Die erste südliche Vergrößerung.

Die erste südliche Vergrößerung unserer Stadt wurde begründet durch die auf dem obern Theile der ehemaligen Rheininsel gelegene Kirche und das dabei entstandene Pfarrdorf Nothhausen. Diese, in ihren Fundamenten noch existirende, wirkliche Lyskirche, Ly=solphskirche, oder Maria am Ufer genannt, hatte ursprünglich eine eigene Gerichtsbarkeit.

Nachdem der Rhein hier in ein einziges Bett gedrängt war, um das Jahr 960, nahm dieses Pfarrdorf durch seine Lage am Flusse immer mehr zu und machte bald eine eigene Vorstadt von Köln aus. Seine Kirche ist daher auch die älteste unter denen in den Vorstädten. Sie folgt in der Ordnung noch jetzt gleich auf St. Peter, indem die inneren fünf Hauptkirchsprengel der Stadt als freie Bürger-Parrochieen, und ihre Pfarrer als die ältesten Mitar=beiter und Vicarien der Bischöfe, vor allen in den Vorstädten ent=standenen Pfarreien immer den Rang behaupteten. **)

---

*) Bei der jetzigen Vernichtung aller Spuren des alten Herkommens scheint es hier ein Wort zu seiner Zeit gesagt zu sein, wenn man jedem Freunde seiner Vaterstadt, je=dem Kölner tief ans Herz legt, manche ihm jetzt noch so unbedeutend vorkommende Zeugnisse unserer Lebenszeit zur Nachricht für die Nachwelt aufzubewahren, welche bereinst mit ihrer Begierde, die Vergangenheit kennen zu lernen, in dieselbe, und vielleicht in noch größere Verlegenheit gerathen könnte, als in welcher wir, leider! hinsichtlich unserer Vorzeit sind.

**) Wir äußerten es schon Abschnitt III., daß wohl die Lyskirche, von Konstantin's und Matern's Zeiten her, für unsere älteste christliche Kirche gelten könnte, als die=jenige nämlich, welche vom Bischof Matern aus einem alten heidnischen Delu=brum bei der Ara auf der Insel hier zum ersten öffentlichen christlichen Gottes=hause umgeschaffen worden ist: indem es so schicklich war, daß daselbst der Glaube zuerst gepflanzt, und nun in öffentlicher Freiheit ausgeübt wurde, wo die Ara der Ubier so lange der Hauptort des heidnischen Religions-Gebrauches war, und wo die Rheininsel und die Brücke Konstantin's gleich von beiden Uferseiten die Völker zur Annahme des Evangeliums einladen konnten. Auch die Tradition, daß daselbst die Gruft des Bischofs Matern sei, wovon wir bereits auch im Abschnitt III. redeten, spricht ebenfalls dafür.

Der District **Nothhausen** verband sich endlich mit den neuen Ansiedlungen auf dem beiderseitigen Graben der alten Stadt vor der porta Jovis (Hochpforte), der jetzigen obern und untern Bach= straße und deren Nachbargassen. Es sammelte sich dadurch ein zweiter Pfarrsprengel, der von St. Jacob. Diese Kirche war, wie Gelen es angibt, schon im Jahre 641 als eine Capelle be= kannt. Als Pfarrkirche ist sie aber wohl nicht älter, als die den alten großen Taufstein noch bewahrende St. Georgs=Kirche, welche der Bischof Anno (im Jahre 1067) ihr zur Seite baute, und deren mächtigen Thurm er fast mitten auf den offenen Weib= markt, zwischen die neuen Ansiedlungen in der Burgstrazza, den Bürgern Köln's gerade vor die hohe Pforte setzte. Er beschenkte die von Saalfeld dahin gerufenen Chorherren sogar mit dem Dorfe und vielleicht auch mit dem Patronate von Nothhau= sen*). Nach dem großen Taufsteine in dieser Stiftskirche zu schließen, war sie gewiß auf Seelsorge und Sacramentenspendung für diese Gegend berechnet.

Da die Bevölkerung zu beiden Seiten immer mehr wuchs, bil= dete sich in dieser Vorstadt auch endlich die dritte Pfarrge= meinde für die Kirche St. Johann Baptist, welche, wie ein Diplom des Bischofs Wichfried vom Jahre 942 angibt, schon damals ihr Dasein hatte, vielleicht auch als Capelle: denn derglei= chen Capellen waren mehrere aus ehemaligen Delubren um die Stadt her, oder von einsamen frommen Einwohnern in den frühe= ren Zeiten vielfach errichtet. Späterhin ward diese Kirche im Ver= hältniß zu ihrer zahlreichen Gemeinde vergrößert.

Diese südliche Vorstadt hatte nun eine beträchtliche Ausdehnung erhalten. Sie erstreckte sich in der Form eines großen Fünfecks längs dem Rheine und von der Neckelskaul an um den ganzen Pfarrsprengel von Lyskirchen, St. Jacob, St. Johann, und bis zu der alten Mauer vor der jetzigen sogenannten Fell= oder Feld= bach, wo sie an die inneren Pfarrsprengel von St. Peter gränzte.

---
*) Siehe Abschnitt III.

In der Epoche der Errichtung ihrer zwei letzten Pfarren scheint sie, der alten Kirchen-Ordnung nach, mit jenen jüngeren Pfarreien der nördlichen Vorstadt gleichzeitig zu sein.

Diese Aufstellungen zeigen nun, daß unsere Stadt schon in den Zwischenjahren 900—1000.... an Bevölkerung, Schifffahrt, Fabriken, besonders an Wollarbeiten und Tuchmachereien sehr zugenommen haben müsse. Besonders waren die letzteren in der oberen Vorstadt im St. Johanns-Kirchspiel und in der innern Stadt auf dem Griechenmarkt und da herum sehr zahlreich, so daß ihre Zunft und ihre Gesellen endlich einst der ganzen Stadt fürchterlich wurden. — Jene genannten drei Pfarrgemeinden der südlichen Vorstadt könnte man schon für jene Zeit fast auf 9000 Seelen schätzen, wenn man das Streben der damaligen Zeit nach persönlicher Sicherheit, und den Andrang aller Handarbeiter auf eine so bequem gelegene und reiche Stadt in Anschlag brächte. Zudem ist es bekannt, daß zu jener Zeit kein Markt, kein Spiel, kein Fabrikwesen und Handel, keine Unterweisungs-Anstalten, als nur in solchen Städten, Platz hatten.

Bei dieser Größe und wegen der nothwendigen Sicherheit vor nachbarlichen Räubereien und Fehden, fing man endlich an, auch diese Vorstadt gleich der nördlichen mit einer Mauer an die alte Stadt anzuschließen, welche die oben bemeldete Strecke umfaßte, und vom Ufer der Meckelskaul an bis dahin, wo sie mit der alten Mauer bei den Weißenfrauen zusammentraf, mit einem breiten Graben umgeben wurde, wovon noch die Namen des St. Katharinen- und Perlengrabens übrig sind. Neben St. Johanniskirche, wo die Gassenenge dort beim Backhause vorkommt, war darin die **neue Hochpforte** oder auch die sogenannte **St. Johannespforte** angebracht, deren cirkelförmige Bogenreste von Quaderstücken noch sichtbar sind. An der nun abgetragenen Weißfrauenkirche zeigte sich noch die andere Pforte, welche für die alte Weyerpforte gelten kann, und zu deren Vertheidigung, gleichwie zu allen übrigen dergleichen Pforten, eine bestimmte Pfarrgemeinde angewiesen war: denn das Kirchspiel von St. Peter hatte die Griechenpforte, die Gemeinde von St. Columba die alte Ehrenpforte, St. Laurenz die Würfelpforte ⁊c. zu beschützen.

Aus dem Baue der vordern Thüre an der vormaligen St. Katharinen-Kirche, welcher das Gepräge vom Jahre 1200 an sich trug, und welche Kirche also gewiß späterhin gerade vor die, bereits lang daselbst gestandene Pforte angebaut wurde, kann man schließen, daß jene Pforte an der Heerstraße der südlichen Vorstadt, der freien Vertheidigung wegen, etwa bei 150 Jahre lang ohne nahen Vorbau geblieben, und daß jene Mauer also ungefähr zwischen den Jahren 1000—1100 erbauet sein müsse. — Diese Mauer ließ das St. Pantaleons-Münster noch vor der Stadt liegen, wozu indeß die Griechenpforte*), wegen der daselbst hofhaltenden Kaiserin Theophania, schon geöffnet und im Gebrauche war.

Der Umfang jener drei Pfarren, Lyskirchen, St. Jacob, St. Johann, hieß das Burgum superius, die Oversburg, woraus das verstümmelte Wort Dusburg und endlich sogar Airsbach entstanden ist. Die bürgerliche Verfassung dieser Vorstadt war jener der nördlichen oder des Niederreiches in allem ähnlich — und „ohne Zweifel (sagt unser würdiger Clasen, dessen Worte ich hier anführe) von gleichem Alter**). Die Herren (oder die Richter) der Dusburg hatten ihr Rathhaus auf der Bach an dem Malzbüchel, davon die starken Mauern noch gesehen werden können, und ein Ausgang davon in die Witzgasse. Ihr Bezirk nimmt den Anfang an der Neckelskaulenpforte, geht über den Katharinengraben, die nun abgebrochene Johannspforte vorbei, über den Perlengraben bis an die Weißenfrauenpforte. Hier beweis't der Augenschein

---

*) Es kann sein, daß diese Pforte aus früherer Zeit stammte; aber in der ältesten Römerzeit bestand sie noch nicht, indem die vier Pforten ihrer Feldlager ihnen lange heilig waren. Daß sie einer Anzahl griechischer Soldaten, welche hier einquartirt gewesen, zu Gunsten geöffnet worden sei, kann sich vielleicht zu Posthumus', Konstantin's oder Julian's Zeiten, vielleicht auch wohl gar nicht ereignet haben, da wohl kein ordentlicher, gewöhnlicher Waffenplatz da herum war und für diese einzelne Gelegenheit damals nicht so flugs eine Pforte gebrochen wurde.

**) Dieses bestätigt unsere Meinung über das gemischte Alter der Pfarreien der nördlichen und südlichen Vorstadt in der Kirchen-Ordnung.

sowohl als die noch übrig gebliebenen Namen, daß die Stadt befestigt gewesen sei." *)

Nachdem wir die Entstehung der Pfarreien nach ihrer Reihenfolge in der Kirchenordnung betrachtet haben, müßten wir nun billig von der östlichen Vergrößerung am Rheine (welche die Klein St. Martins= und St. Brigidenpfarre besonders beträfe) hier handeln; allein die geographische Ordnung leitet uns hier auf einen zu guten Pfad. — Auf diesem gelangen wir hier nämlich zu der

C. Westlichen Vergrößerung unserer Stadt.

Diese westliche Vergrößerung ist in ihren Gränzen noch unerörtert; aber nach Spuren und darauf gebauten Schlüssen scheint sie sich unwidersprechlich darstellen zu lassen. Ich setze ihren Anfang bei der alten Mauer in dem Weingarten gegenüber der Hundsgasse beim St. Maurizkloster, wo ehemals noch ein Pfuhl neben der kleinen steinernen Pfadbrücke stand.

Dort an der inneren alten Mauer gibt es noch Spuren eines Ausbaues und Ansatzes, welche auch in Rheinhardt's Grundrisse von Köln angezeigt sind. Diese Mauer oder Befestigung umschloß nun den Platz, worauf St. Maurizkloster und Kirche liegen, ging längs dem Rinken=Pohl (Pfuhl), welcher auch ein Wassergraben war, dort am Ritterhofe vorbei, hatte gegen die jetzige Schafenstraße hin wahrscheinlich eine Pforte **), umschloß die Aposteln=Stiftsgärten der Hahnenstraße gegenüber, an welchen die Reste dieser Mauer und deren innere breite Wälle noch wirklich vorkommen, und wo der Benesis= oder Benis=Pfuhl (nicht Venus= Pohl, wie er im Rheinhardt'schen Plan genannt wird) den Graben machte. Sie enthielt dann die alte Ehrenpforte ***) bei dem

---

*) Schrein-Praxis, Seite 55.
**) Ein Heinrich von der Schafenpforte lebte noch 1230.
***) Gelen führt an, daß in entdeckten Monumenten diese Ehrenpforte einst die Agrippinenpforte, porta Agrippinae, genannt worden sei. Aber für die Belegung dieses Namens scheint doch die Entstehung eben dieser Pforte noch zu jung zu sein; und im Mittelalter schien jede Benennung dieser Art zu heidnisch=römisch und zu unheilig.

jetzigen Breuer'schen Hause, welche die Bürger vom St. Columba=
kirchspiel in Krieg und Fehde zu vertheidigen hatten. *) Die Rich=
tung ging von da mit der Wallgasse (ohne Fug nennt man sie jetzt
Wahlengasse) fort, wo aber nur der Mangel an Spuren den
Verfasser ungewiß läßt, ob sie daselbst gerade hin, oder ob sie quer
durch die Baum= und Weingärten daselbst die Friesenstraße hinab
gegen die St. Gereons=Stiftsmauer angelaufen sei. Hier ist noch
die weitere Frage: ob diese Mauer den ganzen St. Gereons=District
eingeschlossen habe, oder ob dieselbe dort, wo die Lene= oder Lenen=
pforte einen Eingang unweit dem Rübenbrauhause gegen die Frie=
senstraße öffnete, an jenem Districte vorbei, noch mit Ausschließung
des Erbvogtei=Bodens, querüber gegen die mittlere St. Gereons=
straße angegangen sei, von wo sie, oberhalb dem Nazareth=Klo=
sterplatz, hindurch gegen die beim Klingelpütze hinter dem
v. Zuydwyck'schen Garten sich krümmende, einsame Spielmans=
gasse ihre Richtung genommen, und sich dort mit dem alten Gra=
ben und der alten Mauer verbunden hätte. Die alten Gränzen
zwischen der St. Christophels= und den beiden ältern St. Pauls=
und Marienablaß=Pfarreien daselbst scheinen für die letztere
Meinung zu reden.

Ohne das Vorhandensein jener westlichen, mit der alten Stadt
durch Mauern um das St. Apostelnstift verbundenen Vergrößerung,
könnte man sich keinen Begriff machen von jenen merkwürdigen Be=
festigungen, welche die Bürger Kölns damals in den drohendsten
Belagerungsgefahren veranstaltet haben. Hier sind Zeugnisse gleich=
zeitiger Geschichtschreiber darüber:

„1) Die Kölner bestrebten sich mit einem außerordentlichen Be=
triebe und Aufwande, ihre Stadt zu befestigen, und eine sehr starke
Wallmauer herumzuführen." Otto a S. Blasio, ein bewährter
Geschichtschreiber, der zwischen 1100—1200 lebte.

„2) Die Kölner fürchteten den Kaiser (Friedrich I., welcher
damals gegen den Erzbischof Philipp aufgebracht war),

---

*) Die Urkunden davon siehe in Clasen's Schrein-Praxis, S. 34, 35.

sie befestigten ihre Stadt mit einem sehr breiten und hohen Mauerwalle und leiteten den Rhein um den ganzen Umfang derselben." Auctuatarium Aquicinctinum, dessen Verfasser um das Jahr 1193 blühte *).

„3) Die Kölner umgaben ihre Stadt mit einem Walle, sie gruben neue Wassergräben, bauten neue Thorvesten. Aber da der Kaiser ihr Mißtrauen übel nahm und nun den Rhein schloß, suchten sie wieder Aussöhnung. Der Kaiser setzte ihnen zur Bedingung, daß sie eine festgesetzte Geldstrafe entrichten, eine bestimmte Thorbefestigung einreißen und den Graben zu 400 Fuß, in vier Abtheilungen, ausfüllen sollten**). Dennoch gab er ihnen alsbald die Freiheit wieder, daß sie schon den Tag darauf die Pforte und den Graben wieder herstellen könnten." Chronik Godefrid's, Mönchs von St. Pantaleon, — im Jahre 1187.

Nun hatte der Erzbischof Heribert auch schon im Jahre 1021 die gegenwärtige St. Apostelnkirche auf der Stelle einer vormaligen, sehr unansehnlichen, zu erbauen angefangen ***). Zwischen der alten

---

*) Dieselbe Nachricht fand der Verfasser auch in einer etwa 150jährigen lateinischen Handschrift, welche aus älteren Zeiten zusammengetragen zu sein scheint. Diese Herumführung des Rheines um die ganze damalige Stadt, von der Neckelsfaul an, um St. Aposteln, über den Entenpfuhl bis wieder zum Rheine, ist für uns Kölner bemerkens- und wissenswürdig. Daher mag nun auch die altväterliche Sage ihren Grund haben, daß der Rhein ehemals bei St. Pantaleon herumgelaufen sei.

**) Auch diese Ausfüllung des Grabens zu 400 Fuß, nach den Angaben des hiesigen Mönchs Gottfried, bestätigt die vorige Nachricht; denn sie unterstellt hier keinen trocknen, sondern einen fließenden Wassergraben; den trocknen würde der Kaiser ganz wieder auszufüllen befohlen haben; für die Hemmung des Wasserdurchlaufs war die Ausfüllung zu 400 Fuß, in vier Abtheilungen, kunstmäßig und hinlänglich. — Vielleicht hatte der Kaiser durch seinen Befehl nur dieses beabsichtigt, und hat außerdem deswegen am andern Tage den Bürgern es freigegeben, alles Uebrige in seinem Zustande zu lassen.

***) Heribert hielt sich hier oft in jener von Duckſteinen erbauten Wohnung auf, die dort auf der Altenmauerstraße im Bezirk des St. Gertruden-Klosters noch zu sehen ist. — Von daher hatte er eine Galerie über die alte Stadtmauer, um durch eine, an dem Hintertheile seiner neuen Kirche auch noch sichtbare Oeffnung vermittelst einer innern Mauertreppe auf die Emporkirche zu steigen, wo er dem Gottesdienste

Stadtmauer und der feſt daran liegenden Kirche konnte aber kein Wall, kein Graben Platz finden; die Befeſtigung des viereckigen Diſtricts des Stiftes bis zu der beſagten Ehrenpforte erforderte auch nach richtigen Gründen beiderſeits einen ſchief laufenden Graben zum An= und Abfließen des Waſſers, welche Richtung durch die hiezu angegebenen Gaſſen und vorhandene Vertiefungen noch ihre Spuren verräth. — Folglich ſcheint die angegebene weſtliche Ver= größerung außer Zweifel, und etwa bis auf den Punct ihrer letzten Einlenkung gegen die St. Gereonsſtraße erörtert zu ſein.

Dieſer frühe Einſchluß der St. Mauritz= und der St. Apoſteln= pfarre in die alte Stadt ſcheint auch damals dieſen Pfarreien jene, dort herum in denſelben gelegenen Diſtricte zugewandt zu haben, welche für die St. Peter= und St. Columbakirche zu entfernt und zu weitläufig waren. Die Apoſtelnpfarre hat wohl daher die mit der innern alten Stadt gleiche bürgerliche Gerichts= und Schrein= Verfaſſung und ihr eigenes Amtleuten= oder Gebuirhaus erhalten, welches ehedem auf dem Platze des einſt daraus entſtandenen ſtädti= ſchen Ballhauſes *) oder nachherigen Kirchhofes gelegen war.

D. Kölns öſtliche Vergrößerung.

Nachdem der hieſige Rheinarm unter dem gegenwärtigen Werth in dem Hauptſtrom zurückgeleitet und alſo der Inſelboden mit der Stadt vereinigt war, lag nun auf deſſen oberm Theil die Lys= kirche mit dem Dörfchen Rothhauſen, welches, wie geſagt, dort

---

des Stiftchores immer beiwohnte. Heribert's Nachfolger, Pilligrim, vollendete erſt den Bau der Kirche; aber der untere Theil davon brannte ab 1099 und wiederum im Jahre 1199. Die jetzige Herſtellung des Kirchenſchiffes zeigt richtig daher den Bauſtyl vom 13. Jahrhundert. Der obere ſchöne Kuppeltheil iſt aber noch das Werk Heribert's.

*) Des Daſeins dieſes Ballhauſes werden ſich noch unſere älteſten Bürger zu erinnern wiſſen. Es hatte aber die Benennung nicht als Tanzplatz, ſondern als ein hoher langer Raum, wo der Wurfball (Ballon) geſchlagen wurde, welches Spiel im 16. und 17., bis in das 18. Jahrhundert hier ſehr im Schwunge war und zu den gymnaſtiſchen Uebungen der ordentlichen Bürger und ihrer heranwachſenden Söhne gehörte.

zur Vorstadt wurde und sich mit dem angebauten Doersburg=Districte nach und nach verband. Auf der untern Insel lag die frühere St. Martinskirche, welcher der Erzbischof Bruno noch im Jahre 959 den Körper des heil. Eliphius schenkte, und einen gewissen Bertold zum Abte gab. Bruno's dritter Nachfolger, der Erzbischof Warin, errichtete bald darauf, um das Jahr 978, die noch stehende, in ihrer festen, schönen und großen Anlage ehrwürdige Kirche, deren unterer Gewölbetheil jedoch, sammt dem prächtigen, bei der letzten Erneuerung wieder hergestellten Eingange, an der Sattelwölbung und puren Blätterknäufen eine fast 200 Jahre jüngere Bauart verräth. Warin besetzte das Kloster mit schottischen Benedictinern, baute deßhalb die Capelle der schottischen heiligen Brigida daneben, welche hernach zur Pfarrkirche erweitert wurde. — Er machte zu Gunsten des Klosters viele Stiftungen und ward endlich selbst dort Mönch.

Jene beiden Kirchen lagen nun lange vor der alten römischen Stadtmauer. Wie dort um die Lyskirche, so haben auch bald hier um das Martinskloster, und wahrscheinlich hinter den Thürmen Julian's, am geschäftigen Rheinufer sich Hütten und Wohnungen für Schifffahrer, Rheinarbeiter und Handelsverkehr angeschlossen. Die Umwohner vom St. Martinskloster bauten häufig auf dessen Boden, woher auch noch Hausplätze daselbst dieser Kirche grundzinsbar geblieben sind. Aus dem uralten noch erhaltenen Taufsteine dieser Kirche zu schließen, haben die Mönche selbst damals in der christlichen Gemeinde da herum die Seelsorge und Sacramenten=Spendung ausgeübt.

Der übrige große Raum der alten Insel vor der östlichen römischen Stadtmauer blieb nun größtentheils noch lange unbebaut. Er behielt den Namen Inselmarkt, forum insulae, welcher alles, was zwischen der jetzigen Rheingasse über den Heumarkt und Altenmarkt liegt, bis auf die um St. Martin angeschlossenen Wohnungen, einbegriff und vielleicht bis über die Neugasse hinaus sich erstreckte. Die alten Eintheilungen der Verkaufsplätze daselbst bestimmten jene, theilweise noch vorhandenen und den daraus entsprungenen Gassen eigen gebliebenen Benennungen.

Um das Jahr 1056 baute der Erzbischof Anno die von seinem Vorfahren Hermann schon entworfene Kirche: Maria zur Stiege, Maria ad Gradus, fast auf dem Rande des alten Rheinufers. Es war dieses aber nicht der obere, sondern zum Theil der untere, westwärts gelegene Chor dieser Kirche, wie wir sie noch zu unserer Zeit gesehen haben; denn letzterer allein trug den Baustyl jenes Jahrhunderts, und es scheint, daß der ursprüngliche Eingang der Kirche auf dem Uferplatze und ihr Altar und Chor gegen Westen gelegen gewesen seien.

Die alte römische Stadtmauer in der Richtung der Paphenpforte muß ehemals sehr nahe an der vorigen alten Domkirche vorbeigegangen sein, um dort das Ufereck zu bilden, und ein neben dem jetzigen Dom bei St. Mariengraben in Resten noch vorhandenes, altes Gemäuer*), welches in der geraden Richtung mit der Paphenpforte stand, könnte noch wohl ein Rest der uralten Stadtmauer oder der Burg sein, die dort auf dem untern Eckhügel der Römerstadt, wie das Capitol auf dem obern, gebaut war. — In den fränkischen Zeiten stand an dieser Stelle noch eine Burg als der Aufenthaltsort des Kaisers Karl. Dieser Kaiser schenkte solche sammt ihrem ganzen Districte in seinem Testament seinem Kanzler und Gewissensrath, Bischof Hildebold, welcher dann den bischöflichen Palast dahin verlegte und dabei eine neue Domkirche erbaute, nachdem bis dahin unsere erste Domkirche auf dem Platze der jetzigen St. Cäcilienkirche gestanden hatte. — Große Säulenstücke haben sich unter den Fundamenten der vor Kurzem abgetragenen Mariengrabenkirche gefunden und machen es wahrscheinlich, daß hier auch einst ein Tempel des Apollo Pythius, wie im Capitol der Tempel des Jupiter, gestanden habe**).

---

*) Das schöne, im Style des 11. Jahrhundert gebaute, nun abgetragene Dormitorium der Stiftsherren von Mariengraben ruhte darauf.

**) Diese Säulen befinden sich jetzt in der Antiquitäten-Sammlung von Hrn. Prof. Wallraf.

Ich halte dafür, daß jene Stadtmauer endlich den Berg gegen das neue Rheinufer hinabgeführt worden sei, wobei alsdann der so genannte Frankenthurm zu einem der frühesten neuen Uferthore ward, wie der durchgehende Pfortenbogen daran noch sichtbar ist. Denn dieser Thurm scheint mir in seiner jetzigen Gestalt kein Monument der ehemaligen fränkischen Herrschaft zu sein. Es ist möglich, daß auf derselben Stelle ein altes römisches oder fränkisches Gebäude dieser Art einst gestanden habe, welches zum Leuchtthurme oder zur Schutzwehr des alten Hafens gedient haben mag. Aber der jetzt darin noch sichtbare Pfortenbogen und selbst die Einfassungen um die von einem älteren Gebäude hergenommenen Figuren an der Rheinseite *) verrathen den Styl des 12., fast 13. Jahrhunderts. — Der Name Frankenthurm ist entweder die fortdauernde alte Benennung, oder er ist ihm von der noch lange hier gebräuchlichen Ausübung des fränkischen Rechtes eigen geblieben, in welcher Zeit er schon zum Criminal-Gefängnisse gedient haben kann **).

---

*) Unseres Gelen oft etwas heiße Phantasie sah in diesen drei Figuren die Bilder der heiligen drei Könige, und vielleicht war zu seiner, in profanen kritischen Kenntnissen etwas dunkel gewordenen Zeit dieses der allgemeine Volkswahn, weil der Figuren eben — drei sind.

**) Der Verfasser geräth durch eine spätere Entdeckung sogar auf den Gedanken, daß auf dieser Stelle des Frankenthurmes ehedem einer von jenen Thürmen gestanden habe, als deren Erbauer er (Abschn. VI.) den Kaiser Julian, bei dessen Rheinbefestigung unserer Stadt, angab; denn auffallend gleich traf er, bei einer deßhalb angestellten Messung, die Distanzpuncte dieser Thürme, nämlich von jenem an dem Rheingassenthore bis zu dem am alten von Siegenschen, jetzt Schophoven'schen, Hause 40 Ruthen — von diesem bis auf Rheinberg 20 — bis zur Fleischmengerzunft wiederum 20 — bis zum ehemaligen Brauhause auf Rom ebenfalls 20 — bis zum Mühlengassen-Bollwerk, wo ehemals einer stand, 20 — nun von da bis gerade zum Frankenthurme wiederum 40 Ruthen, wie oben bei der Rheingaffe. Man bemerke hier, wie Julian in seiner Befestigung am Rheine die Zahl dieser Thürme nahe bei der konstantinischen Brücke richtig verdoppelt habe, so wie dieses die Beschützung derselben erforderte. Man bemerke ferner, daß es nicht erst nöthig war, diese Thürme nach der Zerstörung der Brücke durch den Erzbischof Bruno zu erbauen: daß sie also kein späteres Werk sein können, weil die Stadt noch fast an 200 Jahre lang sich nicht durchaus bis an das neue Rheinufer hinausbaute. Man

Auch ist diese Uferpforte des alten Frankenthurmes augenscheinlich älter, als das nachher entstandene Trankgassenthor, weil hier neben jener, den Berg dort hinabgeführten Mauer der Zugang zum Rheine aus der Vorstadt Niederich damals noch frei und offen blieb: weßwegen dieser Gasse, nach der Meinung unseres Gelen (pag. 90. De admiranda etc.), von den dahin zur Tränke geführten römischen Kriegspferden der Name Trankgasse beigelegt worden sein soll. Wem von unseren Lesern die im Abschnitt IV. angegebene Ableitung der Benennungen der Kost- und Trankgasse, welche gewiß mit einander in Zusammenhang gestanden haben, nicht gefällt, der mag die Meinung Gelen's annehmen, und dann zusehen, ob er für den Namen der Kostgasse eine plausible Ableitung beibringen könne. Wenigstens halte ich nicht dafür, daß für eine so allgemeine Pferdetränke hier mitten im geschäftigen Hafen der rechte Platz sein konnte, da noch so viele andere dafür offen waren.

Gleichwie nun damals diese bis zum Ufer am Frankenthurme fortgesetzte Stadtmauer den St. Lupus-Pfarrsprengel, und

---

bemerke, daß auch über Julian's Zeiten, in die ältere römische Zeit hinaus, solche Befestigung am Rheine weder so bestimmt in den Geschichtsquellen bezeugt, noch ihre Nothwendigkeit durch gleiche Ursachen motivirt sei, noch ihre ganze Bauart eine frühere Zeit verrathe. Diese sind die Gründe, welche den Verfasser bestimmten, den Kaiser Julian für den Erbauer davon anzugeben. Zum Beweise gegen Einige, welche glauben, daß des Verfassers Aufklärungen über unsere Urgeschichte oft ohne hinlänglichen Grund hingeworfen seien ...

Indessen, um auf die Entstehung unseres Frankenthurmes zurück zu kommen, werfe ich noch eine andere Meinung auf. Wie? wenn jene sieben Thürme am Rheine sämmtlich Frankenthürme gewesen, alle von den, im 5. Jahrhundert ihr Reich hier befestigenden Franken erbaut worden wären? Ihre Entstehung wäre für unsere Geschichte eben so wichtig, und ihre Bauart bliebe noch für denselben, von Julian's Regierung kaum etwa 50 Jahre entfernten Zeitpunct passend. So hätte dann unser noch so genannter Frankenthurm (welcher gewiß einst die nämliche Form wie die sechs anderen hatte) eben vom Schicksal seiner durch jedes Element möglichen Veränderung — allein noch den alten Namen behauptet, und dieser wäre auf den gegenwärtigen viereckigen schmalen Thurm fortgepflanzt worden, der als Thorgebäude der, vom Mariengrabenberg bis zum Inselboden endlich fortgesetzten dortigen Stadtmauer vor Zerstörung bewahrt wurde.

in ihrer ganzen Linie überhaupt das Niederich von der inneren
Stadt absonderte, so ward auch die südliche Vorstadt Oversburg
von derselben durch eine solche, von der alten Römermauer bis zum
neuen Rheinufer fortgeführte Mauer abgeschlossen. In dieser Mauer
lag, zwischen den Jahren 1000—1100, in der jetzigen Gasse zur
Malzmühle die alte Kornporz (die Kornpforte, porta frumenti,
pabuli), welche von der Vorstadt her zum Inselmarkte (Heumarkte,
forum frumenti, pabuli) den Zugang öffnete. Von dieser Pforte
nannte sich zu jener Zeit eine alte kölnische Ritterfamilie: die von
der Kornporze *). An der Ecke der Mauerlinie, welche bei dem
neuen Rheinufer am jetzigen Brauhause zum alten Thurm her-
vorkam, entstand die alte Rheinpforte **), die als die Erste von
allen am neuen Ufer entstandenen Pforten diesen Namen erhielt.
Jener Thurm hieß damals der Saphirthurm, weil der alten
kölnischen Ritterfamilie der Saphiren oder Blauen dieser Thurm
anvertraut war, um die dabei gelegene Pforte, die Rheinpassage
und die Stadt hier zu beschützen ***). Die außerhalb dieses Stadt-
maueransatzes (auf dem jetzigen Filzengraben) damals erbauten
Häuser gehörten damals zur Lyskirchen-Pfarre.

Jenseits jener absondernden Mauer blieb der Filzengraben, mit
der ganzen Vorstadt Oversburg, gleich der Trankgasse im Niederich, gegen den Rhein hin noch lange frei und offen. Durch
den tiefen Zugang unter dem großen Gewölbebogen stürzt noch der
Bachfluß über das alte Steinpflaster in den Strom.

---

*) Siehe das Edle Köln. Zweiter Beitrag.

**) Ueber dem Gewölbe dieser ersten Rheinpforte stand noch bis ins 14. Jahrhundert die Capelle des heiligen Nikolaus, als Schutzheiligen der Schiffenden, welche Capelle deswegen, gleichwie jene des heiligen Clemens zu eben dem Zwecke am unteren Ufer (siehe Abschn. VII.), aus einer tröstlichen Religions-Idee den auf dem Wasser Gefahr Leidenden im Anblicke nahe und offen lag. Bei Erbauung der neuen Rheingassenpforte ist der den Schiffleuten darin eigen gewesene Gottesdienst in die Lyskirche versetzt worden.

***) Das Edle Köln. Dritter Beitrag. — Mehreren rittermäßigen kölner Familien waren ehemals dergleichen Posten anvertraut, z. B. denen von der Mühlengas-sen zum Thurm ꝛc.

Die angeführten beiden Maueransätze bis zum Rheine begränzten also damals den großen, außer den Ansiedlungen um Groß St. Martin und an den Rheinthürmen noch unbebauten Inselmarkt. Der ungeheure Raum erhielt sich übrigens lange Zeit hindurch als freier Marktplatz, und vertheilte sich nur in Gassenlinien von Standbänken, Tischen, Gabbemen (hölzernen Buden) 2c. für Handel und Krämereien aller Gattung. Es ist zu vermuthen, daß seit dem mächtigen Bischof Bruno, welcher durch die Einschränkung des Flusses den Inselboden sich und seinem Stifte eigen gemacht hatte, die Bischöfe diesen Platz vor der alten Stadt mit dem Gewinn behaupteten, daß sie die einträglichen Standplätze darauf entweder an Stifter, Klöster und Familien schenkten, verpfändeten, verkauften, oder gegen eine tägliche oder jährliche Abgabe vermietheten. In dieses ökonomische Recht traten nachher auch die Amtleute und Gebuirhäuser der in diese Plätze sich ausdehnenden St. Martins= und St. Brigiden=Pfarreien, nachdem nämlich durch die Entscheidung des Kaisers Friedrich in dem unten anzuführenden Diplome den Bürgern gegen die Erlegung einer sicheren Summe die von ihnen bereits aus Noth eingenommenen Häuser und Marktstellen in so weit frei gegeben waren, daß die öffentliche Obrigkeit des Districtes nun wenigstens den Gebuirtsleuten (Mitbürgern) das Recht ertheilen konnte, auf den in ihren Sprengel einschlagenden Plätzen ihr Gewerbe zu treiben.

XI.

Topographie des Inselmarktes.

Interessant ist die Topographie des alten Inselmarktes, und wir hatten es ja bereits versprochen, sowohl zur Kenntniß des damaligen Zeit= und Handelsgeistes, als zum Zeugnisse der alten Blüthe der Stadt, die Lage und die Namen jener Standplätze anzugeben, deren die Schreins=Nachrichten uns viele aufbewahrt haben.

Die Verkaufsplätze des Inselmarktes fingen bereits gleich vor der alten Römermauer *) an der Mart= (oder damals schon Markt=) Pforte an. Vor dieser Pforte auf dem kleinen Hügel der jetzigen Pumpe stand das Stockhaus, wo man damals diejenigen Verbrecher erst züchtigte, welche aus der Stadt über den Rhein verwiesen wurden. Gleich an diesem Stockhause war der Standplatz der Schuster, und dieser erstreckte sich bis über die benachbarten Hausplätze gegen den Heumarkt in 31 Bänken und Buden. Nahe dabei war der Platz der Bänke für die Kinderschuhe (in quibus calcei puerorum vendebantur). Diese Bänke erstreckten sich einerseits an jene, worauf das Wildpret zum Verkaufe lag (quae area se extendit a scampno, in quo carnes sylvestres, quae Wilbret appellantur, communiter venduntur), auf deren Stelle am Ecke des Altenmarktes jetzt drei Häuser stehen, deren eines zum Adler genannt wird. Durch die Schusterbänke ging der Gemeinweg (Meynwegh) zur Stelle der ehemaligen Rheinbrücke. — Nun kam man rechts zu den Gabbemen der Waidschröter, Tuchschneider (cubicula pannicidarum, incisores panni lanei) ungefähr in der Gegend, wo jetzt das Haus zu St. Niklas steht; links zu den Bänken des geschlachteten Federviehs (jetzt noch die Hühnergasse) **). Auf der unteren nördlichen Häuserlinie des Heumarktes lagen die Flachskeller; weiter war der Standplatz der Salzverkäufer (inter venditores salis), jetzt die Salzgasse; dann der Buttermarkt (forum butyri), der Fischmarkt ***), der Eisenmarkt; die Bänke, wo

---

*) Noch eine Probe, wie man aus übertriebener Religions-Zärtlichkeit alles Andenken der mythologischen und römischen Namen hier einst vertilgen wollte, ist diese: daß man diese alte Stadtmauer sogar die Heidenmauer (murus paganorum), so wie die römischen Münzen Heidenköpfe nannte. Man findet sie sogar die Saracenenmauer betitelt, wie der Pöbel jene Münzen auch noch Mohrenköpfe nennt.

**) Heino Pullator de loco suo, in quo stat in foro pullorum, solvat civitati Col. singulis annis X. marcas.

***) Notum sit, quod Matthias Haller etc. piscatores cives Colon. acquisiverunt sibi erga Dominos Consules civit. Colon. omnia scampna salmonum super foro piscium duodecim annis.

Ochsenhörner und Hufe ꝛc. für Kamm- und Hornarbeit, der Kreidemarkt, wo Kreide und allerhand Farben feil waren; der Sassenhof (area Saxonum), war es, wo die Niedersachsen (Westphälinger) mit ihren Schinken, Speck und Würsten saßen. Der mittlere ganze Heumarkt hieß ubi pabulum vendebatur, wo Früchte und Nahrungsmittel für Menschen und Vieh verkauft wurden; hier war der Stand für Hornvieh, Schafe, Schweine, Früchte, Hafer, Heu, Stroh, Erbsen ꝛc., letztere (cumulus, ubi pisa vendebantur) *) bei der Bolzengasse. Tiefer standen die Leinwands-Gabbemen, woraus die kleinen Gäßchen daselbst entstanden sind. Daran gränzten die Buntwerker-Gabbemen (cubicula grisei operis) die Schwert-Gabbemen ꝛc. Auf dem Platze, die Münze genannt, wogegen zu unserer Zeit die Laberdansweiber saßen, hatten die Geldwechsler (campsores) ihre Börse **). Die Fruchthallen der reichen Propsteien, Abteien, Stifter ꝛc. waren zerstreut liegende Häuser, deren, von den Bischöfen durch Schenkung oder Pfand den Stiftern überlassene Plätze bei der Umänderung dieser Gebräuche ihnen eigen geblieben sind, woher es auch kommt, daß sich einige davon in fremden Schreinen oder Gerichten angeschrieben finden. So waren Hausplätze über den Flachskellern dem St. Andreasstift, andere dem Gericht zur Diele (Dilles), andere der Erbkämmerei ꝛc. lehnspflichtig. Der Abt von St. Martin konnte sich etwas darauf einbilden, daß er von der oberen Kornpforte, nämlich dem Eingange des

---

*) Officiales S. Martini minoris optinuerunt scampna, in quibus casei et pisa venduntur et sita sunt ex opposito Marcmansgassen. Item optinebunt, in quo venduntur calcei bovini.

**) Der Leser wird hier schon bemerken, wie die mehrsten noch gegenwärtigen Gassennamen jener Gegend aus den ehemaligen Standplätzen der Bänke und Gabbemen auf dem Inselmarkte entstanden sind; wie selbst die engen dunkeln Winkelgäßchen in den Zugängen des schönen Heumarktes aus den dort angehäuften geringen Gabbemen, welche zu den großentheils jetzt noch kaum besseren Häusern geworden, entsprangen; wie die, solchen Gabbemengassen ehemals eigenen Gewerbe, z. B. noch in der jetzigen Hühnergasse sich erhalten, und wie endlich zum Andenken aller Uebrigen die Schuhflicker-Innung am längsten ihren täglichen, und der Viehmarkt auch bis jetzt noch, seinen periodischen Standplatz daselbst behauptet haben.

Inselmarktes an, beim Capitol und längs dem ganzen Districte der alten Ufermauer (der Römer- oder Heidenmauer) vorbei bis zu der westlichen Mart- oder Marktpforte, und von da bis an die Rheinmauer, alle die Fleischbänke (die Halle) und alle Verkaufsplätze da herum im Besitz hatte, wo er mithin sein Vorräthe zu veräußern befugt war: Quod in urbe Coloniensi macellum omne et arcas a porta frumenti ad occidentalem murum civitatis et iterum a porta fori usque ad murum Rheni habeat. So erklärt sich eine Urkunde *). — Ohne Zweifel wird dieser District des Abtes nun bei dessen Kloster vorbei zur Rheinmauer gegen den Thurm auf Rom, oder gar zu der alten Bohmolzpforte oder der nachherigen Mühlengasse, sich erstreckt haben. Welchen Raum werden nicht, vielleicht an verschiedenen Plätzen, die Fruchthallen der Propsteien und Capitel im Dom, in St. Gereon, Aposteln, St. Mergen und den übrigen Stiftern und selbst der in- und ausstädtischen Abteien, welchen Raum nicht die der hiesigen und nachbarlichen reichen Ritterfamilien eingenommen haben! Der Propst von St. Mariagraben hatte schon vier bequeme Plätze, wo er durch eigene Leute seine reichen Erzeugnisse zum Verkaufe ausstellen durfte, nämlich: zwei Plätze am Rheinufer, einen auf dem Altenmarkt und einen vor der Marktpforte 2c. Und wo waren noch die Weinkeller für alle die kostbaren Jahre, welche damals erlebt wurden!

Der Verfasser hätte hier noch Stoff, aus dem Gesagten Vieles über unseren damaligen Zeitgeist und Handel zu folgern **);

---

*) Die Benutzung dieser lateinischen Auszüge aus Schrein-Urkunden haben wir unserem verehrungswürdigen Licentiaten Clasen zu verdanken.

**) Damals war unser Köln der Mittelpunct alles Handels, der Fruchtspeicher und Weinkeller von 20—30 Stunden in der Runde. Das erweckte ihm Neider, die, wo sie einst noch nichts Anderes konnten, bei Kleineren durch das elende Mittel der Schmähsucht, bei Größeren durch jede gesuchte Gelegenheit des Nachbardruckes sich auszeichneten, und den Keim dieses Hasses in das Blut der Nachkommenschaft pflanzten. Aber wer könnte sich des traurigen Triumphes freuen, eine so ehrwürdige Stadt zu Nichts werden zu sehen? Noch dem letzten Viertel des vorigen Jahrhunderts war es ja nur diese Stadt ohne Land, welche in der drohendsten Hungersnoth durch die Oekonomie ihres gesammelten Vorrathes so vielen Fürstenländern ohne Gewinnsucht beisprang. Von diesen und dergleichen Dingen spricht

aber es sei aufgehoben, um zu dem Zustande unseres Inselmark­tes, dem wir ein oder zwei Jahrhunderte vorgegriffen haben, bis zu dem Zeitpuncte des 11. Jahrhunderts zurückzugehen, wo die Streitigkeiten der Stadt mit dem Kurfürsten **Philipp von Heins­berg** ausbrachen, die durch den Kaiser **Friedrich** beigelegt wurden.

Schon vor den Zeiten dieses Kurfürsten war der größte Raum unseres Inselmarktes oben und unten in jene Mauern gesetzt, übri­gens aber fast unbebaut. Die innere selbstständige alte Römer- und Ubierstadt lag gegen diesen Platz noch in ihrer eigenen ersten Mauer begränzt, und überschritt nur mühsam diesen Raum. Der Weg längs der Mauer behielt lange den Namen „das **Limpat**" (Leinpfad). Die innerhalb der Stadt sich anhäufende Bevöl­kerung verbaute nothwendig jedes Plätzchen zu engen Gassen. Die Häuser und Capellen lagen schon mit Aushängen dort über der Mauer (daher der Name **Obenmauern**); die St. Barbara-Ca­pelle, welche bei der endlichen Ueberschreitung der alten Gränze zur Martins-Pfarrkirche ward, lag sogar auf dieser Mauer weit hin­ausgebaut. Die Bürger, welche jedes kühne Hülfsmittel und die Abwesenheit der Erzbischöfe (z. B. **Reinald's** in Italien) benutz­ten, hatten sich schon außenher an der Mauer angesiedelt. Die Bürger von der **Oursburg** hatten bereits die südliche Seite der Rheingasse überschritten. Die Bürger von St. Martin hatten sich auf dem obern, die von St. Brigiden auf dem untern Markte über das Limpat ausgedehnt. Nachdem nun endlich die Körper der hei­ligen drei Könige 1164 aus Mailand hieher gekommen waren, strömte und stürmte vollends Alles auf Köln an *).

_{noch keine Geschichte, noch kein Zeugniß der Zeitgeschichte: gewiß keiner der gewöhn­lichen Verfasser handwerksmäßiger Reisebeschreibungen, welche wie spazirende Kinder, ohne Kenntniß des Vergangenen und des Wahren, an dem Tage, wo sie durchflie­gen, nur auf das Flitterwerk äugeln, und ohne Untersuchung und Gewissen ihre Träume und Vorurtheile niederschreiben.}

_{*) Der Erzbischof **Reinald** war durch seine Klugheit allen, beim Kaiser **Friedrich** zur Hülfe gegenwärtigen, großen Fürsten und Bischöfen in der Erwerbung dieses kirchlichen Schatzes zuvorgekommen: des Kaisers Bruder, **Konrad**, Kurfürst von der Pfalz, der Bischof von Lüttich, und mehrere dergleichen mächtige Herren begehr-}

Indeß nun die Bürger des inneren Kölns je nothwendiger, desto unbedenklicher, sich über die alte östliche Mauergränze und das Limpat auszudehnen, und gegen die neuen Gefahren die alten Befestigungen um ihre Stadt zu verbessern oder zu vermehren suchten; indeß sie Häuser gegen Häuser anzubauen gezwungen waren,

---

ten ihn zu spät. Erzbischof Reinald hatte nun Ursache, überall für die sichere Ueberbringung besorgt zu sein. Die ganze Reise-Route ist durch die authentischen Briefe Reinald's an das Domcapitel, durch die Zeugnisse verschiedener Denkmäler, Inschriften und an den Reisestationen errichteter Capellen bestätigt. Man hatte sie wegen der Gefahr der Nachstellungen durch Abweichungen verändert und sorgfältig den Boden der Besitzungen jenes Kurfürsten Konrad und seiner Freunde vermieden; daher scheint ihr Umweg jedem in dieser Geschichte nicht Unterrichteten so weitläufig und unnöthig ergriffen. Von Mainz aus brachte man den Schatz auf dem Rheine; zu Erpel war der letzte Haltepunct. Philipp Graf von Heinsberg, der damalige Domdechant und nachheriger Kurfürst, hatte denselben abgeholt. Er und der damalige Bischof von Osnabrück führten ihn mit allem erdenklichen Pomp in die Stadt. — Die in der späteren, jetzigen Stadtmauer angebrachte, im Jahre 1737 erneuerte Bezeichnung der so genannten Dreikönigen-Pforte hier am Rheine, nahe am Bayen, hat durch die undeutliche Inschrift (huc transvectis et illatis etc.) das Volk in Irre gebracht, als wären diese Körper durch eben diese Pforte hereingeführt worden. Am dortigen Ufer geschah allerdings die Ausladung, und die Tradition nennt die Gasse, welche dort vom Rheine gegen St. Severin, wohin wahrscheinlich die Körper zuerst gebracht wurden, ausläuft, deswegen noch jetzt die Dränggasse, weil die Begierde zu sehen, vielleicht nicht ohne Lebensgefahr Alles dorthin drängte. Allein die Stadtmauer stand damals noch nicht so weit. Der Zug ging von St. Severin die Burgstraße hinab durch das St. Johannsthor zum damaligen Dom hin. — Unbeschreiblich war der Zulauf der Nachbargegenden, heilig die Freude und billig der Stolz der Kölner. Als die Körper der heiligen drei Könige nun schon sicher in Köln waren, trat der Pfalzgraf Konrad mit offener Kriegsmacht auf, um den Kölnern einen Schatz wegzunehmen, um den er sich betrogen glaubte. Die Kölner, ihre Bundesgenossen und das ganze Land umher sammelten sich dagegen zu einem unzählbaren Heere, welches man über 100,000 Mann stark angibt. Dieses lagerte sich in den Feldern um Andernach, erwartete und forderte drei Tage lang den Pfalzgrafen zum Gefechte, der sich jedoch gegen diese Anzahl nicht gewachsen sah, und — bald verschwand. Die gefährliche Fehde Konrad's mit dem Erzbischofe Reinald und den Kölnern ward vom Kaiser Friedrich selbst auf dem Reichstage zu Bamberg beigelegt. Zeugniß hievon geben Gottfried der Pantaleonit, Trithemius, Crusius in seiner schwäbischen Chronik ꝛc. ꝛc. Von der Geschichte der Ueberbringung überhaupt sprechen fast alle gleichzeitigen Geschichtschreiber, selbst die italienischen in Mailand gedruckten Chroniken.

um die herſtrömenden Fremden aller Claſſen aufzunehmen und die, durch den in= und ausländiſchen Handel ſo erfreulich anwachſende Bevölkerung und ihre Bedürfniſſe unterzubringen: hob ſich der Erz= biſchof Philipp gegen ſie und entbot ihnen, aus dem von Bruno her erworbenen Beſitzrechte über den Boden des Inſelmarktes Klage und Befehdung. Unſchicklich und ungelegen würde es geweſen ſein, bei der ſo glücklichen und heiligen Ruhe für die hier ſich häufen= den Fremden, bei ſo augenſcheinlicher Aufnahme nicht nur des gan= zen Landes in dieſer Uneinigkeit es bis zu offnen Thätlichkeiten kommen zu laſſen. Kaiſer Friedrich I., eben noch der, von wel= chem das für die Kirche und die Stadt ſegenbringende Geſchenk herrührte, und welcher den Frieden zwiſchen ſeinem Bruder Kon= rad und dem Erzbiſchof Reinald zu Gunſten Kölns geſchloſſen hatte, trat vermittelnd auch in dieſer Sache auf. Er vereinigte Philipp und die Bürger Kölns durch ein, 1180 vor Halberſtadt mit Beirath der Reichsfürſten abgefaßtes Urtheil, welches wir in der Originalſprache hier anführen, zugleich aber im Auszuge ſeiner Hauptpuncte deutſch mittheilen.

In nomine Sanctae et individuae Trinitatis. Fridericus divina fauente clementia Romanorum Imperator Augustus. Quoniam humana labilis est memoria et turbae eorum non sufficit, praedecessorum nostrorum regum et imperatorum diua sanxit auctoritas, scripturae testimonio res gestas commendare, quas transeuntium temporum antiquitas a memoria hominum alineare consueuit. Quo exemplo ad noticiam uniuersorum tam praesentis quam postfuturae aetatis imperii fidelium peruenire volumus, quod discordia inter dilectum nostrum Philippum Coloniensem Archiepiscopum et ciues colonienses exorta, tum super uallo seu fossato, quod contra prohibitionem eius ad ciuitatis munitionem facere praesumpserant, tum super aedificiis, quae in ripa, quae limpat uocatur, et in foro seu in alio loco publico sine autoritate sua et suorum praedecessorum aedi- ficata noscebantur, arbitrio nostro communicato Principum Imperii consilio, omnimodis conquieuit, paceque reformata omnifariam exspirauit. Ratione siquidem arbitrii nostri ad obsequium Archiepiscopi et ecclesiae suae ciues colonienses duo millia marcarum impenderunt. sicque de licentia et concessione nostra et ipsius Archiepiscopi, et ex consilio Priorum, et fidelium Coloniensis Ecclesiae, et adsensu Burgrauii opus fossati ad decorem et munitionem civitatis licenter expleant et feliciter consumment. Aedificia quoque tam in ripa, quae limpat dicitur, quam in foro seu in alio loco publico, sicut tempore, quo questio coram nobis mota est, constructa erant, permanebunt hereditario iure inposterum possidenda ab ipsis, qui ea sine autoritate nostra et Archiepiscopi prius possederant, annuusque Archiepiscopo et Ecclesia persolvetur census de iisdem aedificiis; de minori scilicet area duo nummi coloniensis monetae: et ut omnino diligenter et circumspecte indempnitati Ecclesiae prouideretur, discretis uiris et prudentibus trecentae marcae adsignatae sunt ad emendos certos reditus 30 marcarum Archiepiscopo et successoribus suis annuatim soluendos. Nullique licebit aliquod eorundem aedificiorum extendere, uel eleuare sic ut uicini luminibus officiat uel alio modo uicinis noceat. Nullique etiam licitum erit de nouo aliquid ibi aedificare uel occupare. Illud etiam per ordinationem nostram adnecti placuit, quod forum in eo loco perpetuo permanebit, in quo praesentis tempore compositionis fuisse dinoscitur. Frontes quoque domorum nec non et alia quaelibet aedificia forum respicientia, quae proiectum habent, quod vulgo Uzfanc dicitur, super publicum locum, ita in futuro permanebunt. Domus vero, quae proiectum non habent, similia non attemptabunt. Quae vero in muris seu juxta muros ciuitatis aedificata sunt, in statu suo manere concedimus. Ita tamen, quod nullus de nouo aream aliquam audeat occupare. Et ne qua recidinae contentionis et discordiae praebeatur occasio, omnia iura ciuium et ciuitatis, nec non et omnes bonas et rationabiles consuetudines, quas uel intra uel extra ciuitatem Burgenses usque ad confectionem praesentis chartae habuisse noscuntur, eis confirmamus, et uolumus, et praecipimus inuiolabiliter obseruari, nulla facultate Archiepiscopo uel successoribus suis obuiandi reseruata: salua tamen in omnibus iustitia Imperiali et Iure Archiepiscopi et Ecclesiae, et camerae Archiepiscopi. Adiectum est etiam, ut aedificia, quae in ueteri foro parochiani S. Martini et parochiani S. Brigidae et illi de Ovirsbure absque iure hereditario hactenus tenuerunt, uniuersitati ciuium hereditario iure possidenda conferrent. Quae aedificia sicut a predictis Parochianis uniuersitati ciuium collata sunt, ita Nos eidem uniuersitati in perpetuum hereditario iure ea possidenda confirmamus. Ut scilicet Archiepiscopo debitum censum et vorhuram de his sicut de ceteris areis persoluant. Vt autem omnia, quae de nostrae Maiestatis voluntate et arbitrio et concessione Archiepiscopi statuta sunt, quieta et inconuulsa et in perpetuum illibata permaneant, sigilli nostri appensione praesentem chartam communiri uolumus et corroborari auctoritate nostra inhibentes, ne taxato Philippo Archiepiscopo uel alicui successorum suorum, uel alicui homini contra ea, quae in praesenti scripto contineutur, temeraria praesumptione uenire, uel aliquo nocendi modo quietem et pacem Archiepiscopi et ciuium coloniensium perturbare, uel ea, quae pro bono pacis et concordiae bene ordinata sunt, affectatis dolis et machiuationibus, uel quouis nocibilitatis genere inposterum infirmare uel infringere liceat. Huius rei testes sunt etc.

Die Hauptpuncte sind: 1) daß die Uneinigkeiten, welche zwischen dem Erzbischof und den Bürgern der Stadt Köln, über die von diesen willkürlich und gegen des Bischofs Einreden unternommene Wall= und Mauerbefestigung sowohl, als über die Vergrö=ßerung der Stadt auf das Limpat und den Inselmarkt hinaus, entstanden sind, künftig nach einem in Uebereinstimmung mit den Reichsfürsten gefaßten Beschluß, durch kaiserliches Urtheil mit=telst erneuerter Vereinigung aufhören sollen. 2) Der Kaiser befiehlt, daß die Bürger zu Gunsten des Erzbischofs und der kölnischen Kirche

2000 Mark herschießen sollten *), dann könnten sie ihren Graben und Mauerwall zur Zierde und Sicherheit der Stadt glücklich vollenden. 3) Die Gassen und Häuser, welche auf dem Limpat, auf dem großen Markt und jedem andern offenen Platze zur Zeit des vor dem Kaiser angehobenen Processes wirklich errichtet waren, sollten in ihrem Zustande, und zwar den bürgerlichen Besitzern erblich verbleiben; nur sollte dem Erzbischof und der kölnischen Kirche ein jährlicher Grundzins, nämlich zwei Pfennige köln. Payements vom Hausboden, bezahlt werden. Es sollte ihm von den Zinsen eines angelegten Capitals eine Rente von 30 Mark zugesichert werden. 4) Keinem Bürger sollte erlaubt sein, sein Haus dergestalt auszudehnen oder zu erhöhen, daß er seinen Nachbarn an Licht oder Raum hindere. 5) NB. Der große Markt soll da bleiben, wo er eben wäre. 6) Die Giebel der Häuser und andere Gebäude gegen den Inselmarkt, welche Ueberhänge (Ushang) über offene Gassen hätten, sollten bleiben; die deren nicht hätten, sollten keine mehr machen; welche auf und wider den Stadtmauern ständen, sollten bleiben. Keiner sollte dort weiter hinausbauen. 7) Bestätigt der Kaiser übrigens, zur Vermeidung jeder weitern Fehde, unverbrüchlich alle Rechte, Freiheiten und Gewohnheiten, welche die Bürger **sowohl in als außerhalb der Stadt** gehabt hatten, ohne jedoch seine eigenen Gerechtsame noch die geistlichen des Bischofs, der Kirche und des bischöflichen Kammergutes kränken zu wollen. 8) (merkwürdig!) Die Häuser, welche die Pfarrgemeinde (Amtleute) von St. Martin, die Pfarrgemeinde von St. Brigiden und die Gerichtbarkeit von Duysburg seither unerblich besaßen, sollten alle im Besitze der ganzen Bürgergemeinde zu erblichem Rechte angeschrieben werden, und „so wie jene Pfarrgemeinden sie den Bürgern überlassen, bestätigen wir (Kaiser) sie der ganzen Gemeinde zu ewigem rechtlichem Besitze."

---

*) Der Erzbischof Philipp hatte eben Geld nothwendig, um den Krieg gegen den geächteten Herzog von Sachsen fortzusetzen, dessen Herzogthümer Westphalen und Engern er sich erwarb.

Nach dieser Zeit ward der östliche Anbau der Stadt mehr und mehr betrieben: anfänglich zwar mit Freilassung des ganzen Inselmarktes; doch bald hernach, schon gegen Ende des 12. und Anfang des 13. Jahrhunderts, verkauften die Burggrafen den kölnischen Bürgern das Recht, die den Häusern und Mauern auf dem Markte angebauten Vorzimmerungen (Vurgezimbere), als Hallen, Gabbemen, Bänke ꝛc. abreißen zu dürfen. Die Amtleute der Martins- und Brigidenpfarre erwarben sich das Besitz- und Eintheilungsrecht der Standquartiere. Die alten Besitzer der Marktstände und Fruchtstabel fanden nach und nach für gut, ihr Eigenthum daran zu verpfänden oder zu verkaufen, welches ihnen vielleicht durch den Reichthum der sich dort herum anhäufenden Handelsleute feil wurde. Nun entstanden da in Menge nacheinander Häuser und Häuschen, Straßen und Gäßchen, je nachdem sich die größeren Gebäude ausdehnten, oder die Gabbemen der Geringern sich im engen Besitze und Zulauf erhielten. Die ersten größten Gebäude der Ritterfamilien und vornehmen Handelshäuser mögen wohl am südlichen Ende des Inselmarktes, in der jetzigen Rheingasse und am Malsbüchel*) südwärts entstanden sein. Dort siedelten sich bald die mächtigen Overstolzen und andere Ritterfamilien an. Da steht noch jenes, ehemals (und wie wir es selbst noch sahen) prächtige (fälschlich so genannte) große Tempelhaus; vielleicht ist es noch eines der frühesten Gebäude daselbst. Es zeigt in der Form seiner schwarz marmorschiefernen Säulen und der Doppelbogen an Fenstern und Thüren und dem ganzen Giebelwerke noch den Baustyl vom Jahre 1200 **). Danächst entstand das geräumige Gebuirhaus der

---

*) Eigentlich Malsbüchel, nicht Malzbüchel, welches wohl durch die falsche Idee einer Malzmühle entstanden ist. — Mallus, Malstatt, hieß vor Alters der bestimmte Gerichtssitz, gewöhnlich an einem erhabenen Orte. Er lag hier unweit dem Capitol, vielleicht in oder an den zum Palaste genannten Häusern. Dieser Hügel oder Büchel hieß daher der Malsbüchel; also der Platz: am (nicht auf dem) Malsbüchel.

**) Schade, daß ein kenntniß- und geschmackloser Zerstörer mit Vertilgung seines großen schönen Charakters sich daran versündigte! — Käme doch über uns der alte Segen wieder, solche Gebäude in ehemaliger ehrwürdiger Pracht hier zu sehen!

mächtigen St. Martinsgemeinde, an der jetzigen Weinschule, mit seinem, den Gebuirhäusern gewöhnlichen Durchgange (auf dem Filzengraben). — Nun dort herab, auf der zuerst bebauten Rheinseite des schönen Heumarktes, reihte sich jene ganze Linie der hohen mächtigen Gebäude — eine stolze Folge von Zeugnissen jener aufkeimenden Zeiten unseres Wohlstandes —, wogegen die andere Seite späteren Ursprungs ist. Die Gabbemen der Tuchhändler und anderer bedeutender Gewerbe übertrugen sich in Häuser, worin deren Familien sich auf lange Zeit in Segen fortpflanzten. Die Standplätze der Geldwechsler brachten sich beim Münzgebäude der **Hausgenossen** (Münzherren) unter und gründeten hernach auf dem Heumarkte die Errichtung der Börse und des ehemaligen, der Stadt Köln eigenen Botenwesens (Postwesens). Der Stand der **Seidenmacher** gab der jetzt noch so genannten Gasse den Namen. Die Gabbemen der Schuster und Geflügelverkäufer hielten sich noch länger, ohne sich in ordentliche Wohnungen zu verwandeln. Die Gasse **unter Kästen** mußte den breiten Zugang zum unteren Altenmarkt unterhalten. Dieser, als der alte Gärtner-, Kräuter- und Gemüsemarkt, bebaute sich auch zur St. Martinsseite wahrscheinlich zuerst, wiewohl fast gleichzeitig mit dem, auf der alten Mauer jenseits über dem Gewölbe des Flachskaufhauses (dem neuen Flachsteller) erhobenen, allgemeinen Stadt-Rathhause. — Die Lage des alten **Gebuirhauses** der Brigidenpfarre, welches in die Neugasse ausging und endlich vom Stadt-Magistrat angekauft ward, bleibt seines unter allen noch einzig beibehaltenen Namens wegen merkwürdig.

XII.

Umschließung der Stadt Köln durch ihre jetzige große Mauer. — Unwahrheit der Angabe, daß selbige vom Erzbischof **Philipp von Heinsberg** oder zu dessen Zeiten erbaut sei.

Ehedem war es eine für uns fast heilige Sage, daß der allgemeine Einschluß unseres großen Köln in die gegenwärtige halbmondförmige gethürmte Ringmauer zu den Zeiten des kölnischen

Erzbischofs **Philipp von Heinsberg** *), und sogar noch von ihm selbst gemacht worden sei. Die alte städtische Chronik hat dieses unbedenklich mit einem Titel in großen Buchstaben aufgestellt, jedoch hinzugesetzt, daß Philipp dieses Werk nur als damaliger Reichsverweser und angeblicher Vormund des jungen Königs Heinrich **) unternommen, und mit Beihülfe der Bürger zu Stande gebracht habe. Er habe dadurch den heiligen Dreikönigenschatz und die vielen Heiligthümer der Stadt gegen den Ueberfall der Feinde und Räuber sichern und so viele, seither noch außer der Stadt liegende Kirchen und Klöster, als: St. Severin, St. Pantaleon, St. Mauritz, St. Aposteln, St. Gereon, St. Ursula, St. Cunibert 2c. und alle die Vorstädte da umher sammt ihren verschiedenen Gerichten, zu einer Ortsgemeinde vereinigen wollen. Philipp's steinernes Grabmal im Dom, mit Kronmauern und Pfortenthürmen umgeben, und neben anderen Schildern auch mit dem stadtkölnischen Wappen geziert, sollte ja keinen Zweifel darüber zulassen!

Unsere frommen Geschichtschreiber Mersäus ***), Crombach, Gelenius und andere neigten sich vor Philipp's, ihnen untrüglich scheinendem, Kenotaph und beteten, der kölnischen Kirche zu Ehren, die allgemein gewordene Sage fast unbedingt nach. Die Federkrieger der Kurfürsten, wie die Verfasser der Apologie und der Securis ad radicem waffneten sich sogar aus unserer eigenen Volks-Chronik mit derlei Beweisen gegen die Selbstständigkeit der in ihrer weltlichen Herrschaft sich immerfort behaupteten Metropo-

---

*) Philipp, der auf Reinald folgte und noch als Domdechant die Körper der heiligen drei Könige in die Stadt führte, regierte von 1168 bis 1191.

**) Heinrich war als Kind von fünf Jahren zum römischen König 1169 vom Erzbischof Philipp zu Aachen gekrönt worden, und verwaltete unter Vormündern das Reich, indeß sein Vater, der Kaiser Friedrich I., mit den Feldzügen in Italien beschäftigt war.

***) Der Minorite Mersäus z. B. sagt: Philippus ab Heinsberg Coloniam amplivit, confirmavit muro validissimo, turribus multis circuitum cinxit; includens moenibus multa monasteria (viele Mönchsklöster: er glaubt vielleicht die Sioniter, Carthäuser, St. Apern, Dominicaner 2c. schon dabei) et collegia (und Stifter). — Annal. Archiep. Colon. ad an. 1192. — In des Jesuiten Crombach Dreikönigen- und St. Ursulen-Geschichte kommen fast ähnliche Dinge vor.

politanstabt, deren völligen Besitz die kölnischen Kurfürsten von lange
her sich zu sichern trachteten: gleichwie dieses den Kurfürsten von
Mainz und Trier in Rücksicht ihrer mancherlei Verdienste an
den Kaiserwahlen, vielleicht trotz alles Rechtes des minder Mächti=
gen, schon gelungen war. Die grimmige Securis läßt daher den
Beisatz der Chronik über den Ruhm der Mithülfe der Bürger noch
dazu in den Sack fallen. In den städtischen Widerlegungsschrif=
ten ergriff jedoch kein Kölner damals ernsthaft den Gedanken, jene
Behauptung durch die geradezu erklärte Ungründlichkeit dieser Märe
zu beseitigen. Auch kühnere Kritiker neuerer Zeit hatten wohl Ur=
sache, sich nicht an eine Untersuchung dieser Sage zu wagen. Für
Manchen mag es auch ehemals wahrlich gemächlicher sowohl als
gefahrloser gewesen sein, den Zweifel nicht absichtlich öffentlich zu
erörtern.

Nur unser ehrwürdiger Clasen hat in seiner Beschreibung des
Niederichs und in seiner Schreinpraxis den Stein bewegt, und die
begrabene Wahrheit sehen lassen*); indeß Topographen und Reise=
beschreiber von gewöhnlichem Schlage fortfuhren, mit der Wieder=
holung der Sage dem Unterrichteten Ekel und dem Wißbegieri=
gen Irrthum aufzubringen.

Diese, ehedem in ihrem ganzen Umfange geglaubte Sage er=
scheint nunmehr dem uneingenommenen freien Forscher so lücken=
haft und voll von Unrichtigkeiten und Widerspüchen, daß er sich
der öffentlichen Entdeckung ihres Ungrundes nicht ferner entziehen
darf. Ich versuche dieses hier, um die Zeitpuncte der zwei letzten
Ummauerungen unserer Stadt, besonders jenen der gegenwärtig
großen Ummauerung aus dem fast gefürchteten Dunkel in ein hel=
leres Licht zu bringen. Zu bedauern ist, daß unsere Vorfahren,
denen noch so bedeutende Hülfsmittel der Forschung zu Gebote stan=
den, an ihnen achtlos vorüber gingen, weil sie aus Achtung vor

---

*) Schreinpr. S. 56. — Ex Godefr. Pantaleonita: „In aedificiis porta-
rum novarum insudant." Ad an. 1137. — Clasen setzt merkwürdig hinzu:
Von der neuen Mauer kann dieses nicht verstanden werden.

dem einmal Ueberlieferten und allgemein Geglaubten es nicht wagten, gegen diese Traditionen anzugehen, sondern sich dabei beruhigten.

Die zweite Ummauerung unserer Stadt Köln war jene, womit die im Abschnitt X. nach dem Entstehen ihrer Pfarreien beschriebenen ersten Vorstädte nordwärts Niederich und südwärts Oversburg eingeschlossen worden sind. Diese Anmauerung (die der erstgenannten Vorstadt kann vielleicht etwas älter als die der anderen sein) setzte der Verfasser nicht ohne Grund zwischen die Jahre 1000 und 1100. Eine bedeutende Stütze für seine Meinung findet er in dem bekannten Processionswege der alten Amburbalien oder so genannten alten Gottestracht, welche erst im Anfange des 11. Jahrhunderts vom Erzbischof Heribert (NB.) noch allein um die alte Römermauer eingesetzt ward. Heribert starb im Jahre 1022. Sogar noch eine lange Zeit nach seinem Tode müssen die Anmauerungen jener Vorstädte erst vollendet worden sein; denn wie es scheint, ward der von ihm zu jener Procession angeordnete Weg durch das Ansehen des Stifters und durch das Herkommen bereits für so geheiligt und unabänderlich gehalten, daß er, bei dem bekannten Festhalten unserer Voreltern an ihren Sitten und Gewohnheiten, nicht alsbald um die zweite Mauer ausgedehnt wurde (welches bei Heribert's Lebzeiten ohne Zweifel noch erfolgt wäre), sondern daß er bis in unsere Zeiten, bis zum Verfalle unserer ganzen alten Verfassung, neben der so genannten neuen Gottestracht beibehalten, und zwar auf den achten Tag nach derselben jährlich begangen worden ist *).

Auch scheint es, daß die Ummauerung der ersten oberen südlichen Vorstadt mit ihrer St. Johannspforte noch nicht gemacht, ja, daß vielleicht selbst die Vergrößerung noch nicht so weit ausgedehnt war, als um das Jahr 1159 der Erzbischof Anno I. den

---

*) Mehreres Merkwürdiges über diese alte Gottestracht folgt unten in einem abgesonderten Artikel.

mächtigen St. Georgsthurm fast mitten in die Burgstraße und den Bürgern von Köln vor die alte Hochpforte hinsetzte.

Aber die Mauern jener beiden Vorstädte waren wohl schon vor dem Jahre 1180 vorhanden, um welche Zeit der Erzbischof **Philipp von Heinsberg** sich beim **Kaiser Friedrich I.** über die kölnischen Bürger wegen jener auf seinem Stiftsboden wider sein Verbot unternommenen Wall- und Grabenbefestigungen beschwerte. Denn die sich hierauf beziehenden Ausdrücke im kaiserlichen Vergleichsbriefe (s. Abschn. XI.) unterstellen keinen Klagepunct über eine bloße dort neu errichtete Mauer, welche wohl nichts so Gefährliches und Bedenkliches sein konnte; sondern: Super vallo et fossato ad civitatis munitionem, über einen Wall und Graben, womit die Bürger (zur Sicherung des heiligen Dreikönigenschatzes und ihres anwachsenden Handels) die Stadtmauer befestigen wollten *). Gegen Erlegung von 2000 Mark an den Kurfürsten erlaubte ihnen der Kaiser, mit Zustimmung des Burggrafen, das entworfene Befestigungswerk zur Zierde und Sicherheit der Stadt zu vollführen. — Der Schluß scheint also richtig, daß die Anmauerungen der ersten Vorstädte Niederich und Oversburg etwa um das Jahr 1170 vollbracht sein müssen.

Daß aber jene vom Kaiser erlaubte Wallbefestigung diese Stadtmauern gegen einen förmlichen Kriegsanfall nicht hinlänglich beschützte, und daß auch bald darauf noch eine Vergrößerung und regelmäßigere Umschließung nothwendig wurde, zeigte sich schon im Jahre 1187, wo derselbe Kaiser **Friedrich** den gegen sein Interesse umgestimmten Erzbischof **Philipp** und das kölnische Land mit einem schweren Ueberfalle heimzusuchen drohte. Philipp selbst versah jetzt, wie es ihm nur immer möglich war, die Orte seines Erzstiftes mit Befestigungen, Lebensmitteln und Besatzung. Die Stadt Köln, besorgt für ihre eigene Sicherheit, ungewiß, was der Kaiser vorhabe, und ob er nicht sein Geschenk der heiligen drei Kö-

---

*) Vallum, fossatum dicitur, quod circa moenia circumducitur. Du Cange, gloss. med. latin.

nige wiedernehmen würde, befestigte sich zum Vortheile Philipp's mit einem außerordentlichen Eifer und Aufwande: denn es hatte sich das Gerücht verbreitet, Friedrich wolle Köln belagern *).

Um diese Zeit entstand nach meiner Meinung jene westliche Einschließung, welche um den St. Mauritz- und St. Aposteln-District, sammt der neuen Schafen- und Ehrenpforte, gegen St. Gereon und den alten Graben hin lief. St. Mauritz war ums Jahr 1141 erst neu erbaut, und das schöne St. Aposteln-Gebäude, Heribert's Werk, war von Piligrim im Jahre 1130 erst beendigt worden. An diesen Stellen ward also damals die Ummauerung und Umgebung mit Wall und Graben, Ort und Umstände nothwendig. Die noch sichtbaren Festungsreste an den innern Mauern einiger Stiftsgärten gegen die Hahnenstraße hin zeigen, daß diese neue Wall- und Mauerbefestigung nebst dem noch sichtbaren äußeren breiten Plaze des Grabens nur das Werk eines Planes zum Schutze der Stadt und einer Zeit sei. Der um die Stadt herumgeleitete Rheinarm, wie wir dies aus dem Auctuarium Aquicinctinum oben im Abschnitt X. anführten, wurde in den neuen Gräben dort herum durch viele Erdquellen verstärkt, deren Ueberbleibsel noch zu unseren Zeiten die Namen: Mauritius-pohl (Pfuhl), Rinkenpohl, Benes- (Benefis-) Pohl trugen, und theils zu Pferdetränken dienen, theils vor nicht langer Zeit erst ausgefüllt worden sind. Ohne die Umschließung jener Kirchen und Gegend, und ohne Gewinnung des hier tieferen Bodens an dieser sonst der Belagerungs-Gefährlichkeit am meisten ausgesetzten Stadtseite würde selbst die Umführung des Rheinarmes um die Stadt unausführbar gewesen sein.

Die Befestigung und Vergrößerung der Stadt aus ihren eigenen Mitteln muß in dieser Zeit nicht nur die Zustimmung des Erzbischofs Philipp, der doch früher so sehr dagegen war, erhalten, sondern sie wird auch, da er selbst so viel zu befestigen hatte, seine Beförderung und Unterstützung erfahren haben, weil sie seinen

---

*) Godofr. Pantaleonita.

Absichten entgegen kam und zugleich die Beschützung seiner Metropolitankirche und ihrer Schätze bezweckte. Wie deutlich werden uns jetzt die Ausdrücke des Augen= und Ohrenzeugen dieser Begebenheiten, des Mönchs Gottfried von St. Pantaleon *), den wir noch einmal über diesen Punct mit seinen eigenen Worten reden lassen. Er sagt: Moti Colonienses muros fossa cingunt — die Kölner wurden unruhig und umgaben die Stadtmauern mit einem Graben. Also muß schon eine Mauer da gewesen sein. Fossam civitatis instaurant — sie erneuerten den (vielleicht verfallenen) Wallgraben. Exstruendis novis portis insudant — sie erbauten mit Aufbietung aller Kräfte neue Pforten: also noch andere, als sie schon hatten.

Im Jahre 1188 **) um Weihnachten hielt nun der Kaiser wirklich einen Reichstag zu Trier und beklagte sich vor den Ständen, daß er noch in seinem hohen Alter gezwungen wäre, der kölnischen Geistlichkeit wegen eine Kriegsmacht zu versammeln und mit Durchzügen die Reichslande zu verwüsten.

Im Jahre 1188 in der Mittfasten war Reichstag zu Mainz, wo der Friede mit dem Erzbischof und Kurfürsten Philipp und die Versöhnung des Kaisers mit der Stadt Köln völlig zu Stande kam. Der Kaiser dictirte den Bürgern eine Geldstrafe von 7000 Mark für Kriegs=, und 260 Mark für Gerichtskosten. Dann befahl er ihnen (wie er auch im Grunde gegen die Stadt nichts Böses vorgehabt hätte), Eine der neuen Pforten vom oberen Stocke bis zum ersten Gewölbe abzubrechen und den Graben zu 400 Fuß, jedoch in vier Abtheilungen, auszufüllen. Er stellte ihnen aber frei, den Tag darauf (wo die Abräumung kaum angefangen sein

---

*) Bei den historischen Kritikern heißt er: Accuratus et diligentissimus scriptor.
**) Eigentlich noch 1187, denn es war damals Gebrauch der Stadt Köln, das Jahr mit dem heiligen Christtage (Termino Nativitatis) anzufangen. In den hiesigen Rathssitzungen, Decreten, Protocollen und Kalendern hat diese Sitte noch bis zu unserer Auflösung gedauert; z. B. im Jahre 1789 der Turnus nativitatis Christi schon mit 1790 bezeichnet war.

konnte), nach ihrem Belieben alles wieder herzustellen. **Welches auch geschehen ist,** — setzt Gottfried hinzu.

Bis hierhin, 1188, betrifft alles Gesagte nur den Anschluß der ältesten Vorstädte: nordwärts bis zur alten Eigelsteiner=, südwärts bis zur alten St. Johanns=Pforte, und endlich westwärts den Einschluß um St. Mauritz und Aposteln=Münster bis zur angegebenen Vereinigungs=Gränze mit dem alten Graben. Der Augenschein an der Lage, an den Ueberresten der Pforten, der Wälle und Gräben, der Geist der Befestigungs= und Vertheidigungskunde jener Zeiten, der höchst mögliche Zeitraum zur Arbeit bei andringender Gefahr, die Zeugnisse lebender Gewährsmänner, und endlich der Inhalt der Versöhnungspuncte des Kaisers vereinigen sich dergestalt mit unserer Behauptung, daß hiedurch schon die Zurückführung der jetzigen letzten großen Ringmauer bis auf jene Epoche unerweislich wird und sich in Widersprüche verliert. Mehrere Gründe entwickeln sich in Folgendem.

Im Jahre 1189 beschäftigte sich der hier ausruhende Erzbischof Philipp mit geistlichen Dingen und Stiftungen. Auch die Consecration der Pfarrkirche St. Johann an der Pforte, die am Ende des 12. Jahrhunderts als eine durch Philipp vollbrachte Handlung aufgezeichnet ist, läßt sich höchstens auf diesen Zeitpunct setzen. St. Katharina auf dem Graben stand damals gewiß noch nicht daneben. Erzbischof Engelbert, der Heilige, hat ihr erstes Gebäude, welches noch das untere Schiff der zu unserer Zeit abgetragenen Kirche ausmachte, 1219 eingeweiht. (Wir sprachen schon von dem lange frei gelassenen Platze vor dieser Johanns=Pforte.) Das Hospital der deutschen Ritter (deren erstes Geschäft war, die Jerusalems= Pilger und Kreuzfahrer zu bewirthen und zu schützen) stand zuerst in engerem Umfange noch hinter der Kirche, und zum Theil auf der Stelle des nachher angebauten Chores. Der Weg von dem Graben ging kurz um die neue Kirche herum; zu dessen Erhaltung mußte in späteren Zeiten auch der so genannte St. Katharinen= Bogen mit der bedeckten Gallerie zur Kirche hingebaut werden, als der mächtiger gewordene deutsche Orden das ungeheure Neben=

gebäude zum Ritterhause und zum würdigen Sitze der Land=Com=
menthurei Coblenz hier errichtet. Schon das erste Gebäude mag
sich allmählich über den daselbst noch freien St. Severinsgrund aus=
gedehnt haben; weßhalb Engelbert, nach Verträgen zwischen dem
Orden und Stifte, dem letzteren 120 Morgen im hüßholzer Walde
dafür anwies, die es zu Acker= und Zehentgrund verwenden könnte.

Im Jahre 1190 erkaufte Erzbischof Philipp seinem Erzstifte
verschiedene Städte, Schlösser und Zölle an den Gränzen des Lan=
des, wozu er eine Summe von 40,000 Mark verwendete. Auf den
Reichstagen zu Frankfurt und Nürnberg ließ er diese Erwerbungen
untersuchen und bestätigen. (Gottfried's Annalen.)

Das Jahr 1191 brachte Philipp wieder in Italien zu. Kai=
ser Friedrich I. starb zu derselben Zeit auf dem Kreuzzuge, nach=
dem er sich in einem Flusse unglücklicher Weise gebadet hatte.
Friedrich's Sohn, Heinrich VI., der in des Vaters öfterer Abwe=
senheit, theils unter Philipp's Vormundschaft, theils schon selbst
regiert hatte, ward nun zu Rom vom Papste Cölestin zum Kai=
ser gekrönt. Philipp, von welchem Heinrich im Jahre 1169
zu Aachen noch als Kind zum römischen König gesalbt worden,
war auch bei dieser (Heinrich's) Kaiser=Krönung gegenwärtig. Phi=
lipp zog darauf als Erzkanzler und Freund mit dem Neugekrönten
nach Apulien, war beim Kriegsheere in der Belagerung Nea=
pels, und daselbst starb er in demselben Jahre an der Pest. Sein
Körper ward hernach auf Köln zurückgebracht und in der alten
Domkirche begraben.

So führt uns Philipp's von Heinsberg spätere Lebens=
geschichte selbst auf das Resultat, daß unsere gegenwärtige große
Stadtmauer sowohl mit ihm, als mit seiner Zeit nicht in das ge=
ringste Verhältniß zu bringen sei; — daß weder er, noch die Bür=
ger seiner Epoche, noch sie beide mit gemeinsamem Beistande, da=
mals bei dem gefürchteten Ueberfalle Friedrich's die letzte (dritte)
Mauer errichten, sondern daß sie nur erst die zweite, welche die
ältesten Vorstädte umgab, befestigen konnten; — überhaupt, daß
Philipp's Lebensperiode eine so weit gediehene Bebauung und Ver=

größerung der Stadt, welche den Einschluß mit der großen jetzigen Mauer hätte motiviren können, nicht einmal nächst erreicht habe."

Das St. Severins-Münster lag noch in späteren Zeiten abgesondert vor der Johannspforte, und aller Boden darum her war, erst bis vor die Römer-Hochpforte (Porta Jovis oder alta), und hernach noch lange von der St. Johannspforte an, nur in isolirten Dörfchen, Fischteichen, Wäldchen, Fruchtfeldern und Weingärten zerstreut, deren vor und nach bebaute Stellen noch jetzt Spuren der ursprünglichen Namen tragen. Zum Anbau mußte man vom Stift St. Severin den Grund erhalten, wie wir dieses oben an dem Boden des deutschen Ritterhauses zu St. Katharinen zeigten.

Es findet sich noch in einem Diplome des Erzbischofs Wichfried vom Jahre 948, wie eben diese Gegend vor der ersten Vergrößerung Kölns, und also auch zum Theile noch lange bei der zweiten (oder vor der St. Johannspforte), ausgesehen haben mag. Wichfried schenkte nämlich darin dem St. Severinsstifte zuvörderst den unzerstörbaren Besitz von allem Erdreich dort umher, und so von der Gränze der alten Römer-Hochpforte die Straße hinauf bis an St. Johann, sammt siebenzehn urbaren Morgen jenseits. Er schenkte ihm auch von jener Kirche an, neben der Burgstraße hin, allen Grund bis an den Ort Diebenhoven; von da, wie das Diplom sagt, bis in den Forst Dierlo; dann auf Jungenforst und durch den Forstweg bis an den Rhein, und alles längs dem Ufer bis wieder an den Stadtgraben. Weiter im Dorfe Cunrich zwei Höfe, Mansa duo, item andere Höfe in Beyne, wo jetzt der Beynethurm (Beyenthurm), und zu Seyne, wo noch zu unserer Zeit das im Jahre 1221 gestiftete Kloster zu Seyen (später in Sion) lag, welches durch die alte Ninzegasse (Rheinlaufsgasse) auf den Katharinengraben seinen hinteren Ausgang hatte, indem das Dörfchen selbst augenscheinlich einst an dem alten Rheinarm gelegen war. Der ganze Pfarrsprengel von St. Severin erstreckte sich daher noch bis zu unseren Tagen über den besagten, lange uneingeschlossenen District jener Dörfchen, Höfe und Felder, wie auch jenseits bis an die Gränzen des benachbarten Pantaleons-Grundes *).

Eben so lag auch nach des Erzbischofs Philipp Zeiten das St. Pantaleons-Münster noch uneingeschlossen vor der Stadt; sonst würde der Mönch Gottfried, welcher den Philipp überlebte, einestheils vom Einschlusse seines Klosters in die Stadt als einer für seine Zeit und für seine Klostergemeinde wichtigen Ortsveränderung nicht geschwiegen haben; zum andern, indem er immer mit genauem Ausdrucke unterscheidet, was binnen, bei und außer der Stadt (in, apud, extra Coloniam) war, oder geschah, nennt er sich selbst nur, gewiß nicht ohne Ursache, Monachum S. Pantaleonis apud Coloniam, bei, nicht in Köln.

Hätte Philipp endlich die gegenwärtige große Mauer Kölns erbaut, um alle vor der Stadt gelegenen Kirchen, Stifter und Klöster einzuschließen und dadurch selbige vor Kriegsüberfällen und Raub zu sichern, welchen Gefahren dieselben bei offener Lage in jenen fehdevollen Zeiten immerdar ausgesetzt wurden: wie unbescheiden und widersprechend dem klugen Zwecke und Plane seines Vorgängers hätte dann, schon im dritten Jahre nach dessen Tode, der Erzbischof Adolph gehandelt, da er 1194 den Bau des Klosters Weyer so nahe vor der jetzigen Weyerpforte zuließ, mithin sogar noch ein Nonnenkloster sowohl dem augenscheinlichen Verderben aussetzte, als auch gegen die Kriegsregeln den Vorgrund der eben befestigten Stadt durch den Hinbau eines dort unnöthigen Kirchen- und Klostergebäudes in Belagerungsfällen unsicher machte! Er hätte doch damals binnen den so weitläufigen Mauern Kölns ihnen leicht einen jener noch leeren Plätze einräumen können, worauf schon in und nach dieser Zeit so viele andere Klöster hier erbaut wurden. Und wirklich ereignete es sich schon im Jahre 1205, noch unter diesem Bischofe Adolph **) selbst, daß wegen der nun vom

---

*) Diese Namen und Nachrichten hat der Verfasser theils aus Gelen und Glasen, theils aus der gütigen Mittheilung unseres verdienstvollen Hrn. Vicar Alfter.

**) Siehe Mörken's Conatus chronologicus Archiep. Colon., dessen Chronologie wir in diesen Blättern überhaupt zu Grunde legen.

Kaiser Philipp neuerdings zu befürchtenden Belagerung der Stadt die Bürger dieses Kloster Weyer niederreißen mußten, welches zwar von der noch lebenden Stifterin wieder aufgebaut, aber endlich im Jahre 1474, wo Herzog Karl der Kühne von Burgund drohend und verderbend auf die Stadt Köln im Anzuge war, abermals von den Bürgern zerstört ward, worauf endlich der in Köln gegenwärtige Kaiser Friedrich IV. in eigener Person die zerstreuten Klosterfrauen (meist Töchter adeliger Familien) nach St. Cäcilien führte, und sie mit diesem ehemals freiweltlichen Stifte nun in Clausur vereinigte *).

Jene zwei entlegensten und weitläufigsten Gebäude des St. Severins- und St. Pantaleons-Münsters blieben also noch fortdauernd in ihren stärkern Mauern, zwischen ihren Gerichtsbarkeiten und Dörfchen durch mächtige Schutzherren und sich selbst gesichert, von der damaligen Stadt abgesondert liegen, indeß allein die nächsten Kirchen St. Mauritz, St. Aposteln, und auch wohl St. Cunibert in die Befestigung gegen Friedrich nothwendig eingeschlossen, St. Gereons-Münster vielleicht nur noch angeschlossen ward.

Die Stadtpforten der zweiten Ummauerung und der damaligen Befestigung waren feldwärts: 1) die neue Hochpforte (auch die Burgstrazzen- oder St. Johannspforte genannt). 2) Die Bach- oder Bachstraßenpforte (porta Ripae **), sogar Pantaleons-, nachher Weißenfrauenpforte genannt, mit doppeltem Durchgange. 3) Die Griechen- oder Kriegpforte. 4) Die alte Schafenpforte ***) am dermaligen Brauhause zum Mohren, und 5) die (zweite) Ehren- (Heren-) Pforte, jetzt unter dem Breuer'schen Hause, mit doppeltem Durchgange †). 6) Die alte Friesenpforte

---

*) Die sonderbare Beschreibung dieses ganzen Vorganges ist in Glasen's edelm Köln in altem kölnischen Dialecte interessant zu lesen.
**) Domus sita ante portam Ripae (Bachpforte). Liber qui inscribitur Terminus Bachstrazze et platea S. Pantaleonis. Schreinspr. S. 61. Auch porta Rivi.
***) Ovina porta. Schreinsbuch zu St. Aposteln 1265.
†) Undeliudis de Erca porta dat censum, et domum braxatoriam, et domum contiguam, et pomerium inter duas plateas a usque ad novum fossatum. (Damalige neue Stadtmauer und Graben.) Glasen Schreinsp. S. 32.

unweit dem Brauhause zur Rübe, und bei der St. Gerconsgasse die Helena- oder Lenenpforte, wie man sie in den Schreinen umgetauft hat. 7) Wahrscheinlich ist auch einst eine St. Ursulen-Pforte oder -Pförtchen dort am Entenpfuhl offen gewesen, weil der Besuch dieser Kirche den vor den Mauern dort herum Wohnenden so täglich war. 8) Nun die alte Eigelsteinspforte dort an der Kranenbäumen- oder Kranibomergasse. Endlich 9) die alte St. Cuniberts-, auch Kallen- oder Kaltenhäuserpforte, wovon noch Ueberbleibsel dort an den Mauern eines Stiftsgartens bemerkt werden *).

Rheinwärts standen: A) die Blomen- oder Blutgassenpforte gegen der nachherigen Machabäerstraße. Sie war mit einer heiligen, nun zerstörten Vorstellung bezeichnet. Bald daran B) noch eine andere, auch gleich der vorigen zugemauerte Pforte gegen dem Eberacher Hofe. Sie war eine alte Hafenpforte in jenen Zeiten. C) Die Kostgassen-, Waldmannsgassen-, nun Kotzgassenpforte. Auch einst des Hafens wegen. D) Die Trankgassen- oder ehemals etwas weiter gelegene Frankenpforte. E) Die alte Mühlengassenpforte. F) Die Fähr- oder Salzgassenpforte, ehemals mit größerer Oeffnung, der alten berühmten Rhein-Ueberfahrt wegen **). G) Neben einer alten zugemauerten Fährpforte die Markomanns- oder Marktmannspforte. H) Die zugemauerte Hafengassenpforte. I) Die (alte erste) Rheinpforte (s. Abschn. X.). K) Die alte Filzengrabenpforte. L) Die ehemalige Kornpforte, neben Lyskirchen am Holzmarkte (dem ehemaligen Kornmarkte). Endlich M) die Nächelskaulenpforte, wonächst der alte Stadtgraben anfing. — Den-

---

*) Kaltenhäuser mag wohl recht sein, wenn dort Kallen, Canäle in den Rhein liefen, oder wohl der einst um die Befestigung geführte Rhein dort sich wieder einließ. Vielleicht auch Kaltenhäuser, weil man daselbst dem Nordwinde und der Wasserluft sehr ausgesetzt war. Einige wollen auch Kalenhäuser, vicus Calonum (Packträger).

**) Unser Gelen kannte auch schon das daran gränzende: podium ad otiosorum et amicos in trajectu exspectantium ambulationem, vulgo: Gapstock, Seite 95.

noch scheinen diese Pforten nicht alle in einer und derselben Epoche gebraucht, und nur nach allerhand Zeitbedürfnissen oder Vortheilen geöffnet gewesen zu sein.

Dieses war also der damals eingemauerte Umfang der Stadt. Er war es wohl noch lange nach des Erzbischofs Philipp Zeiten. Ueberhaupt, wenn in Philipp's Epoche schon der ganze gegenwärtige Raum mit solchen ungeheuren Mauern, Binnenwällen und Gräben umgeben worden wäre, wenn damals ein Erzbischof von Köln ein solches Werk vieler Jahre und Kosten in einer so kurzen Kriegsgefahr zu erschaffen, solche Strecke mit gehörigen Rüstungen und Kriegern zu bewaffnen, sie von innen und außen zu vertheidigen vermocht hätte: was hätte Er, was hätte diese Stadt damals Großes, Unüberwindliches sein müssen! Mit welcher überschwemmenden Heeresmacht, mit welchen Anstalten hätte ein Angreifer heranziehen müssen! Keine Stadt Europa's wäre gegen die damalige unbehülfliche Befestigungsmanier dergestalt befestigt gewesen. Kaum Eine, aber selbst nicht London und Paris waren im 12.—13. Jahrhundert schon so ausgedehnt *). Was hätte die Geschichte und der Neid von Köln gesprochen!

Alles widerlegt also die in der lügenhaften Securis und Apologie für den Erzbischof Philipp, als angeblichen Erbauer von Kölns Mauern, angeregte Sage, welche sich nur im Dunkeln erzeugen, von Leichtgläubigen ausbreiten, von Eingenommenen uns aufdringen ließ, aber von jenen lang bezweifelt werden mußte, welche die Geschichte nicht nur lesen, sondern auch fragen.

„Aber Philipp's steinernes Grabmal im Dom mit den so natürlichen Stadtmauern und gekrönten Thürmen daran, und nebst

---

*) Im Jahre 1527 hat Kaiser Karl V. einige große Städte seiner Zeit messen lassen. Gent hatte in seiner Bezirkslinie 1499, Paris 1494, Lüttich 1443, Köln 1464 Ruthen 6 Fuß desselben angenommenen Größenmaßes. — Er pflegte daher den Franzosen zu sagen: Votre Paris n'est pas si grand; je puis le mettre dans mon Gant. — Und Köln hatte also noch im Jahre 1527 nur zehn Ruthen Bezirks-Inhalt weniger als das damalige Paris! Soll es nun schon zu Philipp's Zeiten jene Größe gehabt haben?!

anderen Schildern mit den stadtkölnischen Wappen geziert, steht das nicht noch im Wege?"

Wir antworten: Philipp war noch in dem alten Dom begraben worden; da lag er lange, ehe der neue Dom-Chor im Jahre 1322 zum Gottesdienst eingeweiht ward. Noch später wurden erst die Körper der alten Bischöfe in die neue Kirche überbracht; später wurden sie beigesetzt und bekamen die gegenwärtigen Grabmäler. Mehrere dieser Grabmäler verrathen daher einen fast gleichzeitigen, sehr sich ähnlichen Styl. Auch zeigt die sonderbare Einfassung an Philipp's Grab eine uns noch nähere Epoche, die an 1400 gränzt, wo die Bischöfe und ihre Leute manchmal für gut gefunden haben mögen, für den Anspruch und die Gründung ihrer Herrschaft über die Stadt jedes Gewicht und jeden Schein hervorzusuchen, und wo die so leicht geglaubte und besonders von unseren geistlichen Geschichtschreibern ohne Gefahr der höchsten erzbischöflichen Ungnade nicht zu erörternde Sage, daß der Erzbischof Philipp für den Erbauer unserer Stadtmauern zu halten sei, das Volk und auch die Chroniken eingenommen hatte. — Daß aber Philipp bei der Errichtung und Beschützung jener zweiten Stadtmauer die Rechte seiner Kirche verfochten, daß er zum Schutze des Landes beigetragen habe, daß der Grundboden zur Erweiterung, die Unterstützung zu den Befestigungskosten, vielleicht die Miterrichtung des Mauereinschlusses um St. Aposteln sein Geschenk sein können, und daß auch deßwegen, weil er den Dreikönigenschatz und andere Heiligthümer dadurch der Stadt zu erhalten sich bemüht hatte, ihm dieses bedeutendere Monument gesetzt werden konnte, dies läßt sich zugeben, zumal da in demselben eher die älteren, als die letzten halbzirkelförmigen Mauern Kölns vorgestellt sind.

───────

Nach Philipp's Tode fehlte vor den damaligen Feldpforten wahrlich noch sehr Vieles an dem Anbau jenes Raumes, welches die gegenwärtige Form der Stadt und den großen Umfang der neuen letzten Mauer so bald hätte bestimmen können. Doch das St. Severins- und St. Pantaleons-Münster, mit ihren zerstreut umher liegenden Dörfchen, Weilern, Teichen, Feldern, Gärten und Wäldchen (indem deren Grund-Districte sich so weit als ihre in unseren Tagen noch bekannte Pfarrsprengel*) erstreckten) konnten bereits als beträchtliche Vorstädte angenommen werden, die man nur durch Mauern und Gassen zu verbinden hatte; gleichwie ihre abgemarkte ländliche Situationen es noch wirklich verrathen.

Die jetzige lange Severinsstraße ist, von der St. Johannspforte an, durch den Bau der St. Katharinenkirche und ihres Hospitals zuerst gegründet worden. — Köln war einer der vornehmsten Sammlungsorte der Jerusalems-Ritter für die Kreuzzüge**). Ich glaube Spur zu haben, daß vor jenem Thore der Waffenplatz derselben war, und daß dieser, so wie die Bestimmung ihres Hospitals für kranke, oft bei Nacht zurückkommende, meistens arme Kreuzfahrer, die Anlage jener Gebäude vor der Stadtmauer motivirt habe, obwohl in der Stadt selbst, wo Engelbert I., der Heilige, noch Klöster stiftete, genug Raum dafür hätte gefunden werden können. Die unter ihm gebaute, in ihrem unteren Schiffe zu unserer Zeit noch übrig gewesene St. Katharinakirche vom Jahre 1215 und die, nun ebenfalls verschwundene Kirche zu Seyne (Sion) von 1228, waren die ältesten und einzigen Gebäude ihres Zeit- und Bau-Charakters, welche sich binnen den neuen letzten Vorstädten und Mauern befanden; was in St. Severins- und Pantaleons-Kreuzgängen davon vorkommt, muß freilich als früheren Daseins hier ausgenommen werden.

Wenn aber nun die letzten großen Stadtmauern, als Philipp's angebliches Werk, noch um so viel (etwa 40 Jahre schon) älter, als jene beiden Kirchen wären, warum findet sich denn, außen den angeführten Ueberbleibseln in St. Severin und Pantaleon, nicht

---

*) Der alte abteiliche St. Pantaleons-Pfarrsprengel ist nach Beilegung der Grundstreitigkeiten mit St. Mauritius endlich unter dem Patronat des Abtes in diese letztere Kirche übergegangen.

**) Engelbert hatte sogar im Jahre 1224 die Ehre, daß er Johann, den christlichen König von Jerusalem, in Gesellschaft des römischen Königs Heinrich, mit vielem Prunke hier bewirthete. — Gottfried's Annalen.

eine Spur mehr von einem einzigen andern dergleichen öffentlichen oder Privatgebäude jener Art im ganzen dortigen neuen Bezirke, indem doch sogar bei der Nächelskaulenpforte, als binnen dem Saume der damaligen zweiten Mauer, wirklich noch ein schönes, fast ganz erhaltenes Privathaus jenes Charakters *) vorkommt?

Engelbert selbst hat noch mehrere Orden, z. B. die Dominicaner, Minoriten, Karmeliten hieher gebracht. Die alte Kirche der Dominicaner (wovon zu unserer Zeit noch der untere Theil stand, weil Albertus Magnus den Chor neu daran gebaut hatte) war vom Jahre 1224. — Die Minoriten wohnten damals vor der Stadt bei der oben benannten Kirche zu Seyen, und haben sich zu Zeiten des Erzbischofs Conrad von Hochsteden zuerst in die Stadt auf die jetzige Stelle hingepflanzt. Ihre letzte Kirche ist in Zeit und Geschmack gleich mit dem Domgebäude. — Warum ver=

---

*) Das Volk nennt sie hier Tempelhäuser und ist im Wahn, als wenn diese Häuser noch Ueberreste des Tempelherren-Ordens wären; wie sogar auch Einige das St. Katharinen-Gebäude, Andere das St. Johann- und Corbula-Gebäude für ehemalige Klosterplätze des Tempelordens haben ansehen wollen. — Allein außerdem, daß die neuen Ritterorden endlich einige Güter des 1314 erloschenen Tempel-Ordens auch hier im Lande, z. B. der Malthesser-Orden den Tempelhof zu Deutz ꝛc. überkommen haben, hatten sie damit keine öffentliche Gemeinschaft. Das hiesige Haus des berühmten Tempelherren-Ordens soll auf dem jetzigen Frankenplatze, ad Olivas, gestanden haben.

Indessen, gleichwie wir im vorigen Abschnitt schon davon zu reden anfingen, ist es für unsere Stadt und der kommenden Zeiten Geist äußerst interessant, den Besitzern dergleichen noch ordentlich erhaltener Häuser (besonders desjenigen an der Rheingasse) und selbst der Baupolizei es nochmal bringend zu empfehlen, daß doch kein darin kenntnißloser Handwerker zum geschmacklosen Anflicken oder Wegreißen derselben sich vermessen dürfe. Wenn dem forschenden Reisenden, wie wir leider vorsehen, einst nicht viel Merkwürdiges an neuen Gebäuden zeigen können, dann wird doch unser so interessanter, so lehrreicher, so erstaunlicher Dom — und außer ihm werden die St. Gereons-, Aposteln-, Marien-, Guniberts-, Martins- und Jesuitenkirche, die römische Paphenpforte, der alte musivische Römerthurm bei St. Claren, unser kostbares Rathhaus-Portal und endlich jene zwei oder drei sogenannte Tempelhäuser die für solche Dinge jetzt wieder auflebende Liebhaber- und Künstlerwelt häufig herlocken.

ließen die Minoriten jene Kirche in Seyen, wenn sie damals mitten unter der Bevölkerung oder innerhalb den Pforten gewohnt hätten?

Die Severinsstraße, als die längste in allen außerhalb der zweiten Ummauerung entstandenen Vorstädten, erbaute sich also wahrscheinlich erst im Anfange des 13. Jahrhunderts, sowohl von der St. Johannspforte und von St. Katharinen hinauf, als von dem St. Severinsmünster herab, gegeneinander. Sie hat den geraden Lauf der alten römischen Heerstraße (Burgstrazza) noch ziemlich beibehalten, obwohl die Breite derselben von St. Georg bis gegen St. Johann bisher noch richtiger und ursprünglicher ist. Schade, daß der Ausbau der uralten Klosterpforte von St. Severin, welcher schon auf die Burgstraße etwas vorgerückt stand, die völlige Aussicht der Gasse hindert.

Neben dieser neuen Straße zur Rheinseite, dorthin, wo ihre Häuser hintenher (achter) ausgehen, entstand darauf mit ihr in gleicher Richtung die Achterstraße (platea postica), welche auf den Seiteneingang des Severinsklosters zielt. Von der Hauptkloster- und Kirchenpforte zielt ein Weg auf St. Pantaleon, welcher die alte Verbindung des Clerus dieser beiden Münster unterhielt, die ihre Kirchen einigemal im Jahre wechselseitig besuchten. Es könnte eben dieses die Ursache sein, warum dieser Weg die Schnurgasse genannt worden; aber es ergibt sich vielmehr aus einer uralten, beiderseits in Spalten geschriebenen und bemalten, besonderen Schreinkarte von St. Severin, etwa aus dem Jahre 1199...., daß sie die platea figulorum (Hafnergasse) oder nach der altdeutschen, darüber geschriebenen Benennung die Schnarrgazze und nachher Schnurrgasse genannt warb*). Eben diese, an vielen Stellen unlesbare Schreinkarte, welche über des Erzbischofs Philipp Alter hinausgeht,

---

*) Berta cmit sibi et heredibus suis domum et aream in platea figulorum (Snarrgazze) erga Willerum advocatum suum. Item: Heidewigis de

spricht noch vom Dorfe Beyne*), von Seyne, von Diebenhoven — von der Dränggasse am Rheine, von der platea Bozonis, jetzt Bosgasse, von der lata platea, breiten Straße — (so nannte man ehedem alle Römerheerstraßen; hier bezieht es sich auf die an die Burgstrazze anschießenden Stiftshäuser) — lauter Denkmale des damals noch im Freien liegenden Bodens vor der alten St. Johannspforte.

Jenseits der neu bebauten Burgstrazze, westwärts, entstand die Ulregasse, ein Name, den schon der Ort hatte, ehe daran die jüngere Stadtpforte der letzten Ummauerung erbaut worden ist. Man hat oft über die Bedeutung dieses fremdartigen Namens geforscht. Einer wollte die platea figulorum als Uehlegasse hierhersetzen; der Andere wollte sie die Eulengasse, ein Dritter Ulrichs- und daher Ulregasse benennen**). Allein in der ersten Auslegungsart ist der Ort, in der andern der Name unrichtig genommen. Was die dritte betrifft, so ist es ein sehr armer und der allerletzte Behülf, die Benennung der Gasse von einem Hause oder Bewohner herzuleiten und deßwegen sogar oft Familiennamen zu erdichten. Vielmehr haben immer die alten, zunamenlosen Familien meistens von der Gasse selbst, worin sie wohnten, ihre Zunamen erhalten: z. B. die Overstolzen von Lyskirchen, weil ihr berühmtes Stammhaus damals an Lyskirchen gelegen war; die Familie von Pantaleon, weil sie unweit dieser Kirche wohnte; eben so die Overstolzen vom Quatermarkt, die Familien vom Spiegel zum Robenberg, Spiegel auf dem Over, die von der Kornporze, von der Mühlengasse ꝛc.

Sto. Pantaleone et filius dederunt duas partes terrę in Snarrgazze. — Antiqua Cart. Scrin. S. Severini.

*) Sogar im Jahre 1391 lagen am Beyen noch Fischweiher und Siechenhäuser, Ueberbleibsel der vor Kurzem damals erst eingeschlossenen Gegend, nach Ausweis einer neueren Cart. Scrin. S. Severini: Notum sit, quod Nesa dicta Brempt.... obtinuit unam tertiam partem Beynertravers, quod est una piscatoria in alveo Rheni, dicta ad Beyn, a piscatoria Constantini de Lyskirchen inter illas duas domunculas Leprosorum usque ad turrim vocatam Zo Boyen prout ibi sita est.

**) Platea ollaris vel Ulriciana. Bei Gelenius, S. 88.

Bei der Dunkelheit des Namenursprungs der Ulregasse schmei=
chelt sich nun der Verfasser, ihn wieder gefunden zu haben; hier
ist seine Meinung:

Noch im 13. Jahrhundert war vor der Johannspforte auf
der Burgstraße, gegen St. Katharinen über, ein offener Platz, der
sich in der Länge der jetzigen Landkommenthurei auf die Quergasse
von der Achterstraße, über den jetzigen Discalceatenplatz und dor=
tigen Garten bis in die Ulregasse erstreckte. Dieser offene Platz
war damals der Waffen= und Musterungsplatz der Kreuzfahrer,
welche hier in Köln aus allen weitern deutschen Provinzen und
nordischen Ländern zusammenkamen. Beim Aufbruch war nun ihr
Feldgeschrei: Ultreia, ultre, oultre, d. i. frisch auf, nun
weiter! Diese Ausdrücke waren eigentlich aus den italienischen
und französischen Sammelplätzen herüber gekommen. (Landulph von
Mailand und Bernhard von Ferrara, de votivis acclamationibus,
reden davon.) Mit solchem Geschrei marschirte der Zug dann die
Gasse hinauf. Die Gasse erhielt daher den Namen: die Ultre-
oder Ulregasse. Die Ecke des nun bebauten Platzes heißt dermalen
noch der Ort, das Oertchen. — Das bei der letzten Ummaue=
rung daran hingesetzte Feldthor ward nun die Ultrepforte.

Mit der St. Pantaleons=Vorstadt und ihrem Districte
hatte es dieselbe Bewandniß. Dieses Münster auf dem Berge war
mit seinen, in einigen Resten noch sichtbaren, alten Mauern und
mit zerstreuten Weilern ꝛc. umgeben. Vor ihm her bis zum Weyer=
dorf oder nachherigen Weyerstraßen=Gerichtsbezirk, hatten sich end=
lich die Ansiedlungen mit den umliegenden Edelhöfen in allerhand
Richtungen zusammengezogen. Die Ueberbleibsel der ehemaligen
Wassergräben um die Stadt, vielleicht auch Ableitungen vom Weiher
am Dorfe, und endlich der herangeleitete Bachstrom verursachten
dort herum die Ansiedlungen der Rothgerber, so wie sich die Weiß=
gerber an eben solch einem Wassergrabenreste (dem Perlengraben)
anbauten. Die alten St. Pantaleons= und Weyerstraßen=Gerichts=
Archive würden hier noch Auskunft liefern können. Der Verfasser
konnte zu seinem näheren Unterrichte hierüber noch nichts auffinden.

Der spätere Zusatz der Vorstädte vor der alten Schafen=, Ehren=, Friesen= und Eigelsteinspforte hatte nun in der Anlage nicht so viel zu bedeuten. Größtentheils haben sie sich noch erst zusammengebaut, als der Halbzirkel der neuen Mauer dort herum schon bestimmt und angelegt war. Die Pforte der Hahnenstraße zeigt durch ihre, längs den Aposteln=Gärten hin schief gegen die alte Schafenpforte gerichtete Lage, daß sie keine ehemalige Mutterpforte hatte, wie Gelenius sie mit dem Namen porta Jani hinstellen wollte. Die alte Heerstraße (platea lata, breite Straße), die vom Rheine nach Gallien führte, ging durch die Ehrenpforte (porta Herae). Der neue Weg dahin, durch die in der letzten Stadtmauer geöffnete Pforte, hat vielleicht des lateinischen Namens wegen, Porta Gallorum, nicht anders als mittelst einer, in jenen Zeiten gewöhnlichen schlechten Verdeutschung die Benennung Hahnenpforte, erhalten.

Diese Aufstellungen nun setzen uns auf einen richtigeren Standpunct, sowohl in die nacheinander erfolgte Entstehung unserer Vorstädte zurück und herum zu blicken, als auch immer näher zu bemerken, daß der so große, halbzirkelförmige Plan der gegenwärtigen Mauern Kölns für Philipp's von Heinsberg Zeiten, zwischen den Jahren 1168—1191, noch sehr unreif und unausführlich, ja, so mancher aufstoßenden Widersprüche wegen, dem Nachforscher fast unmöglich vorkommen müsse.

Wir haben noch einen merkwürdigen Gegenstand zur Besprechung zurückgelassen, welcher, obwohl er immer der Sage von Philipp's Mauer=Erbauung günstig zu sein schien, sie dennoch nach unserem Bedünken nun auch widerlegt. Es sind die beiden ehemaligen Vesten zu Beyne und zu Mile, oben und unten an den Rheinenden der jetzigen Stadt, welche der Erzbischof Engelbert II. von Falkenburg um das Jahr 1261 dort hingebaut hat, um, wie man angibt, die Bürger von Köln in ihrer großen Stadt für immer im Zaume zu halten. Man bildet sich vielleicht ein, Engelbert hätte von da heraus mit Kartätschen und Feuerkugeln über die ganze Stadt her schießen, und nach Belieben die Häuser der Bürger in Brand stecken können. — Allein, zum Glück für die Bürger Kölns und für die Menschheit war damals noch kein Berthold Schwarz*) und noch kein Schießpulver in der Welt, und wie hätten ein Paar Steinwürfe oder Pfeilschüsse, die nicht den halben Weg zu der St. Johannspforte erreichen konnten, und von der Veste nur dort herum in Gärten und Stiftsgründe gefallen wären, die ruhig fortarbeitenden Bürger schrecken können! Engelbert's Vorhaben war, mit diesen Vesten den Bürgern zu Köln den Rhein zu sperren, und den zur Beschützung ihrer Freiheit und ihres anwachsenden Handels sich sammelnden hanseatischen Bund zu ersticken, wovon unser des Trotzes der Kurfürsten überdrüssiges Köln eine der Haupttriebfedern war. Dahin zielten diese Rheinvesten, um nun der reichen Schifffahrt, dem Hafen und den erstaunlichen Hülfs- und Verbindungsmitteln Kölns willkürliche Hindernisse zu legen. — Engelbert's Veste zu Beyne war eine hohe Burg, mit Wichhäusern (Blockhäusern), Mauerzinnen und Gräben rund umzingelt, wie der damalige Stadtschreiber Göbbert van Hagen sie malt.

   Die Vaste was ind al umbgraven,
   Men saich sy starke Vurburge haven,
   Mit dryn Wichhusen umb besat,
   Dat ein Overbein was al der Stat.
   Gezinnet was wail die Mure:
   Dat irme Live ward zo sure,
   Die van cirst dar vur quamen

---

*) Dieser Erfinder des Pulvers soll, nach Angaben einiger Geschichtschreiber, auch hier zu Köln gewohnt haben. Wir brauchen zwar um die Ehre seiner Mitbürgerschaft eben so wenig, als um die des Doctors Faust (gleicher Sage nach) verlegen zu sein; allein es zeugt dennoch von dem Weltruhm und der Wichtigkeit unserer Stadt in den Vorzeiten, daß man damals einer Menge der auffallendsten Erfindungen und Geschichten ihren Ursprung zu Köln zuschrieb, als an einem Orte, worin sich einst Deutschlands Geist und Kraft concentrirt zu haben schienen. O Tempora!

Ind an dem Live Schade namen.
Die Burch sy was gemannet wale:
Da ward mannich roit ind vale,
Sere schois man aff mit den Pylen etc.

Die Veste war überall mit Graben umgeben,
Man sah, daß sie starke Vorburgen hatte
Und mit drei Blockhäusern umsetzt war *),
Daß sie dort vor der Stadt wie ein Ueberbein stand.
Die Mauer war wohl gezinnet **),
Daß denjenigen, die zuerst davor kamen,
Es am Leibe sehr sauer wurde,
Und sie nicht ohne Schaden blieben.
Die Burg war wohl bemannet;
Mancher wurde davor roth und bleich,
Man schoß da unaufhörlich mit Pfeilen herab 2c.

Ein eben dergleichen Werk war auch die Veste zu Rile. — Nun hatte Engelbert auch vor allen Pforten Verschanzungen oder Burgen gebaut und die Stadt eingeschlossen. — Göbbert v. Hagen sagt:

Got selve mois erbarmen dat,
Dat men Coelne de hilge Stat
Mit Burgen sus um hait besat ***).
Dat it herzo solde komen
Dat der Stede Vryheit us benoimen
Is, dat moisse Gode syn geklait.

---
*) Also lag sie noch nicht binnen den Mauern.
**) Zinnen heißen die Einschnitte in dem Rande der Mauern der alten Vesten, wodurch herausgeschaut, mit Pfeilen geschossen, auch mit Steinen herabgeworfen 2c. werden konnte, und hinter welchen die Besatzung dennoch sicher stand.
***) Auch dieses zeigt, daß die Burgen zu Deynt, zu Rile 2c. mit der Stadt noch nicht zusammenhingen.

Hievur man an keiserlicher Hove plaich;
Als men die Burger van Coelne komen saich,
Men sprach: van Coelne komen da die Heren —
Die wilc stoint Coelne mit groisser Eren.

Gott selbst muß sich darüber erbarmen,
Daß man Köln die heilige Stadt
Mit Burgfesten so umsetzet hat.
Daß es dazu kommen sollte,
Daß der Stadt Freiheit uns benommen würde,
Dies müsse Gott geklagt sein! —
Ehedem pflegte man am kaiserlichen Hoflager zu sagen,
Wenn man die Bürger von Köln kommen sah:
Da kommen die Herren von Köln —
Damals stand Köln in größeren Ehren ꝛc.

Aber die Kölner Bürger der Oversburg eroberten und zerstörten die Veste zu Beyne. Die Bürger des Niederichs bezwangen die Veste zu Rile. Die Bürger des inneren Kölns befreiten die Stadtpforten, denn sie gewannen an einem Tage vierzehn Vorburgen Engelbert's und machten sich wieder zu Herren der Stadt.

Die Bürger bauten hernach zu Beyne auf der Stelle der zerstörten Burg zum Schutze ihres eigenen Hafens und des Hansebundes den hohen Beyenthurm und setzten ihr großes Stadtwappen mit den drei Kronen viermal in die Mauer oben am Rande umher ein, daß es weit in alle Gegenden glänze*). Dieser Thurm ward ihnen das Triumphzeichen der gegen die Kurfürsten verfochtenen und auf immer unzerstörbar geglaubten Freiheit.

Von der Trutzveste Engelbert's zu Rile scheint eben so in ihrer alten Form nichts mehr übrig zu sein. Einige wollen noch das kleine runde Thürmchen auf dem Bollwerke dort unten am äußersten Ende der Stadt dafür annehmen. Allein, wenn das un-

---

*) Die Unwissenheit der Revolutionisten zerstörte sie.

behülfliche Ding auch bis auf den Boden gereicht hätte, wie viel Besatzung, welche Schutzmittel hätte es aufnehmen und für seinen Zweck wirken lassen können? nicht einmal ein ordentliches großes Pfeilgerüst, nicht einen hinlänglichen Steinvorrath. — Man bemerke zudem, daß man weder an diesem noch am jetzigen Beyenthurme die geringste Spur einer etwa stattgefundenen heftigen Belagerung, eines stürmenden Einbruches oder eines eingedrungenen Pfeileisens antreffen kann. Der Verfasser glaubt gar nicht, daß dieses Thürmchen auch nur ein Theil der Veste sei, indem dessen Baustyl nicht einmal zu Engelbert's II. Zeit hinauf geht. Andere wollen das große steinerne Bollwerk im inneren Winkel der Stadtmauer noch für Engelbert's Veste annehmen. Nach allen Umständen denke ich mir auch, daß hier der Ort dafür zu suchen sei, und daß beide Vesten, diese untere und die obere, in Verbindung mit dem Rheine und der völligen Sperrung des Ufers standen, wenn anders Engelbert nur einen gescheiten Kriegsbaumeister gehabt hat. Indessen stehe ich nicht dafür, daß hier noch das durchaus unveränderte Gebäude jener Zeiten angetroffen werde. Die inwendigen untern Gewölbe mögen Reste davon sein. Auch sollte man sagen, daß noch Spuren einer Erzwingung darin vorkämen. Indessen hat es wesentliche Veränderungen für die spätere Kriegskunst erlitten. — Beide Vesten bleiben immer ein sehr respectables Denkmal der alten Herrschaft Kölns auf dem Rheine in den glücklichen Zeiten der behaupteten Freiheit, der Blüthe des ehrwürdigen Hansebundes.

Die letzte große Stadtmauer scheint nun bald nach der Erzwingung der beiden Vesten dort an eben diesen beiden Enden des Rheines ihren Anfang genommen zu haben. Es muß ja den siegenden Bürgern daran gelegen gewesen sein, das Werkzeug ihres Druckes bereinst zu jenem ihrer eigenen Kraft anzuwenden, zumal da sie immer mehr, sowohl mit den benachbarten mächtigen Grafen und Herzogen, welche alle hier Bürger wurden und ihre Höfe hatten, als mit den entlegenern mächtigen Befreundeten des Hansebundes in Verbindung traten, wovon der merkwürdige hanseatische Saal auf dem Rathhause noch ein, mit unserem jetzigen Zustande so contrastirendes Zeugniß ist. So gelang es auch den Bürgern Kölns, durch ihre großen Verbindungen und Handelsvortheile nun gegen die ihnen bald weniger fürchterlichen Erzbischöfe wichtigere Plane auszuführen, ihre Vorstädte gegen St. Severin und Pantaleon zu vollenden, neue vor anderen Pforten anzulegen, und die Anlage der großen, starken und schönen Stadtmauer zu veranstalten, zwischen deren Erbauung aber die Erfindung des Pulvers und des Feuergeschützes einfiel.

Wenn man jetzt die Bauart und die Materialien dieser ersten Mauerstücke vom Rheine an, oben bis nahe an die Severins-Windmühle, unten bis gegen die alte, nun zugemauerte Kaltenhäuserpforte, in- und auswendig beobachtet, so findet sich daran so viel Verschiedenes gegen die übrige Fortsetzung derselben, daß man wohl schließen kann, diese Endstücke müssen lange vor dem übrigen Halbzirkel da gewesen sein. Denn an jenen beiden Stücken ist alles nur Duckstein ohne Basaltlagen. Einige der ersten inneren Bogen gegen Rile sind schmäler. Man sieht, daß diese Reste noch für die alte Vertheidigungsart vor der Erfindung des Schießpulvers und des Geschützes eingerichtet waren. — Die alte Form der hohen schmalen Lug- (Guck-) und Pfeilschuß-Oeffnungen, der Mangel ursprünglicher Schießscharten, wie dennoch selbige in den Thürmen nächst ab dem Eigelsteiner- und St.-Severinsthore in ursprünglichen Formen anfangen, liefern den Beweis dafür. Selbst einige Stücke des innern St. Severins-Pfortenthurmes, des Eigelsteiner Thores und vielleicht des ehemaligen St.-Gereonsthores (nachherigen Kriegsgefängnisses) scheinen fast, als im vorgehabten Plane liegend, vor der übrigen Mauer angefangen worden zu sein; denn es ist natürlich, daß nach einer festgestellten Richtung zugleich an mehreren Stellen der Bau begonnen, und daß vorzüglich einige der Pfortenthürme zuerst angelegt wurden, um die Einlässe der Stadt theils zu schützen, theils einträglich zu machen. Aber es ist aus der Anwendung der verschiedenen Materialien, bei den angeführten ersten Mauerstücken und bei den übrigen später erbauten auch glaublich, daß vielleicht noch Engelbert oder seine Nachfolger die Herbeischaffung der ungeheuren Basaltmenge für diese Mauern auf dem Rheine anfänglich verhindert haben, und daß einstweilen nur eine eilfertige Wall= oder Holzmauer mit anliegenden Häusern — noch ohne die gegenwärtigen tiefen Gräben — zwischen den Pforten aufgeworfen gewesen sein mag, wenn anders auch der zu unserer Geschichte gehörige Einbruch des Grafen von Falkenburg, Bruders des Kurfürsten, mit seinen Verschwornen zu Pferde durch das Loch neben der Ulrepforte Statt haben soll, wovon daselbst das nachher mit dem Baue der neuen Mauer eingemauerte (nicht übergemauerte oder angeheftete) Monument, dessen völlige Glaubhaftigkeit der Verfasser übrigens dahin gestellt sein läßt, Zeugniß gibt.

Wer also die gegenwärtige große Stadtmauer von außen und innen nach Styl und Zeit in Form und Anlage betrachtet, der urtheile, ob sie als eine uralte Vertheidigungsmauer von des Erzbischofs Philipp Zeiten für Pfeil= und Steingeschütz ursprünglich eingerichtet sei, wozu die Zinnen am Mauerrande unumgänglich nöthig waren (die nur an einigen angeführten Pforten noch vorkommen). Er beobachte die ursprünglichen Schießscharten in den herausgebauten runden Thürmen (Wichhäusern, Blockhäusern) — die auf damalige Feuerschüsse berechnete Entlegenheit dieser Thürme selbst — die Höhe des gegen die Mauer außen und innen aufgeworfenen Walles — den inneren oberen Gang für die herumgehenden Feuerschützen, mit den schiefseitigen Schießscharten, wofür die Vormauer an mehreren Plätzen späterhin noch erhöht zu sein scheint. Gleichwohl läugne ich nicht, daß man anfänglich, im Mangel des hinlänglichen Feuergewehres und der Uebung mit demselben, da auch bejahrtere Schützen sich des Pfeilbogens nicht so bald entwöhnten, beide Wehrmittel noch zugleich angewendet habe: weßwegen auch auf den Stadtpforten=Thürmen und Wichhäusern für beide Gattungen noch Gewölbe und Magazine sich vorfanden, unter welchen jene für die Feuergewehre auch in ihrer Einrichtung verriethen, daß sie im Plane der ursprünglichen Anlegung des Ganzen schon mitbegriffen waren. In den unteren Nebengewölben der Pforten waren die schußfesten Feuerkugel=Magazine und in anderen abge=

9*

legenen Blockhäusern die stark und doppelt gewölbten Pulver- und Salz-Magazine von ursprünglicher Einrichtung angebracht.

Recapitulation des Gesagten.

Wer soll nun Kölns gegenwärtige (dritte) große Mauer erbaut haben? Der Erzbischof Philipp von Heinsberg?!

Philipp? im 12. Jahrhundert? da die zweite Ummauerung der Stadt kaum erst im 11. vollbracht war, und Heribert die Amburbalien (die alte Gottestracht) noch um die erste Römermauer stiftete! (S. 108.)

Philipp? der noch selbst beim Kaiser Friedrich I. sich über die Bürger beschwerte, daß sie mit ihren Ueberbauen die alte Römermauer und Leinpfadsgränzen überschritten und Wallbefestigungen um ihre alte Mauer führten, die ihnen der Kaiser endlich erlaubte! (S. 109.)

Philipp? der, als Kaiser Friedrich bald darauf sein gefährlicher Feind ward, die Bürger bewog, zu Gunsten seiner Kirche und seiner Vortheile mit so vielem Aufwande noch ihre zweite Ummauerung eilends zu befestigen, und der zu diesem Zwecke ihnen den Boden um St. Mauritz und Aposteln einräumte!

Philipp? der ohne Grund und Nutzen nur um einen, meist noch leeren, unbebauten Zwischenraum ein so kostbares Werk geführt hätte!

Philipp? welcher also noch nicht, wie seine späteren Nachfolger, Konrad von Hochstaden und Engelbert von Falkenburg, es begriffen hätte, daß man erst eine solche Stadt sicher unterjocht und in ruhigem Besitz haben müsse, ehe man eine Mauer jener Art darum her baue, welche einst dem zahlreichen kräftigen, nach Freiheit strebenden Bürgerstande desto eher zum Schutz und zur Behauptung — den nach ihrer Unterjochung trachtenden Kurfürsten aber zum Trotz da stehen könnte, je natürlicher es ist, daß ein offen gelassener kleinerer Platz von außen bezwinglicher blieb.

So beweis't sich die Ungründlichkeit der seitherigen Sage aus Diplomen, aus der Geschichte, aus Ueberresten, aus der Bauform und den Materialien, aus Widersprüchen und aus der Unwahrscheinlichkeit, daß Köln schon damals eine unbemerkte solche Größe gehabt hätte, welche Paris und die meisten größten Städte in Europa fast erst 400 Jahre nachher erreicht haben. (S. 118.)

Philipp endlich soll diese ungeheure Mauer gebaut haben? der, wenn er auch für damalige Zeit eines mächtigen Volkes König gewesen wäre, nicht eine hinlängliche Besatzung, nicht Schutzwaffen genug für die Behauptung einer solchen Strecke hätte zusammenbringen können; der für jene Kriegskunst ein Befestigungswerk geschaffen hätte, wovon man mit Erstaunen gesprochen, und woran kein Feind mit den zu jener Epoche noch gewöhnlichen Angriffsmitteln sich gewagt haben würde!

Philipp endlich? und mit ihm im Jahre 1180 Feuergewehr und — Schießscharten!!!

Vermischte Aufsätze.

Die erste Bevölkerung unseres Landes.

(Erschien in französischer Sprache im Mercure de la Roër 1810.)

Wir beschäftigen uns hier mit einer Epoche, von welcher kein gleichzeitiger Zeuge uns etwas überliefert hat; aber die Natur selbst hat eine Art von Diplomatik, und in einem mehr vorgerückten Alter verläugnet sie niemals die charakteristischen Züge ihrer Kindheit.

Stellt der Beobachter auch an das, was kein Leben hat, seine Fragen, so erhält er davon stillschweigende Antworten, und obgleich die Natur sich oft nur in Hieroglyphen ausdrückt, in deren Sinn er bloß auf dem Wege der Vermuthungen einzudringen vermag, so können diese doch ein glücklicheres Genie zu weiteren Nachforschungen ermuntern.

Es läßt sich nicht wohl bestimmen, in welcher Epoche vor der christlichen Zeitrechnung dieser Boden bevölkert worden sei. Vielleicht verstrichen mehrere Jahrhunderte, bevor eine hinreichend fruchtbare Ebene sich bildete, indem erst nach dem Ablauf der Wasser, der Verdunstung der Moräste, dem Anschwemmen einer fruchtbaren Dünger-Erde und der Reinigung der Atmosphäre der Boden geeignet werden konnte, Pflanzen und Fruchtbäume zu tragen.

Vielleicht haben Vögel es den Bewohnern der benachbarten Lande verkündet, daß dieser Boden von den Wassern geräumt sei, so wie nach der Sündfluth sie es dem Noe verkündeten. Die Vögel brachten zuerst den Samen der Pflanzen dahin, befruchteten diese Erde und bereiteten sie zum Aufenthalt der Menschen. Das ist der Gang der Natur.

Da die erste Bevölkerung unserer Gegend von einer älteren Epoche sich herschreibt, als jene ist, wovon die römischen Geschichtschreiber Meldung thun, so können wir uns ihrer Zeugnisse nur in den Fällen bedienen, wo sie zum Nachdenken über die frühere Epoche, die den Hauptgegenstand unserer Nachforschungen hier ausmacht, uns Stoff darbieten.

Bekanntlich galt das äußerste Ende des zwischen der Schelde und dem britannischen Meere gelegenen Bodens den Römern für das Ende der Erde. Die Geschichtschreiber *) leiten den Namen des Landes der Moriner von jenen alten Morästen her, wovon die Römer den Namen Morini bildeten **). Virgil sagt, dieses Volk bewohne das äußerste Ende der Erde ***). Der iccische Hafen, portus Iccius (Calais), war für die Römer der Weg nach Großbritannien, und dieses Land, wie sie glaubten, das Ende der Welt. Als Kaiser Claudius eine Armee unter dem Befehle des Plautius dahin sandte, beklagten die Soldaten sich, daß sie genöthigt wären noch weiter als am Ende der Welt Krieg zu führen †).

Wir schließen daraus, daß vielleicht auch unser Land, wiewohl in einer älteren Epoche, für ein Ende der Welt angesehen worden, und lange Zeit ein ungesunder Aufenthalt, eine öde Gegend gewesen sei: denn von der nämlichen Ursache wird die nämliche Wirkung erzeugt.

Ziemlich wahrscheinlich ist es, daß das ganze nördliche Gallien (Belgien), wovon unsere Gegend einen Theil ausmachte, ehedem mit Wasser bedeckt gewesen sei. Die Meerwasser flossen allmählich zurück und vereinigten, indem sie der Richtung der Berge folgten, sich einerseits mit dem deutschen und andererseits mit dem britan-

---

*) J. Malbrancq de Morinis et Morinorum rebus.
**) So erhielt eine andere von den Wassern des Meeres geräumte Gegend den Namen Friesland, den die Bewohner wegen ihrer kalten, feuchten und ungesunden Atmosphäre ihr beilegten.
***) Extremique hominum Morini. Virg. Aen. L. VIII. v. 727.
†) Plautius difficulter exercitum in Galliam abduxit, indigne ferentem, quod extra orbem terrarum bellum esset gerendum. *Dio Cassius* L. LX..,
Vincendos alio quaesivit in orbe Britannos. *Claudianus.*

nischen Ocean. So wie dann dieses Land bewohnbar wurde, bevölkerte es sich zuerst durch die Bewohner der benachbarten Lande, die von allen Seiten herbei kamen, um durch das Recht erster Besitznahme sich desselben zu bemeistern *).

Möglich ist es, daß von der Südseite die Bevölkerung mit den Galliern angefangen habe, die aus der Gegend der Seine, von Soissons ɛc. herkamen, und deren Land schon in einer weit früheren Epoche bewohnt gewesen zu sein scheint: denn sehr alt ist das Dasein dieser Gallier. Vor mehr als fünf Jahrhunderten vor Cäsar's Geburt setzte Brennus die Römer in Schrecken. — Auch konnten jene von Trier sich da niederlassen, weil man ihren Ursprung von sehr alten Zeiten herleitet, wiewohl der bekannte Vers:

Ante Romam Treviris stetit annis mille trecentis

nicht so ganz die Wahrheit enthalten mag.

Auf der West= und Nordseite mögen späterhin Britannen über Meer gekommen sein und mit den Morinern sich vereinigt haben. Aber der von uns bewohnte Theil des alten Galliens blieb vielleicht ziemlich lange bis an das rechte Maasufer von den Wassern des Meeres begränzt. Der größere Theil seiner Bevölkerung ward ihm endlich von Osten her: die Völker des weiten Germaniens nahmen, sobald sie über den Rhein setzen konnten, den größten Theil dieses öden Landes in Besitz. Diese sind es, welche diesen Boden urbar machten, und die ersten Völkerstämme darauf begründeten. Die Germanen gingen dem Ablauf der Meerwasser nach. Die Moriner selbst, obgleich weiter von Germanien entfernt, nennen sich germanischen Ursprungs. Die Eburonen, Menapier, Nervier und Pemanen waren Germanen. Gewiß werden auch die Ubier, als am wenigsten vom Rheine entfernt, nicht ermangelt haben, die günstigen Umstände zu benutzen, um über diesen Fluß zu setzen.

---

*) Auf diese Art haben, nach Tacitus die Bataver, die aus dem überrheinischen Lande der Chatten herkamen, an dem nördlichen Ende Galliens sich niedergelassen. „Batavi donec trans Rhenum agebant pars Chattorum, seditione domestica pulsi, extrema gallicae orae vacua cultoribus, simulque insulam inter vada sitam occupavere." Tacit. L. IV. hist C. 12.

Es läßt sich vermuthen, daß eine Colonie dieses Volkes einen Theil dieses schönen und fruchtbaren Landes schon lange vor Cäsar's und Agrippa's Ankunft werde eingenommen haben. Cäsar fand die Ubier schon auf einem hohen Grade von Bildung. Selbst mit den entferntesten Galliern trieben sie damals Handel, und hatten mit ihren Gebräuchen sich ziemlich vertraut gemacht. Längs dem linken Rheinufer hatten die Ubier Schiffe, Landstraßen, Niederlagen und Herbergen. Die Anzahl ihrer Schiffe war zweifelsohne schon sehr beträchtlich, indem sie sich dem Cäsar erboten, ihm so viele Schiffe zu liefern, als er zum Rheinübergange nöthig haben möchte. Cäsar bediente sich derselben nicht, weil dieses Mittel ihm nicht schnell und für seine großen Entwürfe nicht passend genug schien. So ganz plötzlich wollte er mit einer fürchterlichen Macht jenseits des Rheines auftreten.

Die Ubier, nicht zum besten einverstanden mit den Chatten (die Cäsar unter dem Namen Sueven zu begreifen scheint), von denen sie, wegen ihres Reichthums und ihrer freundschaftlichen Verhältnisse mit den Galliern, immer Feindseligkeiten zu erleiden hatten, wählten gewiß das linke Rheinufer, um da ihre Niederlagen und Schiffe in Sicherheit zu bringen. Das Heranziehen der Armeen Cäsar's und Agrippa's konnte freilich sie beunruhigen; allein sie fühlten allzu gut die Nothwendigkeit, sich mit diesen in freundschaftliche Verbindung zu setzen. Die Partei, welche sie dabei ergriffen, beweis't ihre kluge Gewandtheit, sich in die Umstände zu fügen.

Auf dem rechten Rheinufer stellen wir die Gränzen des Ubier-Landes von dem Berge Taunus oder vielleicht von dem Lahnflusse bis an die Lippe oder den weseler Wald (Silva Caesia). Das äußerste Ende ihres Landes berührte die Berge der Chatten, ihrer Feinde. Ihr Hauptort, der von dem alten Teut (Tuisco), dem Gott und Stifter des germanischen Volkes, seine Benennung hat, war die Stadt Tuits (Deutz), die wahrscheinlich durch zerstreute Wohnungen mit dem alten Buchheim, wohin damals der Rhein sich ausdehnte, vereinigt war. Allda war der Sitz ihres Oberhauptes, der Mittelpunct ihres Handels und ihrer Macht. Die Wichtigkeit dieses Ortes läßt sich folgern sowohl aus dem Ursprung seiner Benennung, als aus seiner Lage im Mittelpuncte des Landes und gegenüber der Hauptstraße des belgischen Galliens, auf welcher Cäsar und Agrippa kamen, der Eine, um über den Rhein zu gehen, der Andere, um mit den Anführern der Ubier zu unterhandeln.

Agrippa lud sie ein, sich diesseits des Flusses niederzulassen. Sicher ist es indessen, daß ein Theil des Volkes jenseits wird geblieben sein, wie dann die Vertheidigung der Gränzen des Reichs es erforderte, welche Agrippa den Ubiern anvertraute, ut (wie Tacitus sagt) arcerent, non ut custodirentur.

Was nun das linke Rheinufer betrifft, so dehnten die Gränzen des Ubier-Landes von der Ahr, wo sie das Land der Treverer berührten, bis in die Gegend von Uerdingen, wo das Land der Menapier und Eugerner anfing, sich aus. Gegen Westen erstreckten sie sich längs der Roer gegen den gebirgigen Boden von Aachen hin, der damals wenig bevölkert und mit dichten Wäldern bedeckt war. Doch gab es schon eine Landstraße, die in das Land der Condrusen und Eburonen führte.

Angenommen, daß die Bevölkerung dieses Landes mit jener der benachbarten Lande in gleichmäßigem Verhältnisse stand, muß dieselbe sehr beträchtlich gewesen sein. Die Moriner, Menapier, Eburonen, Condrusen und Pemanen bildeten bei ihrer Vereinigung wider Cäsar eine Armee von mehr als 130,000 Mann. Eine Thatsache, welche beweis't, daß die Bevölkerung der Ubier nicht minder zahlreich gewesen, ist wohl die, daß Agrippa, wie schon gesagt worden, ihnen die Vertheidigung der Gränzen des Reichs anvertraute. Schon nennt Cäsar die Stadt der Ubier eine große und mächtige (civitatem amplam et potentem).

Die berühmtesten Orte der Ubier, dem linken Rheinufer entlang, welche theils vor, theils nach Ankunft der Römer entstanden, waren: Remagen (Regiomagus), Bonn (Bonna), Köln, der Hauptort (Colonia Ubiorum, seitdem Colonia Agrippinensis benannt),

Worringen (Buruncum), Dormagen (Duromagus), Neuß (Novesium), Gelb (Gelduba). Im Innern des Landes waren die merkwürdigsten Orte: Zülpich (Tolbiacum), Düren (Marcodurum), Jülich (Juliacum), Aachen (Aquae Grani), Balthausen (Belgica pagus), Kessenich (Gesoniacum), Poppelsdorf (Publii pagus), Transdorf (Trajani pagus), Kardorf (Cari pagus) ꝛc.

Der Dom zu Köln.

(Zuerst gedruckt in der Schrift unseres verdienstvollen Herrn Canonicus W. H. Boeder: Geschichte der Ueberbringung ꝛc. der Reliquien der heiligen drei Könige.)

Die jetzige große Domkirche zu Köln ist die dritte, welche den hiesigen Bischöfen und Erzbischöfen zur Hauptkirche gedient hat; denn um uns gegen alle Kritik sicher zu stellen, wollen wir es nicht als erwiesen behaupten, daß hier auch schon ein wirklicher bischöflicher Dom in dem frühesten Alter des Christenthums errichtet war, wo nur höchstens unvermögende apostolische Männer, zur geheimen Unterrichtung und Erhaltung der Völker im christlichen Glauben, werden hieher gekommen sein. Die, von Einigen dafür gehaltene, unter dem Namen ad Antiquum Summum bekannte St. Matthias-Capelle war es wenigstens aus offenbaren Gründen gar nicht; denn wie könnte es einem christlichen Priester damals erlaubt gewesen sein, mitten auf der breiten, von einem Hauptthore der Stadt geradehin fortlaufenden römischen Heerstraße eine ihrer damaligen Lage nach nicht anders als isolirte christliche Kirche zu bauen? Diese wäre ja bei der ersten Gründung verboten und zerstört worden, zu einer Zeit, da noch zu Rom selbst die Christen in Gräbern und Höhlen ihre stillen Versammlungen halten mußten.

Es war unter Konstantin dem Großen der Bischof Matern, welcher nach der, von diesem Kaiser den Christen gestatteten Freiheit des öffentlichen Gottesdienstes zur Ehre unseres Heilandes und der seligsten Jungfrau Maria für seinen bischöflichen Sitz jene

Kirche baute, die nachher die Eugeniakirche, und später die St. Cäciliakirche genannt wurde. Diese Kirche war bis zu den Zeiten Karl's des Großen die Hauptkirche der Stadt *). Kaiser Karl, welcher auf dem Boden des jetzigen Seminariums und des Mariengrabenbergs einen Palast hatte, schenkte diesen endlich seinem Kanzler und Freunde, dem Erzbischofe Hildebold, und unterstützte ihn zugleich, daß er in der Nähe desselben am nördlichen Rhein-Ende der Stadt eine neue Domkirche anlegte. (Hildebold starb im Jahre 818.)

Erzbischof Willibert hat diese Domkirche im Jahre 873 entweder erst vollendet oder hergestellt; denn er weihte sie in demselben Jahre in Gegenwart vieler deutschen Bischöfe. Gelenius schildert gemäß einer in dem Domarchive gefundenen Beschreibung diese Kirche nach der Einrichtung ihrer Thürme, Chöre, Altäre und

---

*) Diese alte Würde des erzbischöflichen Doms bei jener Kirche ist bis über die Zeiten des Mittelalters, so lange die Erzbischöfe hier noch das Kirchenamt der höchsten Feste in eigener Person begingen, durch eine besondere Ceremonie in Andenken und Achtung gehalten worden: denn damals feierte der Erzbischof an dem heiligen Christfeste die erste Messe in seinem wirklichen Dom; darauf die zweite in der Kirche St. Marien im Capitol, als welche an die Stelle der ersten Hauptpfarre des Palastes der fränkischen Könige und der alten Stadt getreten war (die einst in dieser Gegend den Titel zu St. Peter und Paul trug, und den Lichhof zu ihrem Kirchhofe hatte)... Von St. Marien mußte die Abtissin zu St. Cäcilien den Erzbischof mit einem Gaul und einer brennenden Leuchte abholen lassen, und er hielt daselbst, als im ältesten bischöflichen Dom, die dritte Messe. (Nachricht aus Archiven und aus der Tradition glaubwürdiger Männer.)

Von jener, durch Matern erbauten Kirche ist aber, wie fast von allen frühesten Kirchen, seit den normannischen Verwüstungen nichts mehr übrig, als etwa noch einige Grundsteine und dann das nördliche, uralte steinerne Kirchthor mit den darüber in einer Bogen-Nische stehenden Figuren Christi ꝛc., welches noch eines unserer seltensten christlichen Alterthümer ist, und der Erhaltung in seiner ursprünglichen Gestalt werth wäre. Nachher war diese Kirche lange der Sitz eines hochadligen und freien Damenstiftes. Späterhin ward sie durch die Einführung der geistlichen Jungfrauen des vor der Stadt abgebrochenen Klosters Weyer die Kirche eines abligen religiösen Stiftes des Augustiner-Ordens, womit zugleich ein Collegium von vier weltgeistlichen Capitular-Canonichen und mehreren Vicarien verbunden war. Nach der allgemeinen Aufhebung der geistlichen Corporationen unter der französischen Regierung erhielt die Stadt Köln dieses Kloster zum Spital, und die Kirche zu gottesdienstlichen Verrichtungen desselben.

Fenster *). Die zwischen dem jetzigen Dom und St. Mariengraben am Fuße der Treppe gestandenen alten Säulen und Bogen hielt man für Reste dieses Gebäudes **).

Als im Jahre 1080, und darauf wiederum nach dem ersten Viertel des dreizehnten Jahrhunderts, ein Theil dieser zweiten Domkirche durch Brand und Zerstörung unbrauchbar geworden war, faßte der unternehmende und mächtige Erzbischof Konrad von Hochstaden den Riesengedanken zum gegenwärtigen dritten Domgebäude, dessen bewundernswerther Plan mehr als Ein Jahr lang den Kopf des Erfinders beschäftigt zu haben scheint.

Konrad legte wirklich im Jahre 1248 am Vorabend des Festes der Himmelfahrt Mariä den ersten Stein zu diesem Kolosseum. Dem Entwurfe gemäß wäre unser Dom in seiner Ausführung das vollkommenste und weitläufigste Werk der so genannten gothischen oder deutschen Bauart geworden, welches die Welt besäße — das Erste seines Gleichen in so reinen, ungezwungenen, durchaus rythmischen Verhältnissen; und — er ist dieses wirklich in dem, was da steht.

Ein eigener Steinbruch am Siebengebirge, beim Drachenfels, von schwerem, mit Feldspath (leider! etwas zu viel) vermischtem Granitporphyr oder Porphyrit, und wirklich auch noch der Dombruch oder die Domgrube genannt, ward zum unerschöpfbaren Vorrathe dieses ewigen Gebäudes gewidmet. Es ist nach dem Geiste aller großen Kirchen jener Zeit in der Form eines Kreuzes angelegt. Alle Gebäude seines Bezirks rund umher, nemlich die erste uralte Dompropstei (die in der Gegend des jetzigen Peschgartens gelegen war) und andere bis zum Hildeboldischen Dom reichende Stiftsgebäude, der alte Karolingische, hernach erzbischöfliche Palast, dann der größte Theil des Umfangs der Hildeboldischen Domkirche mußten diesem neuen Werke den Platz einräumen. Die

---

*) Die deutsche Uebersetzung davon findet man in der historischen Beschreibung der stadtkölnischen Collegiat-Stifter, welche zu Köln bei Friedr. Hochmuth 1771 erschienen ist.

**) Siehe Gelenius de admiranda Magnitud. Coloniae pag. 231.

nächste Häuserinsel bei der ehemaligen hohen Schule, vom Domhofe bis zum Domkloster, ferner die Dechanei, die Pistorei und alle Gebäude des ehemaligen Dormitoriums der jüngeren Domherren in der Fettenhennenstraße bis zur hohen Schmiede, vielleicht selbst die ehrwürdige städtische Antiquität, die Paphenpforte, wären niedergelegt worden, um einen großen viereckigen, dieses Tempels würdigen und zur völligen Ansicht verhältnißmäßigen Vorplatz zu eröffnen, welcher den aus den engeren Nachbarstraßen heraustretenden Wanderer, sobald er die beiden, fünfhundert Fuß hohen Seitenthürme mit ihren ausgebreiteten Massen von Vorsprüngen, Thorgiebeln und bilderreichen Eingängen dort erblickt hätte, mit Erstaunen erfüllt haben würde.

So von allen Seiten frei, sollte nun vom Ende der Thürme an dies Gebäude, wie es auch wirklich uns erscheint, ringsum mit einer einfachen Felsenmauer vom Boden aufsteigen und über den Zinnen seiner Nebengänge sollte erst das Wunder seiner bräutlichen Ausschmückung und unermeßlichen Vollendung anfangen.

Die mittägige Seite (gegen den Domhof) zeigte daher in ihrer ganzen, mit der Höhe der Thürme verhältnißmäßigen Länge *) von fünfhundert Fuß den freiesten, reinsten Anblick unseres Tempels. Dort wäre die Pracht der ungeheuren, überall blätterreichen Umthürmungen und die Kühnheit der fürchterlich hinschwebenden, durchbrochenen Strebebogen; dort wären die Labyrinthe der drei langen durchflochtenen Steingallerieen über einander mit ihren wasserspru delnden Thierlarven; dort der Reichthum der das Gebäude über der Felsenmauer krönenden Tabernakel mit den eingeschlossenen Standbildern; dort die Schönheit des überall veränderten zarten Bogengewebes an den zwischen dem umgebenden Säulenwald hervorblickenden langen Fenstern in höchst vollkommener Ausführung sichtbar. Hier bewundert auch der Mann von Empfindung bereits das fertige Chor in den vom unvergeßlichen Baumeister so über-

---

*) In der so genannten gothischen Architektur pflegt die Länge der vollkommenen Kirchengebäude durchgehends der Höhe der ausgeführten Thürme gleich zu sein.

dachten hundertfältigen Vorsprüngen, wenn diese von der wandernden Sonne beschienen, und bald mit schön wechselnden Schatten vertieft, der Phantasie das höchste, lebendigste Spiel der architektonischen Wirkung darbieten.

Nordwärts (durch die tief liegende Trankgasse beschränkt) konnte das Gebäude nur über hohe Stufen zugänglich und seine Pracht weniger sichtbar werden. Aber da ragte es nun, wie Sions heilige Burg, selbst mit der unteren Felsenmauer über Alles her, und es lenkte unsere Blicke gleichsam dort hinauf, von wo uns in den Schatten der Nacht der Stern der Weisen und der himmlischen Hülfe strahlt.

Jedoch nun wiederum gegen die Abendseite zurück. Welcher Anblick wäre es dem Nahenden über den ausgedehnten, erhöhten Vorplatz! Drei prächtige Thore — (das mittlere Thor das größte, geschmückteste) — die am Fuße des unermeßlichen Gethürmes in eurhythmischer Schönheit der Vertheilung sich aus einem weiten hohen Steinbogen allgemach, zwischen Bildsäulen von Patriarchen, Propheten und Aposteln, bis zur eingeschränkteren Thüröffnung vertieften, und über jeder Mitte mit einem der Symbole der höchsten Kirchenfeste getauft worden wären, leiteten ihn in die erhabene Vorhalle, deren Hauptgewölbe fast die Höhe des inneren Schiffes, und deren doppelte Nebengänge unter den Thürmen jene der Seitenwölbungen erhalten hätten. Die zwei äußersten dieser Nebengänge waren für die Glockenzüge bestimmt *). In seiner bereits deutlich sichtbaren Anlage ist Alles ein durchaus felsensteinernes Gemäuer. Der mittlere Gang erscheint seitwärts in zwei massiven Abtheilungen von breiten, mit Blätter-Zierathen verbrämten Sat-

---

*) Das große Geläute des hiesigen Domes zu 3—4 Glocken ist majestätisch, und Eines der schwersten von Deutschland. Fremde bewundern seine ernste, feierliche, tonreiche Harmonie in langen Schlägen und in seiner Tiefe. Die größte Glocke, welche im Jahre 1473 gegossen wurde, hat ein Gewicht von 225 Zentnern, der Klöppel von 4 Zentnern. Nahe vor dem Eingange des Glockenthurmes in der Kirche, zwischen dem zweiten Säulenpaar, erblickt man die ungeheure Weite der zwei größten Glocken in die Steinplatten eingehauen.

telbogen zu den Nebengängen durchkreuzt; darüber hin laufen bedeckte Seiten-Gallerieen gleich denen im wirklichen Chore, und über denselben sind offene Fensterblenden erhöhet, die beiderseits in die Thürme schauen.

Vorne über dem Mittelthore wäre diese Halle mit einem vortrefflichen Hauptfenster gegen den Vorplatz hin versehen worden. Einwärts aber, jedem der drei Thore gegenüber, hätte sie sich vom Boden an durch drei freie, offene, etwas geengte, jedoch gegen die Höhe ihrer Wölbungen verhältnißmäßig hohe Sattelbogen mit dem Innern des Tempels vereinigt; nur, daß vielleicht ein künstliches Gitterwerk den Eingang dort abgeschränkt hätte. Die übrige Auszierung dieser Vorhalle hätte in vierzehn symmetrisch vertheilten Statuen bestanden, welche nach der wirklichen Anlage theils auf Tragsteinen an den Pfeilern, theils zwischen den Bogen auf eigenen dünnen, von dem Boden aufsteigenden Säulen errichtet gewesen wären. Ihre Subjecte würden wohl hier aus dem alten Testamente gewählt worden sein *).

Ich verweilte mit Liebe in der Beschreibung der erhabenen Ideen des Eingangs und dieser Vorhalle unseres Doms **), als welche, obwohl nur in ihren Grundzügen hier angelegt, den zuerst hineintretenden Fremden immer aufhält, und wegen des seltenen Eindruckes oft in ein mächtiges Erstaunen setzt. Jene dort in Bogen und Gallerieen sich hervorarbeitenden Steinmassen an dem kaum angefangenen nördlichen Thurme lassen auf die verborgenen ungeheuren Arbeiten an dem mehr vollendeten südlichen Thurme schließen. Und welche Massen, welche Kraft wurden zur Ausführung der beiden noch Unvollendeten erfordert! Der Denkende verliert sich

---

*) Welcher Contrast gegen viele unserer Kirchen-Eingänge, wo zwar oft der Mangel an Raum oder an Hülfsmitteln, dennoch auch zu oft der Mangel an Gefühl im Erbauer, oder die Armuth des Genies im bloßen Handwerker die Schwelle des Heiligthums, einem Wirthshause gleich, an die ebene Straße legte, und sie dem Einhall der vorüber lärmenden Bacchanten, selbst jeder Art von öffentlicher Ungebührlichkeit preis gab!

**) Den liturgischen Zweck dieser Vorhallen in den älteren christlichen Kirchen wird wohl Jeder unserer Geistlichen dem wißbegierigen Frager erklären können.

hier in Reflexionen und wird stumm, ehe er noch das Innere des
Tempels berührt hat; aber wie dürfte der Freund seiner Vaterstadt
hier vorüber gehen, ohne seinen Mitbürgern und vorzüglich unserer,
ehedem dafür niemals erwärmten Jugend die stäte Beobachtung
der auch nur unvollendeten Schönheiten, den Stolz über dieses un=
ser Eigenthum, und den Wunsch, die Pflicht, die Sorge seiner dauern=
den Erhaltung ans Herz zu legen, da die Nachwelt beßgleichen
Keines mehr errichten sehen wird!

Bei der Beschreibung unseres inneren Domtempels finde ich
nicht nöthig, mich so lange aufzuhalten. Man denke nur, daß die
von hundert hohen Säulen (die wirklich fast alle da stehen, und
deren Dicke nach ihrer zu stützenden verschiedenen Last in schönsten
Verhältnissen von 16 zu 12 bis 8 Stäben um ihren runden Kern
abnimmt) getragenen Gewölbe des Mittelschiffes und der doppel=
ten Nebengänge ganz frei bis an die Thürme in derselben Höhe
und Form fortgesetzt worden wären, wie sie jetzt in und um den
hohen Chor erscheinen. Eben so waren die ununterbrochenen Reihen
der großen prächtigen gemalten Glasfenster des Chores mit ihren
unteren bedeckten Gallerieen und Bogen durch das ganze Mittelschiff
und durch die Kreuz=Navaten in derselben Höhe fortgesetzt worden.
Die Nebengewölbe an dem Kreuzschiffe beiderseits wären in der
Form der übrigen fertigen Nebengänge, jedoch nicht doppelt, wie
im Kirchenschiffe, sondern nur einzeln angebaut worden. Am Ende
jeder Seite des Kreuzes wären wieder drei prächtige Ausgänge mit
Thorgiebeln und verzierten Hauptfenstern, fast wie bei den Thür=
men, erschienen; die Länge jener Kreuz=Navaten hätte sich nord=
wärts bis an die Linie des einen, schon im Grunde angelegten,
Kirchthores bei der Trankgassen=Treppe, und südwärts bis an die
zwei Pforten zwischen den Häusern beim Domhofe erstreckt. Zwi=
schen den vier größten Pfeilern in dem Mittelpuncte des Kreuzes
(über deren Bogen, wie aus ihrer auffallenden Stärke Einige muth=
maßen, eine, wenigstens von außen weit sichtbare, gothische Kuppel
mit einem darüber erhabenen goldenen Sterne, als dem Wander=
zeichen der heiligen Weisen, errichtet werden sollte) war der Ruheort

der Gebeine der heiligen drei Könige in dem prachtvollen, vom Erzbischof Philipp schon veranstalteten großen Kasten bestimmt.

Dies war die Idee und der Hauptzweck Konrad's bei dem Entwurfe dieses ungeheuren Gebäudes, es zum königlichsten Monument für die unschätzbaren Ueberreste der ersten königlichen christlichen Weisen und evangelischen Bekenner des Heilandes zu erbauen. Der sich vermehrende Zusammenfluß von Pilgern aus dem ganzen christlichen Europa, die zur gewöhnlichen Feier gewordenen Besuche der in Aachen gekrönten deutschen Kaiser, welche dabei sich hier als Domherren aufnehmen ließen, und anderer Reichsfürsten, — die Ankunft mehrerer Könige und Großen, selbst aus Italien *), erforderten und veranlaßten zugleich ein diesem heiligen Schatze, der Würde der Religion und des hohen Erzstiftes in Raum und Pracht so angemessenes und ausgezeichnetes Denkmal. Außer Konrad's dazu gesammeltem ungeheurem Reichthume, da er auch selbst die kostbare Vollendung dieses Tempels zu erleben nie denken konnte, rechnete er auf die Mittel seiner Nachfolger in einem der reichsten Erzstifter, und auf die so häufig von allen Seiten her zuströmenden und versprochenen Opfer, auf die damals so vermögenden, für den Gottesdienst so freigebigen Bürger von Köln und auf Ausmittlung von ewig dauernden Beiträgen, wozu sich endlich sogar öffentliche Bruderschaften verbanden **). Selbst ward es eingeführt, daß jedes Testament das erste Legat mit einem so genannten Tournois, dem Werth einer alten silbernen Münze von 16 Albus (4 Blaffert), zur Erbauung und Erhaltung der Domkirche, pro fabrica S. Petri, enthalten mußte, welches noch bis auf unsere Zeiten gewöhnlich war.

Durchaus war auch dieses Gebäude mit einer bewundernswürdigen Weisheit in der poetischen Idee und mit einer seltenen Klugheit in seiner harmonischen Einrichtung entworfen. Ja, es ist schon in seinen Zügen das ewige Muster der architektonischen Musik für

---

*) Vergleiche hier Crombach's Histor. Seite 826 bis 32.
**) Siehe Crombach's Tom. III. Seite 817 bis 26, ferner 833, wo auch noch spätere Magistri, Collectores und Provisores fabricae genannt werden.

ben, ber in beſſen Geiſt einbringen kann; es iſt das Charaktervollſte der Deutſchheit und die erſtrebte höchſte Vollkommenheit, welche einem Werke der menſchlichen Erfindung gelingen konnte. Es hat eine durch Religion und Philoſophie geheiligte Zahl zu allen ſeinen Verhältniſſen empfangen, worin Raum und Idee zuſammen trafen. Die Zahl 7 findet ſich nämlich mit einer hohen Reflexion in allen ſeinen Theilen angewandt. So zeigt ſchon der Halbzirkel des Haupteingangs und der Nebenthüre beiderſeits 7 Säulen für Standbilder umher; ſo ſind in der prächtigen Vorhalle eben ſo viele Plätze für Bildniſſe bezeichnet; ſo erblickt man 14 Ecktabernakel am ſüdlichen Thurme. So zählen die Säulen des Mittelſchiffes bis zu ihrem letzten Paare hinter dem Hochaltare jederſeits zwei Mal 7; ſo die Freiſäulen des inneren Chores an jeder Seite 7, woran die Bilder Chriſti, Mariä und der zwölf Apoſtel in künſtlichen Vorſtellungen erſcheinen; ſo reihen ſich um den Bezirk des Hochaltars *)

---

*) Merkwürdig iſt es hierbei, daß man, gewiß unbekümmert um die alte heilige Symbolik des Gebäudes dennoch, als wenn es durch einen hier fortwachenden Genius der vorher beſtimmten Harmonie inſpirirt worden wäre, auch wieder jene Zahl 7, in der Idee der ſieben Säulen am Tempel der Weisheit (Sapientia aedificavit sibi domum, excidit columnas septem etc.), bei dem gegenwärtigen marmornen Tabernakel des Hochaltars angebracht hat, welches übrigens mit ſeinen theuren Umgebungen, nach dem ſchnörklichſten franzöſiſchen Kunſtgeſchmack von 1769, in einem mit unſerem Domgebäude ſo auffallend disharmoniſchen Style ſo ſteht. Ihm zum Opfer mußte nicht nur jenes unſchätzbare Weltwunder der Gothik, das hohe ſteinerne alte Tabernakel des Hauptchores, von unermeßlicher langjähriger Kunſt, gegen das Bitten und zum Schrecken der beſſer Geſinnten an einem einzigen Tage abgeworfen und zertrümmert, ſondern auch die einzige bekannte ſo große ſchwarzmarmorne Tafel des ehemaligen erzbiſchöflichen Altartiſches, welche 16 Fuß in der Länge und faſt 9 in der Breite mißt, ſo gut als ganz begraben werden. Da der Hauptaltar eines der weſentlichſten Objecte der Kirche iſt, und nach einer reineren Liturgie in der mittleren offenſten Anſicht ganz allein erſcheinen muß, ſo durfte er in einem ſo vollkommenen Tempel, wie unſer Dom iſt, von dem weſentlichen Style der Formen des Ganzen nicht abweichen, und bei aller Veränderung und Anwendung von vergoldetem Erze und koſtbarem Marmor zu dem Boden und den Treppen, hätte hier nichts Erhabeneres erhalten und hingeſtellt werden können, als der antike erzbiſchöfliche, rundum ſichtbare Altartiſch mit ſeinen ins Viereck herumſtehenden hohen Leuchtern und den ſchönen Marmorſtatuen der Kirchenpatrone: mit einem darüber ſchwebenden feſttäglichen Thronhimmel hätte

7 hohe Bogen (in welche noch die 7 apokalyptischen Lampen um Gottes Thron vortrefflich passen würden); so entsprechen jenen 7 Bogen auch eben so viele, den Chor umgebende Capellen, die nach dem Originalplane des weisen Baumeisters, als so viele Chöre für sich, ihren erleuchteten Centralpunct wie Planeten gegen ihre Sonne richten.

In eben diese Zahl 7 lösen sich die Verhältnisse der Höhen, der Längen und Breiten des Gebäudes auf: z. B. die innere Höhe des Chores und die mit ihr übereinstimmende ganze Breite der unteren Kirche zu 161 Fuß; die ganze Breite der vorderen Westseite an dem Boden und die mit ihr übereinstimmende Höhe des vordern Dachgiebels zu 231; die zu vollendende Höhe der Thürme und die mit derselben übereinstimmende Seitenlänge der ganzen Masse sammt den sie umgebenden hinteren Wandpfeilern und der ihr wesentlichen doppelten Freistufe (welche zur Ausgleichung mit der großen Knopfblume des Thurmes von 21 Fuß dienen sollte) mit einander zu 532; die Höhe der inneren Seitengänge zu 70; die Breite der Kreuz-Navaten mit ihren nicht verdoppelten Nebengängen zu 105;

---

er die erhabenste Wirkung auf das Seelengefühl geleistet. Indessen ist es nun billig, das unschuldige kostbare Trophäum seiner Zeit, gleich so vielen anderen wirklich hier gegenwärtigen, marmornen Altären und Monumenten, mit schonender Achtung zu dulden, und allenfalls nur einst mit der leichtesten Vertauschung jener unleidlichsten Treppen- und Gitterschnörkel in eine mehr genießbare Gestalt zu setzen. Es liegt ohnedies in der Natur eines solchen, auf Jahrtausende berechneten Gebäudes, daß es in seinen Epitaphien, die bei später Verstorbenen auch nicht altstylisch und gothisch sein dürfen, und selbst in seinen dem Auge mehr entrückten Hülfsaltären der kleineren Capellen (deren jede für sich wieder ein Ganzes vorstellt) alle Zeiten umfasse. Ja, dem hohen poetischen Thema des Gebäudes könnte hierin durch überdachte, unschädliche, aber selbst für die Vorzeit und Gegenwart äußerst interessante Beiwerke und kleine Umsätze neues Leben zugetheilt werden. Das Wesentliche der Masse wird hierdurch nicht gestört; weil diese nebenwesentlichen Objecte und Parergen die Substanz des Ganzen und die Kritik des Vernünftigen nie beleidigen. Wer hier zu viel fordert, dem zu Ehren müßte man auch hier die wirkliche heilige Dreikönigencapelle und alle übrigen Marmoraltäre und Monumente wegschaffen, keine neuen mehr hinsetzen.. Selbst dürfte der alte Dom keine neue Musik mehr erschallen, keine Altarparamente neuerer Zeit mehr sehen lassen, was wohl nie geschehen wird...

die Tiefe der Vorhalle bis zum Innern des Tempels zu 56 ꝛc. — Alles ist hier mit stadtkölnischem Fuße berechnet, und sein Eintreffen ist durchgehends sehr genau: ein neuer Beweis, daß der Baumeister wirklich ein kölnischer Bürger war *) und sich dieses Maßes für seine Idee bedient hat, obwohl er für die, wahrscheinlich überall her gekommenen Zuschauer, Aufseher, Steinhauer und Arbeiter, ja, selbst an anderen Exemplaren des Planes, den gemeinen Werkschuh auch anwendbar gemacht hat.

Diesem nach ist es wahrscheinlich, daß der ehrwürdige, zu eben jener Zeit in Köln lebende, Dominicaner Albertus Magnus, welcher, wie aus unserer städtischen Geschichte bekannt ist, von dem Erzbischofe Konrad und dessen Nachfolgern sowohl, als von den edelsten Bürgerfamilien Kölns hochgeschätzt und in allen wissenschaftlichen Fällen zu Rathe gezogen wurde, — auch hier, wie zu Rom den Gelehrten bei dem Baue der St. Peterskirche, in der Angabe sowohl der theologischen und philosophischen Symbolik, als auch der architektonischen Musik dieses Tempels, großen Beistand geleistet habe. Vielleicht hat dieser berühmte Mann noch mehr dabei gethan, als die seines Namens kaum noch gedenkende Nachwelt sich davon einbildet. Denn 1270, nachdem er sein Bisthum Regensburg abgetreten und hier sein Lehramt wieder begonnen hatte, baute er auch nach seinem Entwurfe und meistens aus eigenen Mitteln den großen schönen Chor seiner Klosterkirche, in einem mit dem Domchore verwandten Geschmacke, und mit ganz ähnlichen Fenstergemälden. Albert war in Köln der Mann, der einst der Abt Suger in Paris war. Wenn es eine Demuth des großen Baumeisters unseres Domes war, daß er der Nachwelt seinen Namen entzog, wem wäre dieses ähnlicher, als ihm! Doch dieser Gedanke soll Niemanden abhalten, jeder Spur nachzugehen, worauf vielleicht die Entdeckung jenes ehrenvollen Namens auszumitteln wäre **).

---

*) Derjenige, welcher nach Erwin von Steinbach den größten Theil des künstlichen straßburger Thurmes errichtete, war auch ein kölnischer Baumeister und hieß Johann Hüls. Er starb 1449.

**) Man muß hier den Schöpfer des Planes eines solchen Gebäudes, welches in seiner

So ſtände nun, wenn es ausgebaut wäre, eines der höchſten, geräumigſten, vollkommenſten Gebäude der Welt hier in unſerem Köln, an einem der erhabenſten Puncte der Stadt, über alle ihre Tempel und Thürme, und über die Menſchenwohnungen zu ſeinen Füßen majeſtätiſch hervorragend. Keine Beſchreibung gliche ſich aus mit dieſem Wunder; keine Berechnung mit den daran verwandten Mitteln von Ideen und Kraft! Aber auch geſtört in ſeiner Vollendung, iſt es der Pharus des Rheinſtromes, der Berg Gottes im Lande, und — wird bewundert. Denn der entfernte Seher füllt ſich ſchon bald mit einer, dem ausgebauten Chore entſprechenden Anſicht den weiten Raum bis zu den Thürmen aus; und die Phantaſie des Kenners verſteht es, in jenen noch ſo rohen und ungeſtützt hervorſchwebenden Steinmaſſen in jedem noch ſo unvollkommenen Gliede ſich die Idee des großen Baumeiſters zur vollkommenen Geſtaltung zu vergegenwärtigen *).

Die Urſache, warum der Bau dieſes Tempels erſt langſam fortgeſetzt wurde, dann endlich in langes Stocken gerieth, war freilich wohl deſſen ausgedehnte Anlage, deren Vollendung ohne ganz au-

---

Art ein wirkliches heiliges ſymboliſches Gedicht iſt, und in ſeiner ganzen Conſtruction die höchſten Kenntniſſe von Harmonie und Bedeutung verräth, von anderen dabei gebrauchten vielen praktiſchen Meiſtern und Steinhauern unterſcheiden. Ob Gerard von St. Trond (Gerardus de S. Trudone), den eine neuere, auf authentiſche Urkunden ſich gründende Entdeckung als einen Baumeiſter des jetzigen Domgebäudes angibt, zu einer oder der anderen Claſſe gehöre, müßte noch beſtimmt werden. Die Magistri Lapicidae (deren nothwendig ſehr viele dabei waren) gehören gewiß nicht zur erſten.

*) Wir haben bereits verſchiedene Abbildungen der Vorderſeite unſeres Doms in Kupferſtichen, doch keine, welche das Gebäude auch von den äußeren langen Nebenſeiten in ſeiner Vollkommenheit zeigt. Aber ein edler Mitteifer für die Ehre unſerer Vaterſtadt und für die alte Baukunſt, Herr Sulpiz Boisserée, hat es mit unermüdeten Studien, Beſtrebungen und Aufopferungen dahin gebracht, daß unter ſeiner Anordnung dieſes Wundergebäude, von innen und außen nach der wirklichen ſowohl, als der erſten planmäßigen Anſicht, von geſchickten Meiſtern gemeſſen, gezeichnet, abgedruckt und ſammt ſeinen prächtigen Fenſtern, Theil illuminirt, bald in einem vortrefflichen Werke atlantiſchen Formates erſcheinen wird, desgleichen die Kunſt, auch unter den beſten Muſtern für die gothiſche Bauart, noch nicht geliefert hat. Ein unſterbliches Verdienſt um öffentlichen Dank!

ßerordentliche Mittel in den Erfordernissen und in Menschenhülfe
schon mehr als das Alter einer Generation übersteigen mußte. Al=
lein der geheime Bund, welchen damals die ersten Reichsfürsten ge=
gen die mächtig werdenden Reichs= und Handelsstädte schmiedeten,
zog auch den Erzbischof Konrad in Zank und widrige Händel mit
der Stadt Köln, welche die drei letzten Jahre seines Lebens hin=
durch dauerten und ihn endlich mehr als das seine große Seele
so sehr ehrende Werk des Doms beschäftigen mußten. Er starb bei
St. Gereon 1261. Sein hartsinniger Nachfolger, Engelbert II.
von Falkenburg, lebte in gewaltiger Fehde mit den edlen Ge=
schlechtern und Bürgern von Köln, die den Grafen von Jülich,
als Bürger und Verbündeten ihrer Stadt, zum Heerführer hatten.
Engelbert ward unglücklich, fand es dienlich, die erzbischöfliche
Residenz nach Bonn zu verlegen, und ward daselbst 1275 begraben.

Unter der zwanzigjährigen Regierung des Erzbischofs Sieg=
fried von Westerburg dauerten die Kriege mit der Stadt Köln
und mit ihren benachbarten Verbündeten fort. Die Stadt war im=
merfort im Kirchenbanne; so lange wurde auch an den Bau des
Domes nicht gedacht. Siegfried's Nachfolger, Wichbold von
Holte, obwohl er mit der Stadt Köln ausgesöhnt und der Kir=
chenbann aufgehoben war, konnte nach so langen Verwirrungen
noch nichts leisten. Er starb 1297 zu Soest in Westphalen.

In diesem Zeitraume von mehr als vierzig Jahren wurden
auch Deutschland und dessen Nachbarländer durch harte Kriege und
andere Drangsale beunruhigt. Handel und Gewerbe stockten. Der
Zufluß der Fremden auf unsere Stadt, die Zufuhr von Materia=
lien, und die ehemals so häufigen Beiträge zum Domgebäude von
Ausländern und Einheimischen, selbst der Eifer der Bürger waren
gestört. Die fremden Arbeiter waren ausgewandert, die Meister
gestorben, selbst die Hoffnung der Fortsetzung fast aufgegeben. So
viel Unglück, und für uns gewiß das größte, welches an der Nicht=
vollendung eines neuen Weltwunders Schuld war, entstand viel=
leicht aus einem kleinen Funken, dessen großmüthige Wegräumung
(hätten ihn Schmeichelei und Neid böser Rathgeber in dem, mit

seiner heiligeren Idee ihnen zu sehr beschäftigten Fürsten nicht so stark angefacht) Konrab's Seele selbst größer und für sein Werk ruhiger und eifriger gelassen hätte.

Erzbischof Heinrich II. aus dem Hause Virnenburg, welcher vom Jahre 1305 bis 1331 regierte, war es endlich, der den Bau der jetzigen Domkirche während seiner Regierung so weit brachte, daß er im Jahre 1320 den 14. August, an eben dem Tage, an welchem Konrad von Hochstaden den ersten Stein gelegt hatte, den Chor zum öffentlichen Gottesdienst eröffnete. Dieser vollendete Theil sammt den Nebencapellen des herrlichen Tempels ward im Jahre 1322 am 25. September von ihm mit außerordentlicher Feierlichkeit eingeweiht, und so sehen wir noch heute von dem unübertreffbar großen Entwurfe nicht die Hälfte ausgeführt. Das untere Schiff steht nur bis zur Hälfte seiner Höhe, wo ein aus Brettern zusammengesetztes Bogenwerk es überdeckt, der nördliche Thurm nicht über zwanzig Fuß hoch, der südliche Thurm nur bis zu zwei Stockwerken ausgebaut.

Wird endlich ein mächtiger Retter sich darstellen, die unselige Lähmung, die das herrlichste Denkmal deutscher Kunst in seinem Werden gehemmt, noch zu lösen, und es der Nachwelt zugleich als ein Denkmal wiedererwachter deutscher Kraft in seiner prachtvollenbung zu überliefern? *)

Die alte Gottestracht.

Diese alte Procession ging den zweiten Freitag nach der Osterwoche, acht Tage nach der neuen feierlichen Gottestracht, aus der Metropolitankirche, wo sich das ganze Personal dazu versammelte. Sie bestand aus der Schuljugend und der Geistlichkeit der acht ersten Collegiatstifter. Dem Herkommen gemäß wurden immer die

---

*) Die Möglichkeit und Mittel der Ausbauung hat der großherzogl. darmstädtische Oberbaurath, Herr G. Moller, in den Bemerkungen zu seinem eben (1818) erschienenen trefflichen Fac-Simile der aufgefundenen Original-Zeichnung des Doms aus einandergesetzt.

silbernen Kreuze derselben (nur das Domkreuz voran) sämmtlich beisammen, ohne bestimmte Ordnung getragen, welches ein Symbol der unzertrennlichen Verbrüderung und Gleichheit des Clerus sein sollte; doch schien die dadurch bezweckte Rührung der Herzen mit der langen Zeit an ihrer Wirksamkeit Vieles verloren zu haben. Die acht Stifter folgten in ihrer Ordnung, vom unteren herauf nach einander, nur in der schwarzen unfestlichen Chortracht (ohne Chorhemd und Schulterpelz). Zwischen dem Domclerus wurde die antike vergoldete Büste des heiligen Papstes Sylvester (worin dessen Haupt ruhte) von zwei in Altarmänteln gekleideten Vicarien getragen. Auf die Domherren und Stiftsprälaten folgte der St. Peters-Stab, von dem Wochenpriester in die Höhe gehalten; dann kamen die städtischen Consuln im kleinen Costume und der Senat, von seinen Officianten, Dienern und einer Ehrenwache begleitet. (Zu jenen zwei Processionen geschah jährlich am Palmsonntage, theils bei der Palmstation in der St. Gereonskirche, theils beim Zurückkommen im Domcapitelhause, eine wechselseitige ceremonielle Einladung und Verbindung zwischen dem Clerus und dem Senate.) Die alte Procession nahm den nächsten Weg um die bekannten Spuren der ersten römischen Stadtmauer, nämlich durch die Haft- oder Hachtpforte (Porta commentariensis) zu der Taschenmachergasse, dann (eigentlich) über die Westseite des Altenmarkts, durch die westlichen Gassen des Heumarktes über den Malsbüchel, rechts über die Nordseite der ganzen langen Bachstraße, der Griechenpforte vorbei längs St. Mauritz nach St. Aposteln, als dem Denkmal des Stifters, wo Station und Messe gehalten wurde, nach welcher der Senat mit seiner Begleitung, wie auch der Clerus der oberen Stadtregionen abging, der Clerus von St. Aposteln zu Hause blieb, und der übrige mit einander die Aposteln- und St. Apernstraße hinab, dem Zeughause vorbei durch die Schmierstraße zog. Der Clerus von St. Gereon und jener vom St. Andreasstifte trennten sich bei ihren Districten; der von St. Mariengraben und jener vom Metropolitanstifte gingen mit einander zu ihren Kirchen zurück.

Merkwürdig aber, obwohl in seiner Ursache unbemerkt, war es auf diesem Wege, daß das mitgetragene Brustbild mehrere Kränze von verschiedentlich gefärbtem Wachse trug. Sobald man im Anblicke der St. Mauritius-Kirche bei einem kleinen Hause in dortiger Straße anlangte, welches deßwegen mit einem Marienbilde bezeichnet ist, dann nahm der dazu beauftragte Vicar des Domcustos (ohne Zweifel ehemals und ursprünglich der hohe Domcustos selbst) die Kränze vom Haupte des Bildes ab, erwartete die unweit darauf folgenden Consuln der Stadt, und präsentirte den beiden Regierenden und dem ältesten in der Regierung zuletzt gewesenen Consul, ferner Einigen der höchsten Rathspersonen, jedem einen Kranz, welcher vor Alters ihnen aufs Haupt gesetzt worden sein soll. Es ist wahrscheinlich, daß einst bei dieser sonderbaren Handlung etwas gesprochen wurde. Der Ursprung dieser Ceremonie hat sich ganz in Vergessenheit verloren. Schon Winheim hat zu seiner Zeit bei Allen, denen er nur Wissenschaft davon hätte zutrauen können, umsonst nachgefragt. Der Verfasser, dem dasselbe begegnete, suchte nun jede mögliche Spur, wo sie gesucht werden mußte, am Orte der Handlung selbst; und der Ort lös'te ihm bald das Räthsel. Hier war nämlich die Stelle, wo zur Zeit der unter Kaiser Friedrich befürchteten Belagerung auf Erzbischof Philipp's Ersuchen, oder auch mit seiner Beihülfe, der westliche Maueransatz mit seinen Wällen und Graben um den St. Mauritz- und Aposteln-District, dem Erzstifte zu Gunsten, und den inneren Kirchen und Heiligthümern zum Schutze, von der kölnischen Bürgerschaft unternommen, wie überhaupt die Beschirmung der ganzen damaligen Stadt von ihr veranstaltet wurde. Das Erzstift erneuerte von dieser Zeit an in dieser Amburbalien-Procession Heribert's beim Orte dieses Maueransatzes gegen die Stadt das dankbare Andenken jener Hülfe und eine friedliche Verbindung. So stifteten unsere Alten selbst eine geringfügig scheinende Handlung nie ohne ein wissenswürdiges Motiv. Wem ist es zu verargen, daß die Ueberlieferung davon so vernachlässigt wurde? Aber wie Vieles der Art wird vielleicht nun leider vergessen werden!!

Das Verschwinden der Kirchenmusik zu Cöln.

(Kölnische Zeitung vom 3. August und folg. 1805.)

Beim unwillkommenen, selbst auch vorhergesehenen Aufhören der Dinge, die wir für ein stetes Werk unserer Väter und für ein unveräußerliches Eigenthum unserer Nachwelt anzusehen pflegten, besiegeln wir das: nun noch einmal — zum letztenmal, mit einer gewissen Feierlichkeit für die Liebe und das Andenken des zu verlierenden Gegenstandes. Der letzte Auftritt sammelt und strengt, wie immer beim Scheiden, den Rest der Kräfte zum nochmaligen Zeugnisse unseres Daseins an. So war es, als am verflossenen Sonntage, der eben in die Octavefeier der ersten Hieherbringung der Reliquien der heiligen drei Könige einfiel, das seit drei trüben Jahren unbelohnte, nur mit der Freude seiner alten Pflicht und der schwachen, zehrenden Hoffnung sich nährende ganze Personal unserer domstiftischen Musik-Capelle (wovon fünfzig und sechszig Jahre lang dienende würdige Greise noch übrig sind) zum letzten Brudertage sich versammelte, und mit anderen Kunstbrüdern sowohl als Liebhabern in einem Geiste verstärkt, unter der Directiction des höchst gerührten Herrn Capellmeisters Kaa, dessen zur diesjährigen Dreikönigenfeier erst neu componirte schöne Hochmesse in aller Vollständigkeit noch einmal — zum Scheidegruß, aufführte. Die sich trennende Bruderschaft bezeichnete ihren Schwanengesang durch allen Zauber der Kunst. Im Ganzen sowohl, als in den abwechselnden Solo's, welche von dem Herrn Capellmeister für die ersten Kräfte seines Chors eingerichtet waren, thaten sich nun alle so hervor, als hätte jeder ein letztes Andenken für sich stiften wollen. Nichts störte auch die Wirkung auf das stille Mitgefühl der andächtigen Hörer, selbst derjenigen, welche in diesem Auftritte gar nicht den Scheidegesang dieses Chores ahnten. — So stirbst nun hier auch du, göttliche Muse! — mehreren deiner Schwestern nach, unter einem Geist von Zeit und Herrschaft, welche doch allen Künsten ihres Gebietes den höchsten Schutz und Schwung befördert wissen will!

Fast zweihundert Jahre lang bestand hier diese nach und nach vermehrte Stiftung, welche, wie die ihr gleichen Kirchenmusiken überall, vor Alters in harmonischen Gesängen von Männern und Jünglingen mit unserer berühmten majestätischen Orgel und etwa einigen Blasetönen begleitet, endlich zu einem vollständig besetzten Sing= und Instrumental=Chore besoldeter Künstler erwuchs, wofür damals durch die Verordnung des Kurfürsten und des hohen Capitels der größte Theil der reichen Einkünfte der, ehedem hier berühmten, so genannten St. Lupus=Schreibrüder (Fratres S. Lupi) verwendet worden ist. Kurfürst Max Heinrich ließ die Orchesterbühne um die mächtige Orgel zur gemächlicheren Versammlung der vergrößerten Gesellschaft erweitern, wovon noch die beiderseitigen äußeren drei Bogenbekleidungen neben den Treppen übrig sind. Der Orchester-Raum wurde im Jahre 1730 und endlich noch eben vor dem letzten Kriege durch die Wegnahme des Orgelpositives und durch die Ausdehnung des inneren Orgelbaues, dessen Ausführung nun ins Stocken gerathen ist, zur gehofften größeren Vollkommenheit der Anstalt ausgedehnt. Seine jetzige Einrichtung ist zweckmäßig und schön. In dem Mittelpunct eines Halbzirkels ist der etwas erhabene Stand des Capellmeisters Allen sichtbar. Der auch nur gewöhnlich besetzte Chor wirkt so deutlich und stark umher durch die ungeheuren Wölbungen der oberen Tempelseiten, daß auch die schwächere Discantstimme, das Piano und die Coloraturen an mehreren Stellen der unteren Gänge zum Bewundern vernehmbar sind, welches zugleich von der akustischen Baueinrichtung dieses, in so mancher Art einzigen, altdeutschen Tempels und von dem hohen Verstande des in seinem würdigen Namens=Andenken leider vergessenen Baumeisters zeugt. — Eine Beobachtung, welche auch manchem mathematischen Ohre unter den Reisenden mit Vergnügen aufgefallen ist.

Seit mehr als hundert Jahren her ward die Musik=Capelle des hohen Doms auch zu den so vielen Fest=Musiken in den übrigen Kirchen der Stadt, und zu den öfteren Feierhandlungen des alten Senates und des Publicums, als zu öffentlichen Concerten, Tafel=

musiken, Triumphgesängen ꝛc. berufen. Einzelne Glieder derselben, durchgehends die Blume der Zunftbrüder, haben von jeher durch die Privat=Unterweisung unserer jungen Liebhaber so manchen vortrefflichen Tonkünstler gebildet. Eine Reihe würdiger Capellmeister stand an ihrer Spitze, welche theils als vorzügliche Praktiker und Talentsänger (wie Lebende sich noch der so starken, rein= und volltönigen Baßstimme des verstorbenen Elz erinnern werden), theils als große Componisten bekannt sind, wie ein Schmittbauer, dieser unter den deutschen Amphionen bekannte Schöpfergeist, welcher damals die Musik episch machte, und hier den Chor durch sein Talent, wie durch seine Würde im Umgange, zur reinsten Einstimmung in Vortrag und Herz, und durch seine weise Wahl der Glieder zu einem gewissen Grade des Rufes hob: so wie auch unter seiner Direction der öffentlichen und Privat=Concerte der musicalische Geschmack unter uns richtiger, die Liebe zur Musik allgemeiner, und die Bestrebung zum genauen und schönen Ausdruck bis zum Wetteifer und Stolz angelegener ward. Schmittbauer's vortreffliche Messen und Completorien behaupten noch immer und überall den Rang einer hohen, gedankenvollen, gelehrten und zugleich angenehmen Composition.

An Schmittbauer's Stelle wäre gewiß der berühmte Vogler, und zwar seinem eigenen Wunsche gemäß, gefolgt (wovon dem Verfasser dieses Aufsatzes noch sichere Data bekannt sind), wenn höherer Kunstgeist und Harmonie auch unter allen jenen geherrscht hätte, die hier zu wählen hatten. Fast zwei Jahre lang blieb durch diese Unschlüssigkeit der Chor ohne Haupt, bis man sich endlich zum Berufe des gegenwärtigen Hrn. Capellmeisters Kaa vereinigte, der jetzt etwa 24 Jahre lang mit eifrigstem Bemühen die Direction desselben geführt hat.

Die Musik=Capelle des Doms war vollständig, obwohl nicht überflüssig besetzt. An hohen Kirchenfesten aber war es leicht, aus den übrigen hier bestandenen Chören eine ausgewählte Verstärkung zu erhalten, wo dann das Personal insgemein wohl zu fünfzig und sechzig Individuen gezählt, die Stimmen und selbst die Pauken=

Chöre verdoppelt wurden. Die Pflicht der Mitglieder bestand nur in der Anwesenheit bei den sonn- und festtäglichen Hochmessen, bei einigen wenigen Completorien an den hohen Fest- und Gebettagen und bei etwa drei Vorvespern. Eine tägliche Marienmesse früh um sechs Uhr war eine abgesonderte Stiftung, wozu ungefähr 16 Mitglieder berufen waren. Außerordentliche Feierlichkeiten, Begräbnisse 2c. wurden besonders vergütet. Die Besoldungen waren im Verhältniß der Pflicht und in Rücksicht des Nebenverdienstes ordentlich, und wurden in Ansehung der Talente und des Alters vom hohen Capitel mehreren Individuen oft ansehnlich vermehrt, wozu fremde Officienfonds und insbesondere jene der Dreikönigen-Capelle angesprochen wurden.

Unter den Mitgliedern unserer Domcapelle waren immerfort Künstler, die sich durch Talent und Fleiß auszeichneten. Noch in der letzten Hälfte des vorigen Jahrhunderts hörte man neben dem prächtigen Basse des oben belobten Hrn. Capellmeisters Elz die besondere Silberstimme der Discantistin Pröpper, welche fast 60 Jahre hindurch, mit kaum merkbar alternder Veränderung der Kehle, den Chor betrat. Herr Elz, Demoiselle Pröpper und eine hiesige Dilettantin, die verstorbene Hofräthin Menn, waren noch als die einzigen und größten Praktiker der alten festen Solmisation berühmt, und konnten den schwersten vorliegenden Satz mit jeder willkürlichen Versetzung und Veränderung der Tonleiter zum Erstaunen leicht und fest greifen und durchführen, zu welcher Höhe der Kunst die jetzt gewöhnliche Lehrmethode wohl nicht leicht mehr hinführt. Als Discant-Sängerinnen haben auch die Demoiselle Schmittbauer zur Zeit der Direction ihres Vaters durch Ton, Ausdruck und schöne Manier, späterhin die ältere Demoiselle Schreiber durch Festigkeit und Bindung, und selbst noch zur Zeit der bevorstehenden Auflösung die Demoiselle Rau als Dilettantin durch die Bildung ihres Talents zur wirklichen Fertigkeit, Annehmlichkeit und Deutlichkeit im Vortrage, sich ausgezeichnet. An der verstorbenen Madame Woestmann, geb. Ries von Frankfurt, hatten wir lange eine in Stimmreinheit, Festigkeit und Ausdruck vortreffliche Altistin, an

Hrn. Bausbach einen angenehmen Tenoristen, an Hrn. Paraquin einen eben so großen Baßsänger als Instrumentisten, der besonders auch als Contrabassist außerordentliche Fertigkeit besaß. Auf den vormaligen starken Orgelspieler und Pedalisten Linden folgte im Jahre 1763 der bis jetzt unter uns billig so gepriesene und berühmte Woestmann. Mäurer — dessen längst verstorbene Schwester, die Madame Bender, auch als eine in Stimme und Kunst vortreffliche Discantistin geblüht hat — und Langen sind noch jetzt allzu bekannte Namen, dieser als Virtuos auf der Flöte, jener auf dem Violoncell, so wie überhaupt durch seinen ausnehmenden Geschmack im ganzen Fache der Tonkunst. Ehedem waren der ältere Wolter, und der ältere Eisermann, neuerdings noch sind mehrere, vorzüglich aber ein Lüttchen, als brave Violinspieler in Achtung. Unter den belobten Künstlern ehrt man auch die Herren Mäurer, Woestmann, Eisermann, so wie Hrn. Goetscher als Componisten. In Herrn Eisermann dem Jüngern entriß uns der Tod noch erst vor einigen Jahren einen trefflichen Hornisten; an Hrn. Gay noch in letzter Zeit einen mehr als 70jährigen fertigen und ehedem äußerst angenehmen Tenoristen. Mehrere waren, wie ehemals Metje und gegenwärtig noch Klein, auf vielen Instrumenten Meister und Lehrer.

Dem Musik-Institute des Doms war immer ein Domcapitular als Patron vorgesetzt. War dieser ein Kenner oder Beförderer der heiligen Musik, oder traf es ein, daß im hohen Capitel eine Anzahl Köpfe herrschten, die durch andere Geschäftskreise für Geschmack und Kunst nicht eingeschränkt oder stumpf waren, dann geschah immerhin mancher Schritt mehr zur Vervollkommnung des Instituts. So war es ungefähr in der Hälfte des vorigen Jahrhunderts, wo, um den Chor mit dem stark und tiefhallenden, tonstützenden Serpent zu vermehren (wie es bei den Orchestern sowohl, als bei Kirchen-Choralen in Brabant, Frankreich und Italien gebräuchlich ist), man den geschickten Metje nach Straßburg sandte, damit er sich daselbst auf diesem Instrument vervollkomme und den Gebrauch sammt der Lehrart desselben hier einführe. Aber später ward nicht mehr mit gehöriger Strenge darauf gehalten und endlich vergaß man hier dieses Instrument wieder ganz. — So bezeichneten sich die Epochen guter Vorsteher und Kenner im hohen Capitel durch wohlgetroffene Wahl der Capellmeister und der Glieder, durch Ausdehnung des Institutes und durch Anschaffung vorzüglicher Musicalien.

Gewiß hatte sich von der Zeit der Entstehung dieser Capelle bis zur gegenwärtigen Epoche ein schöner Vorrath von Musicalien dabei angehäuft; aber vielleicht hat man einst, aus Unbekanntschaft mit der alten musicalischen Literatur, für dessen Erhaltung sich nicht die gehörige Sorge gegeben, und wie jetzt, leider! zu geschehen pflegt, ihn für ein nun immer unbrauchbares Papier angesehen. Man kann daher nicht versichern, ob von den, von jeher classischen Werken eines Leo, Durante, Orlando Lasso, Corelli hier noch Stücke aufbewahrt worden sind. In einem Zeitraume, wo die gebräuchlichen Tonarten für die Kirchen-Musik fast immer nur dorisch und phrygisch, selten rein lydisch, wo die Christen-Ohren noch nicht durch den zerhackten Periodenbau und die buntkrausen Opern-Künstlichkeiten der Neuern verwöhnt waren, wurden diese natürlich so erhabenen Melodieen mit ihren so fest verwebten tiefdringenden, dennoch so künstlich harmonischen Begleitungen von den alten Capellmeistern mit gegründeter Vorliebe aufgeführt. So sind unter der Direction eines Elz die schweren Stücke eines Barnabei mehrmal gehört worden. Und wie oft entzückten nicht selbst noch in den letzten Jahren jeden Mitspieler und jedes Kennerohr die schon über 60 Jahre alten Messen eines so vortrefflich melodischen und harmonischen Brixi mit einem Gefühl von Wonne, welches bei den neuesten, so anmaßungsvollen Kirchenstücken sich ihm versagte, sei es auch, daß man Haydn's und Mozart's Arbeiten aus Reverenz für die großen Namen hier ausnehmen muß. Noch vor etwa 36 Jahren hat der bekannte Kirchen-Componist und straßburger Capellmeister Stark auf Einladung des hohen Capitels für die hiesige Capelle einige Messen, Vespern und Completorien gesetzt und bei seiner Anwesenheit hier selbst dirigirt. Rathgeber's und seiner Consorten brauchbare, aber geistlose Arbeiten füllten damals lange die gemeinen Tage aus. Unseres Schmittbauer's feierliche Compositionen traten endlich an die bessere Stelle, und die ersten Eindrücke seiner Completorien (eine Gattung, wovon aus anderen Gegenden nicht viel Gutes zu uns kam) sind hier noch nicht vergessen. Schade, wenn die im Vorrathe unserer Capelle noch befindlichen schönen Passionen und Jeremias=Klagen sammt ihren Choral=Versetten für die Charwoche nun auch ungenutzt und ungenossen vermodern oder — gar verloren gehen sollten! Wir wünschen und hoffen überhaupt zu unserer und der Kunst Ehre, daß beim nunmehrigen Verstummen unserer Dom=Musik dennoch wohl ein guter Geist über die sichere Aufbewahrung unseres schönen Musicalien=Vorrathes zu wachen fortfahren werde!

Neben dem Musik=Institute der hohen Domkirche hatte Köln noch fünf andere dergleichen Anstalten, unter denen eine fast für älter, als selbst die Musik des Domes, gehalten wurde. Es war die Musik bei der Heilands=Capelle (Capella S. Salvatoris) in St. Marien im Capitole. Die Stiftung davon rührt her von einer alten städtischen Consular=Familie v. Hardenrath, welche die schöne Capelle mit den alten Waldgemälden von Albrecht Dürer's Art und Zeit, sammt dem Gottesdienste und der Musicanten=Wohnung dabei auf der Kirchentreppe neben dem Königs=pförtchen errichtete. In diesem Hause wohnte ehemals der Capell=meister (Sangmeister) mit seinen Sängern und Schülern, welche täglich Morgens um 7 Uhr eine Messe zu musiciren verpflichtet waren, wozu eigene Orgel und Orchester gebraucht wurden. Sie bildeten damals (gewiß nach Absicht des Stifters) eine Unterrichts=Akademie auch für die übrige Jugend der Stadt. Schon im 16. Jahrhundert stand dieses praktische Institut in gutem Rufe, zu eben welcher Zeit die Tonkunst hier auch noch unter den öffentlichen Lehr=fächern der Universität ihren Platz hatte, wie dieses nicht nur aus dem alten Siegel der philosophischen Facultät auf den ehemaligen Einschreibungs=Zeugnissen, sondern auch selbst aus den gedruckten philosophischen Lehrbüchern jener Periode erwiesen werden kann. Es dient dieser Musik-Capelle sowohl zum Zeugnisse ihrer alten Existenz, als zum Ruhme, daß im Jahre 1581, wo die so glänzenden Hoch= zeits=Feierlichkeiten des Erbprinzen Johann Wilhelm mit der Markgräfin Jacobäa von Baden, zu Düsseldorf acht Tage lang gehalten wurden, der Sangmeister von St. Martin in Köln, mit seinen Schülern und Salomon dem Organisten, zur Fest=Musik da= hin berufen wurde. Als eine solche musicalische Akademie schien nun dieses Institut zu unsern Erziehungs=Anstalten zu gehören und unveräußerlich zu sein. Das Patronat ist immer bei den Erben der Stifter=Familie geblieben, und das kölnische adelige Geschlecht von Wimmar hat es zuletzt ausgeübt. Das Capitel von St. Marien hatte keine Rechte darüber. — Auch bei dieser Capelle müßte sich ein ordentlicher Vorrath von alten Musicalien erhalten haben.

Die ehemalige Musik bei den Jesuiten besaß in ihrem soge= nannten Musicanten=Hause, welches durch eine hintere Thüre mit dem Collegium verbunden war, eine ansehnliche Stiftung unter einem Pater Präses und Präceptoren. Empfohlene Jünglinge, mei= stens aus dem Mainzischen und Fränkischen, wurden nach einer Prüfung zur musicalischen und gelehrten Erziehung hier frei aufge= nommen, wiewohl man auch Bezahlende einverleibte. Sie frequen= tirten zugleich das Gymnasium. Man suchte die Jüngern zum Discante und bei wachsendem Alter zu den übrigen Stimmen, aber auch zugleich frühe zu einem oder andern, ihrer Fähigkeit an= gemessenen Instrumente brauchbar zu machen. Ihre Anzahl er= streckte sich auf acht, zehn und oft mehrere. Dieses Haus war einst die Pflanzschule der meisten zu den andern Kirchenchören hier auf= genommenen Tonkünstler, deren Einige nachher auch als zugleich besoldete Mitglieder bei der Jesuiten=Musik blieben. Eben dieser Chor ward von jeher am meisten von städtischen Liebhabern besucht. Bei höheren Kirchenfesten mit gewählten Meistern sehr verstärkt, lie= ferte er durchgehends die vortrefflichsten Ausführungen. Mehrere reisende Virtuosen, selbst ein Raff, ließen hier sich hören. An den Fasten=Sonntagen wurden die schönsten Miserere's und in der Char=

woche Oratorien, wie von Graun ꝛc., producirt. Das Orchester hatte, wie jenes der Domkirche, einen guten Vorrath von Instrumenten, welche den Liebhabern mit Höflichkeit angeboten wurden. Der letzte Präses und Capellmeister bei der Aufhebung des Ordens, der Pater Bernardi, war ein braver Baßsänger. Späterhin ging das Haus ein, und es wurden besoldete Sängerinnen, Sänger und Instrumentisten angenommen, mit welchen der Chor bis zum Schließen der Kirche fortgedauert hat.

Die Musik beim edlen St. Gereonsstifte bestand aus einem Capellmeister und einer nur eben hinlänglichen Anzahl besoldeter Stimmen und Instrumentisten. Die Stiftung war nicht sehr ergiebig; das reiche Capitel deckte die übrigen Erfordernisse. Die Pflicht bestand in sonn- und festtäglichen Messen und Vespern, und einer samstäglichen Marien-Messe. Bei den höchsten Kirchenfesten Alles mit ordentlicher Verstärkung.

Die Musik bei der Kreuzbrüder-Kirche war eine Stiftung der Degroot'schen Consular-Familie, welcher Köln von ehemaligen Zeiten viele wohlthätige Anstalten zu verdanken hatte. Die Anzahl und die Besoldung des Chores war mittelmäßig. Er stand unter der Aufsicht eines Capitularen der Kanonie und war zu Festmessen und mehreren, besonders alldonnerstäglichen Completorien verpflichtet.

Die Musik bei den Discalceatinnen in der Kupfergasse war nur zu allsamstäglichen Completorien und zum festlichen Gottesdienste berufen. Sie wurde meistens von den Gliedern des benachbarten St. Gereons-Chores versehen.

Außer diesen ordentlichen Musik-Chören waren fast in jeder der übrigen, so vielen Stifts-, Abtei-, vornehmen Pfarr- und Klosterkirchen der Stadt ein oder mehrere Male im Jahre vollständige Fest-Musiken gestiftet: so daß unsere Tonkünstlerzunft wohl auf mehr als eine wöchentliche Kirchenbeschäftigung zählen konnte, und daß für jedes würdige Mitglied durch mehrfachen Jahrgehalt, durch den Nebengewinn an den jährlichen Concerten, der Theater-Musik und

den gewöhnlichen Unterrichtsstunden hier eine ordentliche Nahrungs=
quelle offen war, wie denn auch die Trefflichsten unter ihnen zu
jeder Zeit Achtung und überall Aufnahme genossen. — Wir können
noch berühren, daß der hohe Senat bei der Stadt=Miliz auch eine
Gesellschaft von zehn oder zwölf der besten Blas=Instrumentisten
unterhielt, und daß ein Paar Trompeter=Chöre sich hier ordentlich
formiren konnten.

Dies alles ist nun, leider! in seiner wesentlichen Gestalt und
Existenz unter uns verschwunden. Die braven Künstler sammt ih=
ren übrigen Zunftbrüdern und Gehülfen gehen, meist mit den
noch unbezahlten Forderungen von zwei und drei Dienstjahren,
darbend umher. Kaum, daß ein seltenes precäres Ungefähr sie noch
irgendwohin sparsam zusammenbringt, und wie es das Schicksal der
Zeiten nur erlaubt, sparsam belohnt. Die Zukunft wird kaum
glauben, wird es ganz vergessen, daß hier so alte, so ergiebige An=
stalten für die edle Tonkunst, ja, daß einst hier Künstler waren:
wenn nicht ein aufmerksamer Hausvater oder ein stiller Verehrer
des Guten diese unsere hingeworfene Skizze ihres Andenkens —
für die Enkelwelt, der sie eigentlich angehöret, zur Ehre der lieben
Vorzeit aufbewahrt.

Aber die Nachwelt soll auch wissen, was die Lebenden bei dem
drohenden Versinken dieser guten Anstalten für deren mögliche Er=
haltung oder für die Hoffnung ihres bessern Auflebens unter uns
gethan haben. Die Verwaltung der Centralschule (unter ihren
Mitgliedern war auch der Hochschätzer der Kunst, unser würdiger
Stadtmaire v. Wittgenstein) suchte, bei der Aufhebung der geist=
lichen Corporationen, die Nachrichten und die Fonds jener Stiftun=
gen auf der Stelle möglichst zu sammeln, um, da selbige größten=
theils als ein Nahrungszweig für Bürgerfamilien und als ursprüng=
liche Erziehungs=Institute zu betrachten waren, sie wieder zu ihrem
Zwecke anzuwenden. Eine dem Muster des pariser Conservatoriums
in der Form nachgebildete, vormals stückweise hier bestandene An=
stalt war ein längst wieder gefühltes und der akademischen Erzie=
hung anverwandtes Bedürfniß. Der jährliche Ertrag aller hier zu

Grunde gehenden Musik-Anstalten ließ sich etwa auf 8000 Rthlr., vielleicht nach unrückhaltiger Angabe und besorgterer Einnahme noch höher berechnen. Die Local-Autoritäten, selbst der Departements-Präfect Mechin, waren dem Projecte günstig. Nach einem überlegten Plane sollten beim hiesigen Conservatorium sieben Professoren: a) für Theorie, b) für Declamation und Gesang, c) für Forte-Piano und Orgel, d, e) für Violin und Violoncell, f, g) für Blasinstrumente angestellt werden. Vierzig Zöglinge (die Stimmen — beiderlei Geschlechts) sollen unentgeltlichen Unterricht, und durch Concurs Beförderung und Prämien erhalten. Die Professoren und Zöglinge des Conservatoriums sollten nun in den vier Hauptpfarrkirchen der Stadt (die Besten in der Domkirche) eine sonn- und festtägliche Musik besorgen. — Den ärmeren Classen hätte man dadurch eine heilsame Hülfsquelle geöffnet. Der Theil der übrigen Mitglieder der bestandenen Chöre wäre fortdauernd möglichst besoldet, und auf die individuelle Vervollkommnung und Ordnung im Dienst vorzügliche Rücksicht genommen worden. Ein Professor des Conservatoriums hätte auf 900 Francs, der Director in etwas erhöhter Besoldung gestanden. Das der Centralschule gehörige Maximinen-Gebäude wäre der Sitz des Conservatoriums, die Kirche der Platz der größeren Uebungen gewesen. Fast noch 2000 Francs hätten für die Kranken und Alten zurückgelegt werden können. Die Verwaltung hätte den bestellten höheren Autoritäten den jährlichen Zustand der Anstalt und die Rechnungen der Ausgaben dargelegt ıc.

Aber alles Bemühen für das Gute, alle Hoffnung zerrann! Die liegenden Gründe (obgleich die Regierung den wohlthätigen Entschluß bekannt gemacht hatte, dergleichen politische Stiftungen zu erhalten und zu befördern) wurden als gewöhnliches Kirchengut zu den Senatorien und der Ehrenlegion angegeben, welches bei richtig geoffenbartem Zwecke wohl nicht so ununtersucht geschehen wäre. Mehrere Hindernisse hierselbst, und deren manche nach Privatabsichten berechnet, zerrissen den Plan für das allgemeine Wohl, und nichts war unter uns unglücklicher conservirt, als die Schule der Harmonie mit ihrer so schmeichelhaften Hoffnung eines Conservatoriums.

Das Haus der Familie von Haquenay.

(Intelligenzblatt, 1810.)

Das Geschlecht der von Haquenay, welches aus den altburgundischen Niederlanden herstammte, und in jenen Zeiten durch Familien- und Handels-Verbindungen sich großen Reichthum und Ruf erworben hatte, besaß, bauete und bewohnte jenes, jetzt in zwei Wohnungen abgetheilte große Haus auf dem Neumarkte. Sie scheinen es für den Aufenthalt der ehemals von der Krönung zu Aachen hierher kommenden Kaiser erbaut zu haben. Friedrich III. hatte es schon einmal bezogen, und von seinem Aufenthalte hierselbst sind uns merkwürdige Anekdoten aufbehalten. Als Maximilian I. die Erbtochter Karl's des Kühnen und mit ihr den weitschichtigen Besitz der Niederlande erheirathete, scheint das Geschlecht der von Haquenay vorzüglich geblüht und mit den Finanz-Operationen des Kaisers Maximilian in großer Verbindung gestanden zu haben. Denn der damalige Ritter von Haquenay zierte dieses Haus mit geräumigen Sälen, mit einem weitschichtigen Vestibul auf dem ersten Stocke, mit zwei schönen Erkern gegen den Neumarkt zu, und mit einer steingepflasterten großen Capelle, welche für die kaiserliche Hofcapelle diente und einen in der jetzigen Olivengasse als Erker herausgebauten Altar und prächtig gemalte gothische Fenster hatte. Die Capelle war dem heiligen Nikasius (vielleicht nach einem aus den fränkischen Zeiten noch herrührenden Titel) gewidmet; daher diese Gasse in dem Rheinhardt'schen Plane der Stadt Köln noch mit dem Namen die Caseusgasse beschrieben ist; eigentlich aber war sie in alten Zeiten, von jener Capelle her die St. Nikasius-gasse. Die zwei Erker gegen den Neumarkt zu wurden, zur Ehre des Kaisers und zum Zeugniß seines Wohlgefallens in Köln, mit den kaiserlichen österreichischen, burgundischen, und wegen des sich auch hernach hier aufhaltenden Karls V. mit den spanischen Wappen prächtig geziert. Der Ritter von Haquenay, als Erbauer, ließ sein eigenes Familien-Wappen, ein loses Klepperpferd (denn haquenée heißt dieses im wallonischen Dialekte) aus anständiger Lebensweise tief unten an den Spitzen der Erkergewölbe anbringen, wo es noch heut zu Tage zu sehen und der tollen Zerstörung der unwissenden Revolutionisten, wodurch wir so viele wichtige Geschichts-Monumente und zuvörderst die, jene Erker schön umringenden kaiserlichen Wappen verloren haben, zur Noth noch entgangen ist. Von jenem Haquenay'schen Familien-Wappen her, und vielleicht auch noch, weil die Kaiser auf dem Neumarkte vor diesem Hause, vor diesen Erkern, damals Ritterspiele (Turniere) halten ließen, deuten Einige die ehemaligen Pferde in den Fenstern, welche sonst ein Merkzeichen von Köln für die Reisenden abgaben, und deren Dasein von dem gemeinen Volke mit der Geschichte der aus dem gegenseitigen Eckhause im Scheintode begrabenen und wiedergekommenen Frau von Abucht (ab Aquaeductu) lächerlich verwechselt wird*).

Die Herren von Haquenay, Vater und Sohn (1515), knieen auf alten Gemälden schon geharnischt, der Vater mit dem Kreuze am Halse und dem Wanderstabe, als Ritter des heiligen Grabes. Sie waren mit den ersten Patricial-Familien in Köln: von Judden, Overstolz-Lyskirchen, Hardenrath ꝛc. verschwägert. Das prächtige Marmordoxal in St. Marien, ehemals mitten in dem großen Bogen zum Kirchenschiffe hin, war im Jahre 1500 größtentheils von den Rittern Haquenay erbauet; ihre und ihrer Gemahlinnen Wappen prangten ehemals daran.

Die Kaiser überhäuften die Familie von Haquenay mit Ehren und Vorzügen; selbst diesem Hause wurden von ihnen Privilegien und ein jährliches Ehrengeschenk an Geld verliehen, wovon in den Schreinen noch Briefe aufbehalten waren, aber der Gebrauch ward allmählich versäumt und erlosch.

---

*) Im Taschenbuch für Freunde altdeutscher Zeit und Kunst hat unser C. v. Groote eine schöne poetische Bearbeitung dieser Sage geliefert.

Der Senat der Ubier oder der freien Stadt Köln an die National-Versammlung der Franken *).

Gesetzgeber! Am Ufer des Rheines erreichten Eure Siege ein freies Volk, dessen Grundgebiet nur im Bezirke seiner Mauern, dessen ganzer Reichthum im Werth seiner Rechtschaffenheit, im Vermögen seiner Industrie und im Gewinn seiner Hände, dessen Stütze nur auf Muth und Bürgersinn und auf Erhaltung seiner herkommenden Rechte besteht. Ein Volk, welches von Jahrhunderten her dem Drucke benachbarter Höfe entgegen ringt — die Bewohner Kölns — einer im deutschen Reichsboden eingeschlossenen Stadt.

Sie sind noch das Volk der Ubier, welches nach Zeugniß von Cäsar und Tacitus fast vor zweitausend Jahren eigene Vorsteher, seinen Senat, seine Versammlungen hatte, Kriege führte und Verträge schloß, sich mit freien Völkern verband, mit ihnen Gesandtschaften, Waffenhülfe und Beistand wechselte.

Es ist eben das Volk, welches im Bürgerbunde mit den Römern (wobei es Herkommen war, die Rechte ihrer Bundesgenossen und Freunde zu bestätigen, oft mit neuen Vortheilen zu vergrößeren), selbst unter der Folgeherrschaft der Cäsaren frei und unabhängig gelassen wurde; dann auch im fünften Jahrhundert, als diese Uferseite in die Gewalt der Franken kam, noch diese Freiheit und Unabhängigkeit seines Regiments behauptete, weil die Franken sich gegen dasselbige nicht minder redlich und großmüthig betragen wollten, als es einst die Römer gethan hatten.

Es ist eben das Volk, welches, als es sich im zehnten Jahrhundert mit dem deutschen Reiche verbrüderte, noch immerfort seine

---

*) Dieser Protest ist aus dem Jahre IV. der französischen Republik. Für die unter den verschiedenen rheinischen Verwaltungen stehenden Lande wurde von der Bezirks-Verwaltung in Bonn eine Brandschatzung von 25 Millionen Franken ausgeschrieben, die später auf 8 Millionen herabgesetzt wurde. Auf den Antheil der Stadt Köln fielen 480,000 Franken. Wallraf wurde ersucht, bei dieser ungerechten Ueberbürdung dem Interesse der Stadt seine Feder zu leihen und die hier zum Abdruck gebrachte, an die französische National-Versammlung zu richtende Remonstration gegen die unbilligen Forderungen der bonner Bezirks-Verwaltung auszuarbeiten.

Anm. d. Herausgebers.

alten Vorrechte, seine gesetzgebende Macht, sein Herkommen, Ver=
sammlungen zu berufen, Gerichtshöfe zu errichten, Policei=Verwal=
tungen anzuordnen beibehielt, und seine Regierung durch zwei Bür=
germeister und durch einen unter sich selbst gewählten Senat führte.

Stolz auf seine Rechte und auf den Werth der Vorzüge ver=
änderte hernach dieses Volk zu Köln nach eigener Willkür selbst ei=
nigemal die innere Verfassung seines Regiments.

Im Jahre 1321 wählte es sich einen geheimen Ausschuß und
einen Gemeinderath. Jener bestand aus zwei Vorstehern und fünf=
zehn Consuln, dieser aus zweiundachtzig Personen.

Im Jahre 1372 wollte es, daß der Ausschuß oder der geheime
Rath außer zwei Bürgermeistern mit fünfzehn Individuen gewisser
Familien besetzt sein und über dieses der allgemeine Rath aus ein=
undbreißig Personen bestehen sollte.

Im Jahre 1396 führte es ein vollkommeneres System der
Ständegleichheit ein, firirte außer den zwei Bürgermeistern, deren
Auswahl dem Rathe überlassen ist, mit Aufhebung alles persönli=
chen Vorrangs, die Zahl der Senatoren auf neunundvierzig, worunter
sechsundreißig durch die Bürgerschaft, dreizehn durch den Rath
selbst zu küren wären.

Die Dauer der Sitzung dieser Rathsglieder geht nie über ein
Jahr. Nach jedem halben Jahre wird eine abgehende Halbscheid
des Senats durch eine gleiche Anzahl anderer Individuen ersetzt.
Der Senat bestellt seine Versammlungen, seine Ausschüsse, seine
Gerichtshöfe; in seinem Sitze besteht die constituirende, in seinen
Individuen wechselt immer die constituirte Gewalt.

Ereignen sich bedenkliche Fälle, dann schicken die zweiundzwan=
zig Sectionen oder Bürgerclassen jede noch zwei Deputirte zu den
Rathssitzungen, diese überlegen, untersuchen und beschließen in Ge=
meinschaft mit dem Rathe. Ihre Stimmen sind in der Zahl mit
jenen der ordentlichen Senatoren eben gültig.

Jeder Bürger, wessen Standes er immer sei, selbst ein Aus=
länder, der sich das Bürgerrecht erworben hat, darf auf diese Stel=
len Anspruch machen; geringfügig ist ihre Besoldung, aber desto

ehrenvoller sind die Stellen selbst, weil nur Talente und Rechtschaf=
fenheit den Anspruch darauf rechtfertigen.

Gesetzgeber! So war — so ist noch heute unsere Verfassung.
Sie hat ihre Grundstütze in der Freiheit; Freiheit macht ihre
Stütze, Gleichheit ihren Reiz. Zwanzig Jahrhunderte lang war
hier unter unserer Pflege der heimische Zufluchtsort dieser schwester=
lichen Vertrauten, ihn ließ die alles umwandelnde Hand des Schick=
sals unangetastet. Kölns Freundschaft konnte nützlich, aber seine
Macht Niemanden furchtbar werden. Geschützt, wie eine Jungfrau
durch den Charakter ihrer Schwäche, sah man nie, daß von den
Mächtigsten einer es verunglimpfte.

So entging unsere Stadt den Stürmen der Zeit. Indeß ver=
schwanden Kaiserthümer von der Erde; königliche Throne stürzten
in Trümmer, Dynastieen bauten sich über die Trümmer, verdräng=
ten einander wieder; ganze Herrscherstämme keimten empor und er=
loschen, wurden ersetzt und erloschen wieder. Köln blieb sich eigen.
Frei unter den Römern, frei unter den Franken, deren Sprößlinge
Ihr hegt; frei bisher unter der angenommenen Obhut des deutschen
Reiches, überlebte Köln und seine Freiheit die Perioden der Welt
und ihrer Schicksale.

Ueberzeugt von dem Werth seiner Verfassung, hat unser Volk
sich auch immer mit Anstrengung und Nachdruck allem dem entge=
gen gesetzt, was seine Demokratie hätte zerstören oder erschüttern
können. Nicht so glücklich war es immer in der Behauptung sei=
nes Grundgebietes. Gewaltsame Thathandlungen, gegen deren Un=
grund es noch immer aufschreit, haben seine Gränzen bis unter
die Mauern der Stadt eingeschränkt. Aber gerüstet mit den Waf=
fen der Wahrheit gegen die Macht unfreundlicher Nachbarn und
gegen alles, was seine herkömmliche Freiheit und Vorrechte angrei=
fen wollte, stand es immer dem mühseligen Kampfe, und zwar mit
einem Muthe, den nur die Gerechtigkeit einem Unterdrückten geben
kann. Oft wälzten sich widrige Ereignisse auf einander und er=
schwerten die Möglichkeit, die Stürme auszuhalten. Epochen von
Widerwärtigkeiten, von Nahrungsmangel, von verderblichen Krie=

gen, von Ueberschwemmungen füllen die Jahrbücher unserer Republik. Wie oft stockte der offene Handel, der alleinige Canal unserer Einkünfte dadurch, daß seine Zugänge mit ungewöhnlichen Auflagen beschwert oder gar gesperrt wurden! Da leerten sich unsere Cassen, die Einkünfte versiegten, verloren sich, indeß die sich gleich bleibenden Bedürfnisse des gemeinen Wesens dennoch die vorigen Auslagen forderten.

Insbesondere mußte die Ueberschwemmung von 1784 für unsere Finanzen die traurigsten Folgen haben. Der Rhein, so wie er seine Eisdecke durchbrach, überstürzte unaufhaltsam mit ungeheuren Eisschichten unser Ufer, umwälzte, zertrümmerte, vergrub Schiffe, Mauern, Pforten, Hafengebäude, Waarenlager, Bürgerwohnungen bis tief in die Stadt hinein. Die Millionen, welche er verschlang oder wegführte, nagen noch an unserer Kraft, schreien um Ersatz. Neuer, im Verhältniß zu unseren Hülfsquellen unermeßlicher Geldaufwand, angehäuft zu der alten, von Jahrhunderten her durch eine Reihe von Unglücksfällen angewachsenen, Schuldenlast nöthigten uns sogar bei Euch, Gesetzgeber, um Beistand zu flehen, und die Summe von beiläufig 800,000 Liv. zurück zu fordern, welche wir im Jahre 1756 der Nation vorgeschossen hatten: eine Summe, wovon wir selbst auch noch die Zinsen zahlen, für deren Abtrag aber wir uns weiter unvermögend sehen. Ungern erinnerten wir Euch an den schwachen Dienst, den wir dadurch einst der Nation leisten konnten, aber die Noth zwang zu dieser unangenehmen Vorstellung, und als nachher das selbstherrschende Frankenvolk in seinen erhabenen Stellvertretern die Ruder des Staates ergriff, däuchte es uns, daß wir es unseren Pflichten schuldig wären, die Register unserer damaligen Lieferungen, den Auszug unserer Vorschüsse, sammt den Forderungsscheinen, alles mit Beweisen und Zeugnissen unterstützt, auch jetzt der National-Versammlung vorzulegen. Euer Liquidations-Ausschuß wird nach Untersuchung dieser Sache einst in sorgloseren Zeiten Euch davon Rechenschaft und das Zeugniß der Gültigkeit abstatten.

Es begann der hohe Zwist, welcher die Aufmerksamkeit der Nationen spaunte (die Spaltung der Meinungen über Herrschervortheil und Volksmacht), sein Ausschlag bestimmt das Loos des gegenwärtigen und der kommenden Menschenalter. Wir entzogen uns der gefährlichen Aufforderung, hielten es unserer Lage nach bedenklich, und unserer Freiheit nach uns selbst entfernt, der Coalition der gegen Euch bewaffneten gewaltigen Mächte beizutreten.

Wir stimmten gegen den Krieg, wir erklärten die entschlossenste Neutralität, und ließen sie in den entschiedensten Ausdrücken wiederholt bei der Reichs=Versammlung abkündigen; unser Geschäftsträger hatte darüber mehr als eine ausdrückliche Weisung, und unerachtet der Drohungen, womit man uns überfiel, sind wir von diesem System gar nicht abgewichen.

Die Freundschaft mit der Franken=Nation war uns von jeher theuer gewesen, und wir hatten jede Gelegenheit ergriffen, sie dessen zu überzeugen. Noch im Jahre 1789 begünstigten wir die Früchte=Ausfuhr zu ihren Provinzen, und — die Nation dankte uns — obwohl die Fruchtärnte in unseren Gegenden sehr schlecht ausgefallen war und, wie wir mit Furcht es vorsahen, unsere Nachbarn gleich darauf alle Ausfuhr ihres Vorraths auf unsere Stadt sperrten. Wir fanden uns in der traurigen Nothwendigkeit, neuen Vorrath aus Holland und Polen kommen zu lassen; es kostete uns eine halbe Million, unseren eigenen Bürgern das Brod in mäßigem Kaufpreise zu beschaffen.

Wie hätte uns auch der Gedanke aufstoßen können, mit einer Nation zu brechen, die mit uns immer freund, gegen uns immer gerecht war, mit einer Nation, welche so eben Freiheit und Gleichheit aufgenommen hatte, ein System, das mehr als je eines mit dem unserigen verbrüdert ist, dessen von der Hand der grauen Vorzeit uns erblich anvertrautes Kleinod unsere Existenz und Glückseligkeit ausmachte — die auf einander folgenden Verbote gegen Eure Emigrirten, sich binnen unseren Mauern nicht aufzuhalten, unsere ausdrückliche Befehle, hier keine Art von Kriegs=rüstungen für sie zu verfertigen, — reden solche Verordnungen nicht öffentlich für die Gesinnungen, die in diesem Nationenzwist uns belebten?

Zur Bestätigung dieser Gesinnungen berufen wir uns noch auf die Aussagen Eurer gefangenen, Eurer kranken oder verwundeten Landsleute, welche das Schlachtenloos zu uns herführte. Hier fanden sie ja immer die brüderlichste Aufnahme; aller Beistand, der in unserem Vermögen war, ward mit dem zubringlichsten Willen ihnen zugebracht. Durch eine ausdrückliche Verordnung machte der Senat selbst diese Bruderhülfe den Bürgern zur Pflicht. Wir berufen uns hierin auf das Geständniß Eurer Volks-Vertreter selbst und Eurer Generale, denen wir mit gleichen Empfindungen der willfährigsten Freundschaft und der geschäftigsten Gutherzigkeit zuvor gekommen sind, als sie der Sieg gegen unsere Mauern führte. Bis zur Stunde waren wir auf unseren Posten geblieben, wir erwarteten sie, wir gingen ihnen entgegen, wir brachten ihnen die Schlüssel unserer uralten Stadt, deren Verhängniß und Freiheit bisheran über dem Strudel der Zeit und auf den Wogen der Weltereignisse sich oben gehalten hatte. Der Schutz einer sieghaften, Freiheit und Gerechtigkeit verbreitenden großen Nation nahm hier ein Volk auf, das bald an zweitausend Jahre so frei war, als sie es sein wollte.

Die Volks-Vertreter, die Generale verbürgten uns, wie wir nicht anders erwarten konnten, die Unverletzbarkeit unserer Regierungsform, unserer Gesetze, unseres Gottesdienstes, unseres Eigenthums, unserer Gebräuche, unserer ganzen Existenz.

O, dieses erhabene, tapfere, gerecht und edelhandelnde Volk, dessen Losungswort Freiheit, Gleichheit, Gerechtigkeit und Tugend ist, — schuldig war uns dieses Volk solch ein Beispiel der Anhänglichkeit an seine eigenen Grundsätze. Es erfüllte nur die Forderungen seines Ruhms, den Ruf seines Ehrenworts, worauf die Feinde selbst, worauf die ganze Welt sich hatten verlassen dürfen. Es konnte die geheiligten Rechte einer Gesellschaft freier, vereinigter Menschen nicht mißkennen, seine ersten so feierlich beschworenen Grundsätze mußten bei ihm ihr Schutzbrief sein. Unsere Schwäche

war noch ein Grund mehr auf seine Gerechtigkeit, auf sein Wohl=
wollen, auf seine großmüthige Schonung, und, indem wir als freies
Volk mit Euch die Sprache der Freiheit, der Natur und Vernunft
redeten, genossen wir noch in eben dem Augenblicke eines unserer
schönsten Vorrechte, wie Ihr jetzt einen Eurer edelsten Vorzüge
darin, daß Ihr uns in dieser Sprache anhöret.

Diese erhabene, gerechte, erfüllende Versicherung eines Volkes,
das alle freien Völker in Schutz nimmt, erscholl in unserem In=
nersten. Sie belebte wieder die friedlichen arbeitsamen Wohnungen
unserer Bürger, sie wünschten sich Glück, in den Vertheidigern der
Freiheit ein Volk von Freunden zu umhalsen. Es waren keine durch
Unterlegungen, durch niederträchtige Plackerei, durch Rottenkniffe
errungenen, keine durch Ueberlistung, durch Einschmeichlungen von
feilen, lieblosen, windlaunigen Hofschranzen, oder von voraus ein=
genommenen, falschberichteten, irregeleiteten Thronendienern abge=
lockte, abgenöthigte Verheißungen. Sie wußten, daß es die Zusage
eines gesammten freien Volkes von 29 Millionen Menschen waren,
die sich auf seine Constitution und die durch seinen unabhängigen
Willen vereinbarten Beschlüsse gründete; sie wußten, daß eine solche
Volksmasse keiner Lüge fähig ist, daß ihr Wort so sicher sei, als
die Himmelsfeste, die uns deckt.

Eben diese freundschaftlichen Gesinnungen, womit wir Eure
sieggewohnten Waffenbrüder bei ihrer Ankunft bewillkommten, ha=
ben sich auch hernach nicht mehr verläugnet. Bruderliebe herrschte
unter unseren neuen Gästen und unseren Bürgern, und die freimü=
thige Gastfreundschaft muß sie überzeugt haben, daß ihr Aufenthalt
hier bei einem Freundesvolke so gut, wie der am eigenen Herd
wäre. Unangesucht haben uns die Generale selbst darüber schon
das Geständniß ihrer Zufriedenheit hinterlassen.

In nie unterbrochener Beschäftigung, die mannigfachsten Anfor=
derungen zu befriedigen, haben wir unsere Hülfsquellen erschöpft,
um der Republik, den Soldaten, den Epitälern alles, was Noth=
durft sowohl als Gemächlichkeit verlangte, anzuschaffen. Wir beru=
fen uns auf die eigenen Zeugnisse der Agenten, der Vorgesetzten,

der Commissarien, Directoren, Schreiber und Aufseher; auf eine ganze Sammlung schriftlicher Forderungen, denen wir nach allem Vermögen willfährig waren; wir gaben und boten alles an, was wir anbieten und geben konnten; wir bemühten uns vorsätzlich, daß uns keine Versäumnißschuld darin zu Last käme.

Ein Magistrats-Ausschuß für die Lieferungen, die beiden Rentkammern, eine Commission für den Empfang der Waffen, eine für Bewirthung und Einquartierung der Truppen — der ganze Rath war unaufhörlich in Arbeit und Sorge um die Gegenstände, welche zum Dienste der Republik begehrt werden konnten.

Indeß, wo wir Alles thaten, wir uns erschöpften, mußten wir trotz aller Vorstellungen es zusehen, wie der beste Theil unserer öffentlichen Bibliothek, eine Sammlung von 6113 Meisterzeichnungen und 26,949 Kupferstichen in zweihundert und acht Bänden, eine Sammlung, die zum öffentlichen Unterrichte dienen sollte, und die wir vor einigen Jahren um einen Preis von mehr als 100,000 Liv. abzugeben versagten, wie ein bekanntes Gemälde von unserem Mitbürger Rubens, sein Meisterwerk, das der große Mann seiner Vaterstadt zum Andenken geweiht hatte, weggeführt, unsere historischen Alterthümer ausgebrochen, Gewehr und Waffen von mancherlei Gestalt, Gebrauch und Werth fortgenommen wurden. Allen Vorrath unserer öffentlichen Cassen mußten wir in Euren Nationalschatz abliefern, selbst die Fonds der subalternen Cassen, das ihrer Bürgschaft und der heiligen Obhut der Gerechtigkeit anvertraute Eigenthum von Witwen und Waisen, die Hoffnung ganzer Familien floß dahin. Die Baarschaften wurden gegen Assignaten ausgewechselt; Assignaten kamen für die auf Requisition abgelieferten Gegenstände an die Stelle des Geldes, welches die Kaufleute dafür ausgelegt hatten.

Ein ansehnliches Zeughaus von 92 Kanonen, 4 Haubitzen, 11 Mörsern, welche die Oesterreicher schon mit Güte und Zwang von uns forderten und wir ihnen abschlugen, ein Schatz von einer Million Werth, außer der Menge von Stückkugeln allerhand Kalibers, von Seiten- und Feuergewehr, von Kriegswaffen alten und neuen Ge-

brauches 2c., Alles ist nach und nach aus unseren Mauern wegge=
schleppt worden. Dieses Eigenthum der Bürgerschaft, von ihrem
Vermögen erworben, war das Unterpfand unserer Passiv=Schulden,
und sollte zur Verringerung ihrer Summe dienen. Ehrlichkeit war
von jeher unser Hauptreichthum — und wir hatten schon vorlängst
einmüthig dafür gestimmt, zu diesem edlen Gebrauche unser letztes
Rettungsmittel anzusprechen — dies war unser Arsenal.

Beim Anblick so strenger Maßregeln, die weit von uns entführ=
ten, was Jahrhunderte zum öffentlichen Unterricht, zu Vertheidi=
gungs=Anstalten, zum nothdürftigen Gebrauche eines freien Volkes
aufgesammelt hatten, des Volkes, welches dafür die Früchte seiner
Ersparnisse, seines Fleißes und seines Eigenthums bezahlt hatte, —
hielten wir doch noch unseren Muth. Wir machten dagegen Vor=
stellungen bei Euren Repräsentanten, die hier auf der Sendung
waren, und erwarteten ruhig die aufdeckende Zukunft. Ueberzeugt
von Eurer Gerechtigkeitsliebe, Eurem Brüderglauben, denen ver=
trauend wir bisher Alles standhaft ertrugen, wandten wir uns
noch nicht unmittelbar an den erlauchten Senat der Franken=
Nation.

Aber ein neues, unerwartetes Unglück überfällt uns plötz=
lich mit Furcht und Entsetzen. Auf den glücklichen Traum un=
serer beruhigten Sicherheit folgt ein gräßliches Erwachen. Die
Vernichtung drohende Finsterniß einer düsteren Nacht fällt schwer
über unsere beängstigten Bürger. Der erste Augenblick des allge=
meinen Trauerns eines jeden unglücklichen, mit Verschmähung ge=
brandmarkten Volkes ist stumm. Sein Schweigen ist Erstarren,
das Schweigen eines Leichnams — so ist auch der Augenblick der
Sclaverei auf Jahrhunderte von Unabhängigkeit.

Gesetzgeber! Kann uns noch einige Hoffnung wieder aufrichten,
so ist es keine andere als die, welche wir auf Eure Gerechtigkeit
und edle Menschlichkeit setzen müssen. Wir wagen es, wir müssen
es wagen, diese aufzufordern. Es ist das unverjährliche Recht der
Unglücklichen, das Recht, klagen zu dürfen. Dieses aus der Natur
selbst hergeflossene, von Euch so feierlich bestätigte Recht, Vorstel=

12*

lungen zu machen bei Euch, als den Organen der Gerechtigkeit, bei Euch, herzhafte Vertheidiger der Natur= und Menschenrechte, die Ihr der Welt die Beispiele von Gerechtigkeitsliebe täglicher, das Flehen dem Unglücklichen leichter, seinen Schutz gesicherter machet, vorzüglich, wenn Eure Gerechtigkeit Euch zuruft, daß er geschützt sein müsse!

Die Central=Verwaltung zu Aachen, abgetheilt in mehrere Bezirks=Verwaltungen, hat die Länder des Kurfürstenthums Köln, zugleich aber unsere freie Stadt Köln selbst, der Bezirks=Verwaltung zu Bonn untergeordnet." Die Administration sitzt zu Bonn, und nach einem Geständnisse dieser Administration, welche größtentheils aus Gliedern der alten kurfürstlichen Regierung, oder doch aus kölnischen Landeseinwohnern besteht, hat diese Vereinigung des Landes mit der freien Stadt Köln niemals bestanden.

Im Wahne, daß diese Verbindung nur die Verproviantirung des Landes zum Zwecke hätte, und wir daselbst einen Abgeordneten haben würden, der auf unseren Vortheil wachte und unser Sachführer wäre, begnügten wir uns, bloß darüber Bemerkungen einzuschicken — aber wie haben wir uns betrogen!

Eine ungeheure Brandschatzung für die unter den verschiedenen Verwaltungen begriffenen Lande, eine Brandschatzung von 25 Millionen warb unlängst ausgeschrieben, und die Administration zu Bonn, eine Administration des kurfürstlichen Landes, wozu wir gar nicht gehören, eines Hofsitzes, wovon wir von Jahrhunderten her durch Zwistigkeiten getrennt waren, womit unser System von Freiheit, unsere Demokratie sich niemals vereinbaren konnte, diese genießt zum ersten Male das Vergnügen, uns unter ihrer Ruthe zu haben; sie fängt an damit, daß sie unserer Stadt 480,000 Liv. für ihren Theil zu zahlen auflegt.

Kännte sie unsere Rechte, wäre sie mit der Geschichte und mit dem übrigen Europa über das System der Freiheit einig, welches unsere Verfassung ausmacht, hätte sie uns dann wohl diese Contribution auferlegen können? insbesondere weil nach eigenem, in ihrer Proclamation ausgedrücktem Geständnisse, daß die Stadt Köln

nicht zu dem übrigen Lande gehörte, sie Eure Grundsätze, Ver=
fassung, Beschlüsse und Aufrufe nicht hätte mißkennen können,
welche allen freien Völkern, wovon Ihr Euch laut vor der Welt
als Freunde und natürliche Bundesgenossen erkläret, völlige Sicher=
heit, Schutz und Freundschaft zusagen. Nein, Franken, nein, edles,
freies Volk, nein, Repräsentanten dieses tapfern, gesetzschützenden
Volkes, das kann nicht Euer Wille sein!

Ihr könnt nicht mit Euch selber uneins sein, Ihr könnt es
nicht wollen, nicht befördern, daß Eure Grundgesetze verletzt werden,
am wenigsten könnt Ihr die unselige Macht, zu quälen, an Andere
überlassen. Wie, wenn unsere Nachbarn selbst gestehen müssen und
es wirklich gestehen, daß unsere Stadt bis jetzt nie den kurfürstli=
chen Besitzthümern eingerechnet war, wenn dieser Hof, wo er seine
angeerbten Gesetze befolgte, auch die unserigen in Ehren halten
mußte, wenn unsere Nachbarn von Jahren her es gewohnt waren,
in uns nur ein mit schwachen Mitteln für seine gute und edle
Sache unermüdlich kämpfendes Volk zu achten, wenn sie selbst sich
über unseren Helden= und Biedersinn, über unsere Rechtschaffenheit
und Gewerbsamkeit wundern mußten, wie solltet Ihr dann wohl
bei Eurer Ankunft an den Ufern des Rheines, dessen Wellen das eine
sowohl, als das andere Gebiet bespülen, in die Hände unserer, ihrem
System nach gegen das unserige eifersüchtigen Feinde uns haben
übergeben wollen? um uns entweder aus Irrthum, der sie ver=
führt, oder aus Verlegenheit, die ihren Schluß erzwingt, die Schwere
einer unrechtmäßigen Macht fühlen zu lassen, indem sie uns verdam=
men, zu der Contribution (welche unser bereits durch den Aufenthalt
und die Durchmärsche so vieler Armeen von Siegern und Besieg=
ten ausgemergeltes Land bezahlen muß) einen außerordentlichen,
ungerechten, verhältnißwidrigen Antheil beizutragen, wo unterdes=
sen Eure Beschlüsse, Eure Constitution, Eure Zusagen selbst laut
sprechen, daß wir gar keine bezahlen müßten. Nein, Franken, nein,
gerechtes, billiges Volk, nein, Gesetzgeber, das ist nicht Euer Wille!

Den Gebrauch der Brandschatzungen auf feindlichem Boden hat
man als ein vortheilhafteres und zugleich menschlicheres Mittel an

Stelle der gewaltsamen Plünderungen des platten Landes und der unbefestigten Oerter eingeführt. Diese Geldbeiträge, um dem Vorwurfe der Härte und Unmenschlichkeit zu entgehen, müssen gemäßigt und dem Vermögen derer, denen man sie auflegt, angemessen sein. Dies ist ein Satz aus dem Völkerrecht.

Es ist also offenbar, daß auf ein Volk, welches Ihr Euren Grundsätzen und Beschlüssen nach als Freund des Eurigen erklärt habt, solche Maßregeln voll Härte nicht fallen können. Kraft dieser Einschränkung des allgemeinen Satzes, wodurch Eure eigenen Gesetze so deutlich sich zu unseren Gunsten erklären, enthebt dieser Grund allein uns der Nothwendigkeit, Euch noch insbesondere auf das Mißverhältniß zwischen der uns aufgebürdeten Summe und unseren Hülfsmitteln aufmerksam zu machen. Ohnedem ist dieses Mißverhältniß um so auffallender, als man in einer Hauptsumme von 800,000 Liv., woran 18 Städte und beiläufig 200,000 Morgen im Kurlande, welche als Eigenthum verschiedenen Bauern, Bürgern oder Pächtern gehören, zu zahlen haben, der Stadt Köln allein, die kaum einige Grundfelder um ihre Mauern zählt, zu 480,000 Liv., also noch um 80,000 über die Hälfte des Ganzen, zuschlägt. Außer welchem noch in Betracht kommen muß, daß die nämlichen Bürger in Köln, worauf die Zahlung dieser ungeheuren Summe fiel, in der Stadt nichts besitzen, als ihre Häuser und Gebäude, deren Unterhalt beträchtliche Summen erheischt, und daß die unbeweglichen Güter von Werth, welche unseren Bürgern zugehören, im Herzogthum Jülich und Kurfürstenthum Köln liegen, wo sie schon auch dafür ihren Antheil an den Contributionen abtragen müssen, welches dann sie doppelt schlägt. Das kann ja nicht Euer Wille sein.

Nein, Repräsentanten, Ihr wollt nicht, daß der durchschneidende Schrei des verzweifelnden Schmerzes sich mit gräßlichem Mißlaut in die Gesänge Eurer Siege mische; unser Verderben kann keine Folge Eurer so glücklichen Fortschritte sein; denn nach Eueren Decreten und Proclamationen sollen diese unser Dasein sichern und unser Glück vergrößern. Zu Eueren Feinden selbst redet Ihr ja die Sprache der Großmuth und der Freundschaft; wie wollet Ihr denn den freien und verwandten Völkern diese Sprache verweigern? In der Proclamation an die Batavier sagt Ihr, daß das französische Volk der natürliche Freund und Bundesgenosse freier Völker, daß dieses der Inhalt der republicanischen Verfassung sei, daß Ihr Euere Verbündeten billig, edel und aufrichtig behandeln, ihnen keine Gesetze aufdringen, ihnen die Handhabung ihrer Gerechtsame und ihrer Unabhängigkeit versichern, ihre Meinungen und Gewohnheiten unangetastet lassen würdet; daß das französische Volk, seiner sich selbst gegebenen Verfassung getreu, sich nie in die Regierung anderer Nationen mische, ihre Handlungs=Verhältnisse, ihre Verbindungen hierin nicht unterbrochen, ihr Eigenthum in Ehren gehalten sein solle; Ihr versprecht ihnen die Schutzwache der französischen Ehrliebe, alle für die Menschheit sprechenden Gesetze; Mißtrauen bestrafet Ihr als eine Beschimpfung des fränkischen Biedersinnes. — Ihr wollet sie der Schande der Sclaverei entreißen, Ihr sagt ihnen, daß die Natur nicht vergebens ihre Rechte zurückfordern wird. Nun, Gesetzgeber, so laßt denn die unseren nicht in Trümmer zerstäuben, schauet hier ein freies Volk, das mit dem Eurigen Freund und natürlicher Bundesgenosse ist! Zu Euch spricht es die Sprache der Natur, die bei Euch ihren großmüthigsten Vertheidiger ihrer Rechte nicht vergebens zurückfordert.

Ihr sagt noch selbst, daß, wenn geheiligte Rechte in Vergessenheit oder Mißachtung gerathen sind, ein republicanisches Volk sie nicht verkennen könne; daß es sie der Vergessenheit entziehen und auf feierliche Art wieder heiligen müsse. Hier findet Ihr diese heiligen Rechte, diese Gesetze, die ein freies Volk sich gab. Diese Regierungsform, die schon den Umsturz so vieler Reiche überlebte, deren Trümmer die Oberfläche des Erdballes bedecken, darf also von einem Volke, welches die Rechte des Menschen mit Flammenzügen in die Jahrbücher der Welt schrieb oder in dessen Namen, gewiß nicht umgekehrt, nicht unterdrückt werden. Ehre soll Euren Siegeswagen leiten, dies ist Euer Wille, dies Euer Meisterstück, aber das wollet Ihr nicht, daß Euer Siegeswagen dies demokratische Regiment, dies

Denkmal der Sitteneinfalt vom ersten Menschenalter, welches über so manche Verwüstung der Zeiten siegte, so oft durch Muth und Bürgersinn fremder Unterwerfung entrann und sich der Sclaverei entzog, solch ein Denkmal umwerfen und zermalmen soll. Erhalten werdet Ihr es als ein ehrwürdiges altes Ueberbleibsel der Anwendung Eurer feierlich beschworenen Grundsätze, Ihr werdet es schützen, es aufnehmen mit jener Freundschaft, welche einer großen, für's Gute kämpfenden Nation zur Ehre gereicht. . . .

Der Handel, die Haupt= und fast einzige Quelle unserer Einkünfte, hat sich verloren, der nahrhafte Strom, worauf er hieherfloß, ist durch die Hand des Krieges mehr als durch jene des Winters gefesselt. Die Einkünfte stockten; was in unserer Finanzcasse an baarem Gelde vorräthig und Eigenthum der Bürgerschaft war, ist in Assignaten verwandelt, unser Brennholz ist verbraucht, unsere Alleen und Pflanzungen sind gehauen, unsere Mühlen sind verloren, oder liegen im Rheine auseinander gerissen. Wir wandern schon wieder zu den Thüren unserer Bürger, um freiwillige Gaben an Korn und Geld zu sammeln, der drohenden Hungersnoth zu steuern und außer der bürftigen Classe jetzt dem Handwerker beizuspringen, der indeß in den drei Monaten, daß Eure Truppen in der Anzahl von 12=—13 Tausend Mann binnen unseren Mauern liegen, wenn man auch allein deren 1000 rechnet, die in solchen Bürgerhäusern wohnten, wo zu ihrer besseren Verpflegung nur täglich 1 Liv. verwendet worden ist (was doch fürwahr die gemäßigtste Berechnung sein kann), so steigt dieser Aufwand bereits zu einer Summe von 900,000 Liv., die auf unsere Bürger fällt. Gastfreundschaft ist freilich mit Natur und Freiheit so verschwistert, daß wir sie gern als Pflicht erfüllten, und diese Pflicht selbst lohnt sich mit Vergnügen, und wenn wir davon Meldung thun, so geschieht es nur darum, Gesetzgeber, weil uns viel daran liegt, von Euch nicht verkannt zu sein.

Bisheran waren wir noch glücklich genug, alle diese Erfordernisse bestreiten zu können; der ehrliebende Mittelstand, Freiheit und Tugend, das ist unser ganzer Schatz, unser ganzes Gut. Die Ein=

künfte der Stadt sind das Eigenthum der Bürgerschaft. Der Senat muß alle sechs Monate den in ihren Abgeordneten versammelten Bürgerclassen davon Rechenschaft abstatten. Am Ende eines Jahres bleibt oft wenig oder gar nichts aufs andere zurück. Die Tilgung unserer Schulden müssen wir noch immer auf bessere Zeiten verschieben. Das Vergnügen, nützlich zu sein, ersetzte uns reichlich das Unvermögen, Schätze zu sammeln, aber unsere nothwendigen Ausgaben, die Mißgeschicke, wodurch sie entstanden sind, und andere Auslagen, welche die Ereignisse erzwingen, haben sich so sehr vervielfältigt, daß unsere Hülfsmittel sich bereits erschöpft finden, die Zinsen von 80,000 Liv., die wir noch jetzt für die im Jahre 1756 der Nation gemachten Vorschüsse zu zahlen haben, Zinsen, welche schon die Capitalsumme verdoppelt haben, die ungeheure Einbuße durch den Aufbruch und die Ueberschwemmungen des Rheines von 1784; eine halbe Million hingeopfert im Jahre 1789, um die Hungersnoth zu entfernen, jetzt noch alle die ungewöhnlichen Verwendungen an Erfordernissen der Republik; die kärgliche Erndte der zwei letzten Jahre, die gränzenlose, durch die anwachsenden Bedürfnisse und die Beschwerlichkeit ihrer Herbeischaffung veranlaßte Theurung der Lebensmittel, Alles dies mußte uns zu einer äußersten Entkräftung, zu einem unausweichlichen Mangel hindrängen, wo indessen der beste Theil unserer Bibliothek, unserer Alterthümer, unsere ganze Sammlung von Kupferstichen und Meisterzeichnungen seiner Bestimmung zum öffentlichen Unterrichte und zur Jugendbildung entrissen, wo der ganze Vorrath des den Privatbürgern zugehörigen Gewehres, wo das allgemeine städtische Zeughaus, dies letzte für unsere Schuldentilgung aufbewahrte Hülfsmittel, unter unsern Augen weit von uns weggeführt wurde.

Zu so vielen Unglücken werdet Ihr doch keines mehr zusetzen wollen! Edle Gesetzgeber, einer gerechten, biedern, großmüthigen Nation! Ihr kommt ja, das Glück der Völker zu stiften (wir wiederholen diese Sprache), Ihr werdet also ein freies, Euch nie unhold gewesenes Volk nicht ganz unterdrücken wollen; ein Volk, das so viele Jahrhundert lang für seine Freiheit kämpfte, durch so manche widrige Schicksale sich rang, ein Volk, wobei der Dürftige seine Zuflucht, der Fremde seinen Bruder fand, welches nur darauf bedacht war, alle die gesellschaftlichen Tugenden, die Ihr nun zur Tagesordnung gemacht habt, eben so wie Gewerbe, Handel und Künste bei seinem frieblichen Heerde zu wahren, zu erwecken oder zu stiften.

Eines Tages war die Natur selbst ihm günstiger — sie munterte es auf — und ließ Rubens unter uns geboren werden — die Natur setzte die Wiege des Talentes in den Aufenthalt der Freiheit — Rubens ist Bürger von Köln.

Der Sieger Asiens ehrte den Zufluchtsort Pindars; Darius, der Städte-Eroberer, schonte Rhodus, weil Protogenes, des Apelles Freund, da wohnte, und Philipp's Sohn hatte die Geburtsstadt Homer's geschont. Nein, Franken, der Sieg hat nur Eure Waffen gekrönt, — an Großmuth werdet Ihr Euch doch nicht von dem Kronenträger aus Macedonien besiegen lassen!

Im Namen dieser Künste, welche die Stützen und Zierde der politischen Existenz und der geselligen Glückseligkeit sind, im Namen dieser Künste, die ihre unstäte Wanderung einhielten, da sie bei Euch ein Vaterland fanden, wo für sich so viele Schätze fließen, Ihr Euch von ihnen mit so vielen Wunderwerken ihrer Hand belohnt sahet, im Namen dieser Künste, welche Eure Anstrengungen unterstützten und dem Sieg Eurer Riesenschritte nachzogen, in ihrem Namen höret hier die Stimme eines freien, aber unglücklichen Volkes. Noch schwebt Rubens' Geist über seinem unsterblichen Werke, womit er sein Vaterland bereichern wollte, und im Museum, wo einst dies unser Denkmal prangen soll, wird es an sich Eure Bewunderung heften; hier spricht für uns sein Genius. Ihr, die Ihr gemacht seid, diese Geistersprache zu verstehen, höret seine Stimme, wie sie Schonung und Gerechtigkeit ruft um sein Vaterland. Gesetzgeber, die leidende Menschheit streckt zu Euch ihre Hand empor, die sich abhärmenden Künstler führen sie zu Euch, kam sie selbst, Eure Großmuth, Eure Wohlthätigkeit anzurufen, Ihr werdet Ihnen ja Euer Ohr nicht verschließen. Denn wären wir Eure Feinde gewesen, was könnte uns dann mehr zustoßen als Sclaverei, worin man uns hinab=

wirfst, was noch mehr zu dem Verderben und Bettelstande, womit man uns bedroht? wir sind so kühn, dieses zu sagen. Die Wahrheit ist eine Schuld, woran Euere Gerechtigkeit Forderung hat, und eben diese Gerechtigkeit ist es auch, deren Schutz die gepreßte Menschheit ihren Vertheidigern auflegt.

In der Verkündigung Euerer Decrete verkündiget Ihr zugleich unsere Rechte; ihren Genuß versichern uns Euer Gerechtigkeitseifer, Euer Bürgersinn. Eueren Feinden jeder Art werdet Ihr doch nicht den schadenfrohen Triumph überlassen wollen, daß sie jenes Zutrauen, welches wir diesen Aufrufen schenkten, zu dieser Gerechtigkeit diesen Bürgersinn hatten und jetzt noch haben müssen, zum Gespötte der Welt, und uns zum Beispiel der Betrogenen aufstellen. Dadurch, daß Ihr unsere Freiheit, unsere Existenz schirmet, und uns dem Joche der angedrohten Auflagen entreißet, erwerbt Ihr Euch Verdienst um Eure eigenen Grundsätze, Verdienst um die Welt, Verdienst um Freiheit und Natur.

Denkschrift
über die Verluste, welche die freie Reichsstadt Köln durch die Franzosen erlitten.*)

Keine Stadt in den Rhein-Departements hat bei dem Eintritte und unter der zwanzigjährigen Herrschaft der Franzosen, an ihrer Ehre und ihren alten Vorzügen, an ihrem Gemeinde- und Fami-

---

*) Diese Denkschrift war für die Commission bestimmt, welche 1815 in Paris unter dem Vorsitze des General-Intendanten, Staatsrathes Ribbentrop, die Rücklieferung der aus den königlich preußischen Staaten geraubten Schätze der Kunst und Wissenschaft besorgen sollte. Wallraf übernahm es, eine detaillirte Aufstellung der sämmtlichen Verluste anzufertigen, „welche die ehemalige Reichsstadt Köln bei dem Eintritt und unter der 20jährigen Herrschaft der Franzosen erlitten hatte". Während die von Wallraf verfaßte Denkschrift sich noch unter der Presse befand, wurde das ganze Entschädigungsgeschäft in Paris beendet. Wallraf hatte darum kein Interesse, den Druck zu Ende zu führen, und er brach die Arbeit mit dem vierten Bogen ab. Hier werden nur diese vier Bogen abgedruckt; das Concept für den Schluß der Denkschrift hat sich unter den Wallraf'schen Papieren nicht vorgefunden.
Anm. d. Herausg.

lien-Vermögen, an ihren Monumenten für Geschichte, Wissenschaft und Kunst, an Allem solchen Verlust erlitten, als unsere ehrwürdige alte Reichs- und Handelsstadt Köln.

Wegen ihres Festhaltens an deutschem Sinn, an deutscher Freiheit und am deutschen Reiche, für dessen Rettung sie, nicht lange vor der Ankunft der Feinde, noch ihr ganzes Militär-Bataillon sammt einem beträchtlichen Vorrathe ihres groben Geschützes und brauchbaren Kriegsgeräthes überlieferte, ward sie das unglücklichste Opfer des französischen Trotzes, des damit sich verbindenden, lange gegen sie unmächtigen Nachbarneides und einer, von Beiden angefachten Rotte häuslicher Feinde ihrer Ruhe.

Schon bei der ersten Erschütterung der alten Verfassung und bei der eilenden Schließung und Umtauschung der Stadtcassen mit einer bald werthlosen Last von Assignaten, mußten nicht allein unsere Consuln und vornehmsten Rathsglieder erst hier und darauf zu Bonn im Diebesgefängnisse die niedrigste Behandlung erdulden und sich mit dem eigenen baaren und gutgesinnter Bürger Vermögen loskaufen; sondern diese erste, älteste, größte weltliche und kirchliche Metropolitan-Stadt des Landes und des Reiches mußte sich endlich auch aller, ihr gebührenden Würdigung beraubt sehen, daß sie nicht einmal, wie ihre Schwestern Mainz und Trier, der Hauptort der neuen Provinz, der Sitz der Ober-Präfectur, des kirchlichen Hirtenamtes, der höchsten Gerichtsstühle, der jährlichen Departements- und Jury-Sitzungen blieb, welche Sitzungen der aus einer weit größeren Volksmenge von Köln immerfort nach Aachen hinberufenen Mehrzahl von Bürgern ein sehr theurer und ihrem Hausgeschäfte sehr nachtheiliger Aufenthalt waren, statt dessen schon Einige derselben es vorzogen, sich in die unmilde Strafe des Nichterscheinens von 500 Francs verdammen zu lassen.

Von gleicher französischen, für Köln gehässigen Einwirkung floß auch Anfangs in die durch vorbereitete Verräther und Aufrührer verführte Volksclasse alle jene Gleichgültigkeit für öffentliche Wohlfahrt und Ehre sammt allem Unheil, welches endlich allein auf die in sich selbst betrogene und eigener Kraft unmächtig gemachte

Gemeinde hingewälzt wurde. Von goldenen französischen Zusagen verführt, wovon man doch leider zu oft die Erfahrung gemacht hatte, daß sie niemals erfüllt wurden, versammelten sich die unwissendsten Zerstörer alles alten Guten, Ehrwürdigen, Schönen und Heiligen, um durch planmäßige Verwüstungen und angegebene Mittel zu Aussaugungen, diese Stadt auf einmal für immer jeder Hoffnung zur Wiedergeburt ihres vorigen Glanzes und deutschen Reichsbundes zu berauben. Sie setzten nur darin ihr Glück, das Werkzeug jener unersättlichen Macht zu sein, welche schon seit hundert und sechszig Jahren es versucht hatte, den ganzen deutschen Rhein zu beherrschen und zu einer unangreifbaren Gränze ihres Völkertrotzes zu machen; besonders freute es sie aber jetzt, unsere zu ihren Absichten so bequeme Stadt, nachdem sie durch gefährliche, in ihr fruchtlos angezettelte Revolutionen bereits ein= oder zwei Mal ihren Klauen entwischt war, endlich, gleichsam lebendig oder begraben, zu erobern.

Beraubt seiner Selbstständigkeit, verrathen und gepreßt von Miethlingen, welche fremder Gewalt fröhnten, unterlag dann dieses, ohne eignen Einfluß und Vortheil belassene große Köln jenen unverhältnißmäßigen Requisitionen, Contributionen, gezwungenen Anlehen 2c., die es sich eine lange Zeit nur von und mit der Schadenfreude nachbarlicher Städte dictiren lassen mußte, und die nach einmal gelegtem Maßstabe sich endlich in die ungeheuren Auswüchse von Auflagen verästeten, für welche man fast Mühe hatte, neue Namen zu erfinden. Nur unser Köln betraf schon damals auch am härtesten die Wegnahme alles öffentlichen und alles cautionirten Privat= und Familien=Vermögens, jener Raub alter und neuer unantastbarer Gerichts=, Schrein= und Pupillen=Gelder, jene Aufhebung oder Verkümmerung des heiligen Unterhaltes seiner Waisen=, Armen=, Gefangenen= nnd Kranken=Anstalten, der Pfarr= und anderer kirchlichen, selbst bürgerlichen Musik=Stiftungen, jene Schändung und dauernde Zerstörung so vieler, durch ehrwürdiges Alterthum oder vielerlei Merkwürdigkeiten jedem Kenner hier so schätzbaren öffentlichen Gebäude, von denen man nicht einmal die bestgelegenen, welche schon in näherer Zukunft für den nöthigsten Gebrauch hier vermißt wurden, troß aller guten Gründe und Erinnerungen gegen die Gewalt der Domainen und den Geiz der Speculanten erhalten konnte. Wie betrübt uns noch immer jene gewaltsame Wegführung unserer, sogar aus den Mauern und Grabstätten gerissenen römischen und deutschen Alterthümer und Inschriften, und unserer, selbst von Reisenden vielmal bewunderten Sammlung alter römischen und deutschen Kriegsrüstungen im städtischen Zeughause, jene Unterdrückung einer der ältesten, ehemals berühmtesten Universitäten Deutschlands, ohne deren im 16. Jahrhundert bewiesene Klugheit und Kraft kein Clemens August, kein Max, diese wegen der Beglückung des Landes, und wegen der Wiedererweckung höherer Wissenschaften oder vortrefflicher Anstalten, in Bonn unvergeßliche Fürsten, unsere Erzbischöfe geworden, und Köln selbst keine freie Reichsstadt geblieben wäre! Wie betrübten uns die ungeheuren Plünderungen in unseren Bibliotheken und Museen, und ach! der mit erniedrigendem Stolz weggeführte Raub des, von unserm großen Rubens zum ewigen Denkmal seines Namens hier dem Hochaltar seiner Taufkirche zu St. Peter gewidmeten Meisterstückes; nun gar noch die Vertilgung unseres Metropolitan-Stiftes, eines der ältesten, edelsten von Deutschland, und was hier (wir klagen es noch einmal) weder Mainz noch Trier betroffen hat, die Versetzung unseres bischöflichen Stuhles und zugleich die Aufhebung von mehr als fünfzig, meistens vom Vermögen unserer Vorfahren dotirten Stifter, Commenderien, Abteien und Klöster, deren Glieder ohne Unterschied von Stand, Verdienst und Geschlecht mit einer bettelhaften Lebenspension von 500 Francs auseinander gejagt worden sind; deren gesammte, für Köln auf immer verlorene Einkünfte dennoch eben so gut ein Vermögen und eine schon oft erfahrene Nothhülfe der Bürgerschaft war: als sie auch binnen unsern Mauern Gewerbsamkeit und Kunstfleiß unterhielten und gleichviel, wovon, verzehrt wurden, durch deren völliges Aufhören jedoch unsere Stadt und Gegend nicht reicher, selbst unser häusliches und moralisches Verhältniß nicht besser geworden ist; wohingegen eine nicht geringe

Anzahl jener unglücklichen Verjagten und ihrer verarmten Familien der Gemeinde jetzt immer mehr zur Last fällt.

Die Archive jener unserer uralten Stifter und Klöster, worin für die bisher zu wenig bearbeitete Geschichte der Stadt und des Landes die wichtigsten Notizen und Urkunden aufbehalten sind, wurden nach Aachen verschleppt. Dort modern sie noch in Kisten und Fässern oder sie sind vielleicht zum Theil schon zersplissen und gemißbraucht worden. Es mag auch seither wohl mehr Aengstlichkeit als Gleichgültigkeit unserer Vorsteher gewesen sein, daß diese historischen Heiligthümer an dem Ort, wovon und wofür sie sprechen, schon wirklich nicht früher zurückgefordert wurden.

Rechnet man hinzu, daß alle jene Besitzungen einer Stadt, die außer ihren Mauern kein Gebiet hatte, nun durch den öffentlichen Verkauf gleichsam ganz ausstädtisch geworden; daß ein ungeheurer Theil davon unter die Gewalt entfernter Dotations- und Güterbesitzer; daß alles dergleichen überrheinische Gütereigenthum, selbst jenes von unseren öffentlichen Studien-, Familien-, Pfarr- und Armenstiftungen unter fremde Grundherren gekommen sei, rechnet man hinzu, welche fast millionengleiche Summe baaren Bürgergeldes nur zum oft nothwendigen Ankaufe von allerhand dergleichen inländischen Nationalgüter (zu deren Kategorie man auch bürgerliche Güter, z. B. Zunfthäuser und andere, selbst auch die der Stiftungen für bürgerliche Nahrung, z. B. aller Kirchen-Musiken ꝛc. gezogen hat) aus dem einzigen Köln in die französischen Cassen geflossen sind. Rechnet man hinzu, welche Summe durch das unglückliche Continental-System, durch die Beschränkung aller für Köln immer so wichtigen Schifffahrt, alles Rheinhandels, durch das fast gänzliche Hinsinken unserer, annoch bis jetzt immer zu öffentlichen Vorschüssen erbetenen oder gezwungenen Kaufmannschaft, durch die Regie und vereinigten Rechte, diese mit anderswo nie erdenkbaren Gaunereien sich nährende Schlangenbrut Napoleonischer Erfindung uns abgelistet, abgezwackt und abgetrotzt wurde, so läßt es sich kaum begreifen, wie noch ein Paar Tausend baare, unverschuldete Thaler in diesem ehemals so sparsamen, so still vermögen-

den Köln geblieben seien, womit es bis zum Anbruche der schö=
neren Tage des Friedens ausharren muß!

Diese ungeheuren Verluste einer einzigen, in sich geschlossenen
Stadt, worüber hiebei eine nähere, jedoch nur nach summarischer
Werthschätzung einzelner Kategoricen berechnete Specification folgt,
schreien nun von den, im eroberten Paris erhöhten Thronen der
verbündeten Mächte, dieser, gegen die Besiegten selbst so großmü=
thigen Retter ihrer Völker, dieser jetzt noch herrschenden Nemesis
für Deutschlands Ehre, nach Gerechtigkeit der möglichsten Wie=
dererstattung oder billigsten Vergeltung.

Die Quelle zur Wiedererstattung öffnet sich selbst in dem un=
ermeßlichen, unersättlich angehäuften Reichthum eines Volkes, wel=
ches die Kunst zu rauben und die Beraubten noch als dummes
deutsches Vieh zu höhnen, seit diesen langen Jahren in unserem
Vaterlande so systematisch auszuüben gewußt hat, daß wir wenig=
stens uns so klug stellen müssen, die Grundbegriffe seiner gerühm=
ten Praktik auf es selbst anzuwenden.

Für die Mittel zur Entschädigung wagen wir es, am Schluße
dieser Schrift Entwürfe darzulegen, welche entfernt von jedem An=
laß zu gehässiger Ausbeutung der Weisheit der allerhöchsten Frie=
densstifter nicht vorgreifen und keine fremde Befugniß beleidigen
sollen. Hierin befolgen wir in unterthänigstem Gehorsam und muth=
vollem Vertrauen den kundgemachten Wink, die durch französische
Habsucht oder List in dem zwanzigjährigen Sturm erlittenen Ver=
luste und Entwendungen desjenigen vor ihren Richterstuhl zu brin=
gen, was einem guten Volke theuer und heilig und durch eigene
Kraft ihm unersetzlich ist. Wer dürfte glauben, daß es unseren er=
habenen Rettern jemals gleichgültig oder gemeint sein könnte, die
von ihren Armeen besiegte stolze Weltstadt unter einem, ihr gege=
benen neuen Beherrscher, selbst durch unser Gut und Blut bald
wieder desto reicher, glücklicher, besuchter und bewunderter, aber die
ehrwürdigsten Städte der eigenen Nation dadurch desto länger ver=
armt, verödet, der alten Zierden ihrer Kunst und ihres Stolzes auf
immer beraubt zu sehen?

Die Bitten, die Wünsche und Rettungsvorschläge der Bürger von Köln fußen auf diesem heiligen Willen der allerhöchsten Retter des Vaterlandes. Ihrer weisesten Rücksicht kann die Unfüglichkeit nicht entgehen, die älteste Tochter des römischen deutschen Reiches, welche einen Julius Cäsar, Agrippa und Germanicus, einen Trajan und Konstantin, einen Karl den Großen und die Ottonen zu Begründern, Erbauern, Beglückern und Beschützern hatte, diese uralte weltliche und christliche Metropolitanstadt des unteren Germaniens, tief unter ihre vorige Würde erniedrigt und ihr nicht einen neuen Zustand von Kraft und Glanz bestimmt zu sehen, welcher einer jeden Classe, jeder Gewerbsamkeit, jeder Religion ihrer friedsamen Einwohner willkomm und erfreulich sei.

Ueberzeugt in eigenem Gefühl und Gewissen sind wir, altes Ubierblut, unserer reinsten Absichten, unserer deutschen Standhaftigkeit und edeln Uneigennützigkeit für die Sache des Vaterlandes und der Menschheit in allen Fluthen der letzten Schicksale, welche unsere Stadt umgewälzt, unser Gemein- und Privatvermögen bisher verschlungen haben. Kräftiger und lauter aber für unser reines Verdienst erklärte sich der öffentliche, für uns ausgesprochene Dank aller, in unseren Mauern zu ihrer allgemeinen Zufriedenheit aufgenommenen und verpflegten Krieger, Generale, Gemeinen und Gefangenen, sowohl freundlicher als feindlicher Heerestruppen; jedoch am herzvollsten spricht für uns der so feierliche, bisher in Briefen und Grüßen unaufhörliche Dank unzähliger von Kölns guten Einwohnern so sorgsam empfangenen und verpflegten Verwundeten und Kranken, welche sogar durch eble Männer und Bürgerinnen freiwillig und muthig aus den Rheinschiffen, von den Werften und Gassen, auf Händen und Schultern in ihre Wohnungen hingetragen wurden, wodurch bei stäter, oft persönlicher Aufwartung und Nahrung dieser lange hülflos Verlassenen, in mehr als hundert Familien die gefährlichsten Krankheiten und traurigsten Todesfälle unsere Stadt entrüstet haben.

Aber wir vernahmen auch schon aus guten Quellen, daß dieses unser Verdienst selbst in Paris hoch gerühmt worden sei; daß es sogar bis zu den Ohren der allerhöchsten Friedensstifter und Bestimmer unseres Loses gekommen sei, wie sehr sich die Kölner für die Genesung und Erhaltung der für Deutschlands Wohl und für den Weltfrieden ihr Blut hinopfernden Völker angestrengt hätten. Wir thaten es frei und christlich, nicht einmal auf die fernste Berechnung eines zu hoffenden Beifalles. Dennoch, wo gleich jedem anderen Orte, eine von so langer Zeit nun erschöpfte und zu einer großen Wiederherstellung hier am deutschen Rheine mehr als andere befugte und befähigte alte Reichs- und Handelsstadt sich jetzt auch selbst berücksichtigen und jede möglichen, auch vielleicht etwas kühnen Vorschläge zu ihrer besseren, dermals durch den Bund der höchsten Mächte desto fester zu bestimmenden Existenz veranlassen kann, da wäre es uns unverzeihlich, unserer Rettung nicht entgegen zu gehen.

Nichts desto weniger fährt unser Köln mit der freubigsten Bereitwilligkeit auch fort, thätigst zu sorgen für die gegenwärtigen noch immerwährenden starken Anforderungen der Kriegsbedürfnisse, des Aufenthalts, der Verpflegung und der Transporte der vielen Tausend gesunder, kranker und verwundeter Streiter, die durch so unvergeßliche Siege unter den Augen ihrer Monarchen dem deutschen Vaterlande wieder die Morgenröthe des allgemeinen Friedens und Glückes herbeigeführt haben. Unverdrossen bestreben sich hier die Beauftragten der Bürgerschaft, wo auch alle freien Hülfsquellen längst versiegt sind, aus ungewöhnlichen, ihrem guten Volke auf die Länge unaushaltbaren Auflagen wirklich aus allmöglichsten fremden Vorschüssen, selbst auf Privatverbürgung, Alles herbei zu schaffen, um so nicht nur unser Gut und Blut der Gegenwart, sondern auch noch jenes unserer Zukunft für sie zu opfern.

Um desto getrösteter für unsere Erhörung gelange von Bürgern aus Köln zu den allerhöchsten Friedens-Monarchen die folgende Specification ihrer angelegensten Verluste durch französischen Zwang und Raub, sammt unseren demüthigsten Bitten und Wünschen, wodurch einer Stadt, deren Erhaltung durch ihre Lage, Treue und Kraft dem deutschen Reiche immer so heilig war, wieder zu einer erfreulichen und, wie es möglich sein könnte, zu einer kräftigeren, bedeutenderen, fürs ganze Reich vortheilhaften Existenz aufgeholfen würde.

Specification und summarische Werthschätzung der durch die Habsucht des französischen Volks und der napoleonischen Regierung der einzigen Stadt Köln entkommenen Gegenstände verschiedener Kategorieen.

Im Zweifel, den man der Wahrheit des Angegebenen entgegen stellen würde, ist es in den natürlichen Rechten gegründet, daß man dem Beraubten in der Anführung seines Verlustes eher, als dem widersprechenden Räuber glaube — doch der gedruckte summarische Katalog der Kupferstiche 2c., wovon sich auch noch ein altes, aber weniger vollständiges specielles Verzeichniß irgendwo gefunden hat, überhaupt aber die Zeugnisse über alle folgenden Dinge von hundert lebenden Augen= und Ohrenzeugen und die, mehrentheils auch noch vorhandenen Protocolle 2c., welche dem Verfasser dieses Aufsatzes zu Gebote standen, können seine Angaben überall bewahrheiten.

A.

Verlust an Kunstgegenständen (Malerei).

Hier vergessen wir aller anderen verlorenen Kunstwerke dieser Kategorie alter und neuer Zeit. Wir reden nur von einem Gemälde, aber von Einem, welches durch seinen für Köln entschiedenen Werth, durch den Namen seines unter uns geborenen Meisters, des großen P. P. Rubens, und durch den Vortheil, den es durch den unaufhörlichen Besuch von Reisenden der Würdigung und der bürgerlichen Nahrung unserer Stadt zubrachte, uns Kölnern für eine ganze Gallerie galt.

„Zu weit vom Texte führte uns hier die Einschaltung von Rubens Geschichte; selbst wo sie das zwanzigjährige Leben seiner Eltern in Köln, und, nebst mehreren Kindern, unseres P. P. Rubens Geburt (1577) und erste Erziehung hierselbst, in eben dem Hause, worin auch die unglückliche Gemahlin König

Heinrich's IV. von Frankreich, Maria de Medicis 1642 gestorben ist, deren berühmtes Epos eben unser Rubens für ihren Palast Luxemburg in Paris gemalt hatte; dann auch noch, wo sie den Tod seines Vaters, des gelehrten Joh. Rubens (hier in Köln den 1. März 1587) und sogar unseres Künstlers Briefe in Betreff dieses Gemäldes aufstellt."

Die erfreuliche Stiftung dieses Bildes für seine Pfarrkirche St. Peter, wo Rubens eben am Festtage dieser Apostel, mit Beilegung derselben Namen getauft wurde, und für welche unser, in allen Hauptstädten Europa's damals berühmte Negotiant, Everhard Jabach den Hochaltar von Marmor bauen ließ, hat den großen Künstler zu der höchsten Anstrengung seiner Kraft bewogen. „Ich hoffe," sagt er in seinem zweiten Briefe an unseren damals in London sich aufhaltenden Geldorp (Antwerpen, den 2. April 1638), „daß es Eines der besten Bilder werden wird, die aus meiner Hand gekommen sind." — Wahrscheinlich hatte Rubens es noch selbst nach Köln überbringen wollen; denn er schrieb im ersten Briefe (Antwerpen, den 25. Juli 1637): „Ich hege eine besondere Liebe für die Stadt Köln, weil ich allda geboren und erzogen worden bin bis ins zehnte Jahr meines Lebens, und ich habe indessen vielmals verlangt, sie einst wiederum zu sehen. Aber ich fürchte, daß die Reisegefährlichkeiten und meine vielen Beschäftigungen dieses sowohl, als andere Vorhaben auszuführen mir so bald noch nicht erlauben werden." Das Gemälde wurde daher erst nach seinem Tode (1640) auf Köln gesandt.

In so weit war es ein ewiges Vermächtniß für seine Geburtsstadt und Taufkirche: gleichwie Rubens seiner Sterbestadt Antwerpen, außer mehreren großen Meisterstücken, auch ein Eigenes für sein Epitaph verehrte. Keines ehrenhaften Siegers Hand hätte deßhalb an seinem Raube auf dieser Stelle sich versündigt. Der Besieger Asiens, auch ein Alexander, begnadigte sogar eine Stadt, worin ein Mann von solchem Rufe geboren war. Aber dem Eintritte der französischen Truppen in Köln (1794, 6. Oct.) folgte alsbald eine Bande gelehrter und ungelehrter Volks-Repräsentanten mit ihren Auskehrern. Sie fielen über Alles her, wovon wir nicht dachten, daß sie, in Betracht ihrer hundert Schwüre von Gleichheit und Brüderschaft, und ihrer prächtigen Zusagen, Gesetz und Eigenthum der sich ergebenden Völker zu schützen, so listig und schamlos es wegnehmen würden.

Le Barbier nannte sich der Mensch, zum Andenken unserer Nachwelt an seinen Namen, der in die St. Peterkirche drang und über die unschuldige Höflichkeit des Pfarrers und über die Furcht und Obtestationen des guten Kirchenvorstandes triumphirend, dieses für uns ewige Denkmal keine halbe Stund lang mehr da ließ. In der Wohnung der Repräsentanten war schon der große Verschlag in Arbeit, als eine Legation unserer Consuln und Senatoren mit Bitten und Vorstellungen zu ihnen trat. Voici la Reponse: war die ganze Antwort des Trotzigsten unter den Stolzen.

Aber dieses Bild hängt noch im Museum zu Paris. Es ist die Nr. 509 des gedruckten Katalogs. Unser Stadt-Maire, Hr. von Wittgenstein, und der Procureur Gerant unserer Schule, Hr. Thiriart, dieser einmal in seinem dasigen neunmonatlichen Aufenthalte, jener bei seinem zweimaligen Erscheinen zu den kaiserlichen Festgeboten, versichern, alle Auskünfte gesucht, alle Mühe zu dessen und anderer Dinge Wiedererhaltung sich gegeben und durch den Mr. de Non, durch Vorstellungen an den Finanz-Minister Cretet und durch diesen an Napoleon selbst, ihre Bitte vorgebracht zu haben. Napoleon soll auch die Erstattung des Bildes, oder wie de Non lieber wollte, eine reiche Entschädigung durch mehrere andere Gemälde ansehnlichen Werthes in sein Portefeuille eingetragen haben; denn er hatte doch der Stadt Antwerpen Rubens' schönes Epitaphgemälde, er hatte den größeren Städten Frankreichs, selbst Mainz und Brüssel ganze Gallerieen und darin jeder dieser letzten sogar ein Bild von Raphael Urbino geschenkt. Aber für alle die theuren Opfer, welche Köln auch nur aus der Habe seiner Kunst- und wissenschaftlichen Hülfsmittel hergegeben hat, erhielten wir nichts. Napoleon selbst war zweimal unter uns. Die Gelehrten seiner Umgebung gestanden, in unseren festlichen Anstalten zu seinem Empfang und Aufenthalt Geist und Verstand, Würde, Befugniß und wichtige Erinnerungen gefunden zu haben, die ihn aufforderten, diese neue Gränzstadt der fränkischen Eroberungen am Niederrheine durch jedes mögliche Mittel von Kraft und Glanz zu dem zu erheben, was sie unter den Römern und selbst unter Karl dem Großen war. Bei so manchem Anlaß hatten unsere eigenen Sprecher auch Gelegenheit, diese Sache mit Herz und Weisheit zu betreiben; aber sie verfehlten ihre Befriedigung und unsere Hoffnungen, deren kräftige Erfüllung nun den Wiederherstellern der Freiheit und der Ehre des deutschen Vaterlandes aufbewahrt zu sein scheint!

Jetzt darf unser bisher schutzloses Köln muthiger und unbefangener sprechen; denn wir sprechen zu altbrüderlichen Deutschen und deutschen Sinnes vollen Monarchen, daß, wo sie selbst einer über alle anderen stolzen Nation es zeigen, wie viel größer der Sieger und wie klarer sein Ruhm sei: je mehr er des Unmächtigen, des Flehenden schont; auch sie nun die unnachläßliche Erstattung und Schadenvergeltung dieses uns so heiligen Eigenthums zu beschließen geruhen, welche gegen ausgesprochenes Gesetz und Wort, nur mit gieriger List und niederträchtigem Trotze uns geraubt worden war, und dessen Habe selbst der neue Monarch Frankreichs mit desto großmüthigerer Gewissenhaftigkeit abtreten wird, je mehr der eben so kostbare Wiederbesitz jenes oben berührten epischen Cyklus der auf der Stelle, wo Rubens Wiege stand, gestorbenen Gemahlin seines unvergeßlichen Urvaters, von unseres Rubens Hand ihn erfreuen muß.

Die Bürger von Köln bitten daher flehentlich die allerhöchsten verbündeten Mächte, das aus dem Hochaltar in unseres Rubens Taufkirche zu St. Peter dahier ungebührlich weggenommene Originalgemälde, die Kreuzigung dieses Apostels vorstellend, wie es in dem pariser Museum (Nr. 509) hängt, gemäß dem ewigen Willen des verklärten Rubens, an seinen Stiftungsort allergnädigst zurück zu bestimmen.

Es ist für Rubens' Geburtsstadt unschätzbar. Es ist ohnehin für uns das einzige öffentliche Geistes- und Handzeugniß seines Meisters, das letzte große Werk seiner Kunst und seines Lebens, für dessen so lang aufgeschobene Wiedererhaltung wir in unseren Herzen keinen Umtausch, hingegen für den so lang vermißten Besitz am Schlusse dieses Aufsatzes zu der uns weiter gebührenden Entschädigung jetzt folgender Entwendungen, noch einen Zusatz von anderen uns passenden Gemälben und Kunstwerken aus den unermeßlichen Magazinen zu verlangen wagen.

B.

Verlust an wissenschaftlichen und auch noch an wichtigen Kunstgegenständen, welche von den Franzosen aus dem stadtkölnischen, für die Universität und eine Akademie der schönen Künste bestimmten großen Collegium entwendet worden sind.

Den 9. November 1794, Morgens 9 Uhr, meldete sich in dem ehemaligen Jesuiten-Collegium der Secretär des Volksvertreters Fressinc sammt den Citoyens Le Blond, Bibliothecaire de la Bibliothéque du Collége des quatre nations, Fanjas de St. Fond, Prof. de l'histoire naturelle, und Thouin, Prof. de la culture. Sie verlangten von dem Administrator Hürtgen, auf eine vorgezeigte Vollmacht der Volksvertreter Joubert und Hausmann, die Eröffnung der Bibliothek u. s. w. Es mußte geschehen.

1. Der hineinkommende Bibliothecar flog alsdann, wie ein mit der Stelle schon Vertrauter, alsbald auf das rareste dort befindliche Werk, die hebräische Bibel, eine Handschrift aus dem 13. Jahrhundert, gr. fol. zwei Bände, welche immer auf 2500 Gulden geschätzt worden war. Mit diesem kostbaren Werke wurden aus dem Bibelfache dreiundfünfzig Bände in fol., die ältesten kölnischen Bibeln, deren eine von 1468—70, zwei Bände gr. fol. mit Figuren, und alle, die in Harzheim's gedruckter Bibliotheca Colon. verzeichnet stehen, sammt anderen mehreren der ältesten und seltensten Bibeln fremder Ausgaben, die Polyglotten und Erasmischen Schriften weggenommen.

Verlust zu — 7000 Fr.

2. Im theologischen Fache verflogen alle seltenen und schön eingebundenen, selbst darunter mehrere maurinische Ausgaben der Kirchenväter, die besten Werke über Concilien, Kirchengeschichte und dergleichen Antiquitäten, mehrere Curiosa mit Kupferstichen, die besten italienischen, englischen und holländischen Critici Sacri; man vermißte auch Manuscripte, die nach Harzheim's Angabe in Bibliotheca Colon. da gewesen sind.

Verlust zu — 1500 Fr.

3. Im stark besetzten historischen und geographischen Fache, worunter viele Seltenheiten, auch Bände mit schönen Landkarten waren, leerte man alle Repositorien aus. Im juridischen Fache, besonders da es die erste in Deutschland von ihnen durchsuchte Bibliothek war, alle jene Werke, welche von Deutschland, von deutschen Reichsangelegenheiten, Friedensschlüssen, Fürsten- und Volks-Verhältnissen, Diplomatik, Politik und Landrechten handelten, vorzüglich auch viel Seltenes, selbst rares Handschriftliches aus der deutschen und nachbarlichen Kirchengeschichte, welches unser gelehrter Jesuit Harzheim für seine Concilia Germaniae gebraucht oder gesammelt hatte.

Verlust zu — 3000 Fr.

4. Im philologischen Fache machten sie eine Beute von den besten alten und neueren Lexicis mehrerer Sprachen und Materien; von fast der ganzen schönen Sammlung der geschätztesten und rareften Editionen der classischen und kritischen Schriftsteller in jedem Formate rc. Nach ihrem Raub wurden vermißt die Elzevirianischen und anderen schönsten holländischen, englischen, italienischen und deutschen Ausgaben — Alle Burmanniana; selbst mehrere ad usum Delphini, das Beste aus der Sammlung der poëtarum medii aevi. selbst die schönsten der hiesigen und anderen gelehrten Jesuiten — auch deutsche gedruckte und alte seltene handschriftliche Poesien rc.

Verlust zu — 1700 Fr.

5. Unter den philosophischen, physicalischen und mathematischen Werken wählten sie die ganze Sammlung der Schriften von Kirche-

rus, welche unserem Collegio meistens von ihm selbst mitgetheilt worden sein sollen, die Werke des de Lanis, der damals noch neueren physischen und mathematischen in Deutschland, Holland nnd Italien herausgekommenen Schriften, die Folgen von deutschen akademischen Schriften. — Die Folge der Werke des Kircherus allein nach französischen Katalogen und das andere Vermißte zusammen
Angeschlagen zu — 2500 Fr.

6. Ueberhaupt suchte man vorzüglich hier alle incunabula typographica der alten, von Mainz schon vielleicht vor dem Jahre 1462 nach Köln verpflanzten Druckerei von Ulrich Zell, Terhörnen, Koelhof, Homburg, Unkel, Quentel ꝛc., und es verschwanden fast mehr als hundert Bände verschiedener Formate.
Verlust zu — 2600 Fr.

Diese Bücher legten die Messieurs vom ersten Morgen an auf die Erde über einander. Sie erlaubten nicht, darüber ein specielles Verzeichniß abzuschreiben; sie versiegelten immer die Bibliothekthüre und setzten eine Schildwache dahin. Des Nachmittags erschienen sie hinfort wieder und diese Räuberei dauerte drei Wochen lang. Endlich beim Hinausschaffen wurden auch alle Kataloge mitgenommen, alle Protestationen höflich belacht und die Bücherbeute wurde in vier vierspännigen großen bedeckten Wagen in ihr Magazin fortgeführt.

Wären nun auch jene Bücher nicht durchaus alle nach Paris gekommen oder in der großen National-Bibliothek nicht mehr vorfindlich (denn es sind deren mit der Etiquette: ad Bibliothecam Soc. Jesu Coloniae, auf den Boulevards ꝛc. öffentlich ausgestellt gefunden und wirklich, z. B. Jani Gruteri inscriptiones antiq. Editio nova Commeliniana gr. Fol., gekauft worden), so mag die Nation es sich selbst zumessen, wenn sie sich hierin ungetreuer Commissionärs bedient hätte, und eben darum müssen die bestohlenen Besitzer ihre Rückforderung an der Nation suchen.

Die Summe der Verluste in der Bibliothek 18,300 Fr.

7. Nach derselben Visitation ist bei uns auch ein kostbarer Band eigenhändiger Briefe von Leibnitz an unseren gelehrten

Jesuiten des Brosses vermißt, und wenige Jahre hernach aus unserer Bibliothek durch einen, hier zu Köln in Klöstern und Privathäusern lange als Emigrant ernährten, hernach aber auch als Visiteur auftretenden französischen Benedictiner Maugerard, einen großen Kenner, welcher mit Büchern handelte und das Beste überall eintauschte, noch ein kostbares, kaum wieder acquirirtes, auf Pergament durchaus gedrucktes, auf allen Bildern und Anfangsbuchstaben mit Gold bemaltes, rares kölnisches Missale, vielleicht auch Mehreres, auf angeblichen Befehl weggeholt worden. — Da auf diese Weise von echten und unechten dergleichen Emissarien in anderen Kloster-Bibliotheken damals auch Vieles noch ausgesucht und gestohlen worden ist, da imgleichen die ganze kostbare Manuscripten-Bibliothek des Domcapitels, welche einen unschätzbaren Reichthum von jeder Materie, selbst einen Censorinus de die natali, vom 5. Jahrhundert, und die ältesten Ritualia und Historica umschloß, und wovon Harzheim einen eigenen Katalog in Quarto ausgegeben hat, zwar nicht von den Franzosen, aber doch durch Wegflüchtung aus der Gefahr, für Köln jetzt ganz verloren gegangen, so bedauert Köln auch diesen Verlust wenigstens für 30,600 Fr.

Nach der Plünderung der Bibliothek schritt man zur Plünderung des bis dahin versiegelten Naturalien-Cabinettes und Museums; dort nahmen sie nun

8. die Sammlung von hundert und mehreren meistens aus Italien erhaltenen antiken Marmorplättchen und anderen, wobei auch Granite, Lazuli, Serpentin, Jaspis, Alabaster-Gattungen vorkamen, noch ein großer Vorrath von geschliffenen Achaten, Carneolen, deutschen Jaspis und Kieseln und ein paar Schiebläbchen mit so genannten rohen und geschliffenen Edelsteinen waren,

Werth — 400 Fr.

9. Unter den Mineralien wählten sie sich alles gegenwärtig Schönere, worunter peruanische und andere gediegene Goldstufen, ästicht, blätericht und eingesprengt, schöne solche Silbererze und andere Metalle und Halbmetalle, allerlei schöne Krystalle und Spathe, schöne hiesigländische Versteinerungen und Curiosa vorkamen. Aus

der ansehnlichen Sammlung der Conchylien und Corallen, wozu die Missionare und mit den Jesuiten bekannte Liebhaber aus Holland sehr schöne hierher verschafft hatten, verflog Alles, was Kenner für das Beste des Cabinets gehalten' hatten. Dazu mehrere Curiosa ꝛc.

Verlust zu — 550 Fr.

10. Die hier auf dem Museum befindliche Sammlung alter und neuerer Münzen, wovon noch der ausgeleerte schöne Kasten die Lücken zeigt, wurde erbärmlich mitgenommen; an griechischen und römischen Münzen sind 1398 der besten Stücke größere und kleinere silberne, der sehr kleine Vorrath von goldenen aber ganz, und die seltenen Münzen von Erz sorgsam weggesucht worden. Nach der Angabe der vorigen Besitzer und Kenner sollen viele rare, in Italien und hier zu Lande gesammelte Stücke darunter gewesen sein. — Auch der Vorrath von anderen Silber- und Kupfermünzen des Mittelalters ist verschwunden. Nichts Gutes mehr ist zurück geblieben,

Verlust — 3200 Fr.

11. Aus den im Münzschranke befindlichen Schublädchen verschwanden auch mehrere sehr geschätzte so wohl hoch als tief geschnittene Antiken und andere Cinquecenti Gemmen,

Werth — 560 Fr.

12. Unter dem daselbst befindlichen, größtentheils auch von den Jesuiten in Rom gesammelten Vorrathe alter Bronzen, Penaten, Schaalen, Gewichte, Lampen, Utensilien, Vasen, Thränengläser, Urnen verlor sich alles Beste weg.

300 Fr.

13. Nun bemächtigten sich die französischen Herren Visiteurs unserer berühmten und kostbaren Sammlung der Original-Zeichnungen und Kupferstiche aller Zeiten und Schulen. Der Jesuit P. Stolzen, gewesener niederrheinischer Provinz-Assistent beim General zu Rom, welcher auch viele der vorgemeldeten Alterthümer hierher besorgte, hatte imgleichen, als Kenner, den größten Theil der Zeichnungen und Kupferstiche in Jtalien für den kölnischen

Hauptort seiner Provinz gesammelt. Viele davon sind aus Deutschland, Brabant, Holland ꝛc.; viele selbst aus kölnischen Sammlungen dazu gekauft oder geschenkt worden. Der Vorrath war noch von den Jesuiten für dieses Universitäts-Collegium, welches von der Stadt gestiftet war und nach dem kölnischen, drei Kronen führenden Stadt-Wappen das Gymnasium Tricoronatum hieß, bestimmt worden, daher heißt der Titel des nur summarisch angeführten Verzeichnisses: Stampe e Disegni che si trovane nel Museo del Collegio Tricoronato — quae extant in gazophylacio rerum naturalium & artificiosarum Collegii Tricoronati Coloniae Agrippinae, wodurch das Eigenthum der Stadt sich besto mehr beurkundet.

Diese Sammlung bestand in zweihundert acht Bänden, deren die einundzwanzig größten 32 Zoll hoch und 22 breit; die hundert zweiundfünfzig mittleren 22 Zoll hoch, 16 breit waren. Diese hundert dreiundsiebenzig Bände waren alle in weißem Pergament eingebunden, mit auf rothem Grunde vergoldeten Rücktiteln. Mehrere dieser Bände enthielten hundertfünfzig bis zweihundert größere oder mittlere, andere sechs- bis siebenhundert kleinere leicht angeklebte Bilder. Der alten und seltensten Stücke waren ungemein viele. Die übrigen fünfunddreißig Bände waren verschiedener Form.

Der Original-Zeichnungen und Studien waren sechstausend einhundertunddreizehn, worunter Arbeiten der meisten und vornehmsten italienischen Meister vorkamen. Unter diesen allein waren z. B.

zehn Bände von der Hand des Carl Maratti,
ein Band von Bril und Breughel,
fünfzehn Bände von verschiedenen italienischen, deutschen und niederländischen Meistern,
fünf Bände mit italienischen und anderen Studien und akademischen Zeichnungen.

Die Zahl der Holzschnitte, worunter die besten von And. Andreani, Parmeggiano und anderen Meistern, italienischen sowohl als deutschen und niederländischen vorkamen; nur die Kupferstiche, worunter die ersten aller Schulen, einige in ganzen Folgen, viele in schönen Abdrücken, auch viele Vorstellungen römischer Antiquitäten und Gebäude, z. B. die Werke von P. S. Bartoli vorkamen, beliefen sich auf zweitausend sechshundert neunundneunzig einzelne Stücke. Unter diesen waren z. B.

vier große Bände nach Raphael Urbino, mit fünfhundert fünfunddreißig Bildern,

zwei Bände, dessen Camere vaticane e di Firenze, mit hundert einunddreißig Bildern,

zwei Bände von und nach Albrecht Dürer, mit dreihundert einundfünfzig Bildern,

drei Bände von und nach P. P. Rubens, mit zweihundert vierundvierzig Bildern,

ein Band von und nach v. Callot, mit fünfhundert dreiundvierzig Bildern.

Die meisten der übrigen Bände enthielten Bilder mehrerer Meister. *)

Beauftragte von Ihrer kaiserlichen Majestät, der großen Katharina von Rußland, haben auf die ganze Sammlung 20,000 Rubel angeboten. Aber sowohl bei diesem ansehnlichen Gebote, als bei einem andern eben so billigen Vorschlage Sr. königlichen Hoheit des Prinzen Albert von Sachsen-Teschen hat der Senat sich entschuldigt, weil man die Sammlung als eine Zierde der Stadt und zum Gebrauche einer in Vorschlag gebrachten Kunst-Akademie aufbewahren wollte.

Dieser Raub unseres Museums wurde nun auch, wie jener der Bibliothek, nach mehrtägiger Plünderung auf einigen großen Fuhren aus dem Collegio weggebracht. Werth und Verlust dieser Zeichnungen und Kupferstiche, angeschlagen zu 100,000 Fr.

Es mag sein, daß, wie man vorgeben könnte, nach Paris in die kaiserliche Sammlung nicht Alles hingekommen und niedergelegt worden sei. — Einige unserer Pergament-Bände, etwa sieben bis

---

*) In dem gedruckten Kataloge: Stampe e disegni, che si trovano nel Museo del Collegio tricoronato a Colonia, sind sie nach den Meistern summirt.

acht, stehen sichtbar nebeneinander auf dem großen Kupferstich-Cabinet zwischen der ungeheuren Anzahl von allerhand andern Bänden. Diese zeigte man nur den darum nachfragenden Kölnern, die aber in der antiquarischen Behandlung dergleichen eingesammelter Vorräthe unwissend und mit höflichen Antworten zufrieden, gerade zu Alles auf die Untreue der Herren Visiteurs oder der Wegführer zu legen scheinen. Man weiß aber auch, daß die meisten angekommenen Bände auseinander geschnitten und, wie es mit allen Zusammlungen geht, die in jener Zeit noch abgehenden Blätter oder die besseren Abdrücke in die Lücken ihrer Bände geklebt, die ihnen Ueberflüssigen in die großen Magazine gelegt und zum Austauschen ꝛc. gebraucht oder bestimmt worden sind.

Von unseren Zeichnungen werden ebenso auch nur die seltenern besten oder interessantesten zu der kostbaren großen Sammlung ihrer Kategorie herausgenommen, die anderen so gut als die Menge der damals nicht geachteten Heiligen-Figuren ausgemerzt, viele davon auch schon beim Einpacken oder Auspacken verbraucht, verschenkt oder verloren sein.

Zur wirklichen Ausfindung unseres Eigenthums in dergleichen Kategoriecn, als Münzen, Kupferstichen, Büchern, ist jeder Vorschlag von emsiger Nachsuchung in den pariser Museen und Bibliotheken*) ein unausführbares Bestreben, ohne zu berechnen, welchen Aufwand von Zeit und Kosten der so lange Aufenthalt zu Paris deßhalb erfordern würde....

Zum reellen Ersatz der meisten dieser Objecte wird uns also wenig Hoffnung sein; und selbst die für uns am besten gestimmten Aufseher würden sie eben so wenig kennen und ausfinden, als Andere, welche sie in Köln nie gesehen hatten. Dem sei, wie ihm wolle, auch die nun besiegten Wegnehmer müßten sich aus gleichen Gründen nun auch so behandeln lassen, wie sie uns behandelten; obwohl die Deutschen eben nicht Ursache hatten, ihnen so viel

---

*) Die Sammlung der gedruckten Bücher der kaiserlichen Bibliothek zählt über 300,000, die der Handschriften über 80,000 Werke.

Gleichheit und Bruderliebe zuzuschwören, mit welcher sie uns täuschten.

Verlust an der Bibliothek	18,300 Francs,
„ im Naturalien=Cabinet	950 „
„ an den Münz=Sammlungen und Antiquitäten	4,060 „
„ an den Original=Zeichnungen und Kupferstich=Sammlungen	100,000 „
Summa für B	123,310 Francs.

Zur Entschädigung dieser Kunst=Kategorieen folgen unsere Vorschläge nachher.

Der durch diesen Krieg verursachte Verlust unserer kostbaren alten Handschriften=Bibliothek im Dom, von . . . . 306,000 „

hinzugesetzt, ergibt die Summe von . . 429,310 Francs.

C.

Römische und deutsche kölnische Alterthümer und Merkwürdigkeiten, welche theils in unserem alten Zeughause, theils an anderen Plätzen vom Ende October 1794 bis den 20. November 1794 weggenommen wurden.

1. Ein aus den Mauern im Vorplatze des Zeughauses gewaltsam gebrochener, schön verzierter römischer Cippus mit der für uns merkwürdigen Inschrift:

L' NASIDIE-
NVS AGRIPP.
TRIBVN.
LEG. XIII. GEM.

(Unter der Inschrift sah man auf dem Rande eines Korbes oder Gefäßes zwei gegeneinanderübersitzende und herabpickende Vögel.)

Die Beschreibung davon findet sich bei Albenbrück de Religione Ubiorum, und in Gerken's Reisen 2c. Am besten aber ist der Stein gewürdigt in den Actis acad. Palatinae Tom. III. Histor. pag. 61.

Der Werth und Verlust dieses Alterthums ist für uns wenigstens
180 Francs.
Von zwei andern daneben befindlichen, auch weggerissenen ähnlichen Steinen, sind uns nicht einmal die Copieen gelassen worden; wir können sie deßhalb nicht angeben,
Verlust von wenigstens 200 Fr.
Eine vollständige kostbare uralte ägyptische Menschen-Mumie in ihrem gleichzeitigen, gewiß mehr als tausendjährigen, mit Eisen beschlagenen egyptischen Kasten (dessen oberen Theil man am Halse aufheben konnte), war auch in unserem Zeughause aufbewahrt. Unser Baron v. Hübsch hatte sie von den französischen Repräsentanten als Geschenk für seine guten Dienste erhalten. Sie ist also sammt dessen gutem Andenken für uns verloren. — Dieses zur Rechenschaft für unsere Nachwelt.

2. Aus unserem ehemaligen römischen Capitol, dem nachherigen Palast der kölnisch-fränkischen Könige (woraus nachher das St. Marienstift im Capitol entstanden ist), wurde aufgesucht und weggeraubt:

Ein vielfarbiges, durchaus musivisches Grabmal mit der ganzen Abbildung eines liegenden, lang gekleideten Mannes mit gefalteten Händen. Neben dem Kopfe war zu lesen — ARN — VLFVS — vielleicht noch einer aus der Familie der kölnischen Könige oder der Pipine. Es war etwa 6 Fuß lang und 28 Zoll breit. Früher schon waren dem Stifte von einem fremden Liebhaber 100 Ducaten dafür geboten worden. — Durch die Eile und Unwissenheit der Räuber-Miethlinge ist dieses seltene Stück aber schon im Ausbrechen zertrümmert, dennoch von den Commissären weggenommen worden, um dasselbe in Paris zusammensetzen zu lassen. Indessen hat man Spuren, daß einige Stücke davon hier in der Wohnung der Repräsentanten liegen geblieben sind. Aber die Sünde und der Raub müßten ersetzt werden mit
1100 Fr.

3. Eine bis 12 Fuß hohe orientalische polirte alte Granitsäule von schöner schwarzer und weißer Mischung, welche aus un-

serer erften, von der Kaiferin Helena in Form eines oblongen griechifchen Tempels hier erbauten St. Gereons=Kirche, noch zum Andenken übrig und neben der Kirchthüre an ihrer alten Stelle in der Mauer allein ftand. Diefe Säule hat man auch in räuberi=
fcher Eile oder im Aufpacken befchädigt und fie ift wahrfcheinlich nicht ganz nach Paris gekommen. Genug, die Räuber nahmen fie fort, und taufend noch lebende Zeugen kannten fie. Der Werth des Verluftes auf ihre Rechnung zu

800 Fr.

4. Aus unferem, ehemals von allen fremden Reifenden be=
fuchten und bewunderten alten Zeughaufe, find außer den noch übrigen zweiundneunzig, theils kupfernen, theils eifernen, größeren und kleineren, fammt einer Menge noch auf den Wällen befindlicher Kanonen verfchiedenen Calibers, auch ganze Kiften und Pyramiden dazu gehöriger Kugeln, dann eine ungeheure Maffe altes und neues, noch brauchbares Kriegsgeräth ꝛc., und vom franzöfifchen Oberften felbft vier, auf ihren Schleifen fchön montirte Mörfer weggeführt, welche wegen ihrer Pracht und Größe bewundert wurden; eine Menge von Kupfer=, Eifen= und Blei=Materialien, mehrere Taufend Stück alte Gewehre, Harnifche, Pickelhauben, Spieße, Schlacht=
fchwerter, Säbel und Degen: befonders die Reihe der Schießge=
wehre von der erften Erfindung find mitgenommen, veräußert oder zerfchlagen worden. *)

Das Wegführen aus dem Zeughaufe hat über anderthalben Monat lang gedauert.

Ein Verluft von wenigftens 500,000 Fr.

5. Unter die bloßen, nie zum Kriege beftimmten Zierden des Zeughaufes gehörten außer zwei großen kupfernen, mit Schuppen und Laubwerken prächtig verzierten und verfchnittenen, vergoldeten oder goldfarbigten Kanonen, berechnet zu

6800 Fr.

---

*) Aus demjenigen, was in diefem Zeughaufe, in den zweiundzwanzig Zunfthäufern und auf den Stadtthoren fich gefunden hat, fchließe man auf die Macht und Pracht

6. hauptjächlich das bewunderte Meisterstück der frühesten kölnischen Kunstgießerei, eine fast aus zwei Theilen Silber oder Weißmetall, und kaum drei Theilen Kupfer (also wenigstens Billonstoff) noch ganz in alter gothischer Geschmacksform hier in Köln gegossene Art von Feldschlange, fast 13 Fuß lang, auf ihrer noch ordentlichen Laffette.*) Dieses Probestück des kölnischen Geistes und Kunstfleißes hätte man hier erhalten und (wenn die Erfindung des Schießpulvers von dem Mönche Berthold Schwarz in Köln, nach der Angabe mancher Bücher wahr wäre) zu Ehren der Kunst, ohne welche es leider jetzt keinen Sieger gibt, desto mehr schonen müssen. Es war uns alsdann wohl eines der frühesten, seiner hiesigen Erfindung gewidmeten Monumente. Scheinbar hat man es auch mehr des materiellen Werthes wie der Brauchbarkeit wegen fortgeführt. Ein großmüthiger (deutscher) Feind, der so ohne Schwertstreich, und sich selbst über Schonung hochrühmend in die Stadt aufgenommen worden wäre, hätte es auf die geschehenen Vorstellungen wenigstens zum Abtrage der Contribution gezogen.

Dieses stadt-kölnische Monument muß sich wirklich im pariser Arsenal wiederfinden. Wir bitten und hoffen, daß die erhabenen uninteressirten Richter unserer Forderung gütigst nachkommen werden, und dasselbe zu Ehren des deutschen Nationalruhmes der Stadt Köln zurückstellen. Im Ausbleibefall

Verlust an Werth und National-Ehre von 8000 Fr.

7. Unser berühmter, aus den altdeutschen Zeiten und unseren Kriegen mit den Kurfürsten im 13. bis 15. Jahrhundert noch übrige Streitwagen mit vier dicken, kurzen, schweren Rädern, an welchem nach alter Art Sensen befestigt und an der Deichsel weit-

---

einer Stadt, die einst im 14. bis 16. Jahrhundert 30,000 Mann in Waffen stellen konnte, wo ihre Bevölkerung auf mehr als 150,000 Köpfe stieg. [?]

*) Die Waffenschmied- und Zeug-Arbeit, die Gießereien von Glocken, Mörsern, Kanonen und Schleßröhren, durch deren Fabrication und starke Lieferungen, selbst an auswärtige Mächte, unser Köln damals berühmt war, betrieb sich hier in allen den Gassen, welche von der Streitzeuggasse gegen unser Zeughaus hinzielten, und dadurch noch bis jetzt ihre Benennungen tragen.

aus nach vorne sich ausspreitende Spieße angebracht werden konnten. Der Wagen trug einen Kasten von schweren eichenen Dielen, die mit Eisenwerk wohl versehen und mit dem alten kölnischen Wappen bemalt waren. Der Kasten hatte eingeschnittene Mauerzinnen, wohinter sich acht bis zehn Pfeil- oder Lanzen-Schützen sicher decken, in die feindlichen Linien heftig durchbrechend operiren und den folgenden Angreifern Platz machen konnten. Dieses alte Denkmal deutscher Kraft konnte nur französischen Auskehrern gleichgültig sein. Sie haben das Eisen verkauft und das Holz verbrannt. Die Klage wurde verlacht. Eine Sünde für wenigstens

800 Fr.

8. Es war Jahrhunderte lang bekannt, daß die Stadt Köln als eine der vornehmsten Handels- und Hansebundes-Städte, in derlei Geschäften und Anstalten immer die erfahrensten Berather und Richter genähret und die weisesten Verordnungen erlassen habe. Eine jener Verordnungen und Anstalten bestand damals in ihrem genauen Gewicht- und Maß-Systeme, wodurch sie sich das allgemeine Vertrauen und den Ruhm erworben hatte, daß das kölnische Gewicht (die kölnische Mark) für das Richt- und Muttergewicht des Reiches angenommen, alle Reichsmünzen und Münz-Edicte, sogar noch die zwischen den Jahren 1760—70 und alle anderen Münzfuße, selbst ausländische daran verglichen wurden.*) Das Haupt-Richtgewicht mit Wage und allem Zubehör, woran appellirt werden konnte, wurde in einem Archive der Stadt, wie ein Palladium aufbewahrt. In einem mit Sammt ausgeschlagenen Kasten und alles in Futteralkisten eingeschlossen, sollte es damals mit keiner unreinen Hand, und eigentlich nur vor Zeugen zu berühren erlaubt gewesen sein. Es war eine Arbeit ungefähr aus dem 14. Jahrhundert, äußerst schön und zierlich, von den besten unserer, ehemals lange Jahre her auch in dieser Kunst einzig geschätzten kölnischen Meister, wiederum als ein National-Hauptstück verfertigt.

---

*) Siehe in Hirsch' Münz-Archiv beim Worte Köln oder Gewicht die Register aller vier Bände in Folio; ebenso alle Wörterbücher über diese Materie.

9. In der Sitzung eines von den französischen und aachen'schen Gewalten so oft geänderten Senats, den 19. Prairial 6. Jahres, wurde der Befehl verlesen, alles was Münz und Münzgewicht sammt Zubehör betraf, nach Aachen (oder davon dannen nach Paris) zu schicken. Wo es geblieben oder dermalen hingekommen sei, können wir nicht versichern.

Aber das uns geraubte Reichs= und Stadtkleinod, besonders die kostbare Richtwage, schreit zu ihrem Mutterorte zurück. Wir fordern es in Natura, oder wäre es schändlich verloren oder mißbraucht worden, so müßte der Verlust an Werth, Ehre und Interesse gebüßt werden mit

2000 Fr.

10. In diese Kategorie gehört noch zu bemerken, daß, wo die beim Eingange dieser Schrift angeführten, zur Hülfe des Vaterlandes geforderten, den österreichischen und Reichs=Generalen schon freiwillig abgelieferten Kanonen außer unserer Gewalt waren, dieselben unerachtet ihres wiederholten Ersuchens, durch unsere Vorstellungen sich dennoch bewegen ließen, die 92 größtentheils noch brauchbaren, darunter viele kupferne, und hiebei die 4 prächtigen großen Bombenmörser, sammt dem ganz unangesprochenen alten Armaturvorrathe der Stadt zu erlassen, und das Brauchbare nur im höchsten Nothfall zu fordern: als wir ihnen bemüthigst vorstellten, daß dieses Eigenthum der jetzt unkriegerischen Bürgerschaft (außer den wenigen oben angeführten für uns zu merkwürdigen Stücken) bestimmt wäre, verkauft zu werden, um damit unsere, bereits so ungeheuer angewachsene Schuldenlast abzutragen: indem Ehrlichkeit und Credit uns das größte und jetzt nothwendigste Gut wäre, womit wir so viele, durch an uns gemachte große Vorschüsse und Verbürgungen schon gesunkene und verarmte Bürgerfamilien retten müßten. Aber um Alles zu verlieren, durfte nur eine Art Menschen hieher kommen, die jeder Redlichkeit und Dürftigkeit zu spotten und bis zu der untersten Classe der Auslehrer, die Kunst und die List verstanden, mit den schönsten oder stolzesten Floskeln ihrer Gefallsüchtigkeit, ihr gegebenes Wort zu brechen, und ihren Raub zu heili-

gen. So machten sie es auch, als besondere Commissare gleich Anfangs unter Bedeutung der strengsten Hausvisitation und Strafe alle Bürger einluden, Degen, Spieße, Flinten, alles mit dem Namen des Eigenthümers bezeichnet, in ein bestimmtes verschlossenes Magazin unverzüglich einzuliefern. Aus treuem Gehorsam gehorchten wir, noch an deutsche Redlichkeit gewohnt, doch auch Verräther unserer Habe fürchtend. Wir brachten und sandten die schönsten vergoldeten und silbernen Degen und Lanzen, die vortrefflichen Jagdflinten 2c., selbst kostbare Rüstkammern voll alter Familien- oder türkischer Gewehre, sogar Prachtgewehre, Meisterstücke unserer Künstler 2c. dahin. Sie reichten uns auch Verbürgungsscheine für die Sache oder selbst für den Werth. Aber! nicht lange hernach theilten, verkauften, versendeten schon die Räuber von den besten Stücken dieses Magazins. Langsam verschwand es an Generale, Commissare und Spione. Alles entflog schon frühe. Sie lachten unserer Furcht und Leichtgläubigkeit, und verpesteten schon durch solche Handlungen selbst unsere Moralität. Hierin allein der Schaden für die einzelnen Bürger-Familien gesammt nur berechnet auf 14,000 Fr.

11. Wir bemerkten schon in der Einleitung, daß die französische Habsucht nicht nur die Grundplätze und Gebäulichkeiten der geistlichen Corporationen sammt allem darin angetroffenen Vorrathe von Kirchen- und gemeinem Gute sich zueigneten, sondern daß dieses Loos auch sogar alle weltlichen (städtischen) Corporationen getroffen habe. Unsere zweiundzwanzig so genannte Ritter- und Handwerks-Zunfthäuser, worunter mehrere große Gebäude mit Gärten und Zinshäusern waren, sammt allem daselbst meistens noch gefundenen Geräthe, wurden ohne Rücksicht der Reclamation der einzelnen Glieder an ihrem Einkaufrechte verkauft oder veräußert.

Der bürgerliche Verlust hieran steigt wenigstens auf 60,000 Fr.

Bei allem weggeführten Vorrath im Zeughause und bei der angemaßten freien Disposition über alle städtischen Magazine, welche nur für sie gebraucht werden mußten, erfuhren die Franzosen doch auch, wie sehr die Vorsicht unserer kölnisch-deutschen

Vorväter für jede Gefahr und Noth ihrer Mitbürger zu sorgen gewußt habe. Die Visiteurs fanden z. B. in einigen der dicken Stadtthürme ganze Gewölbe voll alten, in sich festgebackenen rei=
nen holländischen Salzes 2c.

Wir lassen dieses und mehreres auf dem sattsam ungerechten Haufen ihrer Spolien unberechnet.

Unberechnet werfen wir auch zu diesem Haufen den Verlust der Monumente unserer Ehre an unzähligen Kunstwerken unserer alten vortrefflichen Baumeister, Schmelzmaler (Emailleurs), Glasmaler, Gold=, Silber= und Kupferarbeiter, wovon jene in den schönsten Ideen, Formen und Verhältnissen gezeichnete, in dem jetzt bewunderten reinsten Geschmacke des Mittelalters ausgeführten Meisterstücke von Gebäuden, Tabernakeln, kostbaren Reliquien=Kasten, Monstranzen, Bildern, Lampen 2c. hier noch übrig waren, die in der Raub= und Zerstörungs-Epoche, theils durch Veräußerungen in der Noth der Kirchendiener und Armen, theils durch den Befehl der Eroberer; sei es aus Aengstlichkeit und Unwissenheit der eigenen Verkäufer, oder aus Geschmacklosigkeit oder Gewinnsucht der herbeigerufenen Metallarbeiter und Ankäufer zersetzt, verworfen oder verschleudert worden sind *). Was würde unsere Nachwelt von dem Ideenreichthum und dem erstaunlichen Fleiße in der Ausführung unserer alten Künstler, und von der Kraft und Kunstkenntniß der großherzigen Geber jener Zeit sich auch einbilden können; wenn wir, mit Gottes Hülfe, nicht noch unsere prächtige Tumba der heiligen Weisen aus ihren zurückgekommenen Ruinen möglichst hergestellt, und unsere, selbst in ihrer Unvollkommenheit jetzt so allgemein bewunderte Domkirche glücklich erhalten und zu zeigen hätten. Welche Zukunft, welche Hand ersetzte zu Deutschlands Ehre wieder solche Werke!

---

*) Worunter auch manche sehr schöne Antiken weggekommen, und z. B. von der Tumba des h. Gunibert eine kostbare, etwa 9 Zoll in der Oval-Oeffnung messende antike tiefe Schale von mehrfarbigem Sardon-Carneol vorgekommen ist, welche hernach ein reicher Pole hier um 112 Ducaten eingekauft hat. Die Heiligen-Kasten waren das unveräußerliche Gemmen-Cabinet unserer darin kenntnißvollen Vorväter.

D.

Verluste der Stadt Köln an Gemeinem und Privat-Vermögen ꝛc.

Die Stadt Köln lag sowohl durch ihre beträchtlichen Geldverwendungen für Reichs=Angelegenheiten, als durch öftere ihr zugestoßene Unglücksfälle und große Bedürfnisse für ihre innere Oekonomie, bereits unter einer alten großen Schuldenlast von aufgenommenen Capitalsummen. Von der größten Anzahl derselben waren die Pfandbriefe zu dauernden Zinsen angeschrieben oder darin verwandelt worden, worauf seither allerhand öffentliche und Privat=Stiftungen für Gottesdienst und Kirchenpfründner, für Pfarreinkünfte, Armen= und Spitalscassen, Universitäts= und Familien=Pensionen hafteten *).

---

*) Die Schulden der Stadt Köln lassen sich daher eintheilen: a) in diejenigen, welche die Stadt als deutscher Reichsstand für allgemeine Reichs-Angelegenheiten; b) in jene, welche sie für eigene ökonomische Bedürfnisse machen mußte. Von den Schulden erster Classe wollen wir, mit Hintansetzung älterer anderer, nur drei Hauptanlässe oder Epochen berühren.

1. Als Köln 1475 bei der eilfmonatlichen Belagerung der Stadt Neuß durch Karl den Kühnen mit einer fast eben so kühnen Unternehmung von Kriegs- und Nahrungs-Zufuhr zu Wasser, sogar mit einem eigends dazu angeworbenen Truppencorps von mehreren Tausend Mann, und noch mit einer freimüthigen Legation an den Kaiser, den bedrängten Neußern zum Schutz kam: indem der um so viel frühere Fall von Neuß auch den Untergang Kölns und des ganzen umliegenden Landes nach sich gezogen hätte.

2. Als vom Jahre 1678 bis 1710 durch die zur französischen Partei gelockten kölnischen Kurfürsten Max Heinrich und Jos. Clemens herbeigeführte Gefahr, mit dem ganzen deutschen Rhein von dem französischen Despotismus verschlungen zu werden, Köln sich durch die alte Freundschaft mit Holland mittels einer eigenen Befestigung von neuen Bollwerken und Gräben, und mit Anschaffung vieler trefflichen in Holland verfertigten Kanonen und Mörser und einer starken Besatzung sicher stellen mußte.

3. Als noch im siebenjährigen Kriege 1757 bis 1763 Köln in Verbindung mit dem Kaiser und Frankreich den hier meistens einquartierten französischen Generalstab mit Magazinen und Spitälern und immerwährenden Kriegs-Bedürfnissen bedienen mußte, wovon es noch wirklich alle von Frankreich bisher unbezahlte Schuld auf dem Nacken hat, die mit den Zinsen jetzt mehr als Eine Million betragen wird. Wir übergehen die aus anderen so vielen Reichskriegen und Angelegenheiten uns noch aufliegenden Schulden, deren jährliche Zinsen unseren Finanzen so viel entzo-

1. Nach dem Einmarsche der Franzosen mußte Alles stocken. Sie eilten, das baare Geld der Stadtcassen gegen eine, bald nichts werthe Assignaten-Last einzuwechseln, wofür die Stadt selbst dasjenige nicht anschaffen konnte, was die Gebieter von ihr forderten. Dieser vorläufige Verlust der Stadtcassen läßt sich anschlagen wenigstens zu

20,000 Fr.

2. An unantastbaren Gerichts-Depositen und Pupillen-Geldern versirte nun der Payeur-Général Le Mercier, vom 29. Dec. 1794 bis zum 7. Jan. 1795, die Summe von 12,362 Reichsthaler 24 Stüber, macht

37,087 Fr.

3. Verschwärzt und entwürdigt stand die Stadt Köln in der frühesten Districts-Eintheilung unter der ihr nie freundlichen Stadt Bonn. Von einer Contribution zu 800,000 Liv. für den ganzen District von etwa 18 Städten und 200,000 Joch Landes, fiel von daher auf unsere Stadt allein die unverhältnißmäßige Summe von 480,000 Liv. Also 80,000 Liv. über die halbe Summe für den ganzen District. Nicht so sehr dieses Unrecht, als der nun einmal für die französischen Repartiteurs gegründete Maßstab zu der Folge der unerschwinglichen Auflagen ward unser Kummer.

<small>gen, daß wir an mehrere nützliche und schöne Projecte nicht viel und fast nichts mehr wenden konnten.

Die ökonomischen Schulden der Stadt sind mehrentheils angehäuft worden: a) durch öftere schädliche, besonders gegen das Ende des vorigen Jahrhunderts uns ganz verderbliche Ueberschwemmungen, wodurch alle Rheinufer und Krahnengebäude, lange Strecken der Stadtmauer ganz zerstört und neu aufgebaut werden mußten. b) Durch zweimalige unser Land bedrohende Hungersnoth, wodurch Köln allein durch ungeheure von seinen Bürgern aufgenommene Capitalien überallher, wo es möglich war, besonders aus Danzig, einen solchen Fruchtvorrath anschaffte, daß es bis zu 40—50 Stunden weit, Fürsten und Ländern beispringen konnte, deren Andenken und Dank gegen uns auch der schönste Lohn der Menschheit war. c) Durch die in jetzigen zwanzigjährigen Stürmen nothwendig gewordene Aufnahme von ungeheuren Capitalien für alle genug bekannte Bedürfnisse, wofür, wie wir sagen werden, Napoleon uns durch eine versprochene, aber nicht ganz flüssig gewordene Rettung trösten wollte, u. s. w.</small>

4. Alles, was den Franzosen und ihren Anhängern hier gefiel, selbst unnöthige Kunst- und Luxus-Gegenstände, Seltenheiten in den Buchläden ꝛc. sowohl, als jede Art von Waaren und Lebensmitteln wurden den vergebens klagenden Eigenthümern mit Assignaten bezahlt. Ganze Keller mit Weinen, Speicher mit Früchten, Tuchläden ꝛc. wurden so wohlfeil ausgeleert. Vielleicht, um daß auch kein Anbingen den raschen Käufer aufhalten könnte, entstand und bestimmten sie das Maximum aller Preise, zum Nachtheil und billigerem Raube des Eigenthums.

5. Die Summe dieses noch erst nur willkürlichen privat-bürgerlichen Verlustes steigt wenigstens zu

160,000 Fr.

Die Requisitionen machten hernach die Räuberei noch gemächlicher. All das obige und was noch wieder eingekommen war, mußte ihnen jetzt eingeliefert werden. Empörend und fast kindisch war manche Forderung einer solchen, wie ein langes Sündenregister abgedruckten Liste (vom 8. Oct. 1794). Kein Vorrath durfte unter Confiscationsstrafe des Ganzen verhohlen bleiben. Ohne Rücksicht, ob die Einwohner auch noch Bedürfnisse fühlten; ob durch Mangel des Materials alle Fabrication, alle Handarbeit stockte; ob bei geschlossenem Rheine und gelähmtem Handelsverkehr so viele Nothwendigkeiten dafür bald wiederum ersetzt werden konnten, wurde z. B. aller Vorrath (la totalité) von Eisenstangen und Platten, alles Blech, Zinn, Kupfer, alles Wollen- und Leinentuch, zwei Drittheile alles Zuckers, 1000 Pfund Caneel (!), fast ganze Speise-Magazine, ganze Materialisten-Lager von Arzneimitteln und Farbestoffen ꝛc., auf papiernen Credit und nie gefolgte Zahlung gefordert. Nicht nur wurde hierzu fast das ganze Handelsvermögen manches hiesigen Eigenthümers, das Glück und die Nothdurft von etwa 24,000 Arbeitern, sondern in dem Worte totalité auch das fremde Speditionsgut angesprochen *).

---

*) Der Commissair setzte bei seiner Forderung wohlweislich hinzu: 1. Que la denonciation des substances spécifiées par la Réquisition est exigée pour

Rechne man auch weg, was daran abgezogen, darauf bezahlt oder vergütet worden wäre, so hält man dennoch die von allen seitherigen Requisitionen, Generalstafeln ꝛc. zurückgebliebene Schuld noch für eine Summe von

4,000,000 Fr.

6. Wir gelangen zu den jährlichen Contributionen und anderen Erpressungen.

In unserer eigenen freien reichsstädtischen demokratischen Verfassung kannten wir fast keine jährlichen Abgaben; nicht einmal eine Haussteuer. Wenn die äußerste Noth in einem ganzen Jahrhunderte eine unbedeutende, vorübergehende Gewerb- oder Personalsteuer veranlaßte, so war schon des Klagens über Bedrückung kein Ende. Das Gewöhnliche, was wir hier eine gemeine Abgabe nennen konnten, lag auf einer ganz unmerkbaren Nahrungsmittel-Steuer, die, wegen der Kleinigkeit im Detail, der Bürger nicht fühlte, jeder Reisende und Fremde mitbezahlte, und die den Armen und Unterhaltenen gar nicht traf. Aber uns, die wir das Wahre der Freiheit kannten, die an der Freiheit uns selbst zu beherrschen und uns allein zu besteuern, selbst an der Freiheit unserer Meinungen so fest hielten, daß wir diese, nach dem Beispiel großer freier Nationen, nicht einmal gern mit dem Geiste anderer Meinungen vermengen wollten, uns kam nun mit Frankreichs neuer, so blendender Freiheitsidee (welche Glück und Glanz für Thätigkeit und Müßiggang versprach) auch bald darauf, als wir schon, was uns hier werth, gut und heilig war, dagegen weggegeben hatten, das Heer jener unerhörten Namen von Auflagen über den Hals,

---

que la République française soit exactement informée des ressources, sur les quelles elle peut compter en cette Ville. 2. Que la valeur des marchandises requises, selon les loix de Réquisition sera payée par la République française. Wann? wodurch? wenn man noch mit Gewaltigen, wie es sich gebührte, rechten könnte, und so, wie es nur ein höherer Richter kann, dann müßte schon für die Summe der auf dieser deutschen Rheinseite und in Holland verbreiteten, auf den Boden Frankreichs garantirten Assignaten, Deutschland und Holland einen mächtigen Theil Frankreichs, und Köln allein eine ziemliche Morgenzahl davon besitzen. Aber, dat veniam censura.

welches uns sclavisch niederbrückte. Zeit und Gewalt haben uns verändert und gehorchen gelehrt, und indessen man unsere Habe wegführte, sahen wir auf zum Himmel der besseren Zukunft.

Die jährlichen französischen Contributionen bekamen hier bald ihre folternde Consistenz. Die directen Steuern, Kriegs-, Mieth- und Grundsteuer, Thür-, Fenster-, Personal- und Mobilarsteuer, Gewerbpatente, Enregistrement, Stempel, Hypotheken und Domainen-Gebühren *) und die Executionen deßhalb gegen die Insolventen sollen, seitdem sie bestanden, unseren Bürgern allein gekostet haben die Summe von

2,200,000 Fr.

7. Die Douanen-Regie und die gehässigen Droits reunis etc., deren Forderungen und Betrügereien so willkürlich wurden und deren Gewinn man nicht berechnen kann, hatten nun gar das Glück und Unglück der Bürger in den Händen. Die Folge ihrer verderblichen Maßregeln war der Ruin unseres ganzen Handels und des öffentlichen Credits für den ehrlichen Mann, so wie sie selbst die Quellen des öffentlichen freien Betrugs für den Haufen der Unredlichen waren. Durch immer gegenwärtige Visiteurs blieb kein Bürger seines Willens, seiner Waare und des Genusses seiner Habe sicher. Verbot, Einschränkung und Confiscationsstrafe galt für Alles bis zum Transport von Haus zu Haus. Das dem deutschen Moralprincip **) entgegen gesetzte französische: **Jedermann ist ein geborener Spitzbube**, begründete in seiner Anwendung den unverantwortlichsten Raub: wobei nicht nur der Verdacht, sondern der bloße Wille eines an dem, wo nur immer aufgetriebenen Gute seinen Theil genießenden Raubjägers entschied. In beträchtlichen Fällen hat die offenbar unschuldigste kleinste Nachlässigkeit des in den so verwickelten Formen unbeholfenen Absenders oder Ueberbringers, sogar der von einem solchen Verräther selbst heim-

---

*) Das Enregistrements-Bureau allein verschlang schon in einem einzigen Jahre über 600,000 Fr.

**) Bonus quisque, donec probetur, malus.

lich unterlegte Betrug ganze Familien zerrüttet. Plötzliche Bankerotte zerrissen die ältesten vertrautesten Handels-Verbindungen. Bekannte inländische Fabricate, z. B. von Zeugen, Tüchern, Strümpfen, Hauben 2c. jeder Art, wurden zu Englischen umgetauft und weggenommen. Mit demjenigen Gute, was der Eigennutz der Wegnehmer nicht für sich verhehlte, ward zum Aerger der Armen, der unbekleideten Kranken und Soldaten ein öffentliches Feuergericht gehalten. Eine Menge von der französischen Regierung in Frankfurt an kölnische Handelshäuser verkaufter Colonialwaaren wurde, unerachtet aller noch unversehrten Stempelsiegel und Beglaubigungsscheine, bei erlaubtem Durchzuge durch das bergische Land (1813 im Mai) daselbst von der französischen Regierung dennoch wieder weggenommen. Der Betrag dieses letzten Raubes allein war für den kölnischen Handelsstand ein Verlust von 335,343 Fr. 53 Cent.

Man hat angeschlagen, daß die französischen Douanen und die zum Nehmen hier vereinigten Rechte aus der Stadt Köln seit mehreren Jahren die Summe von 25,000,000 Francs genommen haben.

So ward alles Bürgerglück, alle Lebensruhe der Gegenwart ein Opfer für die glänzende Phantasie des Continental-Systems, wodurch vielleicht drei Generationen herumgejagt, verarmt und gemordet worden wären, damit die vierte sich endlich unter einem folgenden Erbgotte voll neuer Eroberungs-Phantasieen als Nomadenvolk eines veröbeten Welttheils gefunden hätte.

8. In der Fülle seiner Macht und in der Stiftungs-Idee seiner ewigen Dynastie vermochte Napoleon, was er wollte. So sprach er sich auch nach dem Lüneviller Frieden, in der Schuldensache der ihm einverleibten deutschen Reichsstaaten, mehr als Schuldner, wie als Gläubiger los.

In seinem Decrete: Mainz, den 9. Vendem. J. XIII. über die Liquidation der Schulden der vier Departements des linken Rheinufers spricht der Titel III. von den Schulden der alten Reichsstadt Köln, worin er folgende Verfügungen traf:

Frankreich nimmt auf sich: 1) Alles, was Köln von der

alten conſtituirten, auf dem Stadt-Regiſter geſchriebenen Schuld NB. an Private ſchuldig war, und wovon die Zinſen von Alters her gereicht wurden. Der Betrag davon wäre ein Kapital von 1,165,795 Fr. 11 Cent. 2) Die rückſtändigen Zinſen dieſer Schuld; ihr Betrag war dem Verzeichniß gemäß 48,046 Fr. 59 Cent. Dieſe Schuld ſollte ins große Buch eingetragen werden.

Der Stadt Köln fiel zur Laſt: 1) Was ſie von ihrer alten Schuld, ihren Hoſpitien abzutragen habe; es war ein Betrag von 974,347 Fr. 98 Cent. 2) Die Portion der Pfarr-Schuldforderungen, welche den Armen und noch vorhandenen Kirchencaſſen beizubehalten ſind. Ward geſetzt an Kapital auf 556,169 Fr.

3) Die Portion der ausſtehenden Schulden von beizubehaltenden Stiftungen, welche noch theils zu dem öffentlichen Unterrichte, theils den Armen gehören, war ein Betrag von 411,219 Fr. Die Stadt ſollte von den ſo lange rückſtändigen Zinſen dieſer drei Artikel losgeſagt ſein zur Vergeltung der Vorkehrungen, welche ſie in voriger Zeit für die Unterſtützung ihrer Hoſpitien, Schulen und Pfarreien getroffen hatte ꝛc.

4) Der Stadt Köln ſollte nun, um an der Hauptſumme und an Zinſen das Rückſtändige ihrer jetzt neu conſtituirten oder nicht conſtituirten Schuld von ihren Verwaltungs-Ausgaben oder anderswo herrührend, abzutragen, nur die Summe von 858,605 Fr. 91 Cent. zur Laſt bleiben.

Dieſe letzte conſtituirte Schuld ſollte nun aus dem Ertrag eines erlaubten Octroy vor und nach getilgt werden. Man ſchätzte den jährlichen Betrag des Octroy auf 3=—400,000 Fr. Als indeſſen die Stadt bereits die Summe von 220,000 Fr. zu dieſem Behufe erſpart hatte, mußten dieſe, nachdem ſie kraft eines neuen kaiſerlichen Decretes in die Amortiſations-Caſſe verſirt waren, gemäß höherem Befehl zu ganz anderen Zwecken verwandt werden!

Es läßt ſich hier wenigſtens argwöhnen, daß Napoleon einen ſehr großen Theil der alten Stadtſchuld, den er noch ins große Buch hätte aufnehmen müſſen, mehr für ſich und ſeine Dynaſtie, als der Stadt Köln zu Liebe übergangen, und dadurch das Recht der an diesen Zinsen noch betheiligten Corporationen oder Privaten, deren viele auch noch wirklich gegen unglückliche Privatgläubiger verbindlich sind, willkürlich getödtet habe; da hingegen das Domainen-Recht auch den kleinsten, an getödtete Corporationen noch rückständigen Schuldner verfolgte, ohne Einen ihrer Gläubiger zu bezahlen. Wir bringen deßwegen auch hier die in der alten Stadtschuld noch steckenden 800,000 Livres wieder in Erinnerung, welche Köln im siebenjährigen Kriege für Frankreichs Heere an Armee-Fournituren vorgeschossen und noch zu fordern hat. Diese Summe, mit ihren nunmehr fünfzigjährigen Zinsen, welche allein unserer, ins große Buch übernommenen, auf eine Million... Fr. gnädigst eingeschränkten alten Schuld schon ziemlich gleich sieht, hätte man bei unseren übrigen ungeheueren neueren Verlusten uns nicht vergessen machen sollen. In einer so unrichtigen Abwägung des Passiven gegen das Active liegt doch immer eine Rabentheilung mit der Taube.

9. Indem Napoleon durch das Decret vom 20. August 1810 eben so alle Capitalien und Renten tödtete, welche in verschiedenen Städten und Gemeinden diesseits des Rheines noch so vielerlei Stiftungsfonds für Köln ausmachten, so verlor unsere Stadt nicht nur in Betreff der schon aufgehobenen Corporationen ꝛc., sondern auch der noch bestehenden Kirchen-Fabriken, Spitäler, Armen- und Schulcassen wiederum sehr wichtige Verschreibungen und Renten, deren liegendes oder Fahrgut, unerachtet aller triftigen Reclamationen und Berücksichtigungsgründe, von einigen ausstädtischen, mit der Ausdehnung ihres Geschäftes ihr eigenes Interesse verflechtenden französischen Empfängern alsbald verkauft, oder durch höhern Befehl noch an fremde Dotationen und Veräußerungen angewiesen wurde. Belege und Beispiele dieser so willkürlichen Veräußerungen des Eigenthums können wir noch unter den Specialverlusten unserer Schul- und Universitätsfonds beibringen, woran der Leser jene der anderen Behörden abmessen mag.

10. Alles jenseitige Gut, in Fonds oder in Renten, welches an Corporationen, an kirchliche oder weltliche Stiftungen der Stadt

gehörte, wurde nach dem Frieden von Lüneville zu den Staats=
cassen der dortigen Fürsten gezogen, oder dort, wo Napoleon herrschte,
zu seiner eigenen. Der Verlust unserer Stadt an ihrem jenseitigen
und diesseitigen alten Eigenthum jeder Art, nur auf zwanzig Jahre
Besitz und Genuß, sammt den noch so beträchtlichen Rückständen
der Schuldner, läßt sich fast wiederum auf eine Summe von 9 bis
10 Millionen Fr. schätzen; doch vermischt er sich auch mit den
folgenden.

11. Köln umschloß in seinen Mauern eines der ältesten, vor=
nehmsten, reichsten erzbischöflichen Domstifter, dessen wahlfähige Mit=
glieder deutsche, nur reichsfürstliche oder reichsgräfliche Personen wa=
ren. Das Capitel bestand aus fünfundzwanzig activen Mitgliedern
und fast eben so vielen Domicellaren. Außer diesen nährte es über
fünfzig Beneficiaten, Capläne, Chorsänger, und ein ansehnliches
Musikchor von weltlichen Personen ꝛc. Die großen Grund= und
Domainengüter dieses hohen Capitels und der seltene Kirchenschatz
von Alterthümern und Merkwürdigkeiten unserer, durch sein Vermö=
gen unterhaltenen, jetzt erst in ihrem, ohne solche Hülfe zu fürch=
tenden Ruin, am meisten besuchten und bewunderten Domkirche,
sammt ihrem erzbischöflichen Stuhl, und in diesem zusammen das
stolzeste Monument Deutschlands, ist für unsere Stadt — ach,
wenn nur nicht auf immer — verloren!

Köln umschloß noch zehn andere Stifts=Capitel, jedes von zwan=
zig bis fünfzig Köpfen, eine Land=Commanderie und eine kleinere
des deutschen Ritter=Ordens, eine des Malthefer=Ordens, zwei Ab=
teien in und andere vor der Stadt, welche ihre Seminarien und
Frucht=Niederlagen in der Stadt hielten; dann (ohne die vielen
Pfarrkirchen hier anzuführen, die größtentheils, jedoch mit vielfacher
Beraubung ihrer Fonds, hier geblieben sind) waren hier siebenzehn
männliche und mehr als vierzig weibliche Klöster. Die meisten
dieser Corporationen waren seit siebenhundert Jahren bisher von
einheimischem Vermögen gestiftet, dotirt oder vermehrt worden....

Denkschrift in Bezug auf die Gründung einer Rhein-Universität.*)

I.

1. Ein großes Werk soll gedeihen: Deutschlands Wiedergeburt nach so vieljährigen, schweren Leiden. O! daß es zu einer gesunden, schönen, einträchtigen, unvergänglichen Bildung erstehe, und daß nun in seinen Kräften eine neue, ihm eigene, freie Seele wirke! —

Der Engel des Bundes hat ein göttliches Wort gesprochen. Alles Thal soll erhöht, Berge und Hügel sollen geebnet, alles Rauhe soll eine gleiche Bahn werden; alles Krumme von nun an geraden Weges gehen.

Hat nun die Weisheit des allgemeinen Herrscher-Vereins in ei=

---

*) Gleich nach der Occupation der Rheinlande durch die Waffen der Alliirten kam die Frage über die neue Gründung einer Rhein-Universität zur Sprache. Köln und Bonn stritten sich um den Vorzug. Der Kreis-Director Rehfues trat in einem besondern Schriftchen für Bonn in die Schranken. Zu Köln wurden im Kreise einiger patriotisch-gesinnter Bürger die Schritte berathen, welche bezüglich der Universitäts-Frage im Interesse der Stadt Köln zu thun seien. Es waren vornehmlich Wallraf, Schmitz, Cassel und E. v. Groote, die sich dieser Sache mit allem Eifer angelegen sein ließen. In diesem Kreise einigte man sich über die Abfassung einer eigenen Denkschrift. E. v. Groote hatte sich anfänglich mit dieser Aufgabe befaßt. Seine Arbeit folgte dem Schriftchen von Rehfues Schritt für Schritt, und mit bitterm Sarkasmus und genauer Sachkenntniß widerlegte er alle dort vorgebrachten Behauptungen. Doch v. Groote's Freunde konnten sich nicht entschließen, die fragliche Arbeit ohne wesentliche Verbesserungen abzusenden. D. Schmitz übernahm es, das Geschriebene umzugestalten. Vor lauter Bedenken konnte er aber nicht zur eigentlichen Arbeit kommen. Mittlerweile erhielt man Nachrichten von Aachen, die für Köln sehr bedenklich lauteten. Nun begann auch Cassel zu arbeiten; er konnte aber eben so wenig fertig werden, wie auch Schmitz. Zuletzt nahm Wallraf das sämmtliche Material zusammen und schickte sich an, dieser Sache seinen ganzen Fleiß zuzuwenden. Doch auch er arbeitete zu langsam und bedächtig. Bevor der Druck der von ihm ausgearbeiteten Denkschrift vollendet war, hatte schon eine Cabinets-Ordre vom 22. October 1815 im Sinne der Stadt Bonn entschieden. Es ging nun dieser Denkschrift wie der vorhergehenden; der Druck wurde sistirt; nur vereinzelt sind einige Exemplare der gedruckten Bogen in das Publikum gekommen. Auch von dieser Denkschrift fehlen die Concepte; es kann darum nur das im Jahr 1815 Gedruckte hier wiedergegeben werden. A. d. H.

nem standhaften Plane dieses vollbracht: dann liegt es an der Klugheit und Großmuth der Einzelnen, die Mittel und Vortheile zu sichten, wodurch sich die Gemüther so Mancher von einander entfernter, mit sich selbst noch nie ganz verbrüderter deutscher Nationalstämme zu einer einherzigen Liebe bereitwilligen, und ihre Gesetze, Verhältnisse und Kräfte zu gleichen Zwecken vereinbaren zu lassen, damit einst in froher, heuchelloser Huldigung jeder Deutsche sich dem Vaterlande, jeder neue Untergebene sich für's Vaterland seinem zukünftigen Regenten und Anführer weihe, und unter ihm sich freiwillig und gern dem allgemeinen Besten aufopfere. Nur auf diese Weise wird ohne nachtheiliges Antreiben die neue Schöpfung aus ihrem so langen Chaos sich bald in ihr friedliches Gleichgewicht stellen, und kein gefährlicher Gährungsstoff in der Mischung zurückbleiben. Nur auf diesem Wege kann auch eine allgemeine deutsche Erziehung für Geist und Körper zu Stande kommen, die sich wieder zur alten einfachen Tugend, zu einem wissenschaftlichen Verein, selbst der unglücklich gespaltenen Meinungen, und zu einer dem ganzen Europa ehrwürdigen Kraft unserer Volksthümlichkeit für Schutz und Trutz, für Sitten und Kunst entwickeln muß, ohne zweideutige Ahnung einer in den besonderen Stämmen beharrenden Eifersucht.

2. Deutschlands ehemalige kleine Freistaaten und Städte waren nach dem großen Kampfe für das Vaterland bisheran im Grunde noch das Eigenthum ihrer selbst, obwohl sie unter höheren Vormundschaften standen. Sie haben, wie sie es mußten, für das Erringen des allgemeinen Wohles Blut und Gut hergegeben, und allen Gewinn ihrer sprossenden Kraft zur Hoffnung eines glücklichen, glorreichen Looses eingelegt. Nun treten sie, jenachdem ihr Loos fällt, entweder unter höhere Gewalten und Führer der allgemeinen Macht, oder sie erstehen zu ihrer Selbstständigkeit wieder auf. Im letzten Falle wüßten sie eigens am besten, oder sie empfingen es in besonderen Vorschriften höherer Vernunft, was ihnen dafür zieme, was ihnen heilsam, gut und schön sei: wenn nur die höheren Bestimmer ihrer Zukunft ihnen einen ehrwürdigen sichern Stand im

Kreise ihrer Nachbarn, ihnen unveräußerliche, ihren alten Vorzügen angemessene Rechte, ihnen den freien Gebrauch ihres Verstandes, ihres guten Willens und ihrer friedlichen Kraft verleihen, um ihre Anstalten für Gottesdienst, für wissenschaftliche Jugend=Bildung, für Kunst, Handel und Gewerbe zu unterhalten und zu befördern. Aber bestimmt sie ihr Loos zu Untergebenen eines neuen Beherrschers, dann sei demselben Ruhm und Segen darin, daß zum frohen Eintritte Er gegen sie seiner Allgewalt schone; daß Er durch Großmuth und Billigkeit den Geist seiner neuen Bürger zu erfreuen, daß Er ihre alte Kraft nicht zu lähmen, das Flämmchen ihres Ehrgefühls nicht zu ersticken, den Gewinn des alten Fleißes, nach der Weise unserer überwundenen Unterdrücker, mit versteckten Absichten oder gewinnsüchtigen Formeln nicht zu verkümmern gedenke. Ihm sei Ruhm und Segen, wenn Er, da Er kommt, Thal und Berg zu ebenen, selbst seine, durch Klugheit und Erfahrung geheiligten Landesgesetze mit den Bedürfnissen des Herkommens und der Zukunft, und mit den Sitten, den Gewohnheiten und reinen Wünschen eines ehemals daselbst genügsamen Volkes zu vereinigen sinnet; besonders, wo Er solch ein Volk freier deutscher Art, so nahe am Gränzsaum des altfeindlichen Trotzes, in das Wesen der edlen gediegenen Urkraft seiner Väter zurückzurufen, es zugleich am Geiste zu erziehen und über den Stolz der nachbarlichen Eifersucht zu erheben übernimmt, ein Volk, welches in der nächsten Gefahr des allgemeinen Vaterlandes wieder zuvörderst Blut und Gut für Sieg oder Tod aufopfern soll. Ihm sei Ruhm und Segen, wenn Er nun sogar dem noch zu entgehen beherzigt, was durch unreife, gefallsüchtige Einflüsterungen, durch Vorurtheile, falsche Beschuldigungen, durch fremde Schadenfreude, der bedeutendsten Gemeinde seines zukünftigen Antheils nachtheilig werden könnte, wodurch das Werk neuer Entwürfe vielleicht zu hastig ergriffen, der unschuldige Wille seiner bereinst getreuesten Bürger geärgert, bevortheilt, abgewandt, und viel Gutes, Dienliches unter dem noch glücklich Vorhandenen zerstört würde, und das unbillig Verlorne für ewig verloren angesehen werden müßte.

3. Ein solcher Herrscher wird deßhalb auch zuerst auf die natürliche Mutterstadt des neu erworbenen Staates sein Auge richten: denn vor allen ihren Töchtern gehört sein erster Blick und Feiergruß ihr, als der frühesten Erzeugerin der im Lande entstandenen Kraft und dem ursprünglichen Schooße der höchsten Macht. An ihr haftet auch herkömmlich der oberste kirchliche Hirtenstuhl beim ersten Tempel des Landes; ihr gehört das Residenzrecht des Landesverwesers und der ersten Gerichtshöfe; ihr der Ur- und Hauptsitz des öffentlichen Unterrichts in Wissenschaften, Sitten und Kunst; ihr die Niederlage der Provinz-Geschichte; ihr der Inbegriff der Nahrungs-Anstalten für den humanen Geist und die Ehre der Nation.

Sie bewahrt auch die ersten Monumente des vaterländischen Ruhmes; in ihr wuchert noch immer die älteste Saat des Fleißes; von ihr und zu ihr kreis't der freiere Zufluß des Erwonnenen. Sie ist der Urgrund des öffentlichen Credits und der ältesten Handlungs-Verhältnisse; in ihr lebt und webt noch durchgängig die bedeutendste Volksmenge; sie allein steuert das Meiste, und gegen gleiche Bezirke oft gar das Dreidoppelte der öffentlichen Einkünfte. Zudem ist sie die erste Bahn der Waffen-Uebungen, gemeiniglich die ungeschonteste Dulderin der Kriegslasten und zugleich die allgemeine Zuflucht der Noth und Armuth; freilich ist sie dafür auch der erste Feierort der Feste, und der Friedens-Aufenthalt der Helden des Staates.

4. Ist nun unter der langen Herrschaft der feindlichen Bedrückungen einer solchen Landes-Hauptstadt alle Macht und Ehre entzogen, alle Kraft und Zierde ihr geraubt, und sie gar in ihren Ruinen halb begraben worden: um so mehr mag der friedliche Eroberer sich von ihr überzeugen, daß sie es war, die in der Gefahr und im Wirrwarr ihrer Schicksale sich am festesten an der Treue ihrer Eide, und am Sinne des alt-vaterländischen Bundes hielt, und sich nicht sobald zur Metze des fremden Bedrückers hingab, um vielleicht über das Glück des Nachbars zu herrschen, oder an den Zwangsopfern des öffentlichen Raubes mit wuchern zu können.

Bei der Wiedergeburt der Dinge gehört darum der Mutterstadt auch die Bühne ihrer symbolischen Vermählung mit dem neuen Vater der Provinz. Gleich einer ehrwürdigen keuschen Matrone wird sie nun unter dem Namen derselben seine Braut. Seine erste friedliche, fröhliche Umarmung kann sie nun bald wieder verjüngen, verschönern, beglücken; aber seine Gleichgültigkeit, sein erstes Zurückstoßen kann sie für immer niederschlagen, kann durch das Gefühl der Hintansetzung ihre Herzlichkeit ersticken, ihren Ruhm tödten, und den seinigen — nicht erheben.

In so weit ziemt diese Rede einem von jeher freien Volke für die gültige Sprache des allgemeinen Gefühls und der Wahrheit, als das Loos seiner neuen Zutheilung noch nicht förmlich ausgesprochen ist.

II.

1. Jedoch eine tröstliche Ahnung, selbst der vorlaute Ton des allgemeinen Rufes, bestimmte schon unsern weitschichtigen, gesegneten Uferboden des Mittel- nnd Niederrheins zu einem der herrlichsten Bundesstaaten des erneuerten Germaniens. Das Land ist einer Krone würdig!

Und fast im Centralpuncte seines Halbmondes, eben auch an einem der schönsten Halbmonde dieses Uferbodens verbreitet sich bergan, im feierlichsten Gruße der Morgensonne, dieses Landes Urstadt, groß und heilig und so alt in ihrer Stiftung, wie der Ursprung des alt-römischen Kaiserthums und der christlichen Zeitrechnung. Eine Stadt, deren Geschichte in die allgemeine Weltgeschichte vielbedeutend eingreift. Merkwürdig vor allen alten Freistädten Deutschlands wegen ihrer ehrenhaften Ausbauer durch drei vergangene Monarchien — die römische, altfränkische und römisch-deutsche — überlebte sie die Perioden ihrer Schicksale, Perioden der Throne und der Welt; und noch immer rechtlich stolz auf jedes ruhmvolle Vermächtniß ihrer Urstiftungen, am stolzesten aber auf ihre unerschütterliche deutsche Treue, trat sie furchtlos und freudenvoll in die

Hoffnung der Wiedervereinigung mit ihrem geretteten Mutterreiche und erwartet jetzt durch den Herrscher, dem die Weisheit der hohen Verbündeten sie zutheilt, ihr neues Loos für die Zukunft.

Wer denkt und sieht hierin nicht Köln, diese Kaisertochter Roms, einst das Abbild und das Auge dieser ehemaligen Weltbeherrscherin für's niedere Gallien und Germanien, wohin von ihrem ersten Erbauer, dem prachtliebenden Agrippa, diesem Thatenführer des Cäsar Augustus, und von Agrippa's Tochtermann, dem edlen Germanicus, diesem Vater unserer, durch ihr Hochdenken so unglücklichen Agrippina, fortan nur die edelsten Römer, meistens die nächsten Verwandten der Cäsaren, zu Legaten und Präfecten dieser ganzen Provinz abgeordnet wurden, unter welchen Vitellius, und zu unserm größten Ruhme, selbst ein Trajan sich hier zur Kaiserwürde erhoben sahen!

2. Diese Stadt, die auf ihrem altclassischen Boden dem Schätzer des Alterthums noch bisheran die Spuren ihres Capitols, ihres Circus, ihres Forums, ihrer Bäder und Tempelplätze, ihrer Prätorien, Pforten und musivischen Thürme zwischen den Ruinen ihrer ersten Ummauerung mit römischen Emplecton, und die Verzweigungen ihrer alten Hauptstraßen mit den Benennungen römischer Herkunft aufweisen kann; diese Stadt, welche vom vergötterten Julius und dessen Nachfolgern bis zu Constantin und Justinian, von Karl dem Großen bis zu den Ottonen, Friedrichen, Maximilian und Karl V., mit tausend glänzenden Erinnerungen ihrer Würdigung jetzt aus dem Dunkel ihrer letzten Unterdrückungen in den Rang der deutschen Hauptstädte wieder eintritt: bei wem erweckt nicht schon ihr Ruf den stolzen Wunsch ihres Besitzes und den Begriff ihres Urrechts zum Hauptsitze der neuen Provinz für die Regierung, für die Religion, Gesetzgebung und für den ersten Pflanzungsort der Volkscultur? Ist sie nicht vor jeglicher Tochterstadt des Landes der unbedingten Bestätigung ihrer gesammten alten Vorzüge, nicht des schönsten Looses für ihre Zukunft würdig?

Aber auch Köln, nach allen seinen spät-römischen, alt-fränkischen, normannischen und spätern deutschen Schicksalen, schon aus drei

Verwüstungen immer bald wieder größer und mächtiger erstehend, blieb immerfort die weltliche, kirchliche und wissenschaftliche Metropole dieses Landes; blieb auch, von seinem Römeralter an, die natürlichste Hafen- und Stapelstadt der reichen Schifffahrt von dem deutschen Rheine bis ins deutsche Meer, wozu Britanniens völliger Besieger, der Kaiser Tiberius Claubius und dessen Augusta Agrippina, unsere zweite Stifterin, es selbst noch geschaffen hatten.

3. Köln war noch, bis Holland sich mächtiger aus seinem Wasserboden erhob, die erste größte Stadt für den unmittelbaren Handel mit den britannischen Inseln, und bald nachher mit Italien, Hispanien und Gallien. Köln bahnte sich endlich selbst bei den Kreuzzügen und späterhin auf dem Oberrhein durch Deutschland den Weg neuer Verbindungen, verbreitete sich darauf nach Venedig und dem ehemaligen Griechenland, wohin es vom 13. bis noch zum Anfange des 18. Jahrhunderts wichtige Unternehmungen beförderte, woher auch seine Söhne, mit dem Genius höherer Empfindung und reineren Geschmacks in Wissenschaften und Kunst vertraut, und in der, mit ihrem angestammten Gefühl verwandten römischen Alterthumskunde dauernd eingeweiht, noch bis in diese Zeiten so manches Mittel zur Bildung schätzbarer Gelehrten für diese Musen hinterlassen haben.

Köln ward in jener kräftigsten Periode Deutschlands eine der ersten Mitstifterinnen der Hansa. Als eine solche ward es nun die Bundesgenossin der nordischen Mächte, deren Denkbilder mit ihren Wappenschildern in einer Reihe von gothischen Tabernakeln, überkrönt mit den Bildnissen der heiligen drei Könige, als den alten Patronen der Hansa und des Handelsstandes, noch jetzt in dem alten hanseatischen Saale seines Rathhauses den Beschauer festhalten. Es ward dadurch die Schützerin des Handels aller freien Städte seiner Umgebung und die Pflegerin der Blüthe der Rheinprovinzen. Damals war, und geblieben wäre es eine der ersten Nährmütter des längsten deutschen Landfriedens, wenn nicht die kleinliche Furcht einiger Fürsten, bei der trägen Schwachheit und

Zertheilung der Obermacht des Reichs, die schönsten Stützen und Hoffnungen zur ewigen Größe Deutschlands zerstört hätten.

Zu Kölns unveräußerlichen Denkmälern der Vorzeit gehört auch daher sein uralter, in der günstigsten Lage von Wasser und Land angelegter, von den heiligsten Reichs-Decreten immer geschützter, mit Freiheiten begünstigter und mit vortrefflichen Anstalten versehener Stapel. Seinen Werfthafen, welcher fast mit der ganzen langen Strecke unserer Stadtmauern und Thürme, mit allen Stapel- und Ufer-Anstalten, gegen das Ende des vorigen Jahrhunderts, zweimal durch schreckliche Eis- und Wasserfluthen zerstört wurde, hat der Senat mit ungeheuren, vielleicht noch halb unbezahlten Vorschüssen, für das allgemeine Wohl schöner und fester erneuert, und dieser Hafen hat selbst während des Völkerzwistes im Laufe des Jahres 1810 noch 5758, für her und hin beladene, holländische und deutsche große Lastschiffe sammt anderen Fahrzeugen in sich gezählt. Noch vor zwei Jahren ist er dazu mit einem großen, vortrefflichen Winterhafen für alle Sicherheit und Gemächlichkeit der allgemeinen Schifffahrt versehen worden.

4. Des für Köln seither unveränderlichen Zutrauens, des gemächlichsten, sichersten, unverfälschten Waarenwechsels zwischen dem oberen und niederen Deutschland, des durch die Erfahrung geheiligten Alters und der so kostbaren hier wirklich vorhandenen Anlagen halber, bleibe es nun dem zukünftigen Herrscher über Köln heilig, diesen in seinem Werthe so vorzüglichen Hafen und Stapelort mit jeder Schonung, jeder Würdigung und im ganzen Zusammenhange seiner auch für Ihn so bedeutenden Vortheile zu erhalten und zu behaupten: denn hier hat die Zeit selbst bewährt, was Fleiß, Ordnung und Standhaftigkeit in Gesetzen und guten Gewohnheiten für die Sicherheit und wucherlose Reinheit des deutschen Handels, bei einer in sich allein begründeten Stadt zu vereinigen wußte; aber eilende Willkür, durch Nachbarneid oder unreife Projectanten angeblasen, könnte mittels der ersten Zerstörung der für Deutschland allgemein vortheilhaften Local-Einrichtung hier Alles

auf einmal vernichten, was bei der Nachreue nie so leicht mehr in den vorigen Zustand zu ersetzen sein würde.

5. Durch Freiheit und durch unangesehbete große Anstalten jeder Art hielt sich auch Kölns Bevölkerung noch bis ins spätere Mittelalter im Anschlag von ungefähr 150,000 Seelen. Mit 30,000 Bewaffneten konnte es seinen Verbündeten beispringen. Denn mehrmals im Gleichbund zu Schutz und Trutz mit den Herzogen von Brabant, mit den Grafen von Limburg, von Manderscheid, von Cleve, Jülich und Berg (welche als kölnische Ehrenbürger hier ihre Höfe hatten, ein jährliches Ehrengeschenk annahmen, und worunter die Grafen von Jülich selbst einigemal die Heerführer der Kölner waren) stand es als Macht in voller Achtung. Es konnte seinen Untertretern trotzen; es konnte ausdauern gegen den, ihm so gefährlichen Nachbar, dem Kölns vor allen anderen deutschen erzbischöflichen Titularstädten behauptete Freiheit von jeher ein Dorn im Auge war, und der immer neckend, bald durch innere besoldete Verräther und Aufwiegler, bald durch Ministerstreiche, bald gar mit dem geistlichen Schwerte das zu erobern trachtete, wozu sein weltliches zu kurz war: obschon die ehrbare Stadt den Hauptstuhl des Glanzes, die Urbesitzthümer und sogar die Person desselben und die des hohen Capitels gegen die äußersten Gefahren ihrer religiösen und politischen Existenz oft so großmüthig geschützt hat.

Es konnte den Fall seiner guten Pflegestadt Neuß gegen Karl den Kühnen durch immer hingesandten Kriegs-Beistand und Lebensvorrath abwehren, und dadurch sich selbst und die rheinischen Reichs-Provinzen so glücklich retten. Es konnte noch im schwedischen Kriege die ihm nah drohende Zerstörung von sich abhalten, und den General Baudissin veranlassen, aus dem befestigten Deutz abzuziehen. Der ganze Harnisch dieses Generals wurde in unserem Zeughause aufbewahrt.

Was that es mehr? Als der Kurfürst Max Heinrich, verführt von seinem französisch gesinnten Staats-Minister, dem schon im berüchtigten Reunionsplan Ludwig's XIV. eingeweihten Cardinal und kölnischen Domherrn Wilhelm Egon, Landgrafen von Fürsten=

berg *), französische Völker ins Land gezogen, und die Stadt im Systeme der kurfürstlichen Prätention eine plötzliche Einnahme zu befürchten hatte (durch welche Griffe der Fürstenberge schon damals der ganze Rheinstrom von Straßburg an zur Gränze Frankreichs geworden wäre), da ließ Köln (1669), ungestört von allen eingelegten kurfürstlichen Protestationen, seine tüchtigen Pfortenwälle verbessern und vermehren, viele Truppen anwerben, rund um sich her durch holländische Ingenieure weitschichtige Außenwerke anlegen, viele neue vortreffliche Kanonen und Mörser gießen, nahm noch holländische Besatzung hinzu, und half die schönen Rheingefilde retten, welche jetzt durch vernachlässigte Wachsamkeit, unter zwanzigjährigem Druck und Raub, bald ein von der feindlichen Politik unerlösliches Opfer geworden wären.

Was that Köln bald darauf, wo Maxen's Nachfolger, Joseph Clemens, ungeachtet aller Warnung seines Domcapitels, eben so durch Frankreichs leere Versprechungen bethört, auch dieselben Schicksale seinem Erzstifte wieder herbeiführte? Zweimal hatte nun Bonn den Feinden des Reichs die Thore geöffnet: fürs erstemal (1698) ward es vom Kurfürsten Friedrich Wilhelm, dem ersten Könige von Preußen, fürs anderemal (1703) vom holländischen General Coehorn mit einer verderblichen Eroberung dafür gezüchtigt; aber Köln blieb fest und getreu dem Reichsbunde, schützte wieder mit Ehren und nachbarlicher Freundschaft das beängstigte Domcapitel, die Landes-Regierung und dessen Stände zwischen seinen Mauern. Der gerettete Hof vergaß des Dankes, und lohnte es späterhin nur wieder mit neuen Tücken. Was that Köln in seinen innerlichen Unruhen, besonders noch in jener (1685) von Jülich, Sax und Westhoven? Auch dieser Aufruhr war schon in Verbindung mit dem besagten französischen Eroberungsplane der Rheinländer angelegt; nur die Standhaftigkeit seines Senats und seiner braven Bürger hat alle

---

*) Er ward nach dem Tode seines Bruders, des Franz Egon, 1682 hier Domdechant, aus französischer Dankbarkeit auch Bischof zu Straßburg, blieb Max Heinrich's Staats-Minister und ward wirklich dessen Coadjutor.

Gefahr überwunden; denn verheimlichte Nachrichten haben es seither verrathen, daß auch jene Volksaufwiegler nur als exaltirte Werkzeuge höherer Versprechungen gebraucht worden sind, und daß die verborgenen Führer derselben auch den Schirm des französischen Beistandes zum Hinterhalt hatten.

Mit Gottes Hülfe entging unsere edle Stadt durch deutsche Treue und Vorsicht allen jenen Gefahren, welche als die Vorspiele der letzten, für ganz Europa so verderblichen Revolution gelten könnten, womit endlich das herrscherlose Frankreich durch die bekannten Mittel hervortrat, und deren Gräuel nun deutscher Muth und deutsche Standhaftigkeit einmal wieder glücklich besiegt und verweht haben.

Deutscher Herrscher Klugheit und Großmuth schütze uns nun gegen jede zukünftige! Der Bau unserer Ruhe und unseres Glückes sei auf so festen Basen unzerstörbar und unvergänglich.

6. Unter allen Reichsstädten mag auch einst Köln diejenige gewesen sein, welche nach altem Herkommen für ihre Nachbarländer so wie für ihre eigenen Bewohner sich immer am vorsichtigsten mit angehäuften Magazinen zu jeder Nothhülfe versehen hielt. Die alte deutsche vortreffliche Einrichtung seiner, nur von uninteressirten Senatoren höheren Ranges zu besorgenden Korncasse, wozu freilich auch die, aus allen Nachbargegenden einlaufenden Naturalien-Zuflüsse der vielen reichen Stifter und Klöster die beste Gelegenheit gaben, machten Köln in diesem Zweige wie in mehreren anderen zur Vorrathskammer der Rheingegend. — Wie bereit und uneigennützig half Köln nicht in der gefährlichen Fruchtnoth der letzten siebenziger Jahre selbst entlegenen Fürstenländern, so daß man ihm zu Lob und Dank den Reim sprach: Schaut Köllen ohne Land und Sand, ernährt jetzt vieler Herren Land. Wie wunderten sich die französischen Späher, als sie noch unbekannte Thurmgewölbe voll alten, reinen, wie Eis zusammen gebackenen Salzes fanden!

Immer hat diese Stadt redlich und ehrerbietig gegen Kaiser und Reich, gefällig und edel gegen ihre Freunde, billig und friedlich mit ihren Nachbarn, großmüthig und oft selbst duldend mit ihren unbilligen Verfolgern gehandelt.

Welche Vergeltung gebührte ihr jetzt vom Mutterreiche und von der deutschen Redlichkeit für ihre seitherigen ungeheuren, wahrlich bebeutenderen Reichsständen kaum möglichen Anstrengungen und Privatverluste? für die unzählbaren Aufopferungen um die Rettung und das Wohl des Ganzen? Welche Entschädigung für die Veräußerungen ihrer ursprünglichen Vorzüge, Freiheiten und Rechte? Welche Versicherungen für die Erhaltung des Eigenthums ihrer, ihr eigenen, ewigen Stiftungen und großen Anstalten für Religion, für Studien, für Handel, Schifffahrt und Stapel, und ihrer für die Zukunft so theuer geretteten Seltenheiten, indem sie wie eine Eroberung hingegeben wird?

Jedoch alle diese kühnen, billigen Forderungen legt sie hiemit nur in reinen, demüthigen Wünschen in die Hände ihres künftigen Beherrschers.

7. Erhalten groß und frei, bereits drei Monarchieen hindurch, tritt sie, wie eine der ältesten und edelsten Matronen Deutschlands, bei der Zutheilung an Preußen, in eine vierte, und sie empfiehlt ihre Würde einem der größten, weisesten deutschen Herrscher. Sie kann von ihm nichts angelegentlicher erbitten, nichts billiger und froher erwarten, als in dieser Monarchie wieder eine der ersten Braut- und Hauptstädte zu werden, deren alte Treue für Deutschland Er nun krönen, deren Ehre und Freiheiten Er vertheidigen und bestätigen, deren Leiden und Bedürfnisse Er heilen, deren, ihre eigene, ewige Anstalten Er nicht veräußern, und deren alte Religion Er auch in Schutz nehmen möge. Sie hofft mit dieser, für ihre Geschichte nun vierten Monarchie, wieder eine neue Periode des Glanzes in unseren edeln Rheingegenden zu beginnen, und unter einer weisen und gerechten Regierung bis ans Ende der Zeiten glücklich, in Frieden und Freude, und glorreich für Deutschland auszudauern. Ja, sie wird Eine der edelsten, und gewiß einmal Eine der ehrwürdigsten liebsten Besitzungen eines, durch Gerechtigkeit und Großmuth so beliebten Monarchen sein, der auch

den schönsten Theil der Wahrheit ihrer Empfehlungen, von den Nächsten seines Blutes sich beibringen und bezeugen lassen kann, welche diese Stadt mit so hohem Vergnügen und mit einem so unbefangenen Geständnisse ihrer innigen Liebe besucht und verlassen haben. — Bei solchen Hoffnungen ahnet es uns bereits, in diesem großen Wettspiel des Schicksals eines der besten Loose gewonnen zu haben!

III.

Was Köln von jeher für den Ruhm, für Schutz und Ruhe, und für das allgemeine Wohl des ganzen deutschen Vaterlandes nach möglichsten Kräften zu leisten vermochte, quoll, wie auch sein Muth zu eigenen großen Anstalten, und sein Geist für Wissenschaft und Kunst, aus seiner ersten Stiftung in einer, zu allen großen Zwecken gewählten Lage, und es hing mit seinem angestammten Römergefühle und dem immer religiösen Sinne seines Volkes zusammen.

1. Köln ward aus der Blume des, mit dem römischen Gallien schon bedeutend handelnden Ubier-Volkes, unter den Vätern der römischen Muse, im Zeitalter Cäsar's, Cicero's, Augustus', Germanicus', Virgil's, Horaz und Tibull's geboren. Es ist durch die schönsten Epochen der römischen Literatur und Kunst aufgewachsen. Von den Werken jener großen Geister Roms sind unbezweifelt einige gar in eigenen Handschriften der Verfasser an einen Agrippa, Germanicus, Trajan und andere der vornehmsten Legaten und Ritter als freundliche Geschenke hierhin gesandt worden. Römische Dichter, Redner und Architekten übten sich gewiß auch hier noch in ihren Studien, um ihre Weihe zum Schönen und Erhabenen der Väter zu verdienen. Sie wurden als Tempelpriester, Senatoren, Gesetzbewahrer, Kriegsführer und öffentliche Lehrmeister hier die Stifter und Nährer des römischen Geistes und Geschmacks, welcher unter uns noch immer, selbst aus ehrwürdigen Steinresten, wie auf dem Boden Roms und Tiburs, durch unterrichtende Hie-

roglyphen den Sinnigen anspricht, der das höhere Priesterthum dieser Musen sucht.

Aber wie muß nicht die Erinnerung an solche Epochen sich verklären, wenn ein neuer Trajan auf den Fußstapfen seines musterhaften Vorgängers diesen Ort mit unbefangenem Herzen betreten wird, um diese Tochter Roms nun in seine Arme zu schließen!

Von jener Zeit an war Köln der Helikon am Rheine. Nur aus ihm gingen die ersten Priester und Lehrer jeder Muse in die Nachbarstädte. Roms Trajan, auch unser Präfect, war es, der, als Imperator, diese von ihm geliebte Stadt mit einer zweiten ansehnlichen Colonie edler und gelehrter Römer bevölkerte, deren Geschlechter, endlich mit inländischem Blute vermischt, mehrere Jahrhunderte hindurch sich hier erhielten, die römischen Feste, Gesetze, Gebräuche, Magistraturen, Schulen und Kunstliebe fortpflanzten, und die Huldigungstage der Kaiser in dieser Metropole der Provinz durch öffentliche Lobredner feiern ließen: gleichwie noch der Rhetor Eumenius von Cleve, bei der Thronbesteigungsfeier Konstantin des Großen, dem hier anwesenden Imperator seine Rede sprechen und vor ihm den prächtigen Bau seiner hiesigen steinernen Rheinbrücke rühmen wollte, zu diesem Zwecke aber dem eben damals von hier nach Trier abgegangenen Konstantin dahin nachfolgen mußte.

2. Die Römersprache blieb hier lange Zeit die lebendige Sprache des Forums, der Patricier und der ersten Bürgerclassen, und ward nach Römersitte wohl selbst in ihrem platteren Ausdrucke die gemeinere Sprache des Volkes. — Unter Konstantin und Justinian sollen auch sogar Gesetze und Verordnungen in griechischer Sprache hier angeschlagen worden sein. — Gewiß war hier unter den edlen Römern auch die griechische Sprache in den Cirkeln der Gebildeten schon lange vorher die Sprache des guten Tons. Die Theater hatten wohl nach Römer-Art diese so gut wie die römische aufgenommen.

Das unter Konstantin dem Großen öffentlich nun obwaltende Christenthum (denn unter diesem Kaiser war Maternus unser erster öffentlicher Bischof) brauchte die römische Sprache zur Sprache des Gottesdienstes. Diese schloß sich dadurch uns dauernder an, und zum Ruhm unserer Standhaftigkeit im Festhalten der religiösen Uebergriffe und Gebräuche, ist sie unter uns darin, so wie bei Gericht und in den Schulen, auch die altfränkischen und deutschen Zeiten hindurch so gut als einheimisch geblieben. Leider sind von unseren, vielleicht tausend, bedeutenden Denkmälern dieses schönen Römeralters, die meisten in so manchen Zerstörungen, zum Theile auch noch in den verschiedenen Zeloten-Epochen des Christenthums, und zuletzt durch die französische Unersättlichkeit an allem Merkwürdigen, verloren gegangen. Die jetzt nun noch übrigen, oder die davon hinterlassenen Zeugnisse unserer ehemaligen fleißigen Alterthumsforscher verbürgen unsere Angaben.

Durch den ersten Einfall der alten Franken, welche der Kaiser Julian in eigener Person hier wieder zurückjagte, und mehr noch ihre zweite völlige Eroberung Kölns, mag wohl die deutsch-fränkische mit der hier sterbenden römischen Sprache unter der Regierung unserer kölnisch-fränkischen Könige sich zuerst vermischt, und zu einem, hier und tiefer ins Land hin ausgebreiteten gallischen Dialekt den Grund gelegt haben, der mit dem franko-gallischen so nahe verwandt ist, und noch allerhand Ueberbleibsel in einigen unserer alten Straßen-Namen und anderen Volks-Ueberlieferungen hinterlassen hat. Aber auch diese Sprache hat der römischen in den kirchlichen und gerichtlichen Gebräuchen lange Zeit nichts abgewonnen.

3. Aelter als Karl der Große waren schon einige unserer Capitelstifter und Klöster nach der Regel des heiligen Benedict, worunter nun Leute jedes Alters und Geschlechts sich in Wohnungen und Schulen sammelten und die ordentliche gelehrte Bildung jener Zeit empfingen.

Karl der Große ward selbst ein Schüler Alkuins. Dieser Kaiser, der die hohe Schule von Paris, und selbst jene für die belehrten Sachsen in Osnabrück gestiftet haben soll (obschon keine authentischen Beweise davon übrig sind), hätte nun auch gewiß hier in der Metropolitanstadt seines Freundes und Kanzlers, des kölnischen Erzbischofs Hildebold, unter dessen Sprengel er gehörte, und die er immer besuchte, eine solche Schule zu errichten oder wenigstens zu befördern nicht vernachlässigt. Aber die hohe Schule zu Paris war doch selbst keine andere, als jene bei der Metropolitankirche, in Verbindung mit den anderen dortigen Stiften und Abteien *); und die Schule an unserer Metropolitankirche, in eben jener Verbindung mit den anderen, noch unter Aebten stehenden Stiften, war nichts weniger. — Die, leider! nun verschwundene, ganz aus kostbaren Handschriften bestehende Bibliothek unserer Domkirche war in ihrer Begründung schon älter, als Karl's Regierung, und Karl vermehrte sie durch seine vielen an Hildebold übertragenen kostbaren Geschenke und Vermächtnisse, indem er ihm auch seinen Palast bahier und dessen Umgebungen an der alten norbischen Römerburg zum Erbauungsplatz einer neuen Domkirche und erzbischöflichen Wohnung hinterließ.

4. Nach diesen Zeiten und mit solchen Hülfsmitteln würden sich hier die Wissenschaften bereits zu einer vortrefflichen Höhe geschwungen haben, wenn die zweimaligen, Alles zerstörenden Einfälle der Normannen in der zweiten Hälfte des neunten Jahrhunderts nicht diese Stadt wiederum dem Boden gleich gemacht hätten. Die Geschichte beschreibt hier die allgemeine Flucht aller geistlichen und weltlichen Vorsteher mit ihren Corporationen und eine allgemeine Räumung aller Schätze noch kaum vor der Zerstörung der Stadt; aber Köln brauchte nur zehn Jahre Frist, um sich wieder glücklich, und selbst glücklicher, als es war, in Glanz und Dauer zu erheben.

IV.

1. Von dieser Epoche an sind, außer wenigen über ihren Ruinen etwa wieder ergänzten uralten Thürmen und Kirchen, fast alle unsere, theils durch die französische Revolution zerstörten, theils noch

---

*) Hemersei de academia Paris. in proemio et cap. 1. — Herm. Conring de antiqq. academiols diss.]. §. 43. Launoy, Pasquier etc.

übrigen, immer mehr bewunderte, große Tempel- und Stifts-Gebäude, selbst die alten großen Stadtthore und Ritterhäuser altdeutschen Styls, im eilften, zwölften und dreizehnten Jahrhundert erbaut worden. Aus der Mitte des dreizehnten (1248) prangt unser, obwohl durch nachbarliche Zwistigkeiten und durch Landkriege gestörtes und unvollendet gebliebenes Domgebäude als das unübertrefflichste Zeit- und Weltmuster der reinsten, seltensten, richtigsten und erhabensten deutschen Baukunst in Styl und Geschmack; und gemäß der freiwilligen Beistimmung seiner jetzt so vielen großen und weisen Bewunderer, eignet sich dieses Gebäude zum einzig ewigen würdigsten Monument der Wiedergeburt Deutschlands wenigstens in seiner inwendigen Bewölbung ausgebaut, und auch, was es so lange war, nun wieder der Sitz des nördlichen deutschen Erzbisthums zu werden.

2. Mit einem neuen Jahrtausend fing also eine neue und eine der glänzendsten Perioden für Kunst und Wissenschaft unter uns an.

Aeußerst interessant und ehrenvoll war für Köln diese Periode: denn, da in eben diesen Zeiten, selbst unter dem weltlichen Fürsten- und Adelsstand, noch die meisten entweder ganz ohne Unterricht in Sprachen und Schrift, oder wenigstens ohne Zierden von schöner Wissenschaft und Kunst, fast allein mit Nachbarfehden und Jagd, mit Festgelagen und mit Wagestücken für Selbstruhm beschäftigt lebten, so war es nur der geistliche Stand, welcher, in seiner einsamen Lebensruhe geschont, die so genannten Facultätsstudien trieb, in Wissenschaften und Künsten Unterricht gab, jeden Wißbegierigen zu seinen Schulen und daher selbst die besseren Köpfe der höheren Classen in seine Versammlungen anzog. Diesem Stande haben wir daher so manchen großen Mann für Welt und Staat, ihm so viele Monumente und Erfindungen in Wissenschaft und Kunst, in humaner und ökonomischer Cultur, ihm die Erhaltung so vieler Denkmäler der Geschichte, ihm so manche ewige Stiftung zur Hülfe in Noth und Armuth zu danken. Unsere in jenen Schulen unterrichteten Bischöfe und Aebte waren auch durchgehends ihrer ausgebildeten Fähigkeiten, ihrer geprüften stillen Tugend und Weisheit halber die Muster ihres Berufes. Sie waren daher in Allem die Räthe und Vertrauten der Herrscher, und dennoch mehrentheils die vortrefflichsten Hirten ihrer Kirche. Undank ist es und Unbilligkeit unserer zu anmaßlichen Nachwelt, die Saat jenes Zeitalters zu lästern, wovon die tiefen Wurzeln uns noch so segenvolle Sprossen und Früchte lieferten.

3. In einer Stadt wie Köln sammelte und stiftete sich auch deßhalb eine so zahlreiche Geistlichkeit. Was dadurch Rom in den Wissenschaften für Italien, was Paris für Frankreich, das leistete Köln für den größten Theil des Mittel- und Nieder-Deutschlands. Was ein Alkuin und Suger einst für Paris, ein Beda für Britannien, ein Raban u. A. für Frankenland und den Oberrhein, das waren auch hier die gelehrten Aebte und Mag. Scholastici unserer Stifts-Capitel für die Erziehung und für den täglichen ordentlichen Unterricht ihrer Untergebenen und der zahlreich zu ihnen kommenden hiesigländischen und fremden Lehrlinge. Durch sie entstanden auch unsere einst so wichtigen Bibliotheken voll Handschriften der alten Classiker und Historiker, Bibeln und Liturgien, welche Schätze in späteren Zeiten von manchem unwissenden Aufseher entweder als unnütz oder aus Noth und Gelegenheit verkauft worden sind. Diese Schulen zusammen gründeten also hier — wie in Paris — schon lange ein Generalstudium, welches späterhin erst von den Päpsten und Kaisern unter dem Namen Universität organisirt und bestätigt wurde. Alle jene Schulen waren in verschiedenen Graden ehemals allein die Schulen der Wissenschaften und Künste, des guten Rathes und der Oekonomie, der Sittlichkeit und der Religion für das gelehrte und ungelehrte Volk.

4. Schon im eilften und zwölften Jahrhundert ward deßhalb unser Köln von den besten, hoffnungsvollsten Köpfen aus dem mittlern und tiefern Deutschland, aus ganz Belgien, selbst aus Britannien und Schottland, aus Island und Polen, Dänemark und Schweden besucht. Hier studirte um diese Zeit Snorre Sturleson, welcher zuerst schwedischer Minister, dann unter drei Königen Verweser des

skandinavischen Staates war, und als der Herausgeber der isländischen Edda berühmt ist. Damals (1105) waren schon in Polen einige Benedictiner- und Cistercienser-Abteien, in welche in Köln geborne Studenten frei aufgenommen, und nur aus diesen die Aebte gewählt werden mußten.*) In einem Briefe von Innocenz III. (1198) geschieht bereits Meldung von kölnischen Professoren, und beim Cäsarius (1222) von öffentlichen kölnischen Lehrern der Heilkunde. Schon damals waren die edlen schottländischen Mönche unserer St. Martins-Abtei Mathematiker, Physiker, Chronologen und Astronomen, wozu ihre schöne Kirche mit den äußern hohen, gegen alle Himmelsgegenden gerichteten Galerieen, ihnen Gelegenheit gab. Unsere St. Pantaleons-Abtei lieferte mehrere, in die Corpora historica von Eckard, Freher und Leibnitz aufgenommene, sehr geschätzte Geschichtschreiber. Was fehlte unserer Stadt schon damals zu den Lehranstalten einer Universität?

5. Aber wie Geister die Region des Lichtes suchen, so ließ sich auch nun Albert der Große, aus einem altgräflichen deutschen Hause von Bollstadt, in dem hiesigen Kloster seines Ordens nieder. Er, ein Universal-Genie, der nicht nur die Philologie, Philosophie, Theologie und Rechtswissenschaft seiner Zeit in Frankreich und in Italien studirt hatte, sondern auch in der höheren Mathematik, Astronomie, Mechanik, Physik, Chemie, Medicin, Musik und Baukunst, eben so wie in der höhern biblischen und kirchlichen Symbolik, Poesie und Mystik, selbst in der Naturgeschichte, besonders jener der Thiere, folglich in allem bewandert war, was zur architektonischen Poesie der Erfindung unseres Domgebäudes gehörte; Albert der Große, der auch den neuen großen Chor seiner Klosterkirche selbst gebaut hat, welches Gebäude dem Chore unseres großen Domes, von dessen oberer Galerie an bis zum inneren Muschelgewölbe, und sogar in den Fenstern und Fenstergemälden, von der Hand derselben Meister, endlich noch in dem auf's Chordach aufge-

---

*) Ein Original-Document darüber auf Pergament, von 11 Fuß Länge und 7 Zoll Breite, findet sich in der Sammlung alter Handschriften des Prof. Wallraf.

setzten kleinen Glockenthurme, an Geschmack, Art und Kunst gleichförmig war; er, dieser große Mann, der bekannte Freund und Rathgeber unseres Erzbischofes Conrad von Hochstaden, scheint auch daher mit Recht wenigstens für den poetischen Erfinder und Erbauer unseres erstaunlichen Domgebäudes angesehen werden zu müssen. Für ihn war es deutsch, war es edel und seinem anspruchslosen Berufe angemessen, mit seinem Namen als Erfinder nicht zu prahlen. An einem der ersten Gebäude Europa's würde jeder andere Baumeister seinen Ruf auf die Nachwelt zu bringen nicht versäumt haben, indem wirklich einige Namen der daran gebrauchten mechanischen Arbeiter oder Aufseher gefunden worden sind.

6. Albert lebte nun in Köln als Lehrer, vielleicht in allen Facultäten. Aus weiter Welt kamen Schüler, ihn zu hören. Thomas von Aquin, ein italienischer Graf, auch wieder einer der ersten Köpfe seiner Zeit und seines Ordens, sammt einer Menge nach Köln strömender Gelehrten, waren Albert's Schüler. Sein ConventsGebäude konnte oft ihre Anzahl nicht fassen; er lehrte deßhalb bei trockener Luft auf dem großen Vorhofe seines Klosters, so wie er sich bei seinem Aufenthalte zu Paris des von ihm noch den Namen tragenden Place Maubert (area Magni Alberti) zu dem öffentlichen Vortrage bedienen mußte. Er wurde gezwungen, das Bisthum Regensburg anzunehmen, dankte aber nach zwei Jahren ab und kam wieder in seine Lehranstalt nach Köln, und starb hier im Jahre 1280. *) Seine ehrwürdigen Gebeine sind nun aus dessen, sammt seiner Grabschrift zerstörten Klosterkirche zu der nächsten St. Andreas=Pfarrkirche überbracht worden. Bald nach seinem Tode schickte der Minoriten=Orden seinen größten Gelehrten, den Schotten Johann Duns, als öffentlichen Lehrer nach Köln. Auch dessen Kloster ward mit allen großen Sälen, worin die verschiedenen Lands-

---

*) Das Autographum seines für jene Zeit merkwürdigen naturgeschichtlichen Werkes: De animalibus, nebst Mehrerem von ihm, ist in der obengemeldeten Sammlung des Prof. Wallraf für Köln aufbewahrt.

mannschaften seiner Ordens=Zuhörer eingetheilt waren, nebst jenen für die Menge der andern fremden Lehrlinge, zu klein. Er starb 1308. Seine Handschriften sind einst mit dem Kloster in Flammen aufgegangen. Sein Grab (die Tumba Scoti) ist noch mitten im Chor der Kirche zu sehen, aber auch durch die Revolution seiner kupfernen Decke mit dem völligen Bildnisse beraubt worden.

So leuchteten die ersten Sonnen der Wissenschaft jener Zeit in unserm Köln; wer weiß, wie viele Sterne in deren Bahn nicht einmal bemerkt worden sind. Der Ruf solcher Männer gehört auch wieder der allgemeinen Geschichte an, und der Boden dieser Stadt ward durch sie auf die Dauer der erfreulichsten Blüthe der Gelehr=samkeit gleichsam für ewig gesegnet.

7. Unter diesen glücklichen Auspicien verdienten sich unsere weltberühmt gewordenen Studien=Anstalten neben den ersten jener Zeit den nun gebräuchlich gewordenen Ehrentitel einer Universität. Der kölnische Stadt=Senat stiftete sie dazu mit der Zusage seines ewigen Schutzes, seiner möglichsten Unterstützung und seiner Bitte an den Papst und Kaiser um alle nöthigen Privilegien und Frei=heiten.

Urban VIII. heiligte und bestätigte diese Stiftung im Jahr 1388, machte sie der, an Lehren und Lehrern bereits lange mit ihr verwandten pariser Universität in allen Privilegien und Frei=heiten gleich. Doctoren von Paris, einige unter ihnen selbst Köl=ner, kamen hierhin zur Feier der Einhuldigung. Aus diesen Grün=den wird sie als eine Tochter der pariser Universität begrüßt, und eben so ward sie selbst die Mutter der Löwener und der Trier'schen.

Der kurfürstliche Erzbischof und sein Domcapitel konnten diese Universität nicht anders, als für einen Schirm der katholischen Re=ligion und ihres erzbischöflichen Stuhles annehmen, welches sie auch mehr als einmal erfahren und gestanden haben. Nur aus ihren Doctoren erhielt oder wählte deßhalb dieses hohe Capitel ehedem herkömmlich seine gelehrten acht Priester=Capitulare, der Erzbischof seine Weihbischöfe und General-Vicarien, fast alle benachbarten Fürsten ihre Räthe und Aerzte. Der Domprobst ward ihr beständiger Kanzler. Das Domcapitel-Zimmer wurde zu ihrer ersten feierlichen Eröffnung eingeräumt; noch bis zuletzt wurden die feierlichsten Promotions-Acte der Juristen-Facultät nur im Schiffe der Domkirche vorgenommen. Selbst der Kurfürst Max Heinrich hat dergleichen Handlungen in der Zeit seiner Residenz in Köln beigewohnt; aber nur die zwei letzten kurfürstlichen Erzbischöfe haben sich, unter ihren Pflichten, nicht des fürstlichen Wortes oder Beispieles ihrer Vorfahren, nicht des, ihrem Lande, ihrem Dom-Capitel und sich selbst dadurch erhaltenen und angediehenen Glückes, und des Dankes für ihren geretteten Stuhl erinnert, als sie diese alte Universität ihrer Rechte, ihres Gutes, ihrer Stiftungen und ihrer Freiheiten, für ihre ephemere Universität zu Bonn, zu berauben und sie zu vernichten versuchten; doch sie waren auch die letzten.

8. Der stadtkölnische Senat errichtete bald auf seine Kosten verschiedene Facultäts-Gebäude. Er bezahlte die Lehrgehälter der von ihm gewählten weltlichen Professoren, und für die wirklichen oder ausgedienten Lehrer des geistlichen Standes erhielt er ein päpstliches Indult zur Präsentation derselben theils zu mehreren, in den hiesigen eilf Capitel-Stiftern beständigen, theils zu allen in bestimmten Monaten bei denselben vacirenden höheren und niederen Stiftspfründen, welche auf diese Weise ein durch die Revolution geraubtes Stiftungsgut unserer Universität wurden, dessen Erstattung oder Vergeltung bei der Erneuerung derselben, entweder auf den Fonds der aussterbenden geistlichen Pensionisten oder durch die Erweckung neuer Stifts-Capitel wieder möglich werden könnte....

9. Die theologische Facultät erhielt nicht nur ihren eigenen schönen Collegien- und Promotions-Saal an der Domkirche, sondern auch in den Abteien und in den Klöstern der Dominicaner, Minoriten, Carmeliten und Augustiner waren dafür öffentliche große Auditorien und Disputations-Säle eröffnet. Die auswärtigen Abteien hatten in der Stadt für ihren studirenden Clerus eigene Seminarien und Hofgebäude, oft mit gelehrten Vorstehern. Jene vom

Kloster Camp bestanden hier schon im Jahre 1285. Alle in den Ordens=Collegien Studirenden wurden zur Matrikel der Universität gerechnet, und besuchten auch vorher oder zugleich mit den öffentlichen Cursen der Theologie die philologischen und andere Lectionen in der sogenannten Schola artium &c. Die Kloster=Bibliotheken waren gemeinnützig.

Die juristische und medicinische Facultät hatten, jede in besonderen Gebäuden, ihre Collegien=Säle und Bibliotheken. Jenes der ersten hatte auch Wohnungen für Bursisten, woher es, des dort aufgestellten Stadtwappens wegen, die Kronenburs genannt wurde.

10. Für die Facultät der freien Künste, der philologischen und philosophischen Wissenschaften erbaute der städtische Senat die Schola artium mit einem ungeheuren Saale, der auf seinen Bänken 600 Zuhörer faßte; außerdem umschloß dieses Gebäude mehrere Neben=Hörsäle. Man schließe daraus auf den ehemaligen Zulauf und die Blüthe unserer Studien=Anstalten. Denn in diesem Gebäude wurden, dem ersten Anfange gemäß, einzig nach akademischer Art alle Collegien der Weltweisheit, der Geschichte, Mathematik, der Naturkunde, der theoretischen Musik und der höheren Philologie in den orientalischen und occidentalischen gelehrten Sprachen gegeben; weßhalb es zugleich die Schola trilinguis hieß. Eben jener große Saal war auch zu den öffentlichen Disputationen über Gegenstände besagter Wissenschaften und zu den Promotions=Acten in dieser Facultät, wie auch zu allerhand, jedem akademischen Redner freiwillige und für den Zeitlauf oft interessante Reden oder Collegien (Lectiones quodlibeticae) bestimmt. Die medicinische Facultät besaß für ihre Verbindung mit der Naturwissenschaft daselbst auch einen besondern Lehrstuhl.

Hier mußten nun die Subjecte für die höheren Facultäten ausgebildet werden; denn in diese wurde kein Student aufgenommen, welcher nicht seinen förmlich erhaltenen Unterricht in der griechischen und lateinischen Sprache, in der Mathematik und in den Gründen der Weltweisheit beweisen konnte, oder nicht die ehrenhafte Entlassung aus der Artisten=Facultät durch seine Beförderung zum Baccalaureate oder gar noch durch jene zur Magisterwürde für den Fall erhalten hatte, wenn er in einer der übrigen Facultäten einen Grad suchen oder nur eine höhere Capitelspfründe annehmen wollte: indem auch die Stiftscapitel zu jener besseren Zeit sich nur in Sitten und Wissenschaften gebildete Mitglieder wünschten. Die promotiones umbratiles und per saltum waren eine spätere so unächte düstere Nothhülfe der unwilligen Minerva, als eben auch die, mehrentheils für die Welt und die Kirche verunglückten Geburten dieser Erfindung uns selbst noch oft erschienen sind.

Für die jugendliche humanistische Erziehung gab es ehedem hier mehrere öffentliche Lehrhäuser, z. B. Domus de Campis, Domus de Berka, Domus Montana, Domus de Busco, Domus Laurentii, Domus Kukana prima et secunda, Bursa Cornelii etc., und noch im zweiten Jahrhundert der Universität bestanden sechs oder sieben dieser, durch die verschiedenen Regionen der weitläufi-Stadt vertheilten, alle dennoch stark besuchten, nachher so genannten Gymnasien oder Bursen, wovon die mehresten und zuletzt noch das Kukanum, tricoronatum, wie auch die später entstandenen Gymnasien bei den Carmeliten und Augustinern vor und nach eingegangen sind, bis endlich nur das antiquissimum Montanum, das Laurentianum und das unter die Aufsicht der Jesuiten gesetzte Tricoronatum übrig blieben. Alle jene Gymnasien standen ursprünglich von ihrer erhaltenen Annahme und genossenen Protection her, auch den allgemeinen Gesetzen gemäß, gleich der ganzen politischen Universitäts-Einrichtung, unter dem Stadt-Magistrate, welcher seinen vier ältesten Consuln, als belegirten Provisoren, sammt dem zeitlichen Rector magnif. darüber die Aufsicht überließ, und die Decane der Facultäten in den sie betreffenden Geschäften als Beiräthe annahm.

Die ersten Gymnasien waren wohl nur als Privatschulen und Pensionate eröffnet worden. Durch Fleiß, Ordnung, Zulauf und durch Stiftungen ihrer gelehrten Vorsteher, welche bereits frühe als Magistri bei der Universität angenommen worden und sich fähige

Mitlehrer zu wählen wußten, hoben sie sich zu öffentlichen Classen-Schulen. Die vornehmsten derselben siebelten sich nach und nach unweit der ehemals allein öffentlichen und allgemeinen Schola artium an, um ihre zahlreichen aufwachsenden Bursisten und Pensionisten den öffentlichen akademischen Collegien näher zu haben. Ihre Vorsteher und Docenten hielten endlich nicht nur für die wirklichen Akademiker Repetitorien, sondern man lehrte im Montanum und Laurentianum selbst schon bald die Philosophie, in diesem nach Albertus Magnus, in jenem nach Thomas von Aquin, von welcher Zeit die gedruckten alten Lehrbücher dieser Institute, in gr. 4. Format, noch aufgewiesen werden können. Aus diesen Häusern sind schon damals Candidaten zu den akademischen Graden in besagte Facultät eingeführt worden, die aber zugleich einige der anderen öffentlichen Collegien im Facultäts-Palaste besucht hatten. Auch finden sich von ihren früheren gelehrten Docenten solche, welche als öffentliche Lehrer bei der Artisten-Facultät zu den, nur für die wirkliche akademische Doction bei dieser Facultät (pro actu docentibus, wie die päpstlichen Bullen sich ausdrücken) bestimmten Capitelspfründen befördert worden sind. Eine dieser Pfründen, nämlich die beim St. Ursulen-Stifte, ward nun eigentlich für den beständigen Lehrer der orientalischen Philologie, eine beim St. Cäcilien-Stifte für den Lehrer der griechischen und römischen Literatur bestimmt, so wie auch keine von den übrigen, der Universität beständig gewidmeten Pfründen anders, als einem in dem Lehramte des ihm übertragenen Faches bis zu seinem Emeritat wirklich fortfahrenden Professor zugetheilt werden mußte *).

11. Durch lange goldene Zeiten, welche nun Köln erlebte, hatte unsere Universität, besonders in ihren Gymnasien, an gemeinen und Familien-Stiftungen einen sehr reichen Zustand erworben. So oft auch eines dieser Gymnasien einging, wurden dessen Stif-

---

*) Es muß uns hier nicht gereuen, zu gestehen, daß aus der näheren Zeit wider dieses Gesetz noch manche Sünde des Eigensinnes und der Fahrlässigkeit, sowohl von Seiten der Wächter Sions als Pflichtträger, auszubüßen wäre.

tungsgüter vom Senate und den Universitäts-Provisoren den übrigen sich erhaltenden Anstalten gewissenhaft zugetheilt; ein Beweis unserer alten strengen Achtung für Rechtlichkeit und unserer unvergänglichen Sorge für wissenschaftliche Jugend-Erziehung, für Erhaltung der allgemeinen, friedlichen Humanität und der reinen Kunstweisheit, deren auch keine ohne Religion bestehen kann; zugleich ein Zeugniß dessen, daß unser meistens durch eingeschränkte Oekonomie und durch gelehrte Beschäftigungen so vermögend gewordener Clerus (denn fast die mehrsten Studien-Stiftungen, sammt den Geschenken zu den Bibliotheken, kamen von geistlichen Wohlthätern her) nicht, einer beleidigenden Nachrede gemäß, immer in Saus und Braus oder in dummem Nichtsthun gelebt hatte.

12. So wuchs der Stiftungsvorrath der stadtkölnischen Universität, jedoch vorzüglich für die artistische Facultät, immer an und vermehrte sich durch milde Stiftungen noch wirklich in der letzten Hälfte des achtzehnten Jahrhunderts. Seine Anwendung, nach dem geheiligten Willen der Wohlthäter, für den Ort, wo diese meistentheils gelebt und gewirkt hatten, war zu verschiedenen Zwecken, entweder zum Wohl von Privat-Familien und Personen, oder zum Unterhalte der Docenten und zur Erhaltung und Beförderung der allgemeinen Anstalten bestimmt. Die Güter und Capitalien, deren Eigenthum und Ertrag immer als unveräußerlich für die Localität der Stadt und Universität Köln ausgesprochen ist, hafteten ungefährdet auf beiden Rheinseiten.

Zu diesen Hülfsmitteln kam nun zuletzt noch das der freien Reichsstadt Köln rechtlich zukommende Grund- und bewegliche Eigenthum des in ihr aufgehobenen großen und reichen Jesuiten-Collegiums. Diese Erwerbung bestimmte der weise Senat der Stadt auch für das höhere Aufkommen seiner Universität. Aber Köln mußte damit zuvor noch eine nachbarliche Löwentheilung eingehen. Es mußte selbst von diesen Gütern und von den Seltenheiten dieser Erbschaft beträchtliche geheime Nebenopfer abgeben, um die endliche Ruhe des ungestörten Genusses zu erringen.

13. Dieser bis in den Fortgang der französischen Revolution und bis zu Napoleon's, alle Bande des Eigenthums durchhauenden Verfügungen nun erhaltene Stiftungsvorrath der stadtkölnischen Universität ließ und er läßt sich noch wirklich, in Betracht der deßhalb nicht erstorbenen Anforderungen des Eigenthums und der altjährigen Rückstände, erstens, in so weit er die Privat-Stiftungen und jene der ehemaligen gymnastischen Docenten betrifft, auf die Capitalsumme von einer Million und sechsmal hunderttausend; zweitens, was die besonderen Fonds der zur allgemeinen Schulverwaltung gehörigen und erworbenen Güter und Capitalien constituirt, auf achtmal hunderttausend Franken anschlagen, welches die Summe von zwei Millionen viermal hunderttausend Franken ausmacht, ohne noch den ehemaligen jährlichen Ertrag der eilf und mehreren Stiftscapitel-Präbenden hinzu zu nehmen.

14. Was nun die Universität der Stadt Köln seit ihrem Dasein und anwachsenden Vermögen bis ins siebenzehnte Jahrhundert an Genieen und Producten in Wissenschaft und Kunst Ehrwürdiges oder Verdienstliches hervorgebracht habe; wie es auch nur zur allgemeinen Kategorie des Guten und Schönen gehören kann, es mag übrigens vom Geist der Gegenwart verwischt oder von Menschen eines anderen Willens betadelt worden sein, das möchte hier im Texte zwar am rechten Orte stehen; aber uns sei es jetzt hinlänglich, nur anzugeben, daß Köln mit seinen akademischen Anstalten den lange vorher schon glänzenden Ruhm und Zulauf, selbst in gleicher Periode des Entstehens und der Blüthe der ältesten Universitäten Deutschlands, behauptet, und ihn nicht nur immer durch eigene berühmte Lehrer und durch namhafte Schüler, sondern auch durch oft empfangenen Besuch von sich hier aufhaltenden fremden Gelehrten und zugleich noch durch solche Männer befördert sah, welche von hier aus als öffentliche Professoren auf andere, sogar neue Akademieen und Universitäten eingeladen worden sind.

15. Indessen schließen sich auch die schönen, selbst die bildenden Künste von dem Glanzkreise unseres akademischen Ruhmes nicht

aus. Sie standen bei uns immerfort in einer so fleißigen Ausübung, und in einer so berufenen Hochachtung, daß man diese Stadt von Jahrhunderten her als die Mutter und die erste Nährerin derselben, wo nicht im ganzen deutschen Reiche, doch wenigstens in diesen rheinischen und in den nördlichen Provinzen desselben ansehen konnte. Köln gebar oder bildete und lieferte für seinen eigenen und für fremden Ruhm viele große Philologen, mehrere Dichter in alten und neuen Sprachen, Musiker, Baumeister und Maler, vorzüglich für den unter uns jetzt wieder aufwachenden reinen deutschen Geist. Wie vornehm sprechen nicht die ältesten Denkschriften und Handschriften darüber für Köln. Der alte Dichter Wolfram von Eschenbach, im 12.—13. Jahrhundert, wo er die schöne Gestalt eines Ritters erheben will, sagt: daß kein Schilderer von Köln ihn schöner malen könnte. Die Vortrefflichkeit unserer früheren, obwohl nach dem Geiste der damaligen Zeit selten mit ihrem Namen prangenden Meister (die jedoch den hiesigen Kunstkennern aus dem gleichen Zeitcharakter, ihrer Manier und ihrer Hand in mehreren unter uns immer aufbewahrten Werken als einheimische anerkannt sind) ist ja neuerdings der Stolz Deutschlands und die allgemeine Bewunderung der uns deßhalb so häufig besuchenden Ausländer. Die von außen und innen so ideenreiche Bildnerei an unserer hohen Domkirche, ihre prächtigen Glasmalereien *) und ihr altes Goldgrund=Gemälde der anbetenden heiligen Weisen vor dem so göttlich ehrwürdigen Christuskinde auf dem Schooße seiner erhabenen, auch nur in der innigsten Anbetung desselben entzückten jungfräulichen Mutter, ein Meisterwerk von unserem alten Maler Kalf, mit der Jahrzahl 1410 bezeichnet, übertrifft

---

*) Die frühesten Spuren dieser Kunst sind hier in den kleinen Fenstern an der hinteren Rundung des Chors und in dessen Nebencapellen unserer großen noch vorgothischen und meistens rundbogigen St. Cunibertus-Kirche merkwürdig, welche Kirche jedoch von eben dem kurfürstlichen Erzbischofe, Konrad von Hochstaden, noch eingeweiht worden ist, der bereits unseren so rein deutschgothischen Dom zu bauen anfing. Aber wie auffallend erscheint hier schon der so geschwinde Umschwung und Aufflug unserer Baukunst bei einem so verschiedenen Style dieser beiden Kirchengebäude!

schon in Styl und Färbung alle Einbildung der Möglichkeit seines Zeitalters, und es ist sogar von dem uns besuchenden Alb. Dürer für ein wundervolles Gemälde angepriesen worden.

16. Daß Köln mit seiner Schule für die bildenden Künste allen Städten am Rheine und auch fast allen in Deutschland und Belgien voranging, entsprang wieder aus dem römischen Geiste seiner Anlage und seiner gewiß nicht prachtlosen Gebäude und Denkmäler der hier oft sich aufhaltenden Kaiser, ihrer beständigen Legaten, vornehmsten Provinz=Beamten und römischen Ritter=Familien, welche im Sinne unserer Agrippina diese Stadt immer noch zum Abbilde von Rom und den Nachbarvölkern zu einem einladenden Aufenthalte erheben wollten. Unser ehemaliges Capitol mit seinen Umgebungen ward nachher eben so die Wohnung unserer fränkischen Könige. Köln blieb daher auch forthin der Hauptsitz der Provinz, der höchsten religiösen, politischen und wissenschaftlichen Anstalten, der Sitz des Adels und des reichen Handels. Das Andenken der römischen Epoche verräth sich auch aus den so vielen ehemals und wirklich noch in gegenwärtigem Jahrhunderte hier entdeckten oder zum Theil bis zur Zerstörung, an religiösen Gefäßen unveräußerlich hier verwahrten kostbaren Ueberbleibseln römischer Gemmen, aus der Menge altitalischen Hausrathes von Thon, Metall, Marmor und Glas, wie aus Büsten und Bronzen in den gefälligsten Formen, welche, wenn sie auch nicht alle hier verfertigt waren, dennoch die Ideen unserer späteren Künstler zu ähnlichen Kunstgebilden und zu gleichem Streben aufregen mußten. Das Andenken der fränkischen Zeit erweiset sich aus den, ungeachtet der wiederholten feindlichen Zerstörungen, wenigstens stückweise erhaltenen Mosaiken*), aus Standbildern, aus Wand= und Tafelgemälden des achten, neunten und zehnten Jahrhunderts **), auch wohl gar aus Spuren von Oelgemälden, die der behaupteten Entdeckungs=Epoche des Joh. van Eick vorherzugehen scheinen.

---

*) An den Thürmen des Agrippa bei St. Claren ꝛc., in der Gruft der St. Gereonskirche und ehemals an mehreren Plätzen.
**) In der Gruft der Capitolskirche ꝛc.

Eine mit unermüdeter Aufopferung und Bestrebung über dreißig Jahre lang von einem einzigen Kölner für den Ruhm seiner mißkannten Vaterstadt zuerst hier unternommene und bis heran fast zu vollständiger Folge gebrachte Sammlung, besonders unserer guten einheimischen Malerwerke, hebt mit dem gegenwärtigen Jahrtausend an und geht in der Chronologie unserer nur möglichst aufgefundenen Meister in Styl und Art bis ins jetzige Jahrhundert fort. Sie enthält eine merkwürdige Anzahl der ältesten Gemälde auf Goldgrund und anderer vortrefflichen Geschichts- und Portrait-Malereien altdeutscher Arbeit. Sie verräth aber, unserer früheren Behauptung gemäß, gleich dem oben angeführten Domgemälde, die frühe Bekanntschaft unserer Meister mit dem älteren italisch-griechischen Style; sie geht dann durch eine eigene Manier der ihr verwandten niederländischen und der Alb. Dürer'schen, endlich, besonders in der Bildnißmalerei, durch fleißige Studien zu der Holbein'schen edeln Natürlichkeit über. Sie erstrebt dann in den reinen und seltenen Arbeiten unseres E. Jerrig, von einer fast Correggischen Blüthe, das poetisch-chromatische der Kunst. In jenen seines fähigsten Lehrlings, unseres von einer kölnischen Familie eingebornen, in Italien ausgebildeten Joh. von Aachen (welchen der Kaiser Rudolph II., als seinen ersten Maler und Kunstfreund, in der Domkirche zu Prag mit einer lobreichen Inschrift begraben ließ) erringt sie, obwohl mit ungleichem Vortheil für die durch den Zeitgeschmack etwas ausartende Zeichnung, dennoch eine gefälligere Zusammensetzung in der architektonischen und chromatischen Harmonie der Gruppen und ihrer Vertheilung. Sie pflanzt aber den Correggischen Hauch des Farbenschmelzes in den schönen, reinen Portrait-Schilderungen unserer Geldorpe fort, verzweigt sich jedoch schon etwas früher in den seltneren Meisterstücken unseres kühn und kräftig beleuchtenden Augustin Braun, noch mehr aber in den Arbeiten seines Schülers, Joh. Hülsmann, und unseres kunstreichen Buys, welche beide in ihren reichen Compositionen bei einer fruchtbaren Gruppenzeichnung und ausdrucksvollen Darstellung die Wirkung des Colorits durch den Verstand einer in die schönsten Widerscheine sich lösenden Lichtvertheilung erhöhten. Beide, Buys und Hülsmann, lebten mit Rubens. Hülsmann starb 1639, ein Jahr früher als dieser sammt mehreren seiner Geschwister in Köln geborene und erzogene Apelles Germaniens. Aber in Buys' und Hülsmann's Werken regt sich bereits Vieles von Rubens' Geiste. Das letzte große, durchaus von Rubens' Hand, kaum im Jahr vor seinem Tode vollendete Werk für den Altar seiner Taufkirche, St. Peter, welches er selbst noch nach Köln zu bringen gewünscht hatte, mußte nun, bei dessen Aufstellung, die Phantasie und die Herzen unserer Künstler mit allen Gefühlen der Nationalehre und des Hochstrebens wieder anglühen.

Cornelius Schutt, Rubens' Schüler, Pottgießer, Hanson, Herregouts, Klaphauer, ein Schüler Rembrandt's, Soentgen, Habelius, alle diese und noch mehrere Historienmaler, die sich zum Theil auch in Portraits und anderen Gegenständen auszeichneten, lebten noch im 17., ihre Schüler ins 18. Jahrhundert fort *).

Welche Stufe die Email- und Glasmalerei schon in den frühesten Perioden dieses Jahrtausends unter uns gewonnen, welche die Baukunst und Plastik im verschiedenen Zeitgeschmack hier erreicht und behauptet hatte, beurkunden noch immer hinlänglich die seltenen Reste derselben, welche der französischen Zerstörung und der einheimischen Vergeudung mit Gefahr oder Aufwand patriotischer Erretter zur Ehre Kölns entrissen worden sind, und welche jetzt diese Stadt dem In- und Ausländer wieder desto interessanter und berühmter machen, je mehr vielleicht einstens die Menge davon und der französische, allem Einfachen und Schönen verderbliche Schnörkelprunk, den verwöhnten deutschen Nachbarn unser Köln lange Zeit so altfränkisch und ihres Besuches unwerth darstellte.

17. Was war ehemals unsere in den letzten Zeiten durch französischen Druck des Geistes und des Handels ganz in Verfall und fast in Vergessenheit gerathene Buchdruckerkunst! Denn Köln

---

*) Kölns Verhältnisse in Wissenschaft und Kunst für das 18. Jahrhundert folgen unten, wo sie zugleich auch als Widerlegung gegen gemachte Einwürfe dienen können.

hat auch das Verdienst, nach der Stadt Mainz die erste gewesen zu sein, worin diese Kunst sich niederließ. Unser Ulrich Zell war einer der ersten Setzer und Aufseher bei Fust und Guttenberg. Schon vor dem Jahre 1460 zog ihn, vielleicht auf Betrieb seiner Meister, der wissenschaftliche und Handelsruhm Kölns hieher, um zur Verbindung mit den niederländischen und nordischen Gegenden eine gleiche Anstalt zu errichten. Seine frühesten Typen scheinen noch mainzischen Gusses zu sein. Er druckte in Köln vielleicht noch vor 1460 bis 1495. Eine beträchtliche Anzahl Druckereien setzten sich bald neben ihm, unter denen die des Engländers Wilh. Carton hier Meldung fordert, welcher später, nachdem er hier ausgelernt hatte, in sein Vaterland hinzog, und dessen viele Werke der neue, berühmte, kostbare, große Katalog der Lord Spencer'schen Bibliothek vielleicht alle anführt. Wenn man Mattaire's, Denis', Panzer's, Seemiller's, Braun's und Anderer Incunabeln-Verzeichnisse durchgeht, so steigen bis kaum etwas über das Jahr 1500 die stadtkölnischen Druckerei-Producte an 4= bis 5000 Bände. Die älteste kölnische Bibel, noch vor dem Jahre 1470 angefangen, mit Holzschnitten, worin Buchstaben wie in den früheren Xylographicis eingeschnitten sind, erlebte in kaum 5 bis 6 Jahren Zeit zwei verschiedene Auflagen in zwei Bänden gr. Fol. Selbst ist es fast zu behaupten, daß in Köln auch schon vielleicht mehr als 20 Jahre vor der mainzer Druckerei Xylographica abgedruckt worden sind. Eine Ausgabe der Biblia pauperum und der Versuchungen auf dem Todesbette (imagines mortis) sind schon von Panzer und Anderen für kölnische Producte angenommen, und wohl das älteste pergamentne Manuscript des Speculum humanae salvationis befindet sich, nebst einer Menge jener unserer Incunabeln, in der schon oft gerühmten Privat-Sammlung eines Kölners. Dieses Manuscript zeigt auf den Schilden, womit Davids Thurm behangen ist, die Wappen der Stadt und des Kurfürstenthums Köln.

Zur Ehre für ganz Deutschland konnte einst eben diese Stadt, und kann nunmehr ihr neuer Beherrscher nur durch die Wiedererweckung ihrer einst so berühmten Bibliothek und einer Universitäts=

Bibliothek in ihren Mauern, sich um die Erhaltung einer so vortrefflichen Menge jener der seltensten kölnischen Alterthümer, Kunstwerke, Manuscripte und Incunabeln verdient, und Er den Antritt Seiner Regierung uns ewig unvergeßlich machen.

Im Verhältnisse mit dem Ruhme unserer zahlreichen ersten Druckereien zeichnete sich auch die Mittelzeit dieser Kunst theils durch die Schönheit der hierselbst geschnittenen Typen für orientalische und gewöhnliche Sprachen, theils durch schwere Auflagen liturgischer und literarischer Werke *), theils durch die Sauberkeit des Drucks eben so vortheilhaft aus. Der Buchhandel Kölns war damals einer der bedeutendsten in Europa. Er hatte fast in allen großen Städten seine Factoreien oder eigene Officinen. Berühmt waren die Namen unserer Quentel, unserer Hittorpe, Heil, Hirschhorn oder Cervicornus, Hierat, Mylius ꝛc. Sie wurden von allen fremden Gelehrten besucht. Dem Hermann Mylius schrieb selbst Justus Lipsius ein preisvolles Epitaph in der St. Pauluskirche. Mehrere Ausgaben Hierat's und fast alle des van Egmond sind im vollkommensten Drucke mit Plantinischen oder Elzevirischen Typen. Van Egmond war ein Schüler, und, wie man glauben will, ein Anverwandter Plantins. Seine großen und kleinen Editionen liturgischen und literarischen Inhalts werden billig, wie die Elzevirischen aufgesammelt.

V.

Mit solchen Vorzügen, mit solchem Ruhme in Wissenschaften und Kunst (dem auch selbst die gegen die kölnischen Theologen gerichteten lügenhaften Epistolae obscurorum virorum des überall unreinen und unruhigen Ulrich von Hutten, trotz ihrer zweifachen fremden Zusätze, nichts schadeten) strahlte nun Köln bis ins achtzehnte Jahrhundert fort. Denn bis dahin sprechen alle Reisebeschreiber, alle Topographieen von dieser Stadt in ehrenvollen

---

*) Siehe von Mallinkrott de arte typographica. Colon. 4.

Schilderungen. Sie erheben Kölns vortreffliche, gesunde, prächtige Lage, sie bewundern die Größe, die Schönheit und Menge seiner öffentlichen und Privatgebäube, seiner Alterthümer und seltenen Kirchenschätze, seine freien Markt= und Uebungsplätze, seine Schifffahrt, seine Hafen= und Stapel=Anstalten, seine großen Spenden, Vorraths= häuser und Hospitien für jedes Bedürfniß der Bürger, die auffal= lende Würde seiner Magistraturen und höheren Geistlichkeit, seinen ausgebreiteten Handel, Reichthum und Credit, die Humanität und den standhaften Edelsinn seiner Einwohner, seinen dauernden Besuch von Ausländern, den Ruhm seiner Gelehrten, besonders auch das große Ansehen und die Stiftungen seiner alten Universität*).

2. Das meiste damals in Köln so Bewunderte ging auch noch aus dem siebenzehnten ins achtzehnte Jahrhundert über: wie konnte nun binnen einer Zeit von etwa fünfzig Jahren eine solche Wahr= heit so durchaus zur Lüge werden? Was war indessen aber nicht verbessert und verschönert, und selbst, wenn es Lob ist, es zu sa= gen, der Mode näher gebracht worden? Die Liebe für Kunst und

---

*) Zeugnisse hierüber von fremden, unparteilichen Gelehrten werden hier glaubwürdig sein und am rechten Orte stehen. A. ist vom berühmten Scaliger. B. ist von Reusner, der bis ins siebzehnte Jahrhundert lebte und Professor in Straßburg und Jena war.

 A. Maxima cognati Regina Colonia Rheni:
   Hoc te etiam titulo Musa superba canit.
  Romani statuunt, habitat Germania, terra es
   Belgica, ter felix, nil tibi diva deest!

 B. Quae tres ostentat clypeo Regina coronas,
   Tot urbium Colonia,
  Treme potestates notat, et, quibus ominet ipsa,
   Tres dignitates maximas:
  Principis una sacri, magnique secunda Senatus,
   Academiaeque tertia.
  Felix urba, in qua pietas, sapientia, virtus
   Cives coronat splendidos!
  Funiculus triplex haud rumpitur: inclita semper
   Urbis corona triplicis
  Quod fulgens totum radiis illuminet orbem,
   Concordiae nodus facit.

Wissenschaft war bei der besseren Classe der Einwohner Kölns noch gar nicht erloschen: denn nur nach dem Geist und Geschmack dieser Classe, nicht nach dem Pöbel im Wirthshause, nicht nach der Miene der Gassentreter, nicht nach einem oder andern, an seinem gesetzmäßigen Pedantismus zu lange klebenden Lehr- oder Ordenshause, muß der Verstand sein Gericht über Sittlichkeit, Schönheit und Geistesbildung einer großen Stadt aussprechen.

Aber es ward endlich auch Mode und ein Gewinnloos der Scribler, mit der Feder, in Geifer getaucht, flugs über die Ehre oder Schande eines Ortes abzuurtheilen. Das Böse wird am liebsten gelesen und geglaubt. Ausgestreute Vorurtheile sind noch jetzt ein halber Triumph über die Wahrheit.

3. Mehr als fünfzig Jahre lang hat sich nun die Schmähsucht an Köln gestreift. Vom reisenden Franzosen an (man kennt sein Vaterland) bis zum französirenden Klebe und zum französischen Lügner Camus, mit Einschluß einer ganzen Folge von Nachschreibern und vielleicht auch gedungenen Verläumbern, deren viele keine vernünftige Seele in Köln besucht haben, ist diese gute Stadt von mehr als einer Seite her in jenes für das Loos ihrer Zukunft sehr unvortheilhafte Licht gesetzt worden: Köln sei die abscheulichste Stadt von der Welt, ein Bettelort, ein Asyl der Dummheit, des Betrugs, der Heuchelei, eine Bierschenke: es lohne sich nicht, daß man sich länger als einen Tag darin aufhalte*). Man weiß auch die nahen Quellen, woher dergleichen Unrath schon in Tagblätter, in Flugschriften und kritische Zeitungen des Auslandes geflossen ist.

Um unserem, für seine politische Freiheit ihm lange zu standhaft, zu glücklich, vielleicht auch zu religiös kämpfenden Köln jede

---

*) Der brave Ernst Moritz Arndt, welcher nach einem, vielleicht auch nur zweitägigen Durchflug durch Köln, in seiner bekannten Reisebeschreibung, aus gleicher Eingebung des vorigen Zeitgeistes gegen diese Stadt, eben so grimmig ins schwarze Horn geblasen hatte, ist bei seiner nunmehrigen Einwohnung und guten Aufnahme unter uns, von allem Irrthume ehrbarlich zurückgekommen, und hat in der Kölnischen Zeitung darüber eine Palinodie bekannt gemacht, die allen unseren Unholden zur heilsamen Erbauung und Bekehrung dienen mag.

gute Anstalt der Gegenwart, jeden Fortschritt zum Besseren oder zum Genuß einer glücklichen Zukunft zu verkümmern, erlaubte der Nachbarneid unseres geistlichen Fürstenhofes sich jede Neckerei, jede Anwendung seiner Macht.

4. Die stadtkölnische Universität, welche zugleich und mit überdachten Gründen an dem Orte, wo von Ursprung her das hohe Domcapitel saß, für die Universität des Landes und der Kirche angenommen war, und welcher man, wie schon erinnert worden ist, die Erhaltung beider zu danken hatte, war dem zu gern um sich greifenden, auch mit dem erzstiftischen Capitel in Planen und Zwecken oft uneinigen Hofe zu Bonn nicht mehr am rechten Standpuncte seiner Herrschaft. Er lähmte daher jene Universität erstens durch eine, unter dem schwachen Max Friedrich zu Bonn angelegte Akademie und endlich unter dem raschen, vermögenden Max Franz wurde diese Akademie, zur Erstickung der kaum zwei Meilen davon abgelegenen, privilegirten stadtkölnischen Universität, zu der Landes-Universität erhoben. Schon bei der Stiftung der Akademie fing der Hof zu Bonn an, gegen öffentliche Verträge und gegen Privat-Eigenthumsrecht, die Güter, die Capitalien und selbst das Mobilar-Vermögen des stadtkölnischen Clerus, der Abteien und Klöster beiderlei Geschlechts anzusprechen und diese Corporationen zu einem großen jährlichen Beitrage zu zwingen, ihre Bibliotheken zu durchsuchen, ihnen manches Rare und Gute an Handschriften und Büchern zur Errichtung einer Hof- und akademischen Bibliothek abzufordern, dann auch die besten Köpfe unter den Ordensgeistlichen auf ihrer Klöster eigenen Unterhalt dorthin zu Professoren zu berufen; die anderen zum Lehramte fähigsten Männer aus Köln mit beträchtlichen Stipendien aus dem erpreßten Gelde und mit Versprechungen zu sich zu locken, die nicht Wollenden zu verfolgen oder doch ihr Verdienst, sogar zu geistlichen Würden, niemals zu begünstigen. Schon die bonn'sche Akademie wagte sich an die Einhaltung der für die stadtkölnische Universität unveräußerlich bestimmten, etwa im Lande zahlbaren Fundationen. Geborene Kölner, die zu geistlichen oder weltlichen Bedienungen im Lande Beförderung wünsch-

ten, selbst die Mönche, mußten ihre Studiencurse zu Bonn anfangen. Nach Errichtung der Universität wurden die Verfügungen gegen Köln noch hartnäckiger. Sogar für die geistlichen Präbendanden und Precisten in Köln wurde ein zu unterschreibender Schwur aufgesetzt, der Stadt Köln immer unhold zu sein.

Tantaene animis coelestibus irae!

5. Man kann nicht läugnen, daß diese neue Universität mehrere berühmte Lehrer anziehen und bezahlen, auch viele gelehrte Schüler bilden konnte. Aber durch eine ungeregelte Aufklärung und Denkfreiheit im Lehr= und Sitten=System strebte sie zuvörderst ihren Ruhm zu gründen und auszudehnen. Eine Denkfreiheit, wie sie sich zu einem solchen erzbischöflichen Wohnorte nicht reimte, und die sich nicht einmal mit jener Duldung der Meinungen, mit jenem Anstand im Fortschritte benahm, wodurch berühmtere Universitäten Deutschlands sich würdig auszuzeichnen wußten. Aber nur darum schien Bonn desto mehr dem Zeitgeiste und dem gewöhnlichen Gange des Rufes voreilen zu wollen, damit es desto balder und stolzer die alt=ehrwürdige Nachbarin Köln höhnen, verdunkeln, vernichten, und einst mit der durch eine erzwungene Vereinigung ihm zufallenden Erbschaft ihres Besten sich bereichern könnte: während hier zwar die noch regierenden Altväter mit ihrer hergebrachten Gewissenhaftigkeit, Ordnung und schonenden Weisheit gegen die jüngere Nebenbuhlerin ein Gegengewicht halten zu können glaubten; unsere heranwachsende Nachkommenschaft aber bereits das Bessere und Nothwendige des Zeitgeistes eben gut kannte, und bald freiwillig, selbst unbelohnt, in Köln begründete.

6. Durch kirchliche und politische Verfänglichkeiten verfeindete sich die bonn'sche Universität mit den Gewissen der Redlichen, mit dem erzstiftischen Domcapitel, mit den Nachbargewalten, mit den eigenen Landesbehörden, mit dem päpstlichen Stuhle und endlich auch mit ihrem Stifter selbst. Der in Klagen und Vorwürfe verwickelte, den Ausbruch des losgelassenen Freiheitsgeistes und die Heranflutungen des Völkerkampfes sammt dessen unglücklichen Folgen richtig vorhersehende Max Franz ward seiner, in ihrer Wurzel

schon unreinen Stiftung gram. Einer der brausendsten Helden ihres voreiligen Rufes, der zum Kunst- und Schönheits-Lehrer eben so wie zum Sitten- und Religions-Prediger verunglückte, erotische Franciscaner Eulogius Schneider, eine fremde Ministerial-Creatur, gehörte vielleicht mit Anderen bereits zu verdächtigen Bündnissen der Zeit, und bald öffentlich zu der französischen Revolutionsrotte, in deren System er, als überreif, auch nicht lange nachher zu Straßburg ein Opfer des Schandbeils ward. Alle die besseren, reineren Geister der durch sich selbst aufgelös'ten bonn'schen Universität trennten und entfernten sich noch bei Zeiten weg von dem einstürzenden Vulkan und kamen meistentheils nach dem alten Köln zurück. Der Heranzug der Franzosen verscheuchte den kurfürstlichen Hirten. Mit und nach seiner Flucht verschwanden und zerstreuten sich auch die Realfonds und das ganze Mobilar-Vermögen, das 'schöne Naturalien-Cabinet, die reiche Bibliothek jener Universität sammt ihren erzwungenen und erschlichenen fremden Zueignungen. Die übereilte Geburt überlebte kaum zehn Jahre ihres Namens, und, wie bei unbegrabenen Todten des Heidenthums, empfing ihr abgeschiedener Geist noch keinen Segen zur Ruhe. Ihre in Ziffern so hoch angegebene Habe ist fast alle, wie gewonnen, so zerronnen *).

Dies war der kurze Lebenslauf der bonn'schen Universität. Sie starb auch eben so unreif zum Verdienste eines gesuchten Wehrufes, als zu ihrer ohnehin unnöthigen und für unsere Zeit gefährlichen Wiedergeburt, wofür das fremde Nachbarvermögen schon wiederum zu einem unseligen Opfer verrathen wurde **).

7. Es hat sich ausgewiesen, daß das Volk der glänzenden Fürstenstädte am Rheine, gleich wie es von lange her das empfänglichste für französischen Tand und Geschmack war, eben so als das gediegenste für das französische Revolutions-System befunden wurde.

---
*) Merkwürdig! Von der ganzen Regierung des kölnischen Kurfürsten Max Franz hat man gar keine Münze, als die einzige Schaumünze von der im Jahr 1786 errichteten bonn'schen Universität, welche die Dauer der Stiftung nun bald zwanzig Jahre lang schon überlebt hat.
**) Siehe Aussprüche und Hoffnungen der Stadt Bonn ꝛc. von P. I. R.

In Bonn, welches von 1673 bis 1703 durch undeutsche Gesinnungen den Franzosen dreimal die Thore geöffnet hatte, fand auch jetzt, bei noch umher polterndem Wiederhall des Rufes seiner abgeschiedenen Universität und bei gespannter Vorbereitung einer Classe ihrer Geister zum Evangelium der Freiheit und Gleichheit, das neufränkische System einen offenen Thron für die Wirksamkeit seiner Philosophie und seiner Macht. Dort fand es auch ein vorbereitetes Hochgericht zur fortdauernden Plage der alten großen Mutterstadt des Landes, welche den neuen Aposteln zeitig und emsig genug als ein ewiger Sitz der Dummheit und Frömmelei geschildert worden war, wo Religions- und Herrscherspott nicht so leicht und allgemein Platz greifen würde, und welcher deßwegen für ein Tribunal der neuen Weltregierung niemals tüchtig werden könnte.

Bonn, das gegen Köln immer stolze, nie freundschaftliche Bonn war es daher, wo sich der uns nächstgelegene neufränkische Regierungssitz für diese Rheingegenden frühzeitig hinpflanzte. Bonn genoß nun den lang ersehnten Triumph, die große Mutterstadt des Landes sich ganz unterworfen zu sehen; den Triumph, die Consuln und ersten Senatoren der ältesten, ersten und größten deutschen freien Reichsstadt, welche, gleich den Römern beim Einfall der Gallier auf ihren Stühlen in der Curia, den feindlichen Trotz muthig erwarteten, wegen ihres Widerstandes gegen die übertriebenen Forderungen, als Geißel in seine Diebsgefängnisse zu schließen; den Triumph, durch den feierlichen Zug einer erwonnenen Rotte von Kölns Pöbel, die Spolien des Ruhms und der Freiheit dieser altehrwürdigen Stadt an eine, zu seiner Göttin der Vernunft erkorene Metze weihen zu lassen; den Triumph, von 800,000 Livres, die seinem Districte von achtzehn Städten, von so vielen umliegenden Dörfern, adeligen Burgen, Landhöfen und 200,000 Morgen urbaren Grundes aufgelegt waren, nur allein der Stadt Köln den unverhältnißmäßigen Beitrag von 480,000 Livres zumessen zu dürfen*).

---

*) Réclamation de la part de la ville de Cologne devant la Convention nationale, par le Bourguemestre DuMont.

VI.

1. Die verleumdeten, gepreßten Kölner hatten viele Mühe, sich den Anmaßungen der kleinen Nachbarstadt zu entwinden, und eben so viele Sorge, ihre durchs Recht ihnen unbenehmlichen Schulstiftungen zu retten. Ihrer alten Universität wurde dieser Name um desto feierlicher getilgt, weil ihr Corpus den französischen Eid zu leisten sich geweigert hatte. Aber sie erhielt sich, obwohl durch gewagte Aufopferungen, dennoch eine Zeit lang in drei Facultäten (ohne die theologische) unter dem Titel einer Centralschule, wobei unsere geschickten akademischen Lehrer Vest, Haas, Stoll, D'Hame, der Prosector Jäckel und nachher noch der Dr. Schmitz, als Professoren der medicinischen Gelehrtheit; der bekannte Mathematiker und Physiker Kramp, als Lehrer dieses Faches und der Chemie; der von Bonn in seine Vaterstadt zurückgekommene berühmte Daniels, als erster Rechtslehrer; der edle deutsche Friedr. Schlegel, als Lehrer der Weltweisheit und Literatur, und die beiden, späterhin nach Rußland berufenen Professoren Reinhard und Faber, dieser für die französische Literatur, jener für die Geschichte, Geographie und Politik, sammt anderen für die griechische und römische Sprache, für Poesie und allgemeine Kunstlehre aufgeforderten einheimischen Universitäts-Lehrern, einschließlich der fortdauernden unteren gymnastischen Lehrcurse, noch einen großen Zulauf von Studierenden unterhielten. Der von unserer Universität hier noch aufbewahrte beträchtliche Instrumenten-Vorrath für Mathematik und Physik wurde mit einer Menge neu erfundener, wie auch die von den Franzosen schändlich bestohlene Bibliothek nicht nur aus dem Ueberrest der Klosterbücher, sondern auch mit vielen neu angekauften, besonders kostbaren naturhistorischen Werken sehr vermehrt. Der jetzige vortreffliche botanische Garten wurde binnen der Frist von zwei Jahren eingerichtet u. s. w., Alles in der anschmeichelnden Hoffnung, hier den Departemental-Musensitz bestätigt zu sehen. Allein im französischen Leichtglauben an Verleumdungen und in ihrer Unbeständigkeit in Gesetzen und Formen war kein Heil. Bonn empfing unter den zuerst auserwählten Städten ein französisches Lyceum, worauf es den Anspruch

zu einer künftigen Akademie gründen wollte, welche die kölnische Schule, ungeachtet einer zweimaligen langen kostbaren Mission nach Paris, vergeblich erwartete. Zum Glanz und Unterhalt jenes Lyceums mußte unsere Stadt ihre alten großen Unterrichts-Anstalten gleichsam verläugnen und jährlich aus ihren Schulen eine Anzahl eingeborner Jünglinge auf Kosten ihres Aerariums und ihrer unveräußerlichen einheimischen Studienstiftungen zu der gebietenden Nachbarstadt hinsenden und dort unterhalten. Die kölnische Schule empfing dann bald vom Lyceum zu Bonn, bald von den Akademieen zu Mainz, Lüttich oder Coblenz ihre Weisungen und Plackereien. Diese Oerter waren bei den, von je her ungewöhnlichen Auflagen und Zwangsmitteln (welchen die französische Regierung, zum Unterhalt ihrer einzig allgemeinen Universitäts-Monarchie zu Paris, die überall nur in bestimmten Localen und nach bestimmten Systemen und Formen zu treibende Ausbildung jedes Jünglings unterworfen hatte) für unsere Gegenden gleichsam die Special-Bureaux für die Späher und Handlanger jener großen Napoleonischen Universalregie für Talente und Zeitgeist, welche mit der für Land und Leute so verderblichen Allmacht der verrufenen Droits-réunis einen gleichen eisernen Gang hielt.

2. So dauerte das unsichtbare Gericht der Ungunst und der Schicksale über Köln bis zum Ende der zwanzig theuren Jahre der französischen Sclaverei fort. Mainz, Trier, Lüttich, Aachen, Brüssel, Coblenz glänzten, jede für sich mit Ober-Präfecturen und mit höheren Tribunalen; die mehrsten dieser Städte mit bischöflichen Sitzen und Domcapiteln; fast alle mit Akademieen oder wie Bonn mit Lyceen und stolzen Hoffnungen. Einige von ihnen erhielten gleich den Städten des alten Frankreichs aus den unermeßlichen pariser Magazinen merkwürdige Gemälde-Sammlungen, Bibliotheken-Geschenke und andere Hülfsmittel für Wissenschaft, Kunst und öffentlichen Ruhm. Nur die größte Metropole am Rheine, unser durch den ältesten Besitz aller jener Vorzüge von je her berühmtes, für alle so wohl gelegenes, mehr als andere volkreiches und mehr als andere seiner Würden, Denkmäler und Schätze entblößtes Köln

— gab und verlor Alles und erhielt, als eine vom bösen Zeitgeist verschriene, von allen jenen Würdigungen — nicht Eine!*)

3. Hingegen beraubt aller vorigen Selbstständigkeit, verkauft und beschimpft von gierigen Verräthern und Miethlingen, die einer fremden Gewalt fröhnten, unterlag unsere, fast ohne äußeres Gebiet in ihren Mauern eingeschränkte, ehemals mit ihrem stillen Glück zufriedene freie Reichsstadt Köln nun fortbauernd allen, gegen sie allein möglichen, französischen Erfindungen gesetzlicher und willkürlicher Plünderung. Im alten Rufe als eine der blühendsten Handelsstädte am Rhein, wurde sie durch eine desto größere Ueberschwemmung, vielleicht von 20—30 Millionen Livres Assignaten heimgesucht, für welche bald nichtswerthe Münze, und zwar noch durch ein autorisirtes Maximum der Preise, ganze Handels-Magazine, volle Keller, Speicher und Schiffe eigenen und fremden Guts ausgeleert, und eben so von einzelnen französischen und auch nichtdeutschen Ankäufern seltene Bücher- und Antiquar-Läden, Luxuswaaren und Künstler-Arbeiten ausgemustert wurden. Nachdem auf gleichen Umtausch aller öffentliche und besondere Geldvorrath, sogar das unantastbare, alte und neue Gerichts-, Schrein- und Pupillengut in die französischen Cassen versirt war, folgten und vergrößerten sich immer die hier unerhörtesten Besteuerungstitel, die unsinnigsten Requisitionen**), die gezwungenen Anlehen, die alles Familientheil, allen Credit, alle bürgerliche Sicherheit untergrabenden vereinigten Rechte, alle die wüthenden Maßregeln des Continental-Systems in den Confiscationen zur Beschränkung jedes Aus- und Einlasses von Waaren und Geld; überhaupt jede Gattung von französischem Raub und Betrug, begleitet von der Frech-

---

*) Und dennoch hatten bei der zweimaligen Anwesenheit Napoleon's und seiner Kaiserinnen, deren gelehrte Begleiter das freie Geständniß von sich gegeben, daß sie nirgendwo in Deutschland und fast selbst in Frankreich so geist- und geschmackvolle Darstellungen zur Beleuchtung, nirgendwo so gelehrte und kühne Inschriften im wahren Lapidar-Styl angetroffen hätten, als in unserm (der blöden Scheelsucht so düstern) Köln.

**) Z. B. tausend Pfund von feinem Canneel. Siehe die darüber gedruckten Listen.

heit der Beispiele und Anläſſe zum Sitten= und Charakter=Verderb=
niß für Alter und Jugend, wodurch die Zerſtörung alles ehemali=
gen Guten, Schönen und Heiligen befördert und jede Hoffnung
und Begründung zur Rückkehr unſeres vorigen Glanzes oder Glückes,
und zu unſerer alten Tugend unmöglich gemacht werden ſollte.

4. Köln hatte ſeinen ehedem für unzerſtörbar angeſehenen
Handel und überall beehrten Credit ſeiner ehrwürdigen reichsſtädti=
ſchen Verfaſſung dem Zuſammenhalten ſeiner uralten großen, für
die Verbindung des Ober= und Niederrheins durch Reichs=Decrete
geſchützten und unveräußerlichen Schifffahrts= und Stapel=Anſtalten*),
ſeinen klugen, durch Erfahrung darüber beſtätigten Local=Geſetzen,
dann dem pünctlichen Fleiße, der in Gefahren angeſtrengten Wach=
ſamkeit, der chriſtlich altdeutſchen Aufrichtigkeit und ſtillen Genüg=
ſamkeit ſeiner Bürger zu verdanken. Sie fanden Hülfsquellen und
Bürgſchaft in allen feſten Verbindungen und ſelbſt im unverſiegen=
den Schatze von immer bereit liegenden Capitalien bei den Stif=
tungs=Caſſen für Religion, Wiſſenſchaft und Hoſpitalität ꝛc. Noch
zwiſchen den letzten Stürmen fanden ſie ein oft zufälliges Glück,
womit der Himmel ihre Leiden lohnen zu wollen ſchien.

Solche Stützpuncte unſeres Gemeinwohls (unter welchen jedoch
unſere uralte Stapelgerechtigkeit, ſelbſt von einem, ſeinen
Vortheil auf Deutſchlands Boden genau berechnenden Feinde immer
noch gehandhabt wurde) mußten endlich durch den verderblichen
Druck und durch den Geiſt eines, nur auf Habſucht, Argwohn und
Verrätherei, nicht auf deutſchen Leumund, nicht auf Gewiſſen und Re=
ligion gebauten franzöſiſchen Geſetz=Despotismus zu Grunde gehen.
Und dieſe Geſetzwaltung — wie viel Anwöhnliches in verſchiedenen

---

*) Neque ex hoc arbitrandum est, emporium nostrum utilitatem solorum civium respicere, utpote in commodum universae negotiationis redundans, redundans in utilitatem omnium mercatorum nobiscum commercantium. Emporium nostrum merces nobis advectas discutit; probas probat; improbas improbat aut remittendo ad locum unde, aut annihilando, transitum ad negotiatores exteros vetando. Gerh. Ern. Hamm Stapula ubio-agrippinensis ab urbe condita. Col. Agripp. 1774 in 8o.

Zweigen man ihr auch zuschreiben und nachahmen kann — wird, so lange sie mit ihren übermäßig verfänglichen Auflagen und ihren, mit der deutschen Freiheit und Staatenverbindung unverträglichen Beschränkungen von Handel und Wandel auf deutschem Boden und deutschen Gränzen wuchert, oder wenn sie sich noch gar in schnöden Hinsichten einer deutschen Gesetzordnung zu tief einpfropft, jeden Aufkeim zur erfreulichen Wiedergeburt deutscher Ehre, deutscher Treue und deutschen Volksglückes schwindsüchtig machen.

5. Die Verluste einer großen Stadt, besonders einer der alten selbstständigen Reichsstädte, an Bevölkerungskraft, an Freiheit, an Vermögen oder an einer ihrer ehrbarsten theuersten Würdigungen, sind nach einem so verderblichen Kriege bedenklicher und für sie niederschlagender, als aller, bald ersetzter Verlust einer kleinen Municipalstadt in ihrer Umgebung. Füge sie sich auch in ihre Wegsetzung aus dem allgemeinen ehrwürdigen Verein der Reichsverfassung, in die Trennung von ihren in Glanz und jedem Vortheil gebliebenen Schwestern, in die Vernichtung ihrer durch kluge Erfahrungen eigends für ihr Wohl erschaffenen weisen Gesetze und Gewohnheiten, in die einstweilige Kränkung ihrer Ruhe, ihres Rufes und ihres auf dieses alles gegründeten Credits, und endlich auch in die Opfer, welche sie nun von ihrem Glück und Wesen dem Zeitgeiste, der Noth und einer fremden Willkür bringen mußte; denn alles dieses kann die Macht, die Gnade, die Vaterliebe eines neuen großmüthigen, so billigen Monarchen, dem sie sich freimüthig anvertraut, durch Wohlthaten mildern, ersetzen und vergelten. Aber es gibt unter den erlittenen, und vielleicht von einer solchen Stadt noch zu erleidenden Verlusten andere, welche, wenn sie sich ereigneten, der gute Wille, die Macht und das Wort des Staates schwerlich vergelten, ändern oder unserer Verschmerzung leidentlich machen würde.

6. Köln erlitt bereits eine Verwüstung und Vertilgung von so vielfachen reichen, auch von ihm gestifteten Anstalten, deren Denkmäler nur noch als in Graus hingeworfene Schutthaufen auf so vielen nun verödeten Plätzen der großen Stadt, dem fremden

Wanderer aufstoßen. Es rettete theuer und mühsam viele Institute, deren Erhaltungsquellen sich aber auch wirklich größtentheils verstopft oder gar versiegt finden. Es sank unsere, vor dem siebenjährigen Kriege (wovon auch Frankreich unserer Stadt, mit bisheran berechneten Zinsen, fast eine Million Livres erweislich schuldig ist) noch zu 60,000 geschätzte, dann zu 52,000 und nun vielleicht bald auf 45,000 Seelen beschränkte bürgerliche Bevölkerung. Bereits schon im zweiten Jahre nach dem so sehr ersehnten Frieden währte und verschlimmerte sich noch immer die Abzehrung unserer baaren Kraft. Köln's Handel beschränkte sich seit der großen Krisis fast nur auf den Handverkauf; die Mittelclasse gewinnt zu wenig am unsichern Glücke der Altvermögenden, welche bereits so lange die Erhalter und Wohlthäter der schamhaften oder verlassenen Armuth waren und selbst durch den ungeheuren Betrag ihrer, beinahe zweiundzwanzigjährigen Kriegslasten und Beschädigungen erschöpft sind; weniger oder gar nichts gewinnt der darbende Bürger am Vermögen der selbst Gewinnsüchtigen. Der anständige Aufwand, die von unseren Vorfahren her bei uns gewöhnliche Gastfreiheit und der öffentliche Credit ringen, sich empor zu halten; aber täglich entdeckt sich die heimliche Noth in der Veräußerung alter Familienschätze und liegender Gründe. Der Künstler darbt oder flieht; die Heerde der verarmten Haushaltungen, deren drei Theile man bereits mit dauernden Militär-Einquartierungen schonen mußte, erreicht bald die Zahl von 15,000 Seelen. Unsere seither bestandenen Fabrik-Anstalten, deren einige ihren unaufgeforderten oder an den fremden Landes-Gränzen angehaltenen Vorrath, andere ihre Vorschüsse zur Erhaltung nicht mehr vergrößern können, drohen die Stadt zu verlassen oder schließen sich vor und nach zu. Verabschiedete Arbeiter wandern hin, wo sie glauben, daß es besser sei, oder sie fallen, neben einer täglich vergrößerten Anzahl von zurückkommenden Kriegern, dem Staate oder der öffentlichen Wohlthätigkeit zur Last und vermehren nur die Bürde der übrigen Steuerpflichtigen. Das Uebel greift in Leben und Sitten.

7. Aber dagegen sieht man wirklich kleinere benachbarte Mu=

nicipalstädte schon wieder aufblühen, mit Forderungen und Hoffnungen groß thun und gegen die Mutterstadt sich wie Nebenbuhlerinnen auszieren. Denn außerdem, daß sie nach der Aufhebung und dem französischen Verkauf der Güter des Clerus nun auch den Boden und die Urquellen alles, ehedem nach Köln gehörenden Reichthums, den ländlichen Frucht= und Weinhandel ihrer Umgegenden beherrschen, werden sie durch die ihnen, sich auch schon vermehrenden wohlfeilern und bequemern Fabrik=Anstalten und bei ihrem gegenwärtigen Glücke der ohne Stapelaufsicht*) überall freien Schiffs=ladungen und Versendungen desto weniger aufhören, den Activ=handel und vermögende Speculanten an sich zu ziehen, während (da jetzt unsere große königliche Centralstadt der neuen Provinz durch ein unerwartetes Loos die Ehre erhalten hat, ihrer Lage wegen eine so bedeutende, streng eingeschlossene Festung zu werden) die Besorgniß fürchten will, ob uns nicht noch mancher, für Handel- und Gewerbefreiheit ungünstige Zufall oder manche vom Augenblick abhangende Veränderung alter und neuer heilsamer Einrichtungen aufstoßen könne, ohne daß man wisse, in wie weit die höchste Regierung wirklich darauf bedacht sei, Köln's altes Ansehen und inneres Wohl mit der billigen Zusage aller solcher Würdigungen, Vergeltungen und dauernden Vortheile zu befestigen, welche vermögend sind, diese neugeborne Hauptstadt der preußischen Monarchie an unserm Rheine, nach dem Beispiel ihrer ersten Erbauer, den verbündeten und entfernten Volksstämmen wieder heilig und verlangbar zu machen.

*) Man unterscheide Köln's uralte, große, kostbare Rheinfahrt- und Stapel-Anstalten von den, dieser Stadt jetzt leider zur Tilgung angedrohten Stapel-Privilegien und Verordnungen oder dem Aufsichtsrecht der Aechtheit und der Specification der Stapelwaaren auf den umgeladenen oder passirenden Handelsschiffen, unter welchen in der Zukunft der Abgang der großen breit und tief gehenden holländischen Lastschiffe (deren Menge und Pracht den stadtkölnischen Hafen allen Reisenden so interessant machte: indem jene Schiffe, wegen des durch Klippen gefährlichen obern Rheinbettes, mit ihren Ladungen nicht weiter hinaufsegelten) die herrliche Ansicht des großen breiten Flusses mit nur kleinen Fahrzeugen so ärmlich verändert und dem städtischen Aerarium sowohl, als dem Volksgenius sehr unbehaglich darstellen wird.

8. Aber nichts konnte dem Gemeinwohl Kölns einen härtern Stoß, einen größern und für uns dauernden Nachtheil bringen, als die durch den herrschenden Religionsspott und die Finanz-Speculationen des Revolutionsgeistes übereilte Aufhebung der Corporationen des stadtkölnischen Clerus.

Köln verlor dadurch die ihm ursprüngliche Ehre eines der ältesten und ersten deutschen erzbischöflichen Hirtenstühle und mit ihm das edelste, vornehmste, reichste, nur aus alt-reichsgräflichen oder reichsfürstlichen und vielmals königlichen, zur Kurwürde des heiligen deutschen Reiches befähigten Gliedern binnen seinen Mauern bestehende Metropolitan-Capitel. Dieses hohe Capitel zählte, mit Einschluß von acht, ehemals nur in unserer hiesigen Universität förmlich grabuirten Capitular-Priestern *), mit sieben Großwürdnern an der Spitze, einen Chor von fünfzig Gliedern. Der Papst und der Kaiser waren beständige Mitglieder dieses Capitels. An den (vordersten) Chorstellen standen ihre Statuen. Sie hatten auch ihre Vicarien, und die zwei Chorseiten hießen immer a) Latus Papae, b) Latus imperatoris. Die zu Aachen gekrönten Kaiser kamen jedesmal nach Köln; sie besuchten und beschenkten den Dom und die Tumba der hh. Weisen; leisteten ihren persönlichen Capiteleid und empfingen die Installation. — Jener Chor war noch darüber mit mehr als fünfzig Individuen von Beneficiaten, Caplänen, Chorsängern, Predigern, Pönitentiarien sammt vielen andern Kirchen- und Capiteldienern besetzt. Das Capitel unterhielt dazu ein zahlreiches, auch mit besondern liegenden Gründen und Renten dotirtes weltliches Musik-Orchester **). Es besoldete darüber noch eine beträcht-

---

*) Diese Capitular-Priester waren ursprünglich die Assistenten des Erzbischofes und des Capitels in Kirchen- und diplomatischen Angelegenheiten. Sie versahen auch statt des Erzbischofs und der Großwürdner die ordentlichen, täglichen gottesdienstlichen Verrichtungen. Zum Capitel aufgenommen, hatten sie zu den ersten Würden nur eine active Stimme, trugen den Capitel-Orden, aber bedienten sich nur schwarzseidener Chor-Talarkleidungen, während die Jllustrissimi Talare von pupurnem, mit Gold verbrämtem Sammt, und die Großwürdner dabei noch Hermelin-Umhänge trugen.

**) Dergleichen Musikchöre waren auch beim edlen St. Gereonsstifte, bei St. Marien im Capitol, bei der Jesuiten- und Kreuzbrüder-Kirche, deren Stiftungsfonds wir alle möglichst reclamiren.

liche Anzahl von ansehnlichen weltlichen Beamten, Aufsehern und Dienstträgern binnen und außer der Stadt. — Hierzu gehörte auch das erzstiftliche Weihbischofsamt, das General-Vicariat, das Officialat und die verschiedenen erzbischöflichen Tribunale, alle mit einer großen Anzahl hier immer in Köln lebender Individuen, wie auch das, aber mit Verlust mancher beständiger Einkünfte, noch erhaltene Seminarium 2c.

Außer diesem erlauchten Domstifte befanden sich binnen Köln noch zehn andere, auch vornehme Capitelstifte, worunter imgleichen einige für sich mit alt-reichsfürstlichen oder reichsgräflichen Würdenträgern und Domicellaren, oder theils mit wirklichen, an einer Facultät der Universität lehrenden, theils mit ausgedienten Professoren, und neben diesen noch mit hier graduirten oder um Kirche und Staat verdient sein sollenden Mitgliedern besetzt waren. Drei jener Stifts-Capitel waren auch mit weiblichen, allein reichsgräflichen oder fürstlichen, oder nur mit alten reichsabligen freiweltlichen, oder dann mit Klosterpersonen vom Patricialstande versehen: welche Versammlungen wiederum ihre Chöre von priesterlichen Kirchenamtsdienern als Mit-Capitularen oder Präbendanden, auch noch eine Anzahl Beneficiaten, Sänger und Kirchendiener hatten. Köln umschloß außerdem zwei Comthureien des hohen deutschen Ritterordens, wovon Eine der Haupt- und Residenzsitz der großen reichen Ballei Coblenz war; eine andere Comthurei des Maltheser-Ordens und das deutsche Präceptoral-Haus des Antoniter-Ordens. Jedes dieser beiden letztern war auch mit einem Capitular- und Sängerchor besetzt. Dann gehörten hierhin zwei innere und vier vorstädtische reiche Abteien*). Die vorstädtischen unterhielten hier, gleich mehreren entlegeneren, ihre geräumigen Hofgebäude zum oft nothwendigen Aufenthalt ihrer Aebte und ihrer an der Universität studirenden Ordinanden. Zugleich hatten sie zur Veräußerung ihres beträchtlichen Frucht- und Weinvorraths, hier

---

*) Vor dem Domcapitel an besaßen fast alle diese Corporationen auf beiden Rheinseiten auch ganze Territorial-Herrschaften.

in Köln ihre Hofkellnereien ꝛc. Endlich zählte man in dieser großen Stadt vierzehn zahlreiche, meistens Provincial-Residenz-Klöster für Männer verschiedener Orden, dann **acht und dreißig** größtentheils ansehnliche Frauen-Klöster, wovon einige zur weiblichen Krankenpflege oder Jugendlehre*) bestimmt, selbst zwei **Magdalenen-Klöster**, die ursprünglich zur Rettung der weiblichen Schamhaftigkeit und der Familienehre, oder auch zur freiwilligen Buße für unglückliche, von der Welt sich absondernde, gefallene Töchter gestiftet waren: obwohl sie späterhin, vielleicht in sittlicheren Zeiten, dazu nicht mehr geeignet blieben.

Von der eingegangenen großen Anzahl gestifteter einzelner Capellen werden nur einige wenige, sammt zwei großen Spital-Kirchen und zwanzig Pfarrkirchen, wiewohl diese alle unter der französischen Auflage bedeutender Steuerlasten, beibehalten. Die meisten dieser Pfarreien wurden aber wegen ihres zu engen Raumes, oder ihres zu unförmlichen Ansehens in unsere, dadurch geretteten, großen und merkwürdigen alten Stifts- oder Klosterkirchen verlegt. Aber bei meistens getödteten Fabrik-Renten derselben, konnten die Mittel zu dem nöthigen Unterhalt dieser Gebäulichkeiten und des Gottesdienstes von der nun immer beschränktern Wohlthätigkeit ihrer Vorsteher und Pfarrgenossen nicht mehr aufgebracht oder erbeten werden, indem außer den vier Haupt-Pfarrherren mit 1500 Francs Gehalt, die übrigen Pfarrer alle mit dem allgemeinen bettelhaften Gehalt von 500 Fr. vorlieb nehmen mußten, womit die französische Habsucht, trotz ihrer überschwänglichen Ausbeute von dieser Finanz-Operation, alle Glieder der aufgehobenen geistlichen Corporationen, vom höchsten Würdenträger an bis zum geringsten, sich noch durch Hausdienste oder Handwerk aushelfenden Laienbruder auseinander gejagt hat, ohne sogar das Loos der nacheinander älter und hülfloser gewordenen vom erwonnenen Ueberschuß der Gestorbenen zu verbessern. Und diese Staats-Pensionen waren jedoch schon ehedem

---

*) Von diesen hat sich in jeder der vier Sectionen der Stadt ein Krankenwärterinnen-Kloster mit seiner kleinen Kirche, und das große Ursulinerinnen-Gebäude mit seinem schönen Tempel, jedoch in dürftigen Umständen, bisher erhalten.

mit sechs= und mehrmonatlichem Aufschub zurück geblieben, so daß man mehr als noch zweitausend ihrer Habe und Ruhe beraubte Individuen jedes Alters, Standes und Geschlechts, auch nun ganz den genug gepreßten Anverwandten, oder dem fremden Mitleiden zu ernähren überließ. Jedoch von dergleichen, unserer Bürgerschaft auch zur Last fallenden vielen Nebenauslagen nahm die französische Regierung keine Notiz, und unter jenen Unglücklichen blieben viele, mit armen Eltern oder Geschwistern in ihren besonderen Wohnungen sich aufhaltende Pensionisten von den so lästigen Besteuerungen und Einquartierungen deßhalb gar nicht geschont.

Das Vermögen und die gesammten Quellen der Einkünfte jener vielen geistlichen Corporationen in Köln bestanden nun, größ= tentheils außerhalb der Stadt, auf beiden Rheinseiten, in alten Grundherrlichkeiten, Zöllen und Freiheiten, in ackerreichen Landhöfen, Mühlen, Weinbergen, Jagden und Holzungen ꝛc. Der unbeträchtlichste Theil ihrer Habe lag innerhalb der Stadt und bestand nur im Eigenthum ihrer Kirchen, ihrer Stifts= oder Klostergebäude, einigen Weingärten, Privat=, Wohn= oder Zins= häusern und rentirenden Capitalien. Denn das hohe Dom= und andere Stifts=Capitel, die kölnischen Landstände (deren Einnehmerei auch binnen der Stadt war), selbst der Stadtsenat, hatten an jene vielfachen geistlichen Versammlungen, an Privat=Institute, an Stu= dien=, Familien= und Armenstiftungen, von aufgenommenen oder ihnen anvertrauten, oft unableglichen Summen, im Ganzen sehr beträchtliche Jahrrenten abzutragen. Die reichern geistlichen In= stitute, zum Beispiel jenes der Carthäuser (deren Ordensstifter, der heilige Bruno, ein hier eingeborner Patricier war), zeigten sich auch als beständige freigebige Pfleger der Dürftigen. Die großen Comthureien, Abteien und Ordenshäuser waren wie offene Hospitien für ihre auswärtigen Verbindungen, für ihre Sachwalter an den benachbarten Regierungen, für die Familien ihrer Mitglieder, für verlassene Fremde, selbst noch zuletzt für die französischen Emigranten, unter welchen jedoch einige dieser Men= schen, zum schlechten Danke dafür, als vermummte Commissare, nachher die Verräther, Betrüger und Räuber ihrer Habe geworden sind. Eben so waren die Ordenspriester nicht nur die sonn= und festtäglichen Aushelfer der Landpfarreien weit umher (denen es jetzt an Vicarien und selbst oft an Seelsorgern fehlt), sondern sie waren auch zu allen Stunden die bereitwilligsten und aushaltendsten Helfer und Retter unserer Bürger, sowohl im geistlichen Beistande als in öffentlichen Nothfällen von Brand= und Wassergefahren. In Kriegszeiten waren ihre Kirchen= und Klostergebäude immer die sichersten Magazine, Einquartierungsräume und Lazarethe, wobei sie selbst gar die Krankenpfleger für mehrere Hundert Soldaten machten, oft mit den mißlichsten Folgen der giftigen Ansteckung, oder des Brandes und Verfalles ihrer Wohnungen. Aber fast alle diese Gebäulichkeiten sind nun mit allen großen ehemaligen Vortheilen für die Stadt und ihre Bürgerschaft, und für jeden, wirklich so nothwendigen und willkommenen Gebrauch zernichtet oder verschwunden.

9. Leser, die zu einem anderen Kirchensystem gehören, bitten wir, in diesem Andenken an unsere so vielen, mit ihrem Vermögen zu unserm Nachtheil hier verlorenen Capitelstifter und Klöster, nicht eine Apologie für ihre überflüssige Menge finden zu wollen*); allein eine Apologie für die Gründe zum Aufleben unserer Ansprüche, und einer für uns jetzt nutzbaren Anwendung unseres alten Eigen=Vermögens in wiedereroberten, noch übrigen in= und ausstädtischen Gütern und Capitalien darf uns hier nicht versagt sein; denn alle diese

---

*) Die großen Comthureien waren hier meistentheils aus den ihnen zugemessenen Gütern der Tempelherren und durch die Kreuzzüge entstanden, wobei Köln der größte Sammel- und Musterungsplatz für alle nördlichen Provinzen war. Die Johanniter- und Antoniter-Häuser waren für die besondere Pilger- und Krankenpflege und für die damals herrschenden Seuchen, von Wohlthätern der Menschheit mit ewigen Renten für solche Fälle gestiftet worden. Die Abteien und viele Mönchsklöster hatten sich wegen der großen Studien-Anstalten und der auslangenden Hülfe für die alte Volksmenge in Köln hier vermehrt. Die Menge der Nonnenklöster war aus weiblichen Vereinigungen hoher Familien, und oftmals durch Beguinagen oder Versammlungen frommer und reicher Jungfrauen zur Erziehung und Aufsicht über arme Mädchen u. s. w. entstanden — und welche Zeit hätte für die Zuflucht solcher verlassenen Seelen die Wiedererweckung von einigen solcher Institute mehr zu wünschen, als die so verdorbene gegenwärtige!

Stiftungen, gehörten sie nicht zu den ursprünglichen Morgengaben der die Kirche von Köln begünstigenden Kaiser, oder der früheren, in dieser Stadt noch wohnenden frommen Erzbischöfe und anderer für die Cultur der Umgegend beflissener Grundeigenthümer, so waren sie wohl von siebenhundert Jahren her, ein Urgut oder ein überschwenglicher Zusatz unserer, mit altdeutschem Religions- und Vaterlandseifer beseelter, mit Reichthum gesegneter, edler kölnischer Patricier- oder Rentner-Familien und anderer Einwohner jeglichen Standes. Als Bürger oder Vorsteher dieser in ihren Mauern eingeschränkten Reichsstadt, heiligten unsere Väter einen großen Theil ihres ausstädtischen Grundeigenthums (welches endlich, bei jedem so leichten Zanke der Erzbischöfe mit unserem, gegen seine Unterwerfung an ihre Macht, immer kämpfenden Köln, sequestrirt, zerstört oder weggenommen wurde) im noch allgemein gültigen System der alten Rechte der Kirche und der Reichsgesetze, zu einem ruhigen und für uns ewig und unveräußerlich gehaltenen Besitz oder Mitgenuß ihrer Zeit und Nachwelt. Unsere edlen Vorfahren sorgten dadurch unmittelbar für die sichere Unterkunft ihrer damals so zahlreichen Kinder, wovon oft die Hälfte *) unseren alten, von ihnen geschützten, oder den neuen, von ihnen gestifteten geistlichen Corporationen sich angesellten, die dann ihr ererbtes sowohl, als ihr durch die Kirche erworbenes und durch Ersparung und Fleiß oft angehäuftes Vermögen entweder gewissenhaft zu frommen Zwecken für das Wohl der Religion und der Stadtgemeinde **) wieder anlegten, oder es ihren Familien in desto reicheren Erbschaften hinterließen, welche sich jedoch wiederum in gleiche Wohlthaten ergossen.

---

*) Aus jenen Zeiten ist es auch, zum Beweise tugendhafter und gesegneter Ehen, in unseren alten Kirchen- und Hausgemälden nichts Ungewöhnliches, Geschenkgeber mit einer Reihe von 15—29 und gar 30 Kindern knieend abgemalt zu finden, von welchen die Hälfte dem geistlichen Stande gewidmet erscheinen.

**) Daher entstanden neben den oben schon berührten Privat-Conventsanstalten mehrere unserer verschiedenen öffentlichen großen Hospital-Stiftungen für Alte, Verwaiste, Kranke, Verarmte, Tollsinnige, selbst für fremde Reisende, und für Handwerkslehrlinge u. s. w., welche in ihren Einkünften jetzt vereinigten Institute durch eine freiwillige bürgerliche Commission löblich verwaltet werden.

Mittelbar erhielt und consolidirte sich auf diesem Wege jener, für das Gemeinwesen unverlorene Reichthum, durch eine klug berechnete Circulation, in einem jährlich hereingelieferten unermeßlichen Vorrath aller Gattungen von Naturalien. Dieser kam nun mit immer reicheren Jahreszinsen, wie von einem gesegneten Capitalvermögen, in unsere friedlichen Mauern zurück, und ward das alte reelle Vermögen unseres großen Activhandels. Es verursachte keine betrüglichen handelverderbenden Bankerotte von Millionen. Es vertheilte sich aus den ersten Händen in alle Classen der Bürgerschaft. Handwerker und Künstler, Maler, Architekten, Musiker, Goldschmiede, Buchhändler, Aerzte und Advocaten. Gewerb- und Kaufmannschaft bewarben sich um die dauernden Kundschaften jener, mit ihnen gleichständig lebenden und befreundeten vielfachen Corporationen eben so emsig, wie sich auch die in- und außstädtischen ehrbaren Familien und wie selbst der Abel näherer und entfernterer Reichsprovinzen sich um die oft unentgeltliche Aufnahme ihrer zahlreichen Kinder beiderlei Geschlechts bei unseren welt- oder klostergeistlichen Capiteln gleichmäßigen Ranges anmeldeten. Deutschlands alter Abel bewährte ja aus der gehörig erwiesenen und geprüften Annahme zu solchen illustren Corporationen seine Würde in der erforderlichen unbefleckten Reinigkeit seiner Eheverbindungen. Die höheren Capitelsstifter reizten die unversorgte Classe von Jünglingen erlauchter Geburt, denen doch nicht allen der Kriegs- oder Hofdienst behaglich sein konnte, sich auch im Gefühl höheren Berufes, oder einer besorgteren christlichen Erziehung, dem Ehrendienste der Kirche im geistlichen Lehr- und Vorstandsamte, im diplomatischen Fache und dergl. zu widmen, und sich dazu durch höhere Universitätsstudien vorzubereiten, wodurch, wenn man bloß unser Köln anführt, hier in schöneren Jahrhunderten für Religion, für Wissenschaften, für Alterthümer und Kunst so viele große Köpfe und große Herzen zum reinsten Ruhme und Verdienst der erhabensten Häuser Deutschlands entstanden sind, und Entsprossene von Oesterreich, Brandenburg, Sachsen, Baiern, Baden, Hessen, Pfalz, Jülich, Cleve, Berg, Nassau, Lotharingen, Salm, Hohenlohe, Manberscheid, Solms, Dettingen u. s. w. im Schooße unseres hohen Domcapitels sich ausgezeichnet haben *).

Auch waren zwei unserer altabeligen Damenstifte in ihren frei= weltlichen Congregationen eine Art von Erziehungshäusern für Töch= ter höherer Abkunft, welche, wenn sie unter dem Vorstand und der Aufsicht bescheidener Obrigkeiten und älterer Anverwandten, neben der täglichen Religionsübung im Kirchengesang, in christlicher Mo= ral und in standesmäßigen Beschäftigungen oder Künsten unterrich= tet, und binnen den gefahrvollsten Jahren vom freieren Lebensge= nusse und von Luxusliebe zurückgehalten worden, endlich im gesel= ligen Umgange mit schon gebildeteren Schwestern selbst in einer großen Stadt die große Welt ohne Gefährlichkeit kennen lernten, und dort nun entweder als tugendhafte Bräute zu gesunden und christlichen Müttern edler Geschlechter gesucht wurden, oder, wenn sie es endlich lieber wählten, in ihrem so ehrenvollen Range mit einer ihrer würdigen Lebensauskunft verharren und Wohlthäterin= nen der Menschheit werden konnten. Jedes dieser Damenstifte hatte seine besondere ausgezeichnete Kirchenkleidung und Ordensdecoration. Ihre Abtissinnen trugen Hermelinmäntel und pflegten eine Art von Hof zu halten, welcher von den erlauchtesten in= und ausländischen Personen ordentlich besucht wurde.

10. Mag nun eine über das Wesen solcher Institute, die für Köln heilsam und heilig waren, nicht unterrichtete fremde Mißgunst, mag auch die nicht unfehlbare Philosophie der Zeit hier noch wirk= lich über die Menge und den Reichthum jener unserer geistlichen Stiftungen spötteln und sich ihrer Vertilgung und dadurch der Ret= tung des Landesvermögens aus so genannten todten Händen er= freuen wollen; aber was hat Köln selbst dadurch gewonnen? wer

---

*) Ihre, in den kostbaren Kirchenfenstern des Domgebäudes (von 1508) noch befind= lichen, für unsere Zukunft nun immer interessanteren Denkmäler und Wappenmalereien hat eben jene vorsichtige Vaterlandsliebe in den letzten Stürmen gegen Zerstörung und Veräußerung zu retten gewagt, welcher man auch die Erhaltung der Statuen und prächtigen Baujierathen der erstaunlichen Vorhalle und mancher Monumente des inneren Gebäudes noch zu danken hat.

wünscht für eine katholische Stadt wenigstens nicht einige davon wieder zurück? Kölns Verhältnisse waren in dieser Hinsicht von ganz verschiedener Art. Die Lage der Stadt mitten im Gebiete eines immer ihr nachstellenden geistlichen Kurfürsten, welcher seinen Collegen von Mainz und Trier im Besitz seiner Titularstadt gleich zu sein trachtete; das Ehrgefühl des undenklichen Herkommens, die Bedürfnisse des katholischen Gottesdienstes, welchem wir hier die Schöpfung und nun die noch so willkommene Erhaltung einiger großer Denkmäler zu verdanken haben; die reine Absicht und die Befugniß der Stiftenden über ihr Eigenthum zu jenen Zeiten; der so lang als möglich vor den höchsten Tribunalen vertheidigte, immer durch sich selbst verbesserte Besitzstand des ohne List und Raub für unser Gemeinwohl Erworbenen; endlich der freie freundliche Genuß von leben und leben lassen, alles dieses überwog in der Wage der natürlichen Billigkeit die Gründe jedes fremden, mit unserem Localverhältniß unbekannten Vorurtheils und oft nur durch Habsucht gereizten Widerspruches.

Wie würden wir, wie würde nun mit uns der königliche Gebieter unserer, ihm friedlich angeeinigten Stadt, über den noch bis heran in derselben erhaltenen Besitz so vieler Güter, so großer Schätze und Merkwürdigkeiten sich Glück wünschen: man mag diese von der Seite ihres alten Ruhmes oder einer der Zeit und Noth jetzt angemessenen Benutzung betrachten! Im freien Laufe des Rechts wäre, wie bei der Reformation, oder bei der Erbschaft der Jesuitengüter, das Ganze oder der größte Theil davon der Stadt Köln als Eigenthum eines Reichsstandes dergestalt zugefallen, daß das Reich oder nun Er selbst als ein gerechter und gnädiger Regent würde eingesehen haben, wie billig es wäre, die noch erhaltenen oder wiedereroberten beträchtlichsten Summen ihres alten, von unseren Mitbürgern für uns gestifteten Vermögens nur zum Besten ihrer Gemeinde wieder anzuwenden, als sie eine Vergeltung ihrer besonderen Anstrengungen und Leiden für die allgemeine Sache Deutschlands zu betrachten, und diesen Gewinn theils für die Wiederaufhülfe einiger unserer ersten ehrwürdigsten gottesdienstlichen

Stiftungen und ihrer zerstörten Gebäulichkeiten, theils für eine desto glänzendere Wiedererweckung unserer Universität sammt übrigen Erziehungs- und Kunstanstalten, theils auch zur Vermehrung der bürgerlichen Wohlthätigkeits- und Nahrungsquellen, oder zu Verschönerungs-, Gesundheits- und Beschützungs-Bedürfnissen der Stadt selbst anzuwenden. Wenigstens hoffen wir auch zutraulich von seiner allgemein anerkannten Gerechtigkeit, Huld und Liebe gegen dieses sein neu erworbenes Köln, daß Er von jener unserer eigenen Habe und von unseren altbekannten Würdigungen nichts irgendwo dorthin veräußern werde, wo von so lange her nur Machinationen, Schimpf und Verderben gegen unser Köln geschmiedet wurde.

Berechnet man, welche Einkünfte die Pröbste und Großwürdner sammt den zahlreichen Gliedern eines an Alterthum, an immerwährendem Zuwachs seiner Stiftungen und an hoher Geburt seiner Eintrittsfähigen, so vornehmen kurfürstlichen Metropolitan-Capitels, genossen; wie viel nach diesem das reichste und in seinen ersten Würdenträgern eben so vornehme St. Gereonsstift und nun die übrigen edeln und anderen Stiftscapitel mit ihrer großen Anzahl, meistens in abgesonderten Wohnungen und Haushaltungen lebenden Präbendanden und Beneficiaten zu ihrem standesmäßigen Unterhalte erforderten; welche Summen ein in Köln residirender Landescomthur der mächtigen deutschen Ordensbalei Coblenz *) und die übrigen Comthureien des deutschen und Maltheserordens; was die Abtissinnen der illustren Damenstifte mit ihren Capiteln, was die Abteien und Abteihöfe unserer in- und umliegenden alten Stiftungen, was die Menge Individuen der mehr oder weniger begüterten Klöster verschiedenen Geschlechts oder Cleriker hier verzehren mußten, was endlich die Anzahl der Pfarrgeistlichen und welche Summen nun überhaupt alle diese Corporationen und Individuen nicht nur für ihre einzelnen Lebensbedürfnisse verlangten, sondern auch wie viel alle jene Institute für den steten Unterhalt, für die öftere Verschö-

---

*) Er war regierender Herr der Reichsherrschaft Elsen, Hermühlheim, Molsbruch, Schlebuschrath u. s. w., unter ihn gehörten die Comthureien zu Coblenz, Rheinberg, Neustadt an der Saale, Waldbreitbach und Mecheln.

nerung oder gar für eine wiederholte Erbauung ihrer großen Kir=
chen und Gemeinde=Gebäulichkeiten oder ihrer unzähligen einzelnen
Wohnhäuser und Landhöfe u. f. w. nöthig hatten: setzt man hinzu,
was überdem noch fast jedes dieser Institute zur jährlichen Aus=
bezahlung seiner Helfer oder Beamten, zum Behufe seiner Neben=
stiftungen, als: Musiken, Bruderschaften, Schulen, Bibliotheken u. f. w.
verwenden mußte; was auch noch weltliche Gelehrte, was Profes=
sionisten, Künstler und Handwerker von ihnen verdienten, und wel=
ches Vermögen überhaupt der, für ästhetische Wirkung und daher
für den Vortheil und Gewinn des Gemeinwesens, mehr als jeder
andere, zuträgliche katholische Gottesdienst an standes= und verhält=
nißmäßigem Aufwand verlangte: so ergibt sich, daß wohl die Grund=
summe von dreihundert Millionen Franken an Werth liegen=
der Güter und Capitalien kaum die Jahrzinsen leistete, woraus alle
jene Erfordernisse bestritten werden konnten. Und wen bereicherten
oder unterstützten diese jährlichen Ausflüsse von mehr als sechs
oder sieben Millionen Franken Renten merklicher als den
Bürger in Köln! Sie wurden größtentheils in Köln, gleichgültig
wovon, verzehrt. Ihre Hinterlassenschaft wurde meistens hier er=
erbt oder zu unserem Vortheil angewandt u. f. w. Und es läßt
sich behaupten, daß eine ansehnliche, binnen dieser Stadt residirende
kurfürstliche Hofhaltung unserer bürgerlichen Industrie und dem
Handelsverkehr nicht jene Summen jährlich eingebracht und daß
besonders ein zu haushälterischer Fürst lange nicht so vieles Geld
für Kunst und Gewerb hier in Umlauf gesetzt haben würde, als
Köln sich jährlich durch seine geistliche Corporation erwerben konnte.

Aus dem Verlust jener mit den Corporationen der kölnischen
Geistlichkeit hier nun verschwundenen jährlichen Einkünfte und so
vieler, muthwillig und nutzlos zerstörter Kirchen und Nebengebäu=
lichkeiten ermesse man den, für den bürgerlichen Vortheil und Ac=
tivhandel daher aufhörenden so bedeutenden Gewinn an der Menge
der, unentgeltlich immer hereingebrachten Naturalien und besonders
an den zernichteten tausend und tausend Kundschaften für die allge=
meine Industrie. Man beherzige die auch daher erfolgte, für den

Kunstruhm und den alten Stolz Kölns so nachtheilige Verschleppung und Zernichtung so vieler Alterthümer, Seltenheiten und Denkmäler; besonders den hier jetzt völlig zerbrochenen Cyklus jener alten und neueren Kirchen, Stifts- und Klostergebäude, welcher für alle gelehrten Kenner der Geschichte und der Baukunst immer so interessant war und deren unersetzbarer Verlust allein, aus den traurigen Resten ihrer manchmal so reinen, schönen und festen Form, selbst den hier sich aufhaltenden durchlauchtigsten Personen unseres königlichen Hauses, Unmuth über ihre so frevelhafte Zerstörung und Bewunderung unserer alten Kraft erregt hat.

11. Aber mit wie traurigem Gefühl vermissen wir auch nun immer mehr, da die neuerweckte Wißbegierde und Vorliebe fürs deutsche Alterthum unser, ihr so lang unbekanntes Köln wieder aufsucht, den unwiederbringlichen Reichthum an unseren altrömischen und altdeutschen Kirchenschätzen, an jener Anzahl der, einst noch in unserem Boden gefundenen oder hiehin geopferten kostbaren Gemmen, Siegel, Opferschalen und Zierathe von jeder Art, alter, beschnittener und noch roher Edelsteine u. s. w.*), welche, wie so viele vom Heidenthume eroberte Trophäen, in einer so merkwürdigen Stadt von unseren christlichen Vorvätern zur unveräußerlichen, jedoch für jedes Auge sichtbaren Aufbewahrung als eine festliche Auszierung unserer kirchlichen Gegenstände angewandt worden waren**).

---

*) So werden in der Umgegend von Xanten wirklich, unter anderen römischen Ueberbleibseln, auch noch schöne Gemmen ausgegraben. Welche Schätze dieser Gattung müssen einst in und um Köln gefunden worden sein, wo Alles und wo ein Rom am Rheine war!

**) Die nun ausgeleerten alten Schatzbehältnisse vom Dom, bei St. Gereon, Severin, Cunibert, in der St. Aposteln-, St. Ursula- und Mariengraben-Kirche, und im alten Capitolstifte, wo vom Schatze der Stifterin Plectrud einst noch so vieles übrig war, konnten von solchen Seltenheiten einen bewundernswerthen Vorrath aufweisen, dessen Verwahrlosigkeit auch einigemal das Zeugniß verrieth, daß unsere vormaligen Stiftsherren und Professoren die Schönheit und den Werth jener Antikengelehrsamkeit besser gekannt haben, als gemeinlich ihre Nachfolger letzter Zeiten sie kennen und schätzen zu lernen sich Mühe gaben. Die Heiligenkasten jener Kirchen waren besonders die Gemmen-Cabinette unserer darin kenntnißvollen Vorfahren. Aus der Tumba des heiligen Cunibert verkaufte unser Freiherr von Hüpsch die von solchen

Wie zerstreut in alle Welt sind jetzt unsere so vielen alten Seltenheiten und Monumente! Wo sind jene Schätze unserer alten so meisterhaften Emaillenarbeit? wo unsere Basreliefen in Elfenbein, in kostbaren Metallen? wo jene Menge gold= und silberner, mit vortrefflicher alter und neuer Kunst prangender Monstranzen, Reliquien, Statuen, Leuchter, Lampen und Kirchengefäße? wohin jene verschleuderten und gar zerschnittenen, mit Gold=, mit Carmin= und Lazurfarben so schön und köstlich bemalten uralten Evangeliarien, Liturgieen, Chor= und Geschichtbücher auf großen Pergamentbogen? wen schmerzt nicht die Vernichtung oder die schnöde Veräußerung so vieler bewunderungswürdiger Fenster= und uralter Oelgemälde, Altäre, Epitaphien, Tabernakel, aller dieser, eben so vieler Meisterstücke und Denkmäler kölnischen Ursprungs in den schönsten jetzt wiederum so gefälligen und gesuchten Formen des altdeutschen Styls aus den besten Kunst=Epochen unserer Schule? Sie sind in der Raub= und Zerstörungszeit theils heimlich in der ersten Noth der Kirchen für ihre Diener und Armen, theils öffentlich durch die Habsucht der Eroberer, selbst auch durch die Geschmacklosigkeit oder Gewinnsucht eilender Metallarbeiter, Hehler oder Ankäufer zersetzt, verschmolzen oder verschleudert worden. Was würde unsere Nachwelt von dem Ideenreichthum und dem erstaunlichen Fleiße der Ausführung unserer alten Künstler und von der Kraft und Kunstkenntniß der großherzigen Geber jener Zeit sich auch nur noch einbilden können, wenn wir, mit Gottes Hülfe, unseren prächtigen Grabsarg der heiligen orientalischen Weisen aus seinen zurückerhaltenen Zerstückelungen nicht wieder mühsam hergestellt, und wenn wir nicht unsere, selbst bei ihrer Unvollkommenheit jetzt so allgemein wieder bewunderte Domkirche sammt einigen anderen unserer bedeutendsten Stiftsgebäude und Denkmäler gegen so manche nahe Gefahr noch gerettet hätten!

Diese für Köln und seine Zukunft glücklich noch erhaltenen Monumente, diese Zeugnisse unserer alten Größe und Religiosität seien und

<small>Unkennern eroberte, in ihrer Ovalhöhlung mehr als 9 Zoll messende schöngeformte kostbare antike römische Patesa aus einem einzigen Stücke vielfarbigen Sardonich. um 112 Ducaten, an einen reisenden Polen.</small>

bleiben nun auch ein unveräußerlicher ewiger Stolz und ein heiliges Palladium der mit dem Besitz und dem Schutze der katholischen Rheinprovinzen nun beglückten und vermehrten preußischen Monarchie!

Denkt man endlich sich die Jahre hinzu, wo unter unseren Domherren und anderen vermögenden Stifts=Capitularen, wo selbst in Abteien und Klöstern eben so gut, wie bei mehreren unserer alt=abeligen Patricier=Familien die uralte kölnische Kennerliebe und Kunst über den, bereits überhand genommenen französischen Schnörkelprunk und Papiertapetenkram noch lang obwaltete, und daß schier jedes beträchtliche geistliche Privathaus noch mit einer ansehnlichen oder doch annehmlichen Gemälde=, Antiken= oder Büchersammlung prangte; daß noch bis zu den letzten Zeiten der alten Ruhe in Wohnungen unserer gemeineren Stiftsherren und in einigen Abteien und Ordenshäusern in und um Köln man schon wieder Kupferstich=, Naturalien= und Kunst=Sammlungen, physicalische Instrumente, Münzcabinette und gute Bücher=Sammlungen alter und neuer Zeit u. dgl., antraf; daß eben vor der verderblichen Verwüstung der Geschmack am wissenschaftlichen Schönen, an Musik, an Poesie, an vielseitiger Literatur oder Geschichtskunde in Verbindung mit höheren philosophischen und theologischen Kenntnissen wieder das beste Gedeihen versprach und daß durch den Abgang veralteter unbrauchbarer Widersprecher, sowohl bei der Magistratur, als in einigen Lehr= und Ordenshäusern, ein, der Zeit mehr angemessener, und besonders für wissenschaftliche Philologie und Kunstbildung mehr ausgedehnter Studienplan nun schon lange unserer Universität eine andere Gestalt gegeben hatte: so ist aller jener Verlust dieser für uns bereits nun gewiß gewonnenen Fortschritte um desto höher anzuschlagen, je mehr im Zwischenraume von zwanzig Jahre voll Geistesdruck und Elend der Geschmack und die Wißbegierde auch unter den gemeinen Welt= und Klostergeistlichen sich wirklich ausgedehnt, manches ungünstige Urtheil gegen diese Institute und ihr Zurückbleiben sich gelegt und ihr Dasein zum Vortheil der bürgerlichen Industrie und Gesellschaft sich erfreulicher zu zeigen angefangen hätte. . . . .

II.

Nachrichten

über ehrenhafte Kölner unserer Zeit, welche durch ihre Ausbildung und durch ihren aus der Fremde hieher schallenden Ruf in Kunst und genialer Wissenschaft sich besonders hervorthun.

(Beiblatt der Kölnischen Zeitung, 1820, Nr. 17 ff.)

1. Gau.

Von unserem trefflichen Chr. Gau sprachen und sprechen noch immer mehrere fremde Zeitungen. — Es gereicht uns zur Freude, verschiedene ältere sowohl, als neuere Nachrichten über ihn mit dem, was seine eigenen neuesten Briefe uns ankündigen, hier zusammen zu fassen.

Gau hatte aus eigenem Trieb mehrere Jahre hindurch sich solchen Studien gewidmet, welche in ihm ein unaufhaltsames Streben in Erreichung ungemeiner Zwecke anregen mußten. Von seinem 17. Jahre an, wo er aus den untern hiesigen Lehr=Anstalten und lateinischen Classen=Schulen trat, studirte er in unserem höheren Schul=Collegium drei Jahre lang die mathematischen und physischen Wissenschaften, unter unserm verstorbenen, wackern Prof. Heister und damals unserm berühmten Physiker, Prof. Kamp; die Dichter und die Kunst=Philosophie hörte er unter Prof. Wallraf. In derselben Zeit übergab er sich unserm zu früh verstorbenen, aus= wärts dreimal gekrönten Jos. Hoffmann zum Unterricht in der freien Handzeichnung und besonders dem Studium der schönen Ar= chitektur und der reinen Decoration. Er benutzte gierig jede Ge=

legenheit, wo er die besten Entwürfe und Bücher erhalten konnte, um durch Uebung an der Antike sich einen reinen Styl zu gründen. Alles gelang seinem unermüdeten-Fleiße. Nachdem er die hiesigen öffentlichen und Privat-Kunstwerke durchstudirt, auch in der Zeichnung menschlicher Figuren sich emsig geübt hatte, reiste er nach Paris, um die daselbst noch zusammengehäuften, jeder Nation weggeraubten Galerieen und die aus Rom geholten, dort aufgestellten Antiken sich einzuprägen. Zu Paris bearbeitete er nun auch eine, in Brüssel für 1812 dictirte, erste Architektur-Preisaufgabe. Er erhielt davon den ersten Preis mit vielem Lobe, und die Kunst-Akademie in Paris nahm es auf sich, ihm zu Ehren diese Austheilung bei großem Zulauf der vornehmsten Kunstfreunde mit einer feierlichen Rede und einem stattlichen Gastmahl zu begehen. Bei seinem bis 1812 fortgesetzten Aufenthalt in Paris wurde Gau als Unter-Inspector bei der Reparatur der Kirche zu St. Denis angestellt; doch vor der Antretung dieser Stelle unternahm er von Paris aus eine Reise in das mittägliche Frankreich über Autun, einer unter den Römern berühmt gewesenen Stadt, welche daher auch noch eine große Anzahl Monumente für seine Studien lieferte. Eben deßwegen zielte er nach Lyon. Früher, als Paris sein Dasein fühlte, war Lyon bereits durch die dort noch ansehnlich vorhandene römische Wasserleitung und andere Alterthümer jener Zeiten merkwürdig, die Gau sich, so wie die gallischen und andern Ueberbleibsel aus dem 11. bis 16. Jahrhundert und die Ansichten der Umgegend zu Nuß machte. — Aber die Stadt Vienne, deren Geschichte sich ins höhere Alterthum verliert, indem sie von den Römern sehr begünstigt, mächtig und reich war, zog ihn sehr an; hier, wo die prächtigsten römischen Ueberreste sich in Menge vorfinden, z. B. noch ein Tempel, ein Triumphbogen ꝛc., fand er auch besonders das reichhaltige Museum und Cabinet des Hrn. Schneiders, eines Deutschen, welcher unserm Gau Aufenthalt und Erlaubniß gab, Alles nach Belieben abzuzeichnen. Diese Gegenden sind dem Alterthumsforscher, so wie dem Künstler gleich wichtig. Gau wagte auch die beschwerliche Reise, durch an die Wolken reichende, oft ungebahnte und mit Schnee bedeckte Bergletten über Grenoble längs den furchtbarsten Abgründen, um zugleich diese Naturschrecknisse abzuzeichnen. Diese Reise Gau's erstreckte sich 460 Stunden weit. Er kehrte dann nach Paris zurück. — Fünf Jahre in Paris durch den Genuß der schönsten Statuen und Monumente, der vortrefflichsten Bücher- und Kupferstich-Sammlungen für Malerei sowohl, als die architektonische Perspective, und endlich mit dem vielfachen Unterricht der größten Künstler daselbst, dann mit dem gewonnenen Vorrath seiner Excursionen und mit schmeichelhaften Empfehlungen ausgerüstet, machte unser Gau nun im Jahre 1814, noch vor dem Herbste, die Reise nach Italien. Zu Rom that er, was alle anderen Künstler; aber was nicht Alle ohne eine solche Einweihung in die höhern Mysterien so mancher Muse unternehmen können. Unser Gau, welcher mit dem Vorschuß seines elterlichen Vermögens und der Beihülfe seiner Freunde beim eigenen Gefühl der Kraft zur Ausführung seiner sich so ausdehnenden Reise nicht auszulangen vorsah, schrieb an uns um Hülfe, und es gelang die Bemühung, bei der hiesigen hohen Königlichen Regierung ihm eine jährliche Reise-Pension auszuwirken. Er erhielt zuerst eine zweijährige Zulage von 300 Thalern jährlich. Er nährte sich davon auf seiner Reise, in Rom und in den Umgegenden. Durch die Gelegenheit, daß er sich nun deßhalb bei Sr. Excellenz dem Königl. Preuß. Staatsrath und Gesandten in Rom, Hrn. v. Niebuhr, anmelden mußte, trat er mit demselben in Bekanntschaft und in freundschaftlichen Umgang. Er war mit ihm auf dem Lande und in der Stadt. Sie wechselten oft ihre Kenntnisse mit einander. Da Hr. v. Niebuhr erfahren hatte, daß Gau sich kümmerlich behelfen mußte, um seinen großen Plan zu vollführen, wozu er in ihm hinlängliche Geisteskraft und Ausdauer gewahrte, erwarb er ihm noch einen königlichen Vorschuß von 500 Thalern auf zwei Jahre. — Ein Vorschlag, unsern Gau einem vornehmen Reisenden zur Seite zu geben, wurde vereitelt, weil Gau dadurch zu unfrei und abhängig zu werden vorsah. Gau hatte sich durch geographische Reisebeschreibungen Auskünfte und alle Vorkenntnisse über

Asien und Aegypten gesammelt, und Wenige würden an so gründlichen Hülfsmitteln, an architektonischen, physischen und antiquarischen Kenntnissen, an Geschicklichkeit und Richtigkeit im Aufnehmen der Plane und in der perspectivischen Zeichnungskunde von Landschaften und Gebäuden, menschlichen Figuren und ihren Costümen ihm es gleich gethan haben. Gau war mit vielseitigen, selbst praktischen Kenntnissen begabt, und das Gemeinere, was er durch Bücher schon einstudirt hatte und woran nur der erste Vorwitz kleinerer Reisenden haftet, hielt ihn nicht auf. Bald reis'te er in die Umgegenden der alten Weltstadt, durch die mit Grabmälern und hohen Wasserleitungen ausgeschmückte Campagna, durch die herrlichen Gebirge von Albano nach Genzano, Velletri ꝛc., woher überall seine Zeichenbücher sehr bereichert worden sind. Dann ging er nach Neapel, wo er nun zwei ihm unvergeßliche Monate verlebte. Von Neapel aus besuchte er die verschüttete, durch so viele noch immer Statt habende Ausgrabungen sich wieder erneuernde Stadt Pompeji. Er brachte dort drei Wochen zu, und bekam durch hohe Empfehlungen die so schwer zu erhaltende Erlaubniß, daselbst Alles nach Gefallen aufzeichnen zu dürfen. Nun besuchte er Sorentum, Castel al mare, den eben Feuer speienden Vesuv, und endlich das durch seinen großen Tempel so herrliche Paestum.

Gau unternahm darauf seine kühne und weitläufige Wanderschaft nach Asien, durchreis'te Palästina, verweilte zu Jerusalem, wo er zugleich alles auch für das Christenthum Merkwürdige aufmerksam beobachtete. Er durchreis'te jetzt die so gefährlichen und wüsten Strecken Afrika's, und vorzüglich Aegypten, den vornehmsten Schauplatz, das noch nicht so ganz durchspürte Feld für die ursprünglichen Alterthümer der Kunst und ihre Vorgeschichte, wo noch so ungeheuer Vieles, wovor unsere Zeit und Kunst sich verkriechen könnte, unter dem Boden steckt. Wo unser Kölner sich hingewagt hat, ist wohl nicht Mancher, welcher nur mit Krieg, Raubsucht oder Handels=Unternehmungen sich beschäftigt hatte, und sich oft in seinen Absichten gestört, durch Flucht retten mußte, hingekommen.

Man denke, mit welcher Noth und Gefahr unser Gau manchmal gekämpft habe.

Im hier folgenden, zu Rom unter den Augen des großen und freundschaftlichen Patrons unseres Landsmannes herausgekommenen und in Deutschland, selbst in unsern Blättern auszugsweise erschienenen Schreiben, dessen Wiederholung hier zur Vollständigkeit gegenwärtigen Artikels und zur Bekräftigung des Gesagten für die Ehre unserer Stadt unseren Lesern nicht unangenehm sein wird, ist fast alles so zusammengestellt, daß wir nichts mehr zusetzen können, als daß Gau seine Rückreise durch Alexandria, wo wirklich die Pest regierte, antrat und nach einer 62 Tage langen Seefahrt, worauf er seinen an uns geschriebenen Briefen gemäß immer von Insel zu Insel und von Klippe zu Klippe geworfen wurde, und dann noch 50 Tage eine unsichere, für Jeden einsam abgeschlossene Quarantaine aushalten mußte, endlich in Europa wieder angekommen ist.

„Rom. Der Baumeister Gau aus Köln a. R. ist seit Kurzem aus Aegypten nach Rom zurück. Er war im April 1818 aus der Hauptstadt jenes Landes in der Absicht abgereis't, in die entferntesten und unter dem Gesichtspuncte der Künste am wenigsten bekannten Gegenden jenes alterthümlichen Landes einzudringen. Demzufolge nehmen seine Beobachtungen gerade da ihren Anfang, wo diejenigen anderer Kunstreisenden enden. Die noch nicht herausgegebenen Denkmale Nubiens und die Alterthümer zwischen der ersten und zweiten Nil-Katarakte sind es, welche den Gegenstand seiner Bemühungen ausmachten. Hr. Gau, als ein Mann, der gründliche architektonische Kenntnisse besitzt und sehr geschickt ist im Zeichnen von Landschaften und Figuren, befindet sich, wenn irgend einer, im Falle, dem Publicum, was er im Gebiete der Baukunst, Malerei und Sculptur in jenen Ländern Merkwürdiges gesehen hat, in getreuen Darstellungen vor Augen zu legen. Wirklich ist er mit der Herausgabe seiner Reise beschäftigt. Bereits hat eine Anzahl römischer und ausländischer Kupferstecher angefangen, nach seinen schönen Zeichnungen zu arbeiten, und in ziemlich kurzer Zeit dürfte ein Werk vollendet sein, das nicht ermangeln wird, ein neues Licht

über die Geschichte des erften aller civilifirten Völker des Alter=
thums zu verbreiten. Ganz vorzüglich hat Hr. Gau fein Augen=
merk auf die Herausgabe von mehr als zwanzig, bis jetzt noch nicht
bekannten Denkmälern gerichtet. Die älteften derfelben find die von
Girfch ch (?), Effsbua und Abuffembul. Sie find fämmtlich
in die Eingeweide der Erde gegraben, mit koloffalen und halbko=
loffalen, aus lebendigen Felfen ausgehauenen Statuen gefchmückt,
und inwendig mit Hieroglyphen und gefchichtlichen Vorftellungen,
theils in erhabener, theils in vertiefter, größtentheils illuminirter
Arbeit verziert. Unter diefen Abbildungen figurirt ein, von dem
Reifenden felbft entdeckter und ausgegrabener Tempel: auch die
Basreliefs von Kalapfcheh und die Gemälde von Abuffembul
zeichnen fich ganz befonders aus. Der erfte Band von Gau's
Reifewerk foll alle nubifchen Monumente umfaffen; auf diefen folgt
eine Auswahl intereffanter Gegenftände aus ganz Aegypten, und an
den letztern fchließt fich ein Bändchen alter hierofolymitanifcher
Denkmale unmittelbar an."

Um den in der Concurrenz zu Brüffel 1812 von unferem Gau
erhaltenen und zu Paris mit einer akademifchen Feierlichkeit ihm
überreichten Preis wetteiferten mit demfelben, außer einer Anzahl
von Brabantern und anderen fremden Mitbewerbern, bloß aus Pa=
ris 18 Architekten, alle aus den beften Schulen dafelbft; daher ward
auch der öffentliche Triumph unferes Landsmannes dort fo hoch
gefeiert. Die fchwierige und mit durchaus fchwierigen und genauen
Bedingungen beftrickte Aufgabe war der vollftändige Entwurf eines
zu erbauenden Palaftgebäudes für höhere Kunftübungen und öffent=
liche Ausftellungen der Kunftmufter auf einem ifolirten Raum von
85 Meter in der Länge und 75 Meter in der Tiefe. Gau gewann
den erften und einer der beften Schüler von Percy in Paris den
zweiten Preis.

2. Hittorf.

Auf unferen würdigen Gau, deffen Kunft= und Reifegefchichte
der Welt angehört, laffen wir einen zweiten Kölner im Auslande,

fast gleichen Alters, und worauf wir stolz sein dürfen, folgen, nämlich unsern durch mancherlei Gattungen der Architektur in der Hauptstadt Galliens sich hervorthuenden Herrn Karl Jakob Hittorf (geb. 1792 den 20. Aug.). Sein unter uns noch lebender Vater hat durch klugen Plangeist, durch Fleiß und gelungene Unternehmungen sich empor gebracht, und genießt die höchsten Vaterfreuden an dem Glück seines einzigen Sohnes. Den ein in Allem fähiges Talent frühe schon verrathenden Knaben hatte er auf die Rechnung goldener Zeiten oder eines nie vorzusehenden Glücks, zum Studium einer seiner Lieblings=Phantasieen, der schönen Architektur, bestimmt. Er empfahl deßhalb sogar seinen frühern Erziehern, ihre Regeln und Muster möglichst mit Bildern oder Denkübungen aus der Baukunst ihm zu verdeutlichen oder zu versinnlichen. Durch diese Vorbegriffe keimte der Knabe spielend zu einer reichen und lichten Ideenfassung auf. Er empfing übrigens unter einer ordentlichen Schulerziehung bei geschickten geistlichen Lehrern gute Religionsgründe und sittliche Bildung. Er studirte regelmäßig die deutsche und französische Sprache unter dem verstorbenen braven Gymnasial=Lehrer Herrn Lugino; aber fast alle Freistunden und Spiele mußten zu Vorübungen seines ihm bestimmten Faches benutzt werden. Der Knabe empfing seine erste Anleitung zur Baukunst in Köln bei Hrn. Löwenstein und die der freien Handzeichnung von unserem geschickten und durch seine gebildeten fertigen Schüler namhaften Hrn. Grein. Bei etwas reiferem Alter studirte der Jüngling bei dem jetzt in Aachen wohnenden genialen Architekten Leidel. Er trat inzwischen in unser öffentliches Schul=Collegium, wo er die mathematischen Vorlesungen unserer bereits früher erwähnten Herren Professoren Kramp und Heister besuchte. Bis zu seiner Abreise zu seiner Bestimmung nach Paris benutzte er noch die praktischen Lehren und Uebungen bei unserem jetzigen königlichen Herrn Regierungs= und Baurath Schauß.

Nach so mancherlei Ansichten, Uebungen, Gründen und Beispielen zur Benutzung seiner Hülfswissenschaften, trat er mit guten Empfehlungen seine Reise nach Paris an. Hier setzte er nun zuvörderst seine architektonischen Studien unter der Leitung des berühmten Percy und jene der Handzeichnung unter dem jetzigen königlichen Miniatur-Maler Hrn. Isabeau fort. Darauf hatte er das Glück, von dem Hrn. Bellanger *), königl. Architekten Ludwig's XVI., aufgenommen zu werden, welcher, nachdem sein einziger hoffnungsvoller Sohn gestorben war, unsern Hittorf wie sein eigenes Kind behandelte.

Für unsern Karl J. Hittorf war es ein wahres Glück, daß er in dem für einen aufblühenden Jüngling so gefährlichen Paris nicht lange sich selbst überlassen leben wollte, sondern die erwünschte Gelegenheit ergriff, sich dem mehr als sechszigjährigen königl. Baumeister, Hrn. Bellanger, zur Hülfe zu widmen. Dieser würdige Mann, nachdem er ihn durch mehrere Prüfungen seiner Talente und seiner Treue in so weit kannte, daß er in seinem, durch Selbstgeschäftigkeit sich zu sehr ermüdenden Alter auf den Fleiß und die Rechtschaffenheit des fähigen deutschen Jünglings sich verlassen konnte, brauchte ihn bald als Aufseher bei den damals noch kaiserlichen Bauten. Hittorf erwarb sich durch eine ihm natürliche Folgsamkeit und Emsigkeit, durch Ordnungsliebe und ausdauernde Uebung unter Anweisung seines ihm bald ganz offenherzigen, sehr praktischen Lehrmeisters solche Kenntnisse, welche bei manchen, bloß in der Geschmackstheorie Anfangs oft zu lange sich einhuldigenden Lehrlingen zu spät angefangen oder zu bald hintangesetzt oder endlich vermißt zu werden pflegen. Bald aber ward unser Hittorf auch besoldeter Aufseher bei den öffentlichen Regierungsbauten. Bellanger, welcher als ehemaliger königlicher Architekt bei dem aus England zurückgekommenen Ludwig XVIII. wieder hervortrat, äußerte nun seinem getreuen Lehrling und emsigen Helfer ein Versprechen, daß, wenn bis zum Ende seiner alten Tage Hittorf ihm so getreu dienen und beistehen werde, er ihm durch einen acte de survivance seine Stelle

---

*) Bellanger war derselbe Baumeister, welcher den schönen königlichen Pavillon, Bagatelle genannt, mit allem prächtigen Zubehör in Zeit von sechs Wochen bewohnbar machen mußte.

als königlicher Baumeister mittels der Gnade Sr. Majestät zu versichern suchen wollte. Dies geschah wirklich im Jahre 1817. Bellanger ward immer schwächer und Hittorf vertrat die Stelle seines guten Lehrmeisters zur Zufriedenheit des Königs; aber er wich auch übrigens, aus fester wahrer Anhänglichkeit an seinen väterlichen Patron, nicht vom Bette des Kranken, so daß der alte Bellanger, von des Jünglings ungeheuchelter und reiner Dankbarkeit gerührt, dem Vater Hittorf's nach Köln schrieb: „Wie gut die himmlische Fürsehung es gefügt hätte, daß in dessen Sohne Karl Jakob der Verlust seines eigenen Einzigen ihm wieder ersetzt werden sollte."

Nach Bellanger's Tode ward unser Hittorf wirklich zum königlichen Architekten ernannt. Er ward zugleich Architekt des königlichen Bruders und mehrerer Großen des Hofes.

Unser Hittorf ist seitdem in völliger Thätigkeit und erfüllt seine Stelle, sowohl durch die Einsichten des Umfangs seines Geschäfts, als durch Treue, Fleiß und völlige Kenntniß aller Zweige desselben, zur Zufriedenheit seiner höheren Vorgesetzten und der ihm Untergebenen. Der König schenkt ihm das Vertrauen, welches sein alter Bellanger bei ihm genoß.

Hittorf, welcher seinem alten, aber sehr erfahrenen und praktischen Lehrmeister die festeste Gründung einer reellen und ökonomischen Bauwissenschaft verdankt, war dennoch im Zeitgeschmack des Schönen (welches zwar der Natur nach sich der Wandelbarkeit des Zeitgeschmacks nicht unterwerfen dürfte) für seine eigene freie Ausbildung gar nicht zurückgeblieben. In mehreren ihm dafür nützlichen Sprachen, wie in vielen Geschmackskünsten sich fleißig übend, und zwischen dem reichsten und gewähltesten Ueberfluß von Mustern und auch Moden, sah er als wahrer Kunstschüler immer auf das Kleid der Wahrheit. Obwohl in Paris Alles zur Wahl und Gebot habend, womit Nationen und Zeiten die Augen und die Phantasie des ankommenden, sich in ein Meer von solchen Gegenständen hinstürzenden Jünglings erfüllen, gelang es ihm, daß eine frühe Beurtheilungskraft oder ein guter Rath ihn richtig leiteten und ihm sagten: „unter tausend Dingen sind hier wohl kaum zehn für deine

Bildung nützlich; dieses Glück der Erkenntniß ist aber nur den reinen und zeitig nachgrübelnden Schülern verliehen." Hittorf zeigte in seiner früheren Zeit sich diese Lehren zu nutz gemacht zu haben. Die Menge von Gegenständen, die in den Geschäftskreis eines königlichen pariser Baumeisters gehören, und das, was er anräth oder ausführt, kommt vor die Kritik der halben Welt, und wie bald vor die Augen des Neides! Die Darstellungen für Prachtgebäude und Prachtfeste, Theater und Monumente heiligen und weltlichen Zweckes fordern seine Erfindungs= und Beurtheilungskraft oft auf der Stelle. Nicht nur der Reichthum der Phantasie, sondern die Menge von Sach= und Ausführungs=Kenntnissen muß ihm zu Gebote stehen.

Von Hittorf's Fähigkeit in seinem Berufe haben uns nun die pariser Zeitungen schon mehrere Zeugnisse geliefert. Zum Geschäftskreise unseres Hittorf gehören nicht nur die nothwendigen, aber auch immer zu verschönernden Reparaturen, Angaben und Erbauungen des Innern und Aeußern an den königlichen Gebäulichkeiten, sondern auch die Kritik der anderen öffentlichen, und selbst die Erfindung der Prachtfeste, der Theater, Monumente 2c.

So war es auch das Geschäft Hittorf's, bei der Leichenfeier des Herzogs von Berry, die Einrichtung der St. Denis=Abteikirche, des prächtigen Katafalks und des Leichenwagens zu entwerfen und darzustellen. Die Pariser gaben zum Ruhm unseres Hittorf eine öffentliche Beschreibung des großen Geschmacks und der lange nicht mehr so reinen und erhabenen Eleganz an dem hohen Trauer=Katafalk. Eben davon sprach noch der Moniteur Nr. 77, den 17. März 1820: Es sei uns hier noch erlaubt zu sagen, daß in unserer Zeit nichts Größeres, Bedeutenderes und Schöneres dergleichen gesehen worden sei.

Karl Jakob Hittorf hat bald darauf eine Reise nach England angetreten; sein Aufenthalt in London war für ihn (wie einer seiner Briefe lautet) höchst angenehm und vortheilhaft. Die Gelehrten und Künstler haben ihn mit Liebe und Achtung empfangen, und da er selbst auch der englischen Sprache mächtig ist, mit Höflichkeiten überhäuft.

Er wurde zu Festen und Gastmahlen eingeladen, zum Ehrenmitgliede und Correspondenten der Gesellschaft der Künstler und Alterthumskenner gewählt, und bei einem großen Ceremonienfest wurde die Wahl in einem öffentlichen Diner von fast 200 Personen feierlich promulgirt. Er hielt bei dieser Gelegenheit eine Rede über den gegenwärtigen Zustand der Künste mit mehrfachem Applaus, und wurde fast einen Monat lang in London aufgehalten, darauf von zwei Architekten über 300 Stunden weit in den schönsten Städten, Gebäuden und Seltenheiten von England herumgeführt.

Von unserem Hittorf sind bereits mehrere Häuser in Paris im schönsten und neuesten Geschmack errichtet worden. Vor einem derselben, auf dem Boulevard au coin de rue batelière, sammelten sich die Zuschauer haufenweise, und das Journal de Paris sagte darüber: Cette décoration dans un style grandiose a été exécutée sur les dessins et sous la direction de Mr. Hittorf, Architecte des menus plaisirs du roi etc.

III.

1.

Das berühmte Gemälde der Stadtpatrone Köln, ein Werk altdeutscher kölnischer Kunst von 1410, in der hohen Domkirche daselbst.
(Taschenbuch für Freunde altdeutscher Zeit und Kunst, 1816, S. 149 ff.)

Die Stadt Köln veränderte im Jahre 1396 ihre vorher aristo=
kratische Regierungsform in eine mehr demokratische, der römisch=
republicanischen fast ähnliche. Sie behielt dennoch erfahrene, unbe=
scholtene, deutsche Männer und Familien und Patricier für die Con=
sular= und höheren Senatswürden bei, unter welchen, nach dem
Geiste der Väter, immer Kenner, Beförderer oder Verehrer der va=
terländischen Alterthümer, der Wissenschaften und der Künste lebten.
Fast jedes ihrer späteren Enkelhäuser besaß noch ererbte römische
Antiquitäten oder alte Gemälde=Sammlungen aus den Zeiten un=
serer alten, vortrefflichen Künstler.

Der neue Senat führte den Gebrauch ein, vor jeder Raths=
sitzung in einem gottesdienstlichen Amte durch die Fürbitte der hei=
ligen Stadtpatrone Gottes Beistand anzurufen. Zu diesem Ende
bestellte man bei einem der besten, wahrscheinlich auch in Italien
früher gebildeten, kölnischen Maler *) eine große Altartafel, welche
die vornehmsten Stadtpatrone darstellen sollte.

---

*) Die ältesten Malereien und Kunstwerke in Köln, noch vom Jahre 1000, zeigen
griechisch-italischen Geschmack, und von jedem Jahrhundert finden sich hier so viele
Spuren des italischen und deutschen Kunstgeistes. Die ältesten Handelsverbindungen durch ursprüngliche Volksverwandtschaft, durch Religion, durch Kreuzzüge und
durch Reisen nach der Levante bewirkten wohl diese Verhältnisse.

Der Gottesdienst mag wohl noch im Jahre 1410, worin das Gemälde fertig geworden, einstweilen in einem Zimmer der Curia gehalten worden sein.

Auf der Stelle, wo die im Jahre 1424 aus der Stadt verjagten Juden*) ihre Synagoge gehabt hatten, baute der Senat von Grund aus die noch immer so genannte Rathscapelle. Das Gemälde wurde nun über dem Altar daselbst aufgestellt. Hier blieb es so lange Zeit hindurch, ward nur bei der Rathsmesse und an Festtagen geöffnet, ward wie ein Schatz erkannt und bewahrt. Dort besuchte und bewunderte es Albrecht Dürer und sah sich vielleicht übertroffen. Wohlbekannt seinen Besitzern, schon frühe gerühmt in Reisebeschreibungen und in den Schriften unseres Gelenius, ehemals schon oft beschen, aber auch späterhin etwas verwahrlos't, ward es durch den Dampf von Lichtern und Rauchwerk endlich in seinen feineren Schönheiten undeutlich. Als die Handlanger der französischen Revolution die Capelle verunehrten und den Kirchenschatz öffentlich verkauften, wurde das Gemälde durch eine glückliche Fügung gerettet und in einem Zimmer des Rathhauses verschlossen. Die Verehrer dieses Schatzes suchten, so lange als möglich, seinen Werth, der Gefahr wegen, unbekannt zu halten. Man zeigte es endlich dem, als Professor der Philosophie bei der Centralschule unter uns wohnenden Herrn Friedrich Schlegel, welcher, durch dessen Vortrefflichkeit hingerissen, als er in dieser Zeit mehrere, in kölnische Sammlungen gerettete oder schon vorher darin aufbewahrte alte Gemälde zu beschreiben anfing (in seiner „Europa" 2. Bandes 2. Heft), mit der hohen Anpreisung dieses Bildes hervortrat und den alten Kunstruhm Kölns durch dieses Product vor ganz Deutschland proclamirte.

---

*) Die Juden wurden nicht nach der märchenhaften Erzählung von überall vergifteten Brunnen ꝛc. aus Köln vertrieben, sondern wegen ihres, den Handel und die Familien zerrüttenden überschwänglichen Wuchers, wegen ihrer, die christliche Moralität verpestenden falschen, oft eidmäßigen Versicherungen, besonders aber wegen ihrer Parteilichkeit für den, sie mit ungebührlichen Privilegien gegen die Stadtfreiheit begabenden kurfürstlichen Hof, dem sie dafür mit Verrätherei, mit Ränken und Aufruhrstiften zwischen Obrigkeit und Bürgerschaft ꝛc. dienten.

Das Kunstbild wurde endlich bei der ersten Friedensruhe nach der hohen Domkirche hingebracht, wo unser geschickter Zeichner und alter Gemälde-Hersteller, Herr Maximilian Fuchs, dessen Beschädigungen heilte, und ihm die alte Sauberkeit sammt einer neuen Vergoldung seiner Zierathen wiedergab. Dort wurde es in einer der sieben, den hohen Chor umgebenden Capellen, südwärts neben jener in der Mitte, worin die Tumba der, aus dem Orient und aus Mailand endlich nach Köln gekommenen Reliquien der heiligen weisen Könige aufbehalten werden, über dem Altar errichtet. Mit seinen Flügelthüren bedeckt steht es nun da und wird, wie vor Alters, nur an Festtagen oder auf Begehren der Fremden geöffnet. Das Verdienst seiner seltenen Schönheit ist wirklich von großen Kunstrichtern wieder anerkannt und durch den Zulauf der Ausländer bestätigt. Es ist Eines der Denkmäler des alten Kölns, welches diese so lang unwürdig vergessene, und, zur Unehre und zum Ingrimm des deutschen Genius, der Ungunst und selbst den unbilligsten Verleumdungen ephemerischer Reisebeschreiber preis gewordene, aber im Kerne von altem Geist und alter Kunst noch immer sich gleiche Stadt wieder zu Ehren hebt. Es scheint, daß Deutschland erst wiederum deutsch werden mußte, um sich und die erste seiner Mutterstädte für Religion, Wissenschaft und Kunst wieder finden und erkennen zu lernen. Deutschlands Genius hat diese große, edle Stadt auch jetzt einem Herrscher untergeben, dem die Heiligkeit der Religion, der Wissenschaft und der Kunst, wodurch Deutschland nur glücklich war, am Herzen liegt. Ehren wird Er sie und lieben und heben, gleich wie einst Otto, der große Stifter des freien deutschen Reichs, die durch seine Kraft Gerettete wieder zu heben anfing, als er ihr am wiedereroberten deutschen Rheine den alten Sitz für Religion, Wissenschaft, Kunst und Handel bestätigte, ihr seinen gelehrten Bruder, Bruno*), zum Erzbischof bestimmte und die Kirche von Köln sogar mit dem Herzogthum Lotharingen beschenkte.

---

*) Bruno war für seine Zeit in den Staatsgeschäften, in mehreren Wissenschaften und besonders in der griechischen Sprache wohl bewandert.

Denn auch durch Nichts und nirgendwo auf dem von Frankreichs Joch jetzt wieder geretteten Boden kann sich Friedrich Wilhelm ein größeres, würdigeres, ewigeres Monument seiner glücklichen Triumphe und seiner Eroberungen errichten, als Ihm die Stadt Köln an sich selbst werden, und aus sich selbst am baldesten machen kann durch den sich jetzt mehr wieder ausbreitenden, schon wirklich unveränderlichen Ruf ihrer Denkmäler aus allen Zeiten und durch jedes ihr nur möglich gewesene Zusammenhalten aller großen Anstalten zur Nährung des festen, freien deutschen Sinnes binnen ihrer Mauern. Ja, sie verdient es auch desto eher zu sein, je mehr sie bei dem ungeheuren Verlust von vier= bis fünfhundert Millionen Franken an Capitalgütern eigener alter Stiftungen, an ursprünglichen Würdigungen und an Beraubungen des wirklichen gemeinen und Privat=Eigenthums durch französische Ränke und Exactionen weit über alle Rheinstädte in der Nähe für die gute Sache gelitten und aufgeopfert hat, und dennoch ihren deutschen Sinn und Geist, ihre deutsche Kraft und Kunst in ausharrender Geduld und altbürgerlicher Eingezogenheit zu nähren und zu stärken wußte.

Was nun noch unter den erhaltenen Denkmälern unser erhabenes Domgebäude ist, das ist binnen diesem Tempel unser vortreffliches Kunstbild, wovon wir reden wollen. Beide haben nicht nur bisher eine Menge Ausländer und selbst Personen vom höchsten Range durch wiederholte Besuche hier festgehalten, sondern auch das Verlangen nach einer etwas ausführlichen Beschreibung des so berühmt gewordenen Bildes ist so rege geworden, daß man es ohne Beleidigung des Kunstfreundes nicht länger unbefriediget lassen darf. Hier folgt sie nun mit Bezug auf eine sehr beschränkte Abbildung davon, die, wiewohl sie trotz aller Bestrebung weder dem Ausdruck der Köpfe, weder den Verhältnissen des Ganzen, am wenigsten aber dem Begriffe seiner malerischen Schönheiten genug thun kann, dennoch wenigstens dem damit schon Bekannten zur Wiedererinnerung, dem es vielleicht nie Sehenden zu einer bestmöglichen Einbildung zu verhelfen fähig sein wird.

Die angeführte Beschreibung des Herrn Dr. Schlegel von die=

sem Gemälde, welches er die Krone von so vielen stadtkölnischen Gemälden nennt, und dessen Vortrefflichkeit er so oft unter uns mit Bewunderung aufgefaßt und mit Geist und Wärme vorgetragen hat, ist, in so weit er sie in seinen Blättern gab, schön und bestimmt. Der ehrwürdige Professor Ficrillo in Göttingen hatte Fug, sie dem vor Kurzem herausgegebenen ersten Bande seiner Geschichte der bildenden Künste in Deutschland, Abschnitt Köln *), einzuverleiben. Wo nun hier uns eine Beobachtung oder ein Ausdruck dieser Gelehrten zu gut kommen sollte, da wollen wir das Wort von ihnen nicht mit Synonymen umtauschen oder für das Unserige ausgeben, sondern es zum Ideengewinn annehmen und dadurch für diese Vorarbeit pro patria, ihnen verbindlichst danken.

Das Bild stand über dem Altar der vormaligen Rathscapelle, in einem beiderseits gehörig abwendigen, vortheilhaften Lichte, aber zu hoch für den Anschauer seiner Einzelheiten. Jetzt steht es etwas mehr als zwei Schuh hoch auf einer dessen äußerer Rahmenbrette gleichlangen Base mit vergoldeten Simsen über dem Altartische. Zu seiner genaueren Besichtigung kann man sich jetzt ihm annahen, aber gegen die Mittagszeit und auch bei heller Abendsonne empfängt es oft zu grelle, blendende Strahlen, obwohl man es gegen das schädlichste, lange Mittags-Fenster der Capelle durch einen angebrachten Vorhang dunkeln kann. Durch einige auch der Majestät und dem Geiste des ganzen Domgebäudes sehr zuträgliche Vorrichtungen hätte man ihm vielleicht ein vortheilhaftes Nordlicht verschaffen können.

Die Friese der Base ist in zwei Abtheilungen mit folgender Lapidar-Inschrift in goldenen römischen Buchstaben beschrieben:

D. O. M. DIVISQVE. AGRIPPINENSIVM. TVTELARIBVS. AETERNA. PATRVM. RELIGIONE. CONSECRATVM. ANTIQVAE. ARTIS. NOSTRAE. MONVMENTVM. QVOD. SV-

---

*) Wir bedauren, daß dem fleißigen Manne für diesen Artikel nicht lauterere Quellen oder eine eigene Ueberzeugung der Wahrheit zu Gebote stand. Unverschuldet verfehlte er sich in Manchem durch Mißverstand der Stellen und Vermischung der Namen.

PER. ARAM. SACELLI. VBI. SENATORIO. QUONDAM.
ORDINI. PRO. SACRIS. FACIVNDIS. ANTE. CURIAE. NEGO-
TIA. CONVENIRE. RITVS. ERAT. AB. ANNO. CIƆCCCCXXV.
SUSPENSVM. FVIT. AT. SVBLATA. PER. TEMPORUM.
INIVRIAS. LOCI. REVERENTIA. SEPOSTVM. CVLTV. NON.
ADMIRATORIBUS. CARUIT.

* * *

ID. QVVM. PIORUM. VOTA. RELIGIONI. RESTITVTVM.
ESSE. VELLENT. REINERUS. A. KLESPE. REGIONIS. CO-
LON. PROPRAEFECTUS. ET. IAC. A. WITTGENSTEIN.
CIVIUM. MAGISTER. IDEMQUE. LEG. HONORARIE. SO-
DALIS. PROBANTE. PATRUM. CONCILIO. IN. HOC. PRIS-
CAE. METROPOLEOS. TEMPLO. PROPE. S. S. S. MAGO-
RUM. TUMBAM. SOLENNI. DEDICATIONE. EXPONI. CU-
RAVERVNT. IPSO. DIE. SERVATORIS. A. MAGIS. ADORATI.
FESTO. CIƆ.IƆ.CCC.X.

Die auswendige Malerei auf den gewöhnlich verschlossenen Thürflügeln des Bildes ist manchem sinnigen Anschauer bereits so schön vorgekommen, daß er nichts Weiteres oder gar nichts Schöneres im Inneren zu erwarten haben wähnte. Dennoch ist sie nur die Decke und das vielversprechende Vorspiel des Folgenden. Sie enthält auf zwei durch die ganze Höhe des Bildes sich von einander spaltenden Tafeln, die Verkündigung des himmlischen Boten an die zur Gebärerin des göttlichen Welterlösers bestimmte Jungfrau aus David's königlichem Geschlechte.

Auf dem rechten Flügel *), und gegen eben diese Seite hingewandt, kniet Maria fast in Lebensgröße an einem, auch zum Schränkchen eingerichteten Betschemel, worüber ein geöffnetes Buch sich mit losen Blättern hinlegt; die vorgekehrten Wände des Schemels sind mit kirchfensterartig gezeichneten Schnitzereien im Geschmacke des

---

*) Ich bestimme mir die rechte oder linke Hand immer gemäß jener der vor mir stehenden Figur. Meine rechte Hand veranlaßt ja nie, daß z. B. der verworfene Schächer bei der Kreuzigung an der rechten Seite des Erlösers hange. Man mache dieser Verwirrung in der Ansicht der Seiten doch einmal ein Ende.

vierzehnten Jahrhunderts geziert. Aus dem halbgeöffneten Thürchen ragt noch eine Schachtel und ein, mit altem Beschlag versehenes kleineres Kirchenbuch hervor. Ein dergleichen größeres, dickes, mit Kupfer beschlagenes und geschlossenes Buch (vielleicht Moses und die Propheten), in dessen Text eine auf das Geheimniß sich beziehende Stelle mit einer herabhangenden Papierschnitze bezeichnet zu sein scheint, liegt auf der Erdstufe des Betschemels. Zur anderen Seite hinter der Knieenden steht eine, letzterem gleichförmige Sitzbank; diese ist mit einem altfränkischen Kissen belegt; daneben steht noch ein Topf mit einer Lilie. Alle jene Gegenstände, worin man, wie im ganzen Bilde, die Anachronismen nicht bekritteln muß, scheinen der Natur getreu nachgeahmt zu sein.

Die Jungfrau, wie durch eine heilige Einsprechung angezogen, lenket nun das schöne Haupt, dessen seitwärts herabwallendes Haar auf der Stirne mit einer Perlenschnur gesammelt ist, in der anständigsten Hinwendung zu der sie überraschenden, fremden Erscheinung des englischen Jünglings. Ihr Gesicht, voll Blüthe der reinsten jugendlichen Unschuld, scheint mit einer Mischung von sanftem Erschrecken übergossen, welches imgleichen die plötzlich etwas erhobene linke Hand andeutet, indem der zur Erde gesenkte Blick ihren Gehorsam und ihre Unwürdigkeit zu jener hohen Bestimmung ausspricht.

Ein den ganzen schlanken Wuchs und sogar jede Spur der Fußsohle bedeckender weißer Mantel, worunter ein bläuliches Leibkleid hervorscheint, spreitet sich bis über den Boden in etwas schwerwinklichen Falten um sie her. Der Hintergrund des Zimmers wird durch einen mit Goldblumen durchaus eingewebten Hangteppich verhüllt, über welchen der heilige Geist, ihr unbemerkt, herstrahlt.

Auf dem äußeren linken Thürflügel erscheint nun der Engel, eine einfach schöne, holdselige Jünglingsgestalt, ein Gesicht voll himmlischer Keuschheit und Freude; aber voll Ehrfurcht, so wie er auch kniet vor des Allmächtigen Thron, erscheint er hier zur Annäherung und zur Andeutung seiner Botschaft, die er mit beiden Händen vorzeigt, um der Erstaunenden das Geheimniß der Gottheit auszusprechen. Als ein himmlischer Herold mit großen, in verschiedener Richtung aufsteigenden Flügeln, wovon der Künstler einen zum Hintergrunde des Kopfes anzuwenden wußte, trägt er zwischen den Vorderfingern der linken Hand einen silbernen Stab. Seinen Körper bedeckt ein langes, weißes Tempelkleid (palla), ein rother, mit Goldstickerei geränderter Rauchmantel fällt darüber hinab; dieser ist auf der Brust durch eine goldene Rose angeschnürt, und sondert sich untenher von einander. Halbknieend bei seiner Verrichtung, umspreitet er auch mit seiner weiten Faltenschleppe die Steinplatten des Bodens. Der goldgewirkte Hangteppich des vorigen Bildes streift sich hier fort bis zum Rande des Eingangs.

Unter diesen zwei Figuren findet sich, abgetheilt auf den vorderen Steinplatten des Bodens, die Jahrzahl des fertig gewordenen Gemäldes: 1410, in der Form der Ziffercharaktere, wie sie in früheren Schriften jenes Jahrhunderts vorkamen und in dem Kupferstiche genau nachgeahmt sind.

Schlegel konnte von diesen zwei Thürbildern nichts sagen, weil sie zu seiner Zeit noch im Unstande waren. In der Vergleichung mit dem Innern weichen auch diese Gemälde von dem Verdienste der Lobsprechung ab, die man schon beim ersten Anblick ihnen mehrmals zugetheilt hat. Dennoch ist diese Verkündigung als ein schönes, ganzes Gemälde des alten Styls merkwürdig. Aber es ließe sich fragen, ob es desselben Meisters werth sei? In dem Kopfe und in der ganzen Figur der heiligen Jungfrau erscheint wirklich eine Natur- und Seelen-Aehnlichkeit mit dem Charakter-Ausdruck derselben auf dem innern Bilde. Auch in dem Gesichte des Engels liegt eine Spur genialer Verwandtschaft des naiven und des heiligen, jugendlichen Anblicks mit Wesen, die in Köpfen derselben Blüthe auf dem großen Gemälde vorkommen. In beiden Gesichtern verräth sich eine Arbeit des Pinsels, die mit jener des innern Gemäldes einträchtig, obwohl nicht so zart und weich ist. Hingegen Mehreres, z. B. die großen und tiefeckigen Faltenwülste der Kleiberschleppen, wiederholen sich im Innern fast nirgend; es sei denn nur etwa an dem unteren Kleiberrand der dort sitzenden Maria. An den weiten

Sammetröcken der beiden knieenden Könige sind sie lange nicht so übertrieben. An den herrlichen jungfräulichen Figuren neben der h. Ursula fallen die Kleiderschleppen in natürlich schöner, fast italienischer und raphaelischer Form herab. Indessen muß man auch hinzudenken, daß überhaupt für das Aeußere an den kirchlichen Thürbildern jenes Zeitalters die Arbeit etwas mehr vernachlässigt wurde; weil jene großen Meister hierzu weder so viel Fleiß und Muse, noch ihre kostbaren Farben gerne verschwendeten, indem die tägliche Ausstellung derselben in Staub, Sonne oder Feuchtigkeit und zur Mißhandlung der oft unwissenden Kirchenküster sie bald verdirbt, und weil sogar die Erfahrung es oft bewährte, daß der, des Folgenden zu begierige Anschauer den größeren Fleiß und Aufwand des Meisters hier nicht einmal genug zu lohnen pflegte. Um desto mehr übertreffen jedoch diese Flügel-Gemälde eine Menge ihres gleichen darin, daß der Meister sein Verdienst hierbei nicht so ganz ausschloß, weil er in der Anlage des Ganzen sowohl, als im Ausdrucke, wie auch in der Angabe des Costüms und in der Pracht des goldenen Hangteppichs, vielleicht auf Anordnung seiner Committenten, nicht durchaus anspruchlos und gemein bleiben wollte. Genug, seine Palme lag in der Mitte, und darin hat er gezeigt, daß er nicht nur ein Meister in der Farbenbehandlung, sondern auch ein gelehrter Maler, und in der Erfindung und Anordnung der ganzen Idee, in der Anwendung des Schicklichen, im Ausdruck der Charaktere und des Seelengefühls, wo nicht selbst durchaus Dichter war, dennoch, wie es sich in der Folge erklären wird, den Geist hatte, in diesem seinem schönen, so gedankenreichen Werke einen gelehrten, mit allen Hülfsmitteln für die Geheimnisse der Kunst und mit dem Sinne des Alterthums versehenen Einsprecher zu verstehen, wir Kölner in jener Zeit unter Geistlichen und Weltlichen so viele hatten, daß die so lange berühmte Kunst- und Lehrschule zu Köln am Rhein für die Heimat aller Musen angesehen wurde.

Nun eröffnet sich das innere Gemälde in dreifacher Abtheilung, mit einer auffallenden Schönheit und Pracht.

I. Im großen Mittelstück erscheint jener, für die Kunst überaus ideenreiche, aber wohl nie mit solcher Bedeutsamkeit, als hier, ergriffene und entfaltete Mythus der christlichen Religion: die durch einen sie leitenden Wunderstern zur Anbetung der auf Erden sich offenbarenden Gottheit aus dem Orient herankommenden königlichen Magier*).

II. Im Nebenstücke rechts zeigt sich die britannische Fürstin Ursula, welche sammt ihrem Gefolge und ihrem Bräutigam in Köln war, und mit einer großen Anzahl, der Verfolgung wegen von den Alpen bis hieher geflüchteten Christen durch die Wuth der Ungläubigen hier überfallen und ermordet wurden.

III. Im Nebenstücke links steht voran der heilige Gereon, der Anführer einer Schaar christlicher Soldaten aus der römischen Thebäer-Legion. Unter dem Kaiser Maximilian wurden sie ihres standhaften Bekenntnisses wegen, auf dem römischen Marsfelde dahier, zum Tode verurtheilt.**) Die heilige Maria und die benannten, in ihren Ueberbleibseln hier ruhenden Heiligen sind die Hauptpatrone Kölns, zu deren Ehre unser Kunst-Palladium verfertigt,

---

*) Ihre in der heiligen Schrift nicht ausgedrückte Dreizahl ist durch das christliche Alterthum nach der biblischen Anzahl der drei Gaben angenommen worden, und die Kirchenväter haben die symbolische Ausdeutung derselben nicht vergessen. Sie ist in folgender Strophe des festlichen Kirchen-Hymnus zusammengesetzt:

Quot dona, tot mysteria:
Auro potestas regia,
Por thus latens divinitas,
Myrrhaque mors agnoscitur.

Für die Personenzahl der drei Magier selbst hat sich keine Deutung überliefert; aber ich fand sie in unserm so ideenreichen Gemälde vielleicht wohl einzig angewandt, und sie folgt an ihrer Stelle. Die Ruhestätte ihres aus Orient und endlich aus Mailand bis hierher überbrachten Reliquien-Schatzes bestimmte sie zu den ersten Patronen der Stadt Köln und zugleich jenen des Hansebundes.

**) Ihre aufgesammelten Körper ließ Konstantin des Großen Mutter, Helena, als sie hier mit ihm sich aufhielt, in einem mit orientalischen Granit- und Marmor-Säulen prächtig erbauten, langviereckigen Tempel beilegen, von welchen Säulen noch immer eine zum Andenken hier in einer Wandnische, neben der Hauptthüre der jetzigen Kirche erhalten, aber von den Franzosen geraubt und weggeführt wurde.

und für die Dauer ihres ewigen Schutzes unveräußerlich gewidmet wurde.

Jedes dieser Stücke hält binnen seinem Rahmen, mit Einschluß des inwendig oben herum fortlaufenden, vergoldeten, schönen, bogigen Zierrathes, welchen man eine gothische (altdeutsche) Arabeske nennen könnte, in der Höhe 8 Fuß; in der Breite mißt das Mittelstück 9, jedes Nebengemälde für sich aber nur 4 Fuß stadtkölnisches Maß. Die mittlere, aus starken, gesunden Brettern und mit vergoldeten, dicken, gothischen Rahmen aneinander gefügte Tafel ist durchaus, nach einer, an unsern kölnischen Gemälden dieser Art schon im Jahre 1000 gebrauchten Manier, mit Leintuch angekleistert. Das Tuch ist weiß gegründet und geglättet. Wo es nöthig war, wie bei den Kopfscheinen ꝛc., wurde der Grund oder eine noch härtere Masse dicker aufgelegt, geformt, geschnitten oder eingegraben, einigemal auch mit Stiften von Buchstaben, Blätterwerk, Blumen, fadengleichen Linien oder Perlen selbst in die schönsten Sammtstoffe eingepreßt. Der ganze Grund wurde, wie es hier ist, vergoldet, und mit den reinsten und seltensten Farben jenes von Betrug reinen Zeitalters, durch besondere Kunstgriffe und langsame Achtsamkeit, bemalt. —

Dieses Gemälde ist nun keines der Art, worin der Vortrag jener biblischen Geschichte den gemeinen Volksbegriffen entgegen kommt. Man erblickt hier nie irgendwo neben einem niederländischen Kirchdorfe einen verfallenen Stall mit Ochs und Esel und mit einer Standkrippe dazwischen, worin eine ärmlich gekleidete Frau ihr Kind pflegt; keinen Mann, der mit einer alten Laterne den Königen vorleuchtet; keinen König, welcher einen schönen Topf hinhält, wo der kleine Jesus mit kindischer Gier hineintastet, und die heilige Mutter selbst ihm das Händchen um so tiefer juntertaucht. Von allen niedrigen Ideen der Volksmaler ist keine Spur in unserm Bilde sichtbar. Ein reinerer Geist hat bei seiner Schöpfung gewaltet, und hat nur das Höchste und Heiligste zum Inbegriff einer poetischen Vorstellung dieser biblischen Geschichte herausgehoben. Das Lyrische des Stoffes ist hier zum Dramatischen herauf=

gewürdigt, um es zu einem Bilde für den rein=christlich ästhetischen Denker zu machen. Welchem frommen Anschauer dieser Verstand und dieser Sinn abgeht, der kann sich dennoch immer an dem Glanze der kostbaren Farben, an der kunstvollen Nachahmung der alten, prächtigen Kleidungsstoffe, an der festen, schön bestimmten Zeichnung der Falten selbst, und an vielen vortrefflichen, der Natur entnommenen Gesichtsbildungen, überhaupt aber an der natürlichen, reinen Heiligkeit der ganzen Vorstellung weiden, indem auch nur hieran Aug und Herz für die Andacht und für die Kunst sich hin= länglich befriedigt finden. Selbst die Nebendinge an diesem Ge= mälde sind gar nicht bedeutungslos. Der ganze Mythus sammt allen seinen Umständen und Beiwerken ist darin mit religiöser Ue= berlegung und mit einer, obwohl hier und dort etwas tief liegen= den Symbolik behandelt, die, wenn sie auch dem belesenen An= schauer nicht fremd vorkommen wird, dennoch, so viel mir bewußt ist, an diesem Gemälde noch nie so gehaltreich aufgefaßt, und, wie sie es verdiente, gewürdigt und auseinandergesetzt wurde, um selbst den Gelehrten zu unterhalten, den Frommen zu unterrichten, den Gleichgültigen zu begeistern, und jedem poetischen Künstler eine neue Bahn des Studiums für diesen Stoff zu eröffnen.

Der erste Anblick fällt auf die Mitte des Gemäldes. Die Mutter dessen, zu welchem die königlichen Anbeter sich nahen, sitzt hier selbst, als eine Königin des Himmels und der Erde, auf einem einfach großen Thronstuhle, hinter welchem ein prächtiger, von zwei Engeln ausgespreiteter Teppich herabfällt. Der Teppich ist von Goldstoff in blauem Grunde, mit silbernen Turteltäubchen (sym= bolisch) eingewebt. Die Figur und der Charakter der Sitzenden ist wie eine der schönsten Visionen Raphael's, welche in der Reihe sei= ner himmlischen Träume von der Bildung der Hochgebenedeiten, sich der Madonna zu Dresden*) vielleicht vorgedrungen und Ra= phael's Phantasie in ihrer Verkörperung gefesselt hätte. Wenigstens ist die Dichtung dieser Figur der höchsten Poesie der Religion und

---

*) Vergl. Frd. Schlegel's Beschreibung am angeführten Orte.

der biblischen Mystik abgewonnen. In ihrer Statur erscheint die reinste, moralische und physische Größe ineinander verschmolzen. Richtete sie sich auf (indem sitzend sie bereits mit ihrer königlichen Krone über Alles um sich her, wie eine Palme, vorragt), wie verschwänden schon gegen ihre hohe, himmlische Gestalt die Könige vor ihren Füßen, ohne daß sie selbst in ihren Verhältnissen abenteuerlich erschiene. Das Haupt dieser edlen Figur ist mit einem breitgeränderten Gold=Nimbus umflossen, der selbst die hohe Krone noch einschließt, woran bedeutungsvoll ein von Perlen und Gold schimmerndes Täubchen mit ausgebreiteten Flügeln, und einen Perlenring im Schnabel, die Spitze bildet. Es ist ein reines Oval von den angenehmsten Verhältnissen. In der Ausbildung und Färbung seiner Theile schwebte dem Künstler die Schönheit der Braut im hohen Liede, und im Ganzen der innere Himmel einer sündenlos gebornen und nach ihrer übermenschlichen Empfängniß unverletzten Gebärerin Gottes vor Augen. Ein Blut, welches allein von einer ätherischen Seelennahrung gefärbt ist, durchschimmert ihr mit dem keuschesten Rosenpurpur Mund und Wangen, und spiegelt auf ihrer Stirnrunde mit Perlenglanz. Dieses Haupt neigt sich, wie sanft angezogen von der heiligsten Liebe, zu der göttlichen Frucht ihres Leibes auf dem jungfräulichen Schooße. Im Genuß der seligsten Entzückung senken sich die dünnen, leichtbogigen Augenlieder süß hinab; doch glühet in ihrem Antlitz ein stilles Feuer inniger Anbetung des Wesens, dessen Kindheit in menschlicher Natur sie pflegt und bewahrt, aber das schon alles weiß und wirkt, was der Wille seines allmächtigen Vaters ist. So lebt und schwebt ihre ganze Seele gleichsam, unbekümmert dessen, was außer ihr vorgeht, nur in dem Universum ihres Jesus.

Kein Streben zu einer irdisch gefallsüchtigen Ceremonie (dergleichen mancher große Maler, selbst unser Rubens, einigemal zu absichtlich in diesem sonst mehr als sechsmal von ihm schön veränderten Thema, der göttlichen Mutter angedichtet hat) stört das Heiligthum unseres gegenwärtigen Bildes. Der Aufputz der himmlischen Königin ist schlicht und einfach, aber geheimnißvoll. Ihr Hals ist zierlos, wie der Schaft einer reinen Säule. Ihren ganzen Leib bedeckt nur ein wolkenblaues, ganz mit kostbarem Ultramarin gemaltes Gewand, welches wie der heiterste Nachthimmel den keuschen Mond umfließt. Es fällt ihr von den Schultern herab, fügt sich mittelst einer ründlichen, mit Perlen besäeten, goldenen Spange, worauf das biblische Symbol des im Schooße der Keuschheit eingeschlafenen Monoceros vorgestellt ist, über dem keuschen Busen zusammen, theilt sich dann als ein Mantel über ein gleichfarbiges Leibkleid beiderseits abwärts, umschlägt sich bei der hervorlangenden linken Hand mit einem Unterfutter von täuschend schönem Hermelin, und bedeckt in fortgesetzter Anwendung desselben den mütterlichen Schooß mit einer polstergleichen Unterlage zur sanften Ruhe des Kindes. Die unter der rechten Hand herabsinkenden Faltenschläge des blauen Mantels bilden nun auf ihrer Stelle die schicklichste Schattenseite, welche der hochverständige Künstler zur Reaction gegen so vieles, an dem Körper des Kindes concentrirte Licht anbringen mußte. Der schöne Mantel fängt über den beiden Kniehöhen die Strahlen wieder auf, welche, längs den beiderseitigen Winkelfalten herabgleitend, mit den künstlichsten Schimmerwallungen spielen, und sich endlich in den Tiefen der Stauchfalten verlieren. Diese Falten dehnen sich noch über den Boden her vor ihr aus, um sogar die Füße der keuschesten Jungfrau zu verhüllen. Aber wie der hohe Mond am Himmel auch die letzten Wolkenränder des Horizonts erhellt, so suchte nun unser phantasiereicher Künstler jenen Hermelin=Umschlag des Mantels hier noch an einigen Stellen der malerischen Lichtwirkung entgegen zu heben, und so vollendete er den Hauptgegenstand seines Werkes.

In derselben Aufwallung seines phantasiereichen Enthusiasmus ergriff unser geistvoller Mitbürger die Darstellung der in kindlicher Gestalt auf dem Schooße der Mutter erscheinenden Gottheit. Der Ausdruck einer unermeßlichen Geistesfülle und Kraft in den noch unentwickelten Gliedmaßen, worin die Allmacht auf Erden sich einschloß; dieser Ausdruck, welcher Sanftmuth und Liebe des Erlösers mit Hoheit und Ernst des Richterblicks in einem Antlitz vereinigen mußte, dieser vom großen Raphael selbst am jungen Jesus nicht immer mit gleichem Glücke erreichte Ausdruck, wie schön ist er hier von unserm Künstler, so lange vorher, gedacht und erreicht worden, ohne daß er neben dem Ausglanz der Gottheit die Darstellung der kindlichen Natur verläugnete. Denn der über sein Kindesalter zu aller Geisteskraft schon reife, aufrechte Jesuskopf in unserm Bilde, dessen Nimbus um sein Goldhaar durch drei von ihm ausgehende Strahlen bedeutsam getheilt ist, um in ihm die Dreieinigkeit der Gottheit zu bezeugen, — diese hochrund gewölbte Stirn voll Licht und Hoheit — der unwandelbare, dennoch liebvolle Blick — der geschlossene Mund — diese hochrund gewölbte Stirne voll Licht seines Leibes und der Act der segnenden Hand zeigen schon im kindlichen Wesen die höchste Intelligenz.

Der Schooß der jungfräulichen Gebärerin des Lichts, welches die Weisen der Erde suchten, ist hier in ihrem Thronstuhle nun selbst der Sitz der vom Himmel auf die Erde herabgestiegenen Weisheit des Vaters *). Aber in der tiefen Anbetung seines Wesens, wie zart erscheint ihre Mutterpflege des hochanvertrauten Heiligthums! Nur mit der leisesten Umfassung ihrer rechten Hand, deren schöne Fingerspitzen in der Ferne fast durchscheinend vorkommen, hält sie sorgsam auf einem sanftwolkig umspreiteten Faltenpolster ihres königlichen Hermelins den Göttlichen: die zarteste Behandlung, wie sie nur der keuschesten Jungfrau und dem heiligsten Leibe gebührte! Mit ihrer Linken unterstützt sie sein Linkes der vorgestreckten Füßchen. Beide ruhen auf ihrem Schooße in verschiedener Querlage nebeneinander; das linke Händchen liegt zurückgezogen, und dem Künstler war die Regel der sich kreuzenden Kunstposition der äußern Gliedmaßen gegenwärtig.

Engel wachen über dem Teppich ihres Thronsitzes; Engel, wie die fromme Mystik der Kunst sie damals nur als geistige Flügelgestalten mit in Luft zerfließender Verhüllung ihrer Natur schilderte,

---

*) In gremio matris lucet sapientia patris. — Alte Inschrift über einem Marienbilde.

fliegen als Boten der Allmacht auf und nieder, oder schweben als ätherische Sänger her und hin, und der Stillstand des Wundersterns bezeichnet der Welt die Stelle und den Tag der heilbringenden Erscheinung. Blumen und Heilpflanzen entsprossen hier üppig dem Boden, ganz wie auf alten italischen und selbst raphaelischen Gemälden. Man bemerke auch, daß von dem Schooße der Mutter her, worauf das neue Licht der Welt leuchtet, im ganzen Kreise, den es vor sich hin bestrahlt, kein Schatten herrscht.

Woher schöpfte der kölnische Künstler so erhabene Dichtungen? War er oder einer seiner gelehrten Einsprecher mit homerischen Ideen bekannt, oder von jenen eines Dante noch frisch erwärmt, aus dem italischen Himmel zurückgekommen? Welch ein Maler am Rheine, und zwar fast hundert Jahre vor Raphael's Madonnen und Corregio's Nacht! —

Wir gelangen zur Betrachtung der angekommenen Könige. Sie vollenden mit der auf ihrem hohen Throne sitzenden Maria (ohne daß vielleicht der Meister auf diese schulgerechte Zusammenstellung viel Werth gelegt hat) eine, wiewohl in der Regel nicht durchaus vollkommene Gruppe; denn das Ganze würde sich im Leben etwas zu symmetrisch ausnehmen.

Der Begriff der Zeit und des orientalischen Luxus mag dazu beibetragen haben, daß hier jeder König mit seinem Hofgefolge erscheint. Jeder hat seinen Marschalk, seinen Turbanträger (welcher, eben so wie die Entblößung ihrer Häupter, nach orientalischer Sitte, unnöthig war), seinen Schwert= und Standartenträger. Aber ob der poetische Künstler diese Personen, in so mancherlei bizarrer Tracht, Stellung und Gestalt, als bloße Statisten oder Lückenbüßer hier angereihet, oder ob er sie, wenigstens einige von ihnen, auch zur Beihülfe und Bedeutung der Handlung angenommen habe, darüber wage ich zwar nicht eine unbedingte Entscheidung, dennoch wird dieses letzte so glaublich vorkommen, als wir auch in diesem ganzen Gemälde noch keinen Umstand und kein Beiwerk bedeutungs- und zwecklos befunden haben, und wir jetzt imgleichen die königli=

chen Magier selbst noch in verschiedenen Eigenthümlichkeiten dargestellt beobachten werden.

Im Studium dieses Gemäldes entdeckte sich mir in den Personen dieser königlichen Weisen durch ihre Verschiedenheit im Alter, im Charakter und in der Stufe ihrer Vorbereitung und Annäherung zum höchsten Lichte, das schönste Symbol der christlichen Weisheitslehre *). Der älteste der Könige, der am reichsten mit seinem hochzeitlichen Prachtrock bekleidete und mit den Insignien seines Standes gezierteste, der ehrwürdigste, der charaktervollste Weise seiner Gesellschaft ist auch hier der tiefstgebeugte, der inbrünstigste, der nächste vor dem zuerst im Kinde von ihm erkannten Gott. Halbknieend ist er hier in sich selbst tiefer hingebeugt, als der Ueberrest der Kräfte seines einst festen Körpers, von dorischer Architektonik, es ihm nur noch erlaubt. Sein schwerer Kopf, mühesam aufblickend wie Dominichino's Hieronymus bei seiner letzten Communion — sein dünnwolliger Bart, seine große, haarlose Stirn, sein Auge, sein Mund, das ganze noch charaktervollste Angesicht, welches den hochsinnigsten Magier, den frömmsten Dichter und Priester Arabiens und den wahren König seiner selbst andeuten kann — und nun seine tiefgerunzelten, zitternden, zusammengelegten, zum Heiland aufgehobenen Hände, aber in allem die noch frische, weiche, kraftvolle Carnation, die unsern weisen Friedrich Schlegel an die Naturarbeit eines Holbein erinnerte, zeigt in der Zeichnung und Ausführung ein wahres Meisterstück der Kunst. Er ist, wie durch eine vorher bestimmte Harmonie, auf dem Wege der Vereinigung, zur Rechten des Göttlichen angelangt, und hier in erstaunlicher Betrachtung des Wesens versunken, an welches seine Seele, wie durch eine stille, heilige Anstrahlung, angezogen und gefesselt ist. So liegt er mit offenem, reinem Herzen vor ihm, und dieses Herz ist sein Opfer, reiner, als das reinste Gold, indem sein tempelförmiges Kästchen

---

*) Nur durch sie regieren die Könige und entscheiden die Gewaltigen, was Rechtens ist.

(Buch der Weisheit.)

mit diesem Erdmetall vor ihm, wie vergessen, auf dem Boden liegt. So empfängt er nun den Segen der Allmacht; er ist das höchste Symbol des glaubenden Christen, und mit ihm allein beschäftigt sich der Heiland, als Bruder, mit einer sympathischen Seelenvereinigung. In ihn ist das erste Licht vom Licht des Urlichts geflossen; er hat jetzt den Aufschluß aller Geheimnisse der Philosophie himmlischer und menschlicher Kenntnisse, den wahren Stein der Weisen gefunden, und wann er dieses Licht in sein Land gebracht hat, dann ist ihm kein Wunsch mehr übrig, als aufgelös't und ewig mit Christus zu sein.

Seine prächtige, mit einem Hermelinkragen am Halse umschlagene Bekleidung ist ein langer brausfaltiger Sammetrock mit angeschornem Laubwerke und darin eingewebten, großen, goldenen Blumen. Alles daran bildet den sanftesten Sammetschein in seinen, das Licht hebenden und einsaugenden Falten, bis zum Greifen und Streichen täuschend. In den großen Blumen sind die feinsten, goldartigen Fäden wahre Natur. So malet und so prächtig kunstvoll webt man nichts mehr. Die Schlitzen daran sind mit Perlen besetzt. An seiner rechten Hüfte hängt ein von Goldschnüren rautenförmig geknüpfter Schiebsack, eine reiche Männertracht des vierzehnten Jahrhunderts. Aus diesem Sack ragt etwas hervor, das man schon für ein Fernrohr halten wollte. Seine linke Hüfte ist ohne Bewaffnung. Seine hervorscheinende Ferse verräth durch ihren goldenen Sporn einen Ritter. Vielleicht ist er ganz die Abbildung eines der ehrwürdigsten edlen Ritter Kölns jener Zeit, der auch ein Weiser, ein König seiner selbst war.

Der zweite König ist vorgestellt als ein etwa vierzigjähriger Mann mittlerer Statur. Die Wendung seines Angesichts und der Blick seines linken Auges scheint es zu verrathen, daß er auch ein Abbild eines Lebenden sei, der sich zu einer frommen Miene anschickte. Er liegt auf beiden Knieen und reicht in einer etwas furchtsamen Andacht und Erwartung, mit aufgehobenen Händen, seinen Weihrauch in einem geschlossenen Gefäße dar, indessen der Heiland noch immer zum ältesten Weisen holdselig hingekehrt bleibt.

Sein Charakter ist weniger energisch. Sein Kopf und Bart sind noch vollhaarig. Sein Gehirnraum scheint beschränkter; seine Seele ist, wie sein Blick, noch nicht ganz in sich gesammelt, und ist wie bestürzt vor der heiligen Würde der Mutter und dem Kinde, welches mit so durchbringendem Auge ins menschliche Herz schaut. Seine Bekleidung deutet auf einen geringeren Grad in der Magierwürde oder im priesterlichen Königthum. Er sehnte sich nach dem Lichte, zu dessen Erkenntniß der Alte, vielleicht sein Vater und Führer, ihn mit sich hingeleitet hat; aber er ist noch erst ein Baccalaureus der höheren Weisheit, erst auf dem Wege der Erleuchtung, die ihm nach dieser Prüfung wird, wenn er erfährt, daß der Gottheit seine Gabe nicht so viel werth sei, als sein Herz. Beide sind noch nicht entzündet, bis Glaube und Wahrheit ihn überwältiget haben.

Seine Kleidung ist ein alter kölnischer Senator- oder Patricier-Talar*), auch von schönem, aber weniger reichem, mit netten, zierlichen Laubzierathen eingeschornem, lichtgrünem Blumen-Sammet, an den Rändern ganz durchaus mit Marderpelz verbrämt. Ein Leibwamms gleichen Zeuges mit silberfarbigem Laube kommt an den bis zur Schulter offenen Schlitzen hervor; alles wiederum der Natur aufs getreueste nachgeahmt, das Pelzwerk weich zum Einblasen. Am Halse trägt er eine schöne saphirne Bulle**). Sein Gefäß ist ein alter, kostbarer, silberner, hochgedeckelter Becher mit goldenen Ränder-Zierathen***).

Der dritte, der jüngste König, steht zur Linken, hinter dem zweiten neben dem Thronstuhle. Er ist fast ein Jüngling, ein Schüler des ersten Grades. Furchtsam streckt er seine kleine Myrrhenbüchse mit geballter Rechten hervor, und hält die Linke, als ein unwürdi-

---

*) Er kommt in der Bekleidung solcher Donatoren auf kölnischen Gemälden jener Jahrhunderte oftmal vor.

**) Es ist vielleicht nach einem lebendigen Original aus unserer alten Ritterfamilie der Saphiren oder Blauen.

***) Dergleichen wurden von den Bürgerschaften einem neuen Bannerherrn zum Geschenke gereicht, und daher in Köln Bannerköpfe genannt und bei Festgelagen hervorgebracht.

ger Bekenner, auf der Brust. Er ist ein noch ungewaschner, bräunlicher Mohr; er hoffet und bittet, daß das heilige Licht, was er noch nicht ganz ertragen kann, nun auch ihn erreiche, wasche und erleuchte. Er ist auf dem Wege der Reinigung, und als Weiser wird er mit den Seinigen den Orient durch das Christenthum erleuchten.

Die Begleiter der Könige auf dem Bilde, was bedeuten sie nun anders, als Schüler der Weisheit, obgleich Männer von Jahren unter ihnen sind, Staats= und Kriegsmänner, vielleicht auch Priester und Philosophen verschiedener Fahnen. Auch einige von ihnen erscheinen noch wirklich braun oder weniger erleuchtet.

Unter dieser Begleitung mag sich nun, alter Malersitte gemäß, das Gleichbild des Meisters von diesem Gemälde befinden, und vielleicht auch gar dasjenige seines gelehrten Einsprechers für die schöne Symbolik desselben. Freunde unserer Geschichte und Kunst sind nicht abgeneigt zu glauben, daß der bald am Rande der linken Seite des Mittelstücks stehende Turbanträger des zweiten Königs wohl der Maler sei. Eine ansehnliche, schönbartige Figur mit bedecktem Haupte und langem, dunkelfarbigen, um den Leib mit einer Bandgurte angeschlossenen Talar. Sein Gesicht verräth mehr als ein anderes derselben Tafel die im Spiegel genommene Abbildung, und zugleich den Geist und den gebildeten Charakter eines mit der Kunst und mit der Welt bekannten Weisen. Neben seiner rechten Hand fände sich dann wohl in dem schönen, geistvollen, zu ihm hingewandten, kurzhaarigen Kopfe der edle Mann, der für die Person seines weisen Berathers gelten könnte, um so eher, als gleich dabei vor ihnen beiden auf der Schwertscheide des am Rande stehenden, weiß gekleideten Standartenträgers*) der vollständige Name des Malers zu lesen ist.

---

*) Die drei Standarten der weisen Könige, die dem Maler zur Abtheilung der verschiedenen Begleiter, und die in ihrem Hinwehen nur zur Füllung des sonst zu gerade abgeschnittenen Raumes über den Köpfen dienen konnten, haben übrigens in ihren erdichteten Wappen der Könige keine Bedeutung, es sei denn, daß sie morgenländische Sternbilder vorstellen sollten.

Der Künstler hat die beiden Randecken des Bildes, was man ihm jetzt etwa für einen Contrastfehler anrechnen würde, nicht umsonst mit zwei gleich weiß gekleideten und beleuchtet stehenden Figuren besetzt. So begränzte er mit ihnen auf diesem Bilde die Strahlenscene des Lichtkreises, der vor dem Heiland sich ausbreitet, desto heller und schöner. Sogar stehen sie hinter den vor ihnen knieenden Königen unbeschattet. Aber in dieser Vorstellung wiederholt sich gleichsam der Himmel, und in dem Kreise der Himmlischen ist nirgendwo Schatten.

Die Nebengemälde mit der Gesellschaft der heiligen Ursula und Gereon müßten deßwegen eigentlich nur in einem gegen die Fläche des Mittelstücks wenig stumpfen Winkel geöffnet werden, und auf diese Art erscheinen sie in ihrer Natur beiderseits erst gehörig beleuchtet, wie sie es in der Rathscapelle durch ihr von gegenseitigen Fenstern abgeleitetes Kreuzlicht waren: indem sie auch noch in den Halbzirkel des, aus dem Centrum des Ganzen hervorgehenden Scheines gehören, und daher desto mehr Täuschung für die Einbildungskraft des Anschauers gewähren. Ueberhaupt muß man solche Bilder in altkatholisch-deutschem Sinne nur als himmlische Conversationen, als reine Erscheinungen zur Meditation annehmen. Wer sie gleich unbedingt als anachronistische Zusammensetzungen entfernter Zeitalter oder gar als einfältige, sinnlose Träumereien verwirft, der kennt keine himmlische Poesie und ihm gedeihet nie der Sinn für die Kraftsprache der Kunst und für die schönsten Idealbildungen, worüber sich nur Poesie und Religion mit höhern Geistern unterhalten und vereinigen können.

Die Figuren der heiligen Stadtpatrone Ursula und Gereon mit ihren Gesellschaften stehen hier gerade an ihrer Stelle, wie im dauernden Genusse der Anschauung des im Himmel, wo alles ewig gegenwärtig ist, noch immer erscheinenden, ewigen Opfers der heiligen Magier. Hier ist auch Alles und überall Licht. Selbst die losen Beine der geharnischten Thebäer sowohl, wie jener, die im Gefolge der Magier vorkommen, haben nirgendwo einen Schatten auf dem

Boden *). Sogar jenes vortreffliche, wahrhaft raphaelische Schlepp=
gewand an der schlanken Jungfrau neben der heiligen Ursula, zeigt
nur den zum schönen Faltenwurf höchst nöthigen Localschatten. Die
Farbe dieser Draperie ist ein gesättigtes, jetzt so rares Gelbgrün,
und das um den rechten Arm ihr herabhangende Schleiergewand
ist zum Bewundern schön gelegt. Eine Stufenfolge der lieblichsten
Köpfe, besonders ein vorn am Rande stehendes, in reinster Unschuld
hingebeugtes Engelgesicht, und die reizende, neben der heiligen Ur=
sula hervorkommende Begleiterin, sind lauter seelenvolle Bildungen,
zu deren Darstellung die heutige Kunst so selten lebendige Muster
findet, und eben so selten sich aufschwingt. Von den zwei dort im
Hintergrunde hervorragenden bischöflichen Figuren, unter denen der
bräunliche Kopf sehr bedeutsam ist, und die Herr Fr. Schlegel für
die kölnischen heiligen Bischöfe Severin und Cunibert angesehen hat,
ist der mit dem Kreuze der heilige Cyriak, ein herumreisender aposto=
lischer Vicar, und jener mit dem Krummstabe der baseler Bischof
Pantulus, beide kölnische Martyrer derselben Zeit. Ursula selbst,
in einen röthlich seidenen, mit Hermelin verbrämten Fürstenmantel
gehüllt, welchen sie vor sich her vielfaltig aufschürzt, ist hier auch
eine in stille Betrachtung versunkene, im Ausglanz der Gottheit be=
seligte Königin, ein sanftes, noch jugendliches, den reinen Himmel
in sich selbst erblickendes Angesicht. An ihrem Unterkleid ist das=
selbe blauseidene Goldzeug angewandt, welches den symbolischen Tep=
pich mit den Turteltäubchen am Thronstuhle bildet. Ihr noch durch
keine Leidenschaft entblühter Aetherius, eine reizende Jünglingsge=
stalt, steht dort, wie ein durch ihre Entzückung gerührter himmlischer
Bräutigam, den keine Kümmerniß mehr ängstigen kann. Er ist, wie
ein junger kölnischer Ritter, in einen prächtigen Waffenrock gekleidet,
der mit Goldarabesken auf violblauem Grunde geziert und an allen
Rändern mit einem breiten Marderpelz verbrämt ist.

Der heilige Herzog Gereon, auf der linken Tafel, zeigt sich im=

---

*) Ich gebe zu, daß diese Schattenlosigkeit in alten Bildern nicht ungewöhnlich sei, in
dem unserigen scheint sie jedoch eigens beabsichtigt.

gleichen in der edelsten Stellung seines kräftigen, schönen Körpers, an der Spitze seiner christlichen Krieger, als ein jetzt im Himmel beseligtes Opfer für das Evangelium des Lichts. Er ist hier auch gegen den Ursprung alles Lichts hingekehrt und von ihm ganz bestrahlt. Sein Haupt trägt eine altdeutsche Herzogenmütze mit Hermelinaufschlägen, worunter das vortreffliche, gewiß idealische Heldengesicht kühn und groß, aber heilig und anbetend hervorschaut. Jeder Kenner, jede Kennerin der Schönheit heftet sich weilend an diese Gestalt. Sie ist mit einer, in so weit sie hervorkommt, polirt goldenen Rüstung angethan. Die Fenster des Ortes, wofür er gemalt wurde, spiegeln sich künstlich, trotz jeder niederländischen Malerei, in seinen ganz goldenen Beinschienen, so wie auch in der stählernen Schienrüstung seiner vornan stehenden Gesellen, welche Wirkung in der nunmehrigen Aufstellung des Bildes verloren ist. Ein violblauer, mit Gold gestickter Brustlatz, mit einem Kreuze von eigener Form, das den ganzen Vorderleib bepanzert, ziert ihn heldenmäßig *). Gereon hält in der Rechten sein christliches Siegespanier mit eben demselben Kreuze bezeichnet. Der Künstler wußte sogar die Steifheit des Gepanzerten mit einer an seiner linken Seite vortrefflich drapirten, bis zu den Schienen malerisch herabhangenden Chlamys zu zieren. Die zwei seiner ersten sich unterredenden Waffenbrüder, junge Männer in reichen, über die Panzer geworfenen Waffenröcken, sind edle Figuren mit Perlenschnüren um die Schädel, und wahrscheinlich auch nach lebenden Personen gebildet. Die Phantasie des Malers hat bei dem linken Fuße des Ersten einen zu ihm hinkriechenden Hirschkäfer gemalt **). Dieses Bild schließt nun an der linken, wie jenes der heiligen Ursula an der

---

*) Solche Kreuze von Goldflittern sind noch auf einigen Körpern der heiligen Gesellschaft entdeckt worden, die man 1121 im Aufräumen für den Bau der jetzigen prächtigen hochkuppelförmigen St. Gereonskirche aus ihren Särgen erhob, weil sich der heilige Norbert einen ausgebeten hatte.

**) Indem dieses Erdinsect als das einzige auf dem ganzen himmlischen Gemälde vorkommt, so mag es in seiner absichtlichen Zeichnung auch vielleicht nicht ohne Bedeutung da stehen. Jedoch lohnt es sich nicht der Untersuchung, die wohl eine, den Ideen eines Dante nahe kommende Charakter-Bemerkung veranlassen dürfte.

rechten Seite, den Halbkreis des idealisch-ewigen, von dem Centrum des Hauptstückes ausgehenden Glanzes.

Man verliert sich wahrlich in der Beschreibung der Einzelheiten unseres in der Kunst einzigen Gemäldes. Man kann nur bewundern, welchen Sinn, welchen Ideenreichthum und welchen Fleiß der Künstler für jeden Auffund so vieler Schönheiten in seiner Gewalt hatte. Man sieht hieran, daß in unserem immer noch ehrwürdigen Köln damals der höchste Sinn für Wahrheit und Schönheit zu Hause war, und daß die Kunst nur von daher zuerst in alle Umgegenden, und besonders zu den nordischen Ländern Europa's, ausgehen konnte. Man wird uns auch deßwegen eingestehen, daß unter unseren frühesten Malern dieser nicht der Erste und der Einzige für unseren Ruhm, wiewohl der Erste der Vortreflichen seines Zeitalters und seiner Art und einer der Stifter der hiesigen Schule war, die wenigstens in der Zartheit und Frischheit des Colorits sich bis zu unserem Jerrig, Joh. von Aachen und den Geldorpen fortgepflanzt hat, in deren Bildern noch jener sanftgeblasene Hauch der Corregischen Manier beibehalten ist. Die Väter dieser Schule, deren Namen, außer wenigen geretteten, in den Fluten so mancher Jahrhunderte verschlungen sind, waren fast alle, theils aus unseren alten Handelsverhältnissen mit der Levante, oder gar noch durch ursprüngliche Naturverwandtschaft daran gewöhnt, in jenem Himmel ihre Bildung zu suchen, unter dem die Wiege der frühesten Mythen der Kunst und damals einzig der höchste Sinn und die reinste Pflege des Schönen einheimisch war, nämlich auf dem Boden Italiens und Griechenlands. Von da her kamen sie gebildet, gleich unseren alten Gelehrten, in ihr Vaterland zurück. Jenes hohe Geistige und Charakteristische in Erfindung und Styl, jene so leicht fließende und verständige Mannigfaltigkeit in den Gewändern, wie sie in unserem Gemälde vorkommen, jener poetische Ueberfluß von Bildungen und bedeutsamer Symbolik, selbst jene Zeichnung und jene Farbengebung war zu der Zeit nur eine Frucht, welche sie durch Einpfropfung höherer Ideale in ihre Einbildungskraft an unseren Rhein zurückbrachten, um an einem Orte, wo damals alle deutsche und fremde Welt zusammenfloß, alles aufzustellen, was groß und edel und bewunderungswürdig war, und wodurch bei neu erweckter deutscher Kraft der wahre Geist der Kunst die löbliche Nacheiferung unter ihren Kunstbrüdern hier erhalten und der Ruhm einer solchen Stadt verewiget werden sollte *).

Wir müssen nun zum alten Künstler unseres Stadtpatrone-Gemäldes zurückkommen.

Daß er der Sprößling einer für jene Zeit reinen Schule war, daß er, so weit die Kunstpraxis noch sich geschwungen hatte, ein Zeichner von ungewöhnlicher Kraft und Fertigkeit war, daß er die Seelenmalerei in einzelnen Gestaltungen sowohl als in jeder Beziehung aufs Ganze, daß er alle Symbolik des natürlichen und erhabenen Schönen, und überhaupt in jeder Anwendung davon sein kluges Quantum Satis verstand, daß er endlich zu diesem Bilde nur erst nach langjährigen Fortschritten in der Uebung seiner Versuche und seiner Kraft gelangt sei und nun, zu seiner Zeit, in der weichen Behandlung der Carnation und der Stoffe so Vieles geleistet habe, worin auch, mit ihm lebend, kein van Eyck und nach ihm kein Dürer, der ihn hier bewunderte, und kein Holbein und keiner der feinen mühesamen Niederländer jener Periode ihn übertraf, dessen überzeugt uns jenes wichtige Urtheil Schlegel's, welcher bereits in

---

*) Die hiesige Malergilde vereinigte auch, damals, dreihundert Jahre hindurch, in sich die geschicktesten Künstler, deren Gemälde noch in der Zeit, da man Köln so gern vergaß und höhnte, mit Unterstellung anderer berühmteren Taufnamen, in ausländischen Gemälde-Sammlungen gezeigt wurden. Eine ganze lange Straße in Köln nennt sich bis auf heutigen Tag die Schilder- (Maler) gasse, worin auch ihr altes Zunfthaus gelegen war. Kunstmaler jedes Faches, Bildhauer, Glasmacher (als chemische Maler, deren Lehrlinge neun Jahre lang stehen mußten), Sticker, Teppichmacher, Fahnenschneider und dergl. gehörten alle zu dieser Gilde und wohnten in derselben Gegend in friedlicher Ermunterung, Belehrung und Nacheiferung beisammen. Nirgendwo herum war die Liebhaberei und der Handel mit fremden und inländischen Gemälden stärker; jedes vornehmere Haus hatte seinen Saal, und bis tief ins achtzehnte Jahrhundert dauerte noch bei einem, in den großen Klostergängen des Minoriten-Gebäudes, jährlich aufgestellten Gemäldemarkt der Zulauf zu Tausch und Kauf, wovon unser neunzigjähriger berühmter Künstler Hardy ein noch lebender Zeuge ist.

ihm das Verdienst aller jener genannten Meister vereinigt finden wollte: ein Urtheil, das selbst noch die tägliche Bewunderung ihm zutheilt. Es ist glaublich, daß er und vielleicht auch sein gelehrter Beirath die Städte Venedig, Mailand, Pisa, Siena, Florenz und Rom bereis't; daß er die noch frischen Meisterstücke eines Cimabue und eines Giotto, daß er den großen Dichter Dante und ihre Zeitgenossen gesehen oder gekannt habe. Ohne dieses konnte sein Zeitalter dahier und in ganz Deutschland noch nicht jene hohen Ansichten des Möglichen in der poetischen und malerischen Welt seiner Kunst darbieten *).

Mag es nun sein, daß er in diesem seinem Meisterwerke die genauere Richtigkeit einiger Verhältnisse, z. B. an dem zu dünnen Knöchelbug der weiblichen Hände und an der einigemal zu großwinkligen Stellung der männlichen Beine, und an der Position dieser Füße verfehlt oder übertrieben habe; mit welchen Belegen beurkundete er dagegen seine praktische Klugheit, womit er sogar sein eigenes Krafttalent und den Künstlereigensinn verläugnete, da er in Erfindung und Anordnung des Ganzen sich für die Ideen seines Einsprechers, dessen Geist ich mir immer zu seiner Seite denke, dennoch so empfänglich und sich ihm so kindlich untergeordnet erzeigte. Wie beurkundete er durchaus die Zartheit seines Gefühls für das Heiligthum der moralischen Natur und der religiösen Decenz in so verschiedenen Bildungen und Zusammenstellungen von Mienen und Gefühlen jedes Alters und Geschlechtes, sein Eigenthum so mancher schönen Wahl der Naturen und gewiß eben so vieler Ideale von jungfräulicher Unschuld und königlicher Andacht, seinen schon raphaelischen Sinn in der Darstellung des höchsten Himmlischen, und seinen schlichten, deutschen Sinn in der gewiß vieljährigen Beharrlichkeit bei dieser Arbeit für die Ehre seiner Stadt und für den Ruhm Deutschlands; endlich vor Allem seinen religiö-

---

*) Wir verunehren dadurch gar nicht die ältesten Schönheiten der deutschen poetischen Denkmäler; auch gestehen wir gern mit eigener Ueberzeugung beim Anblick unserer Domkirche, daß die deutsche Architektur schon lange vorher der Malerei den Vorschritt abgewonnen hatte.

sen Sinn; denn nur Patriotismus und Religion in der reinen An=
dacht seines Glaubens konnten ihn dazu begeistern, ein Werk von
einer solchen Vollendung dem Gottesdienste seiner Nachwelt zu schen=
ken, als die klugen und reichen Väter Kölns von ihm gefordert
hatten und erhielten.

Schlegel sagt: Die Blüthe der Anmuth ist diesem glücklichen
Meister erschienen. Er hat das Auge (ich sage, er hat den offenen
Himmel) der Schönheit gesehen und von ihrem Hauch sind alle
seine Bildungen übergossen. In diesem einzigen Werk finden sich
alle Mittel und Zwecke der himmlischen Schönheit vereinigt, die seit
dreihundertjährigen Umwälzungen von Politik und Religion, von
Kunst und Wissenschaft mit der Hoffnung der Wiedererstehung eines
gleichen Zeitalters für uns, leider! verloren sind, ach! nur nicht
immer verloren bleiben werden.

Aber auch der edle Magistrat unserer Stadt, welcher bei der
damaligen Ergiebigkeit von einheimischen Künstlern, das Bild von
der Hand ihres Besten verlangte, hat augenscheinlich es auch an
keiner Beihülfe von Mitteln zu dessen Vervollkommnung ihm erman=
geln lassen. Man sieht, wie die Prachtkleidungen und kostbaren
Panzer der edlen Ritter und reichsten Bürger der Stadt, wie ihr
Hausrath jeder Art, selbst jener der Kirchen, ihm zu Gebote stand;
wie ganze neue, eigens bestellte Goldzeuge, z. B. an dem Rocke des
ältesten Königs und dem Behängsel des Thronstuhles, aus welchem
Zeuge auch das Unterkleid der heiligen Ursula und andere Gewän=
der mit kleinen Veränderungen verfertigt worden sind, ihm gereicht
wurden, und wie in jener Zeit die kölnischen Gelehrten jedes Stan=
des ganz nach griechisch=italienischer Sitte, besonders aber jener hö=
here Geist, der die ganze Vorstellung verfaßt zu haben scheint, ihm
zum Rath beigeordnet waren. Nur auf diese Weise entstehen solche
Kunstmonumente, woran sich zu oft der bloße Handwerker oder ein
fremder Vielwisser wagt, und für deren Kenntniß und Hochachtung
selbst hier noch diejenigen viel zu wenig Sinn und Wißbegierde zei=
gen, welche eine Gelehrsamkeit, die von Cicero Rerum divinarum
humanarumque scientia genannt wird, zu ihrer Zeit versäumt oder

nur in unechten, verlegenen, zum Leben unnützen und für die Künste der Schönheit ganz todten Begriffen eingesogen haben.

Es komme nun jener hohe Geist unter einer jetzt auch weisen, königlichen Regierung über uns zurück. Er wecke von Neuem hier die heilige Flamme, welche in unsern Vätern loderte, und bei einer mehr als zwanzigjährigen Ertödtung unserer Geisteskraft, für jede eigene Auflobberung zu schwach, im Sumpfe sich verloren hat; deren Zunder aber, noch in der Hut der Priester des Tempels verborgen, beim Herwehen eines heiligen Hauches von oben, hier wieder entdeckt und entflammt werden kann!

Im Rufe und selbst in Schriften ist es verbreitet worden, daß der Name des Malers unseres Domgemäldes nicht bekannt wäre, daß kein Kölner ihn wüßte, daß alle Zeichen darauf keinen Aufschluß geben könnten. Man hatte sogar die Gleichgültigkeit fürs Vaterland und für diese erste Wiege der deutschen Kunst, — jenes unser Meisterwerk als eine fremde, hergesandte Arbeit mit allerhand Namens=Unterstellungen eines van Eick, Hemmling, Dürer, Holbein ꝛc. auszugeben, und man glaubte dadurch den Schatz für uns desto bedeutender und kostbarer zu machen. Aber, wiewohl unsere bescheidenen Künstler so selten mit ihrem Namen prangen, so hat dennoch unser Maler, vielleicht aus besonderem Verlangen seiner Obrigkeit, das Zeugniß seines Namens darauf nicht verhohlen. Sei es auch, daß an dessen Entdeckung, ehe es gereinigt war, weniger gedacht, und nachher noch von Ungläubigen die Entzifferung desselben zweifelhaft und unausgemacht gefunden werden wollte. Den Säbel des weiß gekleideten Standartenträgers wollte man sogar für einen türkischen, und die für Manchen unleserliche Schrift darauf für eine solche fremde Zeichenschrift ausgeben. Allein man brauchte nur die gothische Rose anzuschauen, nur mit diplomatischen Werken etwa bekannt zu sein, um die alten Buchstaben möglichst zu erklären. Hier folgt ihre genaue und anerkannte Abbildung:

Der Zuname Kalf, wie ich bereits vor mehreren Jahren ihn gelesen und angegeben hatte, ist nicht leicht mehr zu verläugnen: nur klebt man noch an der Undeutlichkeit des Vornamens. Man will ihn Pauls (woran aber das P fehlt), Augst. Augustin oder gar Wilhelm lesen, weil ein braver kölnischer Maler Wilhelm jener Zeit in alten Nachrichten, die auch Hr. Prof. Fiorillo in seinem neuen Werke angeführt hat, noch vorkommt (den man jedoch mit einem, im Jahre 1639 in Amsterdam gestorbenen Geschirrmaler Wilhelm Kalf nicht verwechseln müßte). Allein ich bleibe beim kölnischen Philipp Kalf, bis man mich einer andern Lesart überzeugen wird. Hier ist der erste Buchstabe kein A, wie es gemäß des A in Kalf geglaubt werden könnte, sondern ein umgekehrtes F, welches mit dem J durch einen obern Strich zusammenhängt. Der mittlere Buchstabe besteht nun aus zwei zusammengefügten LL. Der dritte ist J, woran dann das Schluß-P oben anhängt. So ist Fillip Kalf, mit einer gothischen Fensterrose dazwischen, verdeutlicht.

Endlich schließe ich diese Beschreibung mit einer äußerst interessanten Bemerkung an unserm Domgemälde, welche dem, gegen Köln zu lang vorurtheilsvollen Auslande einen neuen Grund zur billigeren Würdigung unserer Stadt und unseres Kunstruhmes einflößen muß.

Deutlich erscheint in den auswendigen Tafeln der bei en Schließflügel, unten auf den gemalten Steinplatten, die abgetheilte Jahreszahl 1410 in einer halbrömischen Buchstabenform, so wie sie im Kupferstiche derselben vorkommt:

M IV O X

Nach der Angabe der glaubwürdigsten Malerbücher, selbst desjenigen vom alten Karl van Mander, welcher im Lobe seiner Belgier so besorgt und umständlich ist, sind vor dem Jahre 1410 von der Erfindung und Anwendung der Oelmalerei durch Joh. und Hubert van Eick keine Spuren anzutreffen. (Den Tydt, wanneer Joannes (van Eick) die Oelywerwe gevonden heeft, is gheweest, by al, dat ick vinden en overlegghen can, Ao. 1410.) Ilet Schilderboeck — Ausgabe Amsterdam 1618. 4°. 2ter Theil. Niederlandtsche Schilders. Fol. 123. — Noch im Jahre 1769 ließ Herr Jos. Enschede in Harlem durch Cornel van Noorden ein van Eick'sches Gemälde seiner Habe in Kupfer stechen, worin eine schöne Märtyrin vor einem, erst halb fertigen, altdeutschen Kirchthurme sitzt, deren vielfaltiges Kleid mit überflüssigen Stauchfalten weit über den Boden hin liegt. In dem Holzrahmen darunter steht IOHES DE EYCK ME FECIT. 1437. Enschede rühmt noch in einem als Umschlag dazu gedruckten Bogen den Triumph dieser neuen niederländischen Erfindung und der Seltenheit und Vortrefflichkeit des Oel-Colorits 2c., beruft sich aber auch darin vorzüglich auf dieselbe Edition des Karl van Mander, so daß bis 1769 noch keine frühere Epoche dieser Erfindung bekannt war, und auch kein Neuerer eine angeben konnte. Da nun unsere auswendigen Tafeln mit dem Jahre 1410 bezeichnet sind, in welchem Jahre die drei innern Hauptstücke unseres Philipp Kalf gewiß schon vorher fertig waren: so berechne man ihre Dimensionen, ihre lange Vorbereitung der einverstandenen Zeichnungen von dreizehn, vier und fünf Fuß hohen, ganzen Figuren, nebst mehr als zehn Köpfen, mit oder ohne Bruchstück, in aller jener Vollkommenheit der so voll und so weich gehaltenen, fast hingeblasenen Carnation (deren Farbenvertreibung, Schmelzung und Aufhellung in Wasser-, Leim-, Eier- und selbst Milchfarben so unthunlich ist), und die selbst eine überaus lange, so geduldige und fleißige Ausarbeitung erforderte. Berechne man nun noch die große Menge und Verschiedenheit der prächtigsten, so mühsamen Bekleidungen von Sammet- und Seidenfalten mit den großen Goldblumen, die Arbeit an Perlenschnüren, Pflänzchen, Blumen, das Studium und die vorher bestimmte Vollkommenheit mehrerer Portraitköpfe 2c., Alles in der vortrefflichsten Natur, sogar in veränderten Affecten, und dabei die, den großen Meistern oft nachkommenden, willkürlichen oder nothwendigen Verbesserungen von Gedanken und Formen 2c. 2c., so wird es wahrscheinlich, daß die ausführliche Vollendung und Aufstellung unseres Gemäldes wenigstens eine Zeit vorher erfordert haben müsse. Dieses Gemälde hätte also bereits im Jahre 1404 bis 1405 angefangen werden müssen.

Es ergibt sich daraus, daß unser Kalf zuvor kein Oelgemälde der Gebrüder van Eick sehen, auch daß er nicht einmal ein Schüler von ihnen sein konnte: indem sie und er außerdem in Styl und Colorit gar nicht zusammen treffen. Kalf war also mit seinem ganzen Bilde oder doch mit dem größten Theile desselben bereits fertig, ehe die Eick'sche Oelfarben=Behandlung ihm hier oder auch vielleicht noch in Italien als solche bekannt sein konnte. —

Unser Kalf hatte sie daher nur aus Italien sammt jenem ihm nothwendigen Vorrath von Farbestoffen, Ultramarin, Carmin zc. zu diesem Bilde mitbringen können, welche van Eick noch erst nachher aus Venedig zu dem schönen Bilde seines apokalyptischen Lammes verschreiben lassen mußte. *)

Dennoch auch zugegeben, daß unser Bild noch mit einer Wasser= oder Leim=, mit einer Milch= oder Eierfarbe und nicht mit Oel gemalt wäre, und dennoch bisher so haltbar, so frisch, so lebendig, so schmelzend weich und schön abstufend sich erhalten hätte, daß ihm kein Oelgefärbtes darin gleich kommt: was hätten wir dann der so hoch gepriesenen Erfindung und dem immer noch mühsameren Gebrauche der Oelfarbe zu verdanken, wenn man ohne diese ein so bewunderungswürdiges ewiges Werk hervorzubringen gewußt hätte? Ist es aber wirklich mit Oelfarbe gemalt, so wie die beschwerliche, tiefe Reinigung von seinem so dick eingefressenen Unrathe von unserm geschickten Fuchs mit jedem, nur auf Oel unschäd=lich wirkenden Reinigungsmittel scharf und kühn und ohne Nachtheil der Erhaltung seines Wesens angegriffen worden ist: so haben wir hier in Köln eines der ersten schönsten Oelgemälde Deutschlands verfertigt, und können es als das Product eines unserer Maler in vollkommenster Prachterhaltung aufzeigen.

Ich trete hiermit zur Seite derjenigen über, welche dafür hal-

---

*) C. van Mander.

ten, daß die Erfindung und Anwendung der Oelfarbe in der Malerei schon vor den van Eick's, in Italien, wo ein hoher Grad von Kunst und Wissenschaft bereits erreicht worden war, ausgeübt worden sei, und glaube, daß unser Kalf sie von da her in sein deutsches Vaterland mitgebracht habe.

Ich bilde mir nicht ein, daß es noch eine so ganz verwerfliche Frage sein könne: 1) ob denn die Oelmalerei (welche doch schon lange vorher, selbst im Bemalen der Kampfschilder auf Holz und Leder und im Anstreichen der Thore, die Luft und Regen aushalten mußten, gebraucht worden ist) in ihren Nuancen, durch Mischung, Nebeneinanderstellung, Brechung, Verfließung und Vertreibung verschiedener Erdfarben, so schwer zu erfinden gewesen sein müsse; 2) ob ihr Gebrauch vielleicht nur ein zu den Geheimnissen der Kunst gehöriges, ihren in Zeichnung und Colorit vorher hochgeübten Priestern zur gehörigen Anwendung erst bekannt gemachtes Mittel geblieben sei, unter deren Zahl unser Kalf eben so, wie Joh. van Eick, im 15. Jahrhundert, und mehrere vorher schon im 11. Jahrhundert erstandene, jetzt unbekannte Meister gehört haben könnten, wodurch, weil alle Geheimnisse endlich zur Sonne kommen, sie von den Gebrüdern van Eick in Belgien, wie von unserm Kalf unter uns bekannt und in der Ausübung verbreitet worden sei.

———

So finden sich nun in einer einzigen, in einer der größten altdeutschen Städte Deutschlands und schon in einem einzigen Tempel derselben noch drei der ehrwürdigsten Monumente der altdeutschen Kunst und Weisheit beisammen:

1) Unser erstaunliches Domgebäude an sich selbst, mit seinen großen, kostbaren Fenster-Gemälden, als das erste, höchste Muster der altdeutschen Baukunst, angefangen im Jahre 1248. 2) In diesem Gebäude die durch Pracht und Kunstgeschmack so vortreffliche, aus getriebenem Metall und der vielfältigsten, kostbarsten Schmelzarbeit zusammengesetzte und mit alten griechischen und römischen Gemmen und Edelsteinen, welche meistens in unserm Boden

gefunden oder aus alten kölnischen Sammlungen von Domherren und Patriciern zusammengetragen waren, so reich ausgezierte, so bewunderte Grab-Tumba der ersten, weisen, königlichen Anbeter Gottes im christlichen Glauben — als ein Meisterstück der Plastik, angefangen im Jahre 1170—80. 3) In der Kapelle gleich daneben unser hier oben beschriebenes, erstes altkölnisches Meisterstück der Malerei, wie sie aus dem italienischen Himmel sich zuerst hier zur deutschen Kunst nationalisirte und am Rheine die beste deutsche Schule stiftete oder erneuerte, aus dem Jahre 1410. — Außer diesen drei Denkmälern sind noch ein uraltdeutsch gemalter Altar aus dem Ende des zwölften, in der Neben-Capelle zur Rechten des Drei-Königen-Chores, und ein anderer, großer, vortrefflich geschnitzter, ganz vergoldeter, aus dem 14. Jahrhundert, im untern Kreuz desselben Tempels aufbehalten.

Was wäre von diesen Monumenten der altdeutschen Kunst und Ehre, die wir jetzt wieder so sehr bewundern, noch übrig, wenn die Religion sich und sie selbst hier nicht bisheran erhalten hätte, und wenn sie gegen die französischen Ikonoklasten von eifrigen Freunden der religiösen Kunst nicht so geschützt und verwahrt worden wären? Denn nur die Religion hatte sie auch so seelenvoll, so reich und so ewig geschaffen.

2.

Die Kreuzigung des Apostels Petrus.

Gemälde von Rubens; auf Tuch, oben gerundet. Eine einzige Gruppe von sechs Figuren und einem Engel darüber. Hoch 11 Fuß, breit ad 8 Fuß.
(Gedruckt im Taschenbuch auf das Jahr 1805, S. 51 ff.)

Petrus Paulus Rubens, geboren zu Köln am Rhein 1577 (wo damals der niederländischen Unruhen halber mehrere vornehme Familien von Antwerpen wohnten; viele, z. B. die Jabach, de Groote ꝛc. blieben), gestorben zu Antwerpen 1640.

Hätten wir dem, in seinem Siegeslaufe uns überströmenden Franken, wie er uns seine Freiheit brachte: uns, die wir Freiheit kannten! auch noch dafür unser Ehr- und Seelengefühl herausgeben müssen; hätte er uns gebieten können, über jeden Verlust, den er uns kostete, nur immerhin zu frohlocken; hätte Bonaparte's Genius nicht Menschlichkeit und Billigkeit wiederum auf die Richterstühle gehoben, so müßten wir Freude heucheln, uns, ach wohl für immer eines Kleinods beraubt zu sehen, welches unser Stolz und unser Zeugniß war, daß unter uns Du geboren wardst, edler, großer, ewiger Rubens! Neben jenen halb weggeführten, halb hier noch zertrümmerten und verunehrten Monumenten, neben den ehrwürdigen Rüstungen der Väter, dem seltenen Streitwagen des Mittelalters (den die Habsucht der Auskehrer für Eisen und Brennholz feilbot), dem Schatz von Büchern und Kupferstichen, der für unsern öffentlichen Unterricht bestimmt war, und was sonst noch den Patrioten hier entflammte und den Reisenden hierher lockte, glänztest du zwischen den Spolien unserer Habe, auf deren Leere wir jetzt mit Weh und Seufzer hinstarren!

Dort in St. Peters Pfarrtempel, wo an seinem Hauptfeste über der alten Tauf-Urne Du seinen Namen erhieltst, an dieser Stelle, in dieser Marmorfassung des Hochaltars von Jabach's Geschenk; hier stiftetest Du Dein unsterbliches Vermächtniß — das eine größte Werk Deiner Kraft, wie Du das andere, Deine Abnehmung vom Kreuze, am Orte Deiner Grabstätte hinterließest! Kein Nachbild, nur ein ausgespanntes Flortuch sollte von nun an diese Leere ausfüllen und darauf die Inschrift schweben: Hier war es. Dann erscheine immer an der Jahresstunde unseres Verlustes dem harrenden Seher, in wolkigem Nimbus — da Dein ehrwürdiger Schatten — und werde gesegnet!

Es ist verloren! Ein hochweiser Kirchen-Vorstand, nur selig genug über die Sicherheit einiger Pfund Silbergeschirr, hatte den sorgenden Muth, aber vielleicht den Geist nicht, für die Rettung dieses Kleinods, dieses Eigenthums nicht nur der Pfarrgemeinde, sondern unserer Stadt und unseres Ruhmes, etwas zu wagen.

Göttlicher! — hier fasse mich nun wieder Dein Genius, daß ich erreiche, was ich von diesem Deinem Werke sagen soll!

Rubens lieferte wohl nie eine Idee, worin er einen concentrirtern Aufwand von Ueberlegung und Nachdenken, nie ein Werk, woran er so viel Vorliebe für seine Arbeit und seinen Nachruhm, und so viel Anwendung der Antike nach seiner Art gezeigt hat. Hier sind Auszüge seiner Briefe in der -Ursprache, die er darüber an den Maler Gelborp erließ, worin er zugleich ein Zeugniß seiner Liebe zum Ort seiner Wiege an den Tag legt.

Nr. 1. Jch mochte kiesen of winschen voor myn Plaisir einich Subject Ste Pieter angadende, het soude wesen syne Cruyssinghe met de Vooten omhoch, welk sier wirkelich ende bequaim is om idt extraordinaires fray (toch nair myn Vermoghen) af te maiken. Ick bin ghaffectioneert tot de Stadt van Ceulen, om dat ick aldair bin gebooren endt opghevoort tot het tienste Jair myns Levens, endt hebbe diewiels verlanght nair soe langhen tyt theseluige noch eens te besichtigen. Toch ick vreese, dat de Perikeles des Weegs desen und meer andere myne Lusten sullen beletten.....

Tot Antwerpen, den 25. July 1637.
U. gheaffectionnerde Dienaer,
Pietro Pauolo Rubens.

Nr. 2. Ick hebbe niet wellen laeten, ne te aviseeren, hoe dat het Werk alraede seer gheavanciert is, mit hope, dat het sal riusciren een van de *beste Stucken*, die tot noch toe uyt myn Hand ghangen syn. Dit mach ue aen die Vriendt vryelick adverteeren, toch om voorts op te maecken en soude ick niet gherne ghepresseert syn: maer bidde theseluige te willen laedten tot *mynder Discretie ende Commoditeyt om het met Lust uyt te veeren.* „Want al is dat ick seer overlaeden bin van andere Werken, so aenloekt my het Sugget van dit Stuck vor alle de ghene, dee ich onder Handen hebbe.....“

Tot Antwerpen, den 2.- April Ao 1638.
Pietro Pauolo Rubens.

Wahrscheinlich war es also die letzte Hauptarbeit seiner Hand. Erst spät zwischen den Jahren 1638—39 hat er dieses seltene Werk durchaus eigenen Pinsels, mit Muße und Liebe ganz vollendet. Nun sandte er es mit dem einsegnenden Hauch seines Geistes darüber, zu der geliebten Geburtsstadt und seine Bahn war vollbracht. — Er starb 1640.

Wenn ihn in frühem Alter sein unbändiges Feuer, seine überströmende Phantasie zu solchen Anhäufungen von Figuren und Gruppen verleitete, wie in seinem jüngsten Gerichte, in seinem Sturze der Verworfenen*) (diesem erstaunlichen Wurmgewimmel von Fallenden), und mehreren seiner Werke vorkommen: so hat er diesen Raum mit solcher Weisheit und Ueberlegung benutzt, daß keine seiner Zusammensetzungen so einfach, so regelvoll, so neu ohne Wiederholung einer vorigen Idee auch im Einzelnen, dennoch so reichhaltig an Wirkung, dagegen aufkommt. Dem Lichtfall des Ortes seiner Aufstellung allmöglichst angemessen, in Zeichnung und Pinselzügen so bestimmt, so keck und so rein, hat er der einschmelzenden Zeit mit vieler Erfahrung vorgearbeitet, als hätte er sich hierdurch allein verewigen wollen.

Rubens' eigene Wahl war es, den Apostel in seiner Kreuzigung vorzustellen. (Guido Reni, Rubens' Zeitgenosse, hatte um jene Periode eben diese Idee in vier Figuren zur Ämulation des Caravagio für den Cardinal Borghese bearbeitet.**) Hatte Rubens dies gehört, gesehen? Ward er darüber entflammt zur gleichen Production eigenen Geistes, oder galt von ungefähr hier das: Magna ingenia conspirant?)

Der entblößte Körper wird von vier Schergen und einem mithelfenden römischen Soldaten an ein umgekehrtes Kreuz geheftet.

---

*) In der Düsseldorfer Galerie. Das erste im Kupferstiche von Corn. Bischer — das andere in jenem ungemeinen Blatte von R. van Orley, ducunt — et ad infernum descendunt.

**) Dieses Bild aus der Galerie des Vaticans hängt auch nun im Central-Museum, wo der Schauer sprechen kann, welches unter beiden das andere drücke? Wenn wir dieses Mal nur Probleme hätten aufstellen wollen, so wäre es zwischen den gegenwärtigen Blättern erschienen; aber wenns Glück will, dieses nächstens.

Das Kreuz ist eben mit seinem kürzern Obertheil in die frisch auf=
geworfene Erde hineingelassen, steht nun da, noch schief, halb zur
Seite schwankend, und zugleich mit dem längeren Balken und der
darauf liegenden Last der, längs diesem hin sich abwärts graviti=
renden Körpermasse des Gekreuzigten, hinter sich in die Luft ge=
senkt. Zur Erde hängt der Kopf des Leidenden zurückfallend: daß
von da herauf seine Augen zur höheren Hülfe gerichtet, die Nasen=
nüsse und der rufende Mund übereinander geöffnet, erscheinen. Sein
ehrwürdig umher abwallendes Greishaar bricht hier die Winkel
des Kreuzes, auf dessen Querbalken einerseits die rechte Hand schon
angenagelt ist; und andererseits die von Schmerz und Alter halb er=
starrte Linke noch gewaltsam erst hingebogen wird. Laßt mich nicht
weg von diesem Standpuncte, um die vortreffliche Lage der Haupt=
figur in ihren einzelnen Lichtschwebungen zu verfolgen! und es sei
mir keine Sünde, wenn sich mir Idee oder Ausdruck wiederholt,
oder ich dem nur summarischen Leser mich hier zu weit ins Kleine
zu verlieren scheine.

Aus der dunkeln Erdgrube des eingesenkten Kreuzes, wogegen
noch die eben gebrauchte Schaufel den Lichtstrahl spiegelt, den halb=
hellen runden Balken hinauf, zum düsternden Schatten unterm
Kopfe — von diesem aufs hangende weiße Haupthaar — über
das Hellbunkel der sanft runzlichten Glatzstirne zu den halbschattigen
Augenhöhlen — dann zu den lichten Nasennüssen neben ihren
dunkeln Löchern, wogegen der Aufschein der schwellenden Backen=
muskeln sich mit dem Grauschattigen des Bartes deckt, dessen obere
Weiße wiederum den geöffneten tiefen Mund umzäunt — dann
das grauwolligte Barthaar, wie es sich aufwärts lind umwölkend
über den Hals auf die Oberbrust sträubt. — Nunmehr die sich
flächlings senkende scurzirte Brust, worauf die höchste Lichtmasse mit
unerreichbaren Mitteltinten ins sanftwellige der schwellenden Mus=
kelhügel sich verliert — hier die lind umzingelnden mitten tief
schattigen Hautfalten in der Winkelbeugung der Nabelgegend.

Von da an die malerische Umgürtung des weißleinenen Vor=
tuches (dessen Zipfel längs der rechten Hüfte des Körpers herunter=

flattert) als Gegenwirkung zu der gebrochen beschatteten Senkung der muskulösen Schooßbeine —, nun auf die wiederblendenden Win=
kelpuncte der herausfallenden Kniee, und über die hinaufgleitenden Lichtwindungen der zum Theil verkürzten Schienen und Füße — bis hinan, wo dort vom durchgeschlagenen Eisen in allen Nerven=
fasern der Schmerz wühlt, und jegliche Zehenspitze in ihrer Todes=
zuckung aufblickt, endlich wieder aufs Holz, das schief fortsinkend sich in der Hellluft verliert.

Welche Erfindung für die Zeichnung, für Haltung, für Licht=
gradation in Ruhe, Bewegung und Abweichung! welcher Wechsel der Empfänglichkeit für die Zauberei des Pinsels!

Wer hat diese schwere Forderung an sich selbst gemacht? und — wer konnte sie so erfüllen wie Rubens? O! nur diese Brust=
masse der schönstgerundeten sanftesten Carnation; nicht seiner alltäg=
lichen (wenn ich so reden darf), seiner nur flüchtigen, pastösen, scheinenden, sondern so natürlichen, mit ausharrendem Pinsel ver=
schmolzenen, sich vor dem annähernden Auge zuckenden Carnation!

Dieses ist das hinweichende Mittelstück der schönen Gruppe im Ganzen und ist selbst an sich schon Gruppe. Es reagirt mächtig auf alle physischen und malerischen Verhältnisse der Neben=Figuren, macht sich Raum, treibt sie auseinander, liegt, schwebt, und sinkt mit aller, zum letzten Male sich auswickelnden Muskelkraft todt=
leuchend unter den Händen seiner Mörder. Aber hier ist nichts Scheußliches, keine abgerissene Haut, kein Blutstrom fließt. Alle Keuschheit der Kunst, alle Schonung für Zartgefühl ist beobachtet. — Nur Standhaftigkeit und ewig versicherte Hoffnung blickt herauf vom gierig offenen Auge zu dem Engel, der aus einem Himmels=
strahl ihm Kranz und Palme zeigt — und des Vollendeten rufen=
der Mund verlangt jetzt nach der Vereinigung mit Dem, der ihm mit segnender Kraft einst diese, mit ihm gleiche Todesart vor=
hersagte.

Von der Antike Laokoons hat Rubens' Geist, jedoch ohne auf=
fallendes Plagiat, hier Manches abstrahirt. Er hat die Analogie der Würde und des Alters mit weiser Variation der Motive abge=

wogen und so zu sagen als classischer Meister einen eigenen christ=
lichen Laokoon geliefert. Ohne seine Vorliebe für den Zweck dieser
Arbeit, wozu er alle Ueberlegungskraft aufgeboten hatte; selbst
ohne sein nun mehr gekühltes Feuer würde ihm sonst (wie in so
manchem frühern drei Könige, Priester oder Heldenbilde) ein nie=
derländischer Fischerkörper hier genügt haben.*)

Jetzt zu der Anordnung der fünf umher handelnden Figuren.

Durch jene zurückgehende Lage des Kreuzes weichen sich nun
diese auch hintereinander vortrefflich aus. Die zwei zur rechten (des
Apostels) sind, wie gesagt, mit ihren nackten, grobknochigen Rücken
gegen den Lichtfall gekehrt; und dieser bricht sich, wo beiden hier
querhin ein röthliches Mantelgewand, von der rechten Schulter zu=
rückgeschürzt, wülstig bis auf die Beinkleider fällt. Der vorderste
Scherge hier arbeitet halb knieend mit der linken umfassenden Hand
und mit dem stützenden Kniee noch an der Richtung des eingesenk=
ten Kreuzes. Sein nackter Fuß tritt hier wirksam auf den lichten
Boden hervor. Mit der andern hochausgestreckten Hand scheint er
des Apostels abgesunkenen Körper durch Andrückung des rechten
Hüftbeines zur Ruhelage auf's Kreuz bringen zu wollen. Sein
braunes bärtiges Profilgesicht gründet sich ab auf dem herabflie=
genden Zipfel des weißen Vortuches und dem eigenen entblöß'ten
Arm, sein schwarz-braunes Haar auf der Fleischbrust des folgenden
Collegen. Der auf dem Querbalken angenagelt ruhende, schön be=
leuchtete weiße Arm des Apostels wirkt gegen dessen halbschattigen,
bräunlichen, arbeitenden Körper.

Der zweite Scherge diesseits stemmt sich nun mit dem rechten
Fuße (der linke verliert sich hinter dem Rand) gegen die Erde,
strebt mit diagonal=übergebogener arbeitender Kraft, die beiden

---

*) Forster kam, sah und prononcirte, kurzum, daß die ganze Figur des Apostels sehr
verzeichnet sei. — Nachher schimpft er noch höhnisch auf die Abscheulichkeit des
Gegenstandes. Großer Rubens! hast Du denn in der fünf- oder sechsvierteljäh-
rigen, so besorgnißvollen Bearbeitung Deines Ehrenstücks weder das Eine noch das
Andere finden können, der Du doch auch Sitten gekannt und Menschen gesehen
hattest!

Arme hinaufgestreckt, gegen den angenagelten Fuß des Leidenden, wo er sich beschäftigt, das nun da unnöthig gewordene Bindeseil loszureißen. Er ist ein wahrer niederträchtiger Henker; seine Hangnase, seine Habicht=Augen, sein Raufhaar, und schon das Tragen seiner Mütze charakterisirt ihn.

Unter den Figuren zur rechten Seite des Apostels (zur Linken des Zuschauers) stehen die beiden hintersten nach einander auf einem anlaufenden Hügel, der hier am Rande der Tafel zu einem ferneren Berge wird, welcher einen darauf wipfelnden Baum trägt, und in seiner Ansicht eine tiefe Höhle, als einen Aufenthalt der verfolgten Gläubigen verräth. Der da zu oberst stehende rüstige Scherge (dessen Haupt= und Barthaar vom Winde bewegt wird, und dem, über seinem graulichen Wamms ein auf dem Rücken hängender Säbel zur Seite hinausschaut) hält mit der linken Hand noch einen Nagel, um ihn mit dem schweren Hammer der in die Luft gehobenen nackten Rechten in den Fuß des Martyrers vollends einzutreiben; sein Wamms dient zum Grunde des mittlern, hier aushelfenden römischen Soldaten, mit dem, vortrefflich gegen die Carnation der Hauptfigur vorne ins Licht spiegelnden, seitwärts halb dunkel glänzenden Harnisch. Dieser schaut unter seiner Pickelhaube noch am menschlichsten hervor. Er greift mit der auch halb nackten Rechten unter dem linken herausgebogenen Kniegelenke des Apostels und um dessen Wade hervor — welche Partie hier über einer düstern Schattengrube dadurch sich zu jener bewunderungswürdigen Lichtwirkung erhöht — um einen da zu lösenden Bindestrick näher an das Fußgelenk zu bringen. So viele, hier oben mit einander arbeitende Hände wechseln mit den angehefteten Füßen des Apostels durch alle Grade von Carnation, von Lichtvertheilung, von Wiederschein, Ruhe und Bewegung, und streben mit einander zur Vollendung einer der ungezwungensten Pyramibal=Gruppen, welche die Malerei in ihrem Gebiete aufweis't. Der vorderste Scherge dieser Seite — eine nachlässige Binde ums gesträubte Haar, worunter ein halb betrunkenes Antlitz sich vorwärts wendet, mit aufgeschürzten Hemdärmeln, rothen, kurzen Beinkleidern, nackten Knieen und hängenden Halbstiefeln — hat sich über das Querholz des Kreuzes träg niedergelassen und arbeitet mit beiden, weit entblößten Armen, um die erstarrte linke Hand des Leidenden zu beugen. Der Lichtstrahl stürzt auf die linke Seite der Binde, Stirn und Wange, auf beide, mit dem Gekreuzigten, durch wechselnde Contraste und Mitteltinten sich beschäftigenden Arme, und vorzüglich auf sein vorderes Knie. Das dunkle Kleid um die halb gebogene Rückenwendung, und die hintere, tiefe Partie des Bodens hier, wo sein linkes Bein im Halbdunkel hinweicht, fundirt hier die stärkste Schattenmasse. Ein vorderer kleiner Hügel, worauf sich sein rechter Fuß, längs dem Grabeisen hin, stämmt, reflectirt im Halblicht, von einigen Graspflanzen umschlossen. Am gegenseitigen Ende liegt das röthlich schimmernde, dem Martyrer ausgezogene Gewand.

Kein Punkt, keine Wendung, kein Lichtfall, kein Ausdruck, nichts erscheint hier, was nicht durch Ueberlegung motivirt und mit Energie dargestellt ist. Die Mannigfaltigkeit der Beschäftigten zielt auf Einen Leidenden, der aber nun durch innere größere Kraft und eigenen Werth, sowie durch die eigene Masse von Licht und Färbung hier einfach mächtig entgegenwirkt, und gleich dem Edelsten unter den sterbenden Athleten die Alleinwürdigung anspricht. Aus mehr als einer Delicatesse hat Rubens hier auch durch keine seiner gewöhnlichen weiblichen Figuren den Blick vom Hauptgegenstande abziehen wollen. In anderen Werken brauf't, häuft, glänzt er und reißt an; hier fesselt der Mann, sparsam, harmonisch. Dies, sein letztes Nacktes, scheint fast reifer, wie es hernach sein Ikarus van Dyck, sich von des Meisters geistigem Nachlasse hinüberzog. Kühn, frei und stark, aber für seinen nie erloschenen Feuergeist dennoch eingezogen, und schön verbunden miteinander, war Ideal und Anordnung.

Aber diese Formen! ruft der Maler der Zeit. — Es sind immer Rubens' dorische Formen und konnten es hier bleiben. Seine Architektonik ist nie römisch. Sind doch Laokoon und Hercules auch dorische Formen; nicht so Apollo und Mercur. Rubens ist nicht Raphael. Beide sind Schöpfer ihres Styls, stehen auch Titian etwa, oder jeder Andere, zwischen ihnen, so bleiben dennoch dergleichen Extreme verschiedener Natur und sind zu schwerlich in eine Summe oder in einer Masse zu vereinigen. Es ist ein sonderbar Ding um das eigene Ich der Kraftgeister — ohne, was noch Himmel und Genius, was Charakter und Forderung des Jahrhunderts und so manches Unerklärbare sich hierzu bedingt. . . .

Dir hattest Du in diesem Bilde genug gethan, Schöpfer Deines Ichs! Ehe Du es noch vollendetest, nanntest Du es schon eines Deiner besten Meisterwerke, die je aus Deinen Händen kamen, und Du suchtest noch fort es zu vervollkommnen! so stand es 156 Jahre lang von uns erkannt, besorgt und bewundert, wie ein Pathen-Geschenk nicht täglich gebraucht, am Orte seiner Stiftung, bis ein unwiderstehliches Schicksal es uns entnahm*).

Jetzt noch hoher, ewiger Dank Dir für das uns verlorene Vermächtniß, für deine Liebe zu uns, für den Ruhm, den, auch dort bewundert, uns Dein Name bringt! Wie ein günstiger Stern schwebe Dein Genius immer über den Ort Deiner Wiege, daß, wenn kein Schicksal Deinen Einfluß hindert, hier einst wieder Geister entstehen, die Dich zu erreichen streben! — Havo — Vale!

———

3.

Die Ermordung des heiligen Peter von Mailand.

Das Meisterbild von Titian.

(Gedruckt im Taschenbuch für Kunst und Laune, 1802, S. 84 ff.)

Die venetianische Malerschule, bei ihrem Entstehen zwischen den Lagunen, isolirt vom Unterricht der Antike und dem Geisteshauche

---

*) Unter denen, die sich im Rabottiren über Werth oder Geschichte dieses Meisterwerkes versündigt haben, hat besonders der Verfasser „einer Reise auf dem Rheine" mit dem so platten Märchen seiner Taufscheins-Geschichte, und dem vorgeblichen Eigennutze, den man in der Kirche Gottes damit trieb, häßlich unsere Ehre und die Wahrheit beleidigt.

des griechischen und römischen Geschmacks; selbst unangereizt von seinem späteren Herwehen aus der Nähe, eröffnete und verfolgte ihre Bahn nur im Nachstreben der Natur. Auf diesem Wege befriedigte sie ihr Gefühl und die Forderung ihres patriotischen Publicums, welches durch den reichen Seehandel der Einzelnen, so wie der ganze Staat durch wichtige Siege beglückt und stolz, seine Säle nur gern mit den Bildern der Väter, und die Kirchen und Paläste mit Bibelgeschichten und Allegorien, worin ganze Generationen im Prunkcostume eingemischt wurden, zu bedecken pflegte. Die Darstellung der Aehnlichkeit im gemeinen Seelen-Ausdruck, die Wahrheit in der Natur des Fleisches und der glänzenden Stoffe war ihr Ziel. Diese Bezeichnung des bloßen Gefühls und des Reichthums verfehlte jedoch nicht das Glück, unter ihren Malern große Talente zu erwecken: einen Titian, Paul Veronese, Tintoretto ꝛc., deren Namen und Werke in der Kunstgeschichte schon frühe über ihre Gränze berühmt, bisher zu allen Zeiten in den ersten Galerieen von Europa gesucht und bewundert wurden, die aber selbst damals im eigenen Vaterlande glücklicher, als irgendwo, mit patriotischem Stolze genährt und belohnt, allda jene ungeheuren Monumente eigener Art in Geschichten und vorzüglich in Allegorien der ehemaligen vaterländischen Größe hinterlassen haben, deren Wichtigste endlich beim Untergange des Staates von den Siegern weggeholt, nun im Central-Museum zu Paris, unter den Meisterstücken der Welt ihren ehrenvollen Rang behaupten.

Unter diesen befindet sich das Hauptwerk Titian's, welches die Ermordung des Dominicaners Peter von Mailand vorstellt, und ehemals in der Kirche von St. Johann und Paul in Venedig zum Altarblatt aufgestellt war. Des Helden Martergeschichte ist kurz diese: da er als öffentlicher Religions- und Sittenprediger in seinem durch Sectengeist und Laster verdorbenen Zeitalter zu scharf redete, ließen die Gegner ihn in einem Walde auffangen und ermorden.

Titian, der in seinen Geschichtsgemälden selten den epischen Ton oder dazu ein gutes Ideal, seltener ein glückliches Moment wählte, und in der Composition fast niemals erhaben war, hat der allgemeinen Meinung nach in diesem Bilde sich übertroffen. Wie einzig, fremd und los ist die Darstellung, wie idealisch hier die Anwendung von Handlung und Ort, wie einfach, wie sprechend, wie wahr und kurz Alles in drei Figuren; aber wie voll Leben und Thätigkeit! Er setzt die Scene sehr treffend in den Eingang des Waldes, wo die eine Seite der Tafel den heiteren Himmel und eine reine reizende Aussicht in eine ruhige Landschaft darstellt, gegen welche dort die hohen, verwilderten Bäume und das Einsame, immer Tiefere, Fürchterliche am Ort der Handlung contrastiren. Der Mörder fällt hier den Bekenner an, wirft ihn behend zu Boden, steht nun vorn auf seinem Kleide, hält ihn hinten mit der schwarzen Kappe, und holt natürlich hingebeugt, feuersprühend unter der schwarzkrausigten Stirn, den Schwertstreich aus. Vortrefflich wechseln des Leidenden und des Handelnden Beine, Knie und Hände, so wahr, daß man glaubt, die Handlung müsse sich so mit allen Zufällen ereignet haben. Diese Gruppe nur von zwei Figuren, für sich betrachtet, ist eine der vollendetsten, glücklichsten in der Kunst. Die Base breitet sich vorn durch das weiße Ordensgewand über den dunkeln Boden, und durch den unmächtig sich stützenden Arm, streckt sich durch den jenseits aufstrebenden Arm vor der schwarzen Cuculle, welche der Mörder zu sich reißt, um ihn einzuwickeln. Die Gründe zur Aufnahme der Lichter, die Linien jeder Bewegung, als Motive zu den Reactionen, die wechselnden Winkel sind aus der Natur selbst entsprossen. Die Gruppe gleitet nun los und rund umher, in der Aufnahme der schönsten Lichtgrabationen zur Pyramidalhöhe, präsentirt durch so viele Veränderungen in den nackten und bekleideten Theilen verschiedenen und richtigen Costums, so viel Eigenes, Kühnes und Neues, daß man hier für mehrere Kunstpartieen ein wahres tiefes Studium antrifft.

Der begleitende Mönch, noch jung und roh, erschrocken, vielleicht Hinterhalt fürchtend, oder zugleich Hülfe suchend, ist auf seiner Flucht vortrefflich bezeichnet. Das Vortreten des rechten, das Schweben des linken Beines, die Schenkelbewegung, das Rauschen des im

Winde verfliegenden Gewands und schwarzen Mantels, der den ver=
kürzten Arm so vorbedachtsam gründet, und die ganze Masse, welche
hier wiederum gegen die schöne Aussicht und den lichten Himmel
wirkt, ist durch Motiv und Darstellung getroffen: auch im Ausdruck
der Figur und der Miene hat Titian sich hier gezeigt. Die Bäume
selbst schrecken durch ihr Sausen in der Bewegung der langen Aeste
und ihrer Kronmassen. Nun auf einmal erscheint durch dieses
schwankende Dunkel jene im Lichtgewölk schwebende schöne Engel=
gruppe, Titian's Kinderkörperchen von solchem Farbenschmelz, woran
man sich nicht satt sieht. Hier söhnt sich Aug und Herz aus. Wir
sehen den Unglücklichen getröstet und mit der Palme belohnt; der
Himmel heitert sich für ihn, wo nun das Schreckliche den Meuchel=
mörder allein verfolgt und einschlingt.

Ueber Raphael, Correggio und Titian hinterließ uns Mengs
eine eigene unterrichtende Betrachtung in seinen Werken, er, wel=
cher der competenteste Richter ihrer Verdienste war. Zu ihm ver=
weisen wir den lehrbegierigen Liebhaber und begnügen uns hinläng=
lich, wenn er in unserem Taschenbuche Anekdoten und Belege da=
zu antrifft, die bei wieder aufgehender Sonne des guten Geschmacks
in den Künsten, den Zweck nicht verfehlen, aufs wahre und höhere
Schöne geradesweges ihm den Blick zu leiten, ohne durch verfüh=
rendes Irrlicht abstracter Speculationen ihn in Sümpfe zu locken,
woraus er zum frohen Genuß desselben in diesem kurzen Leben
selten, oder gar nicht heraufschwimmen kann.

4.

**Ueber das Gebäude der großen Pfarrkirche zu Neuß, deren vorzunehmende Verän=
derung und das Project eines daselbst aufzurichtenden neuen hohen Altares.
1804.**

Die große Haupt=Pfarrkirche des h. Quirin in der Stadt Neuß
ist ein ehrwürdiges Gebäude des 13. Jahrhunderts. Im Jahre
1212 ward dazu der erste Stein gelegt. Ihr Baustyl ist also noch

der vorgothische jener Zeit, welcher wie von Innen so auch von Außen sich durch viele reiche Säulchen und darüber liegende runde Bögen charakterisirt, deren Scheitel endlich mehr Spitzen (Sattelbögen) wurden, worauf dann bald jener so genannte gothische, eigentlich nordische, deutsche Baustyl entstand, welcher gegen Ende des 13. Jahrhunderts in Gang kam und hier zu Lande fast bis 1600 dauerte, indeß in Italien und mehreren Ländern schon die reinere Baukunst getrieben wurde. Er verräth sich noch jetzt durch die in Felsstein aufgehäuften großen und kleinen ins Verhältniß gebrachten Pyramidalmassen, die immer spitzer zulaufenden Bogenscheiteln und dergleichen hohe Rippenwölbungen, welche auf überlangen, schmächtigen Säulen ruhen und darüber wie Baumäste aus ihren Stämmen entspringen; am gemeinsten aber verräth er sich durch die in den oberen Rundungen auf eben jene Art durchschlungenen hohen Fensterbögen mit den vielfarbigen Glasgemälden, von welcher Bauart der prächtige, obwohl unausgebaute Dom in Köln fast in ganz Europa das vollkommenste Muster ist.

In der Kirche zu Neuß, besonders in der himmelansteigenden Kuppel derselben, fangen die vier übermäßig hohen Bögen kaum erst an, sich an ihren Scheiteln etwas sattelförmig zu spitzen. Die viereckige Oeffnung der Kuppel selbst ist etwas eng. Ueber jenen Bögen liegt ein schmales Gesims, welches über eine Art ungleicher Tragköpfe von nachlässigen Distanzen und von ungleicher Form herumläuft, über welchem die kühne Kuppel erst mit vier geraden Mauern heransteigt und sich aus einem viereckigen Raume durch abgestumpfte Strebebögen zu einer achteckigen Oeffnung bildet, worüber Platz zu einer Galerie ist, welche vor den dort angebrachten Fenstern zur Zierde und Sicherheit hinzusetzen wäre und eine vortreffliche Wirkung machen würde. Der hohe runde Kuppelhut schließt sich hierüber künstlich und kühn zu einem runden offenen Nabel. Die Höhe des Kuppeldomes beträgt vom Boden bis zum Nabel 124 Fuß. Die vier schmalen Winkelsäulen bis zu ihren Capitälen, worauf die ersten Strebungen der abgestumpften Bögen ruhen, gleich 70 Fuß. Die Breite der Oeffnung jedes der vier großen Bögen des Chores, welche die Kuppel tragen, von Säule zu Säule beträgt auf dem Boden 26 Fuß.

Der alte unbekannte Baumeister hat nach dem damals gewöhnlichen und immer noch richtigen Charakter in den drei Rundungen der Bögen, welche die Kuppel tragen, seinen Hauptgedanken und für Auge und Herz das Bedeutendste und Ergreifendste des Gebäudes gesetzt. Eben die hinterste Nische des Chores mit den drei Fenstern gegen Morgen und der da vorherlaufenden Galerie, welche diese Fenster in Bögen mit freistehenden Säulchen einschließt (deßgleichen auch die zwei Nebennischen zeigen), ist ein vortrefflicher Augenpunct für jeden Hereintretenden. Diesen Punct hat der Baumeister gewiß nicht verstecken und verrücken wollen. Die ganze Kirche erhält dadurch ihren erhabenen, kühnen, bedeutungsvollen, dennoch lichten, munteren Charakter: indem diese drei Nischen oder Muscheln das Heiligthum umringen und den einzigen Platz zum Altare, unter dem Nabel der Kuppel, als einen geheiligten Thron des Lichtes, worin die Gottheit wohnt, bestimmen.

Dieser Charakter der großen Ansicht von Chor, Kuppel und Kirche war aber durch den am unglücklichsten Orte dermalen noch stehenden unförmlichen Hochaltar, welcher etwa ums Jahr 1640 erbaut worden sein mag, dann durch die völlige Schließung der großen Seitenbögen, Nischen und Fenster durch hohe hölzerne Mauern, Chorstühle, Sacristeien u. s. w. mit Verlust der schönsten Wirkungen eingeengt, verbaut, verdunkelt, verdorben. Bei der jetzt ohnehin nothwendig gewordenen Vergrößerung und Veränderung der Kirche, wo zugleich auf einen schicklichen Raum für die Civil- und Militär-Autoritäten mit Schonung des Ganzen Rücksicht genommen werden muß, verdient und fordert es den Entschluß, dem Gebäude das Ursprüngliche seiner Form und seines Styles wiederzugeben.

Es war hier nicht so leicht, dieses Postulat gehörig zu erfüllen; das neu Darzustellende dürfte nicht den seither in der Erneuerung dergleichen Gebäude so gewöhnlichen Fehler zeigen: in eine solche Kirche vom 13. Jahrhundert ein so voll von Unverwandtem, Fremdem, Schlechtmodischem, selbst von purem griechischen oder römischen

Style wie einen Papierlappen hineinzuflicken. Wegen der Generation nach uns, welche durch den in ihre Erziehung nun zu legenden Geist und ihr beim auflebenden Studium antiker Kunst sich verfeinerndes Gefühl des Schönen delicater und fordernder wird, müssen wir sehr auf der Hut sein, mit einem Werke unseres Andenkens keine Unehre einzulegen.

In dieser schönen Kirche läßt sich der Geist des Gebäudes und die Idee des Meisters durch die mögliche Verähnlichung mit der St.-Peters-Kuppel in Rom herstellen. Das Ganze kann dadurch ohne übertriebenen Aufwand mit Beobachtung des großen Einfachen zu einer bewunderungswürdigen Wirkung erhoben werden. Der hier nothwendig zu errichtende neue hohe Altar muß sich dem Geiste des ganzen Gebäudes und der Idee des ersten Baumeisters einweben. In allen neuesten und besseren Gebäuden dieser Art sind Altar und Gebäude als ein einziges, zugleich entstandenes Werk desselbigen Styles anzusehen, worin sowohl im Wesentlichen als Außerwesentlichen keine Formen oder Style entfernter Zeiten vermischt sind.

Unnachläßig muß hier der Platz des Altares gerade unter der Kuppel bestimmt bleiben und seine Form dem weitesten, tiefsten Gesichtspuncte des ganzen Gebäudes unhinderlich sein. Er könnte ein platter Tisch bleiben; aber die Verzierung der Kuppel forderte dann zu viel, wenn nicht Alles gar ärmlich aussehen und für die Wirkung so viel als nichts geschehen sein sollte.

Schön ist es, solch einem Werke die Bedeutung eines Monumentes zu geben, und hierfür nach Ort und Zeit schickte sich am besten ein symbolisches Denkmal des Concordates.

Ein simpler hoher Obelisk würde dem Orte und dem Geiste des Gebäudes nicht unpassend sein. Aber er würde durch seine untere Masse und Undurchsichtbarkeit schon zu viel und Alles zu nahe begränzen und dem Volke selbst unbedeutend und mißfällig werden. Daher entstand folgender Gedanke: Auf drei marmornen Stufen erhaben sei der Grund des neuen Altares ein abgeschnittenes reguläres Viereck; in jeder Quere des Vierecks steht ein längliches Fußgestell, welches auf einem dergleichen Sockel zwei im vorgothischen

Geschmacke gezeichnete, etwas hohe Säulen trägt. Diese acht Säulen tragen eine nach dem Styl und Schnitt der dortigen größeren Gewölbebogen auf allen vier Seiten ausgeschnittene Deckwölbung; über jedem solchen Bogenschnitte ist über einem schmalen Gesimse ein dergleichen Fronton angebracht, worüber acht liegende Bilder erscheinen, welche die bekannten acht Seligkeiten in symbolischen Figuren darstellen; dann erscheinen entweder über den Sockeln oder oben auf den Eck-Abschnitten der Decke zwischen den Frontons die in Thier-Figuren entworfenen vier Evangelisten. Höher zur Mitte entsteigen vier flammende Leuchter. In der Mitte selbst erhebt sich nun auf einem runden Fußgestelle ein hoher, in die Kuppel reichender Obelisk, worüber eine Taube schwebt, welche den Oelzweig in dem Munde trägt. Den Obelisk umfaßt ein Riemen, worauf man die abgetheilten Worte lies't: Deo — pro pace — pro fide — civitas Novesiensis. Nach den abgeschnittenen Seiten des Altares stehen wider den Säulen der Kirchenkuppel auf hervorstehenden Pilastern und Knöpfen die vier Haupttugenden in ziemlich großen, etwas kolossalen Statuen und umschließen hier gleichsam den Thron Gottes an den Haupteden desselben. Unter diesen Bildern werden Lapidar-Inschriften angebracht, welche die Idee des Altares und der Veränderungen in der Kirche verdeutlichen. Mitten unter der gothischen Himmeldecke steht der Altartisch in sehr einfacher Anlage; ein Kreuz und sechs hohe vergoldete Leuchter mit großen Kerzen sind sein ganzer Zierath. Der Fuß des Kreuzes ist eine antike Ara, wie jene ehemals zu Delphi; sie enthält zugleich das Tabernakel. Auf den Eckgestellen der Balustrade an der Treppen-Galerie vor dem Altare sind die Kirchenlampen angebracht. Wenn es sonst auf feierliche Beleuchtung für Festtage ankäme, diese könnte nun nach einem schönen Plane mit sehr leichten Mitteln veranstaltet werden, ohne überhäuft und unförmlich zu scheinen.

Die schön erhaltenen Platten, Treppen und Bänke von Marmor und mehrere Hülfsmittel tragen viel dazu bei, das Werk mit wesentlicher Zierde zu bereichern; dennoch das Bedeutungsvolle des Ganzen, das nun herausgehobene ursprüngliche Majestätische des

Gebäudes selbst ist es, was diese Kirche nach ihrer Veränderung zu einer der ansehnlichsten machen und der Stadt Neuß selbst manchen begierigen Zuschauer aus der Fremde hinlocken wird, besonders wenn Zeit und Lage sie einst zu dem erschaffen, was sie werden kann und was sie auch alsdann in Geschmack und Kunstproducten werden muß.

Von dem zweiten vor dem Eingange zur jetzigen Chortreppe liegenden offenen Bogenpfeiler an theile man den ganzen Platz des Chores in vier Räume und eben so viele hinter einander verhältnißmäßig aufsteigende Galerieen (Balustraden und Tribunen). a) Die unterste Galerie steht nur mit einer einfachen Staffel=Erhöhung auf dem platten unteren Kirchenboden; sie läuft dort beiderseits vor den zwei Altären der Nebengänge fort und formirt die große und für jedes Alter zugängliche gemächliche Communionbank.

b) Der zweite Raum erhebt sich am nächsten Vorpfeiler des Chores, fast in der Mitte der Linie des jetzigen Pfarr=Altares, zu einer etwa 3½ Fuß hohen Tribüne, wozu zwischen der etwa zu 10 bis 12 Fuß durchbrochenen Mauer sieben Stufen mit einer Seiten=Balustrade heraufführen, welche beiderseits auf der erhöhten Mauer einen mit derselben Galerie umgebenen Balcon tragen, worauf jederseits zwischen dem geschlossenen Bogen an der platten Mauer ein sehr einfacher, in der ganzen Kirche sichtbarer Altar erscheint; er bekommt nur ein Standbild in seiner Nische. Dieser zweite Raum enthält nun außer den zu den besagten Neben=Altären bestimmten beiderseitigen Balcons das Vestibul und den ganzen Boden zwischen den vier Hauptpfeilern des Chores unter der Kuppel. Mitten in diesem Raume erhebt sich der Haupt=Altar, worüber ein offener, auf acht isolirten, in die Quere gesetzten Säulen ruhender Himmel dem Geiste des ganzen Gebäudes entsprechen wird, dessen Beschreibung und Deutung unten folgt.

c) Hinter dem Haupt=Altare und dessen Tribüne steigt man auf etwa drei Stufen zur dritten Tribüne; ihr Raum ist auch zu den neben den Säulenstühlen des Altares sichtbaren Enden mit einer Mauer=Galerie und Balustrade eingefaßt. Diese Balustrade ragt also nach berechnetem Verhältnisse der Höhe und Distanz über die zwei unteren Galerieen empor. Auf dieser Tribüne sind beiderseits an den Wänden die Chorstühle der Priester und Sänger angebracht. Sie wird in der Tiefe bis zur vierten Tribüne etwa 15 Fuß enthalten. Ein wenig vor ihrem Ende erhebt sich ein ansehnliches, aber einfaches Fußgestell, von etwa 8 bis 10 Fuß Höhe, worüber die Statue der zum Himmel fahrenden heiligen Maria erscheint und in der Weite sich durch die offenen Altarsäulen präsentirt. In diesem Fußgestelle selbst ist eine kleine Orgel verborgen. An den Enden dieses Fußgestelles ragt höher als alle vorigen d) die letzte Tribüne; sie begränzt die Hinsicht und den Raum der mit Säulen vor den unteren Kirchenfenstern gezierten letzten großen Muschel. Dieser Raum bis zu den Fenstern dient nun zum Standplatze der Musik (Orchester), welche sich dann der Orgel im Piedestal bedient.

Die oberen Fenster in den drei die Kuppel umziehenden Muscheln und Nischen müssen auf ihren durchlaufenden Säulen-Galerieen nur mit Balustraden desselbigen Contours wie jene der Tribüne eingefaßt werden; es brauchen aber nur halb durchgeschnittene Docken zu sein. Die zwei Nebennischen zu Seiten des Kuppelraumes bestimmen nach ihrer Eröffnung sich nun zu den Plätzen für die Civil- und Militär-Autoritäten. Sie wären (wenn man will) auch durch Seiten-Galerieen abzuschließen, obwohl bei geschlossenen Bänken es auch nicht nöthig ist. In den Ründen dieser Nischen, unter und längs den Fensterbogen an den Wänden daselbst, könnten nun die ehemaligen Chorstühle der Canonissen und Knünchen angebracht werden, zu welchen Plätzen dann eine von außen angebaute Treppe und ein durch die alten Sacristeien geleiteter Eingang führte.

Wollte man nun dem ganzen Kirchen-Gebäude eine symbolische biblische Bedeutung geben, so verglichen sich die sieben Räume vom unteren Kirchenschiffe an bis zu den vier hinter einander aufsteigenden und den zwei Seiten-Tribünen für die Autoritäten mit den sieben Kirchen in der Apokalypse. Leicht wäre es, dieses durch ein Paar passende Inschriften zu verdeutlichen.

Diese Eintheilungen der Kirche in jene verhältnißmäßig sich erhöhenden Räume und Tribünen geben nun ihr jenen erhabenen Charakter, jenes Bedeutungsvolle wieder, das sie in ihrer Anlage hatte und durch unschickliche Verbauungen verlor. Sie haben den Vortheil, alle Distanzpuncte zu verlängern, sie machen Alles einfacher und heiliger, sie stimmen Geistlichkeit und Volk mehr zur Beobachtung jenes Feierlichen, Erhabenen und Reinen, wodurch der öffentliche Cult sich auszeichnen und von allem unwürdigen Gemische des Gehäuften, Buntscheckigen oder Kindischen unterscheiden und entfernen muß.

Poesie.

1.

Chrysostomus, auf den 27. Januar 1776.

Wer spannt die Flügel meines Gesangs empor?
Erhaben über Welten erblick' ich ihn,
    Den ich besingen soll; dort jauchzen
    Engel heut seinem Triumph entgegen.

Und ich unheiliger Sänger, noch ungeübt
Der Harfe, wag' es, Liebling des Ewigen,
    Dich lobzusingen! — O, wer bin ich,
    Wenn nicht ein Engel in mich herabsteigt,

Mich mit den Schwingen himmlischer Geisteskraft
Durch deines Ruhmes weite Gefilde trägt!
    Daß die Päane deines Sieges
    Auch der erstaunenden Erde schallen,

Daß dem verwöhnten Ohre des Erdensohnes
Auch einst das Lob des Heiligen Wollust sei,
    Und mein Gesang sich tönend mit dem
    Feiergesange der Engel mische!

Als einst der Welten Vater den großen Plan
Zu seinem Kirchenhimmel auf Erden schuf,
    Und die Gestirne erster Größe
    Jegliches in seine Sphäre reihte,

Da lös'te schon die himmlische Weisheit sich
Den Strahlengürtel, goß auf die Sonnenbahn
    Auch diesen Morgenstern, und freu'te
    Bald sich der Zeit seines Aufgangs, pflanzte

In sein durchdringend Auge den Flammenblick,
Und Glut in seine goldene Lefze, sanft
 Erwärmend auf fruchtbarem Boden,
 Aber zerstörend auf Felsen-Herzen.

Und sie bewahrte zärtlich den Busensohn,
Tränkt' ihn so lange schlummernd mit Feuermilch,
 Bis, wo der Gottesglaube nun ins
 Dunkel zurückfiel, sie ihn hervorließ.

Er kam, da schielt Wollust und Neid auf ihn
Mit Eulenaugen — schaudert, Unmächtige,
 Verkriecht euch vor der Blendung, daß der
 Blitz des Erwachenden euch nicht treffe! —

Der wie ein Riese dort über Wolken her
Den Schritt beginnt, ist Cherub Chrysostomus.
 Es ist die Bruderseele Johanns
 Oder Cliens in Menschenhülle: —

Jetzt aber hob die Religion ihr Haupt
Zum Glanze wieder. — Er nahm im Brautschmuck sie
 In seinen Arm, verfocht vor dem
 Throne die Rechte der Neu-Vermählten

Auch mit dem Flammenschwerte, ließ Spötterwuth
Vereinigt mit der Hyder Eudoxia
 Vergebens Geifer speien; heuchelnd
 Mogten's die Ungeheuer wieder schlucken,

Ihm dann den wollustsprudelnden Honigkelch
Auf goldner Schüssel, stolzen Vertrauens voll
 Auf seine Nachsicht, reichen — standhaft
 Ueber die Fluthen des Lastermeeres

Fuhr seiner Zunge göttlicher Feuersturm,
Brach nicht am Felsen trutzenden Menschengrimms;
 Verschlang sich nicht, ob Zephyrhauche
 Säuselnder Schmeichler ihn schon umwallten.

Da sah der Geist des Heidenapostels auf
Den Glaubenseifrer segnenden Blicks herab;
 Und Cicero's und Cato's Manen
 Staunten den Redner und Sittenrichter

Des neuen Roms, wo Thorheit und Eigennuz
Noch größ're Schatten, als dort im alten, warf;
   Wo nun Eudoxiens Idol selbst
   Unweit der heiligen Tempelschwelle

Für Gottesspott und Aergerniß Freistatt gab.
Mit welchem Auge sah er das Lasterspiel,
   Flucht' er den geilen Feiertänzen,
   Blitzt' er herab auf die Glaubensschänder!

Empor flog die beleidigte Furie;
Jetzt riß sie racheschäumend und Hohn im Blick
   Ihm aus den Armen die Geliebte,
   Bannte den Hirten von seiner Heerde.

Da brach dir's Herz, o Religion, da fielst
Du um den Hals des Scheidenden, drücktest ihm
   Noch einen Seelenkuß erblassend
   Auf seine seufzende Vaterlippe.

O! sprach er: nimmer werd' ich Dich wiedersehn
Geliebte, schmachten unter der Ferse der
   Bosheit, ach! wirst Du — aber Beide
   Glänzender kann uns mein Tod erheben:

So schied nun Byzanz's Genius, baute sich
Sein Heiligthum im Schatten des Oelbaums hin —
   Und ein unaufhaltbarer Strudel
   Wälzte die Kaiserstadt ins Verderben.

Wer nun Dich retten? — ruf' den Vertriebenen —
O — daß er eile, — Nein — Du verdienst ihn nicht.
   Tod wirst Du Deinen Retter sehen und
   Strafe des Himmels des Todten Rächer. —

Wie stimm' ich nun, o Muse, die Harfe mir
Zur Todesklage — oder zum Siegeston?
   Ist's der Vertriesne, dessen Leiche
   Man in ehrwürdigem Pomp zurückbringt?

Er ist's — Das Knirschen seiner Verfolger stockt
In frommen Schauer, löst sich in Segensruf;
   Und büßend strömt fürs Elternlaster
   Ueber sein Grab Theodosens Thräne, —

Laß mich Dich fassen, Thräne des Mächtigen
Aufs Grab zertretener Frömmigkeit hingeweint,
Der Wahrheit ew'ges Opfer! stärker
Sprichst Du sein Lob als des Dichters Harfe.

2.

Unserm lieben Landesvater Joseph Franz des H. R. R. alten Grafen zu Salm
und Reifferscheidt ꝛc. ꝛc. Herrn zu Bedbur, Dollendorf, Dick, Alster und Hackenbroich,
des hohen Erzstiftes Köln Erbmarschall ꝛc. ꝛc., bei dessen feierlichem Einzug mit
seiner Erlauchten Gemahlin Theresia gebornen Reichsgräfin von Hatzfeld zu
Schönstein und Wildenburg ꝛc. ꝛc.

gewidmet vom huldigenden Volke 1794.

Heiter glänzte der Morgen,
Festlich weh'te das Wipfellaub
Der Eichen am Gränzensaum:
Da fühlten wir, daß Du uns nahe warst,
Sprößling unserer alten Beherrscher,
Der Guten, der Unvergeßlichen!

Näher ertönte der Wiederhall
Nun vom Knalle der Böller,
Nun vom Jauchzen der Freude,
Und vom Schmettern der Feldschalmei; —
Es strömte der Nachbar den Pfad hinab,
Und es wankte röthlich am Hügel die Saat,
Da sahn wir Dich näher.

Und näher kömmst Du mit erhabener Hand,
Bringst die Geliebte der Seele,
Des Erblandes traute Mitherrscherin,
Im Feiergefolge herauf nun zu uns.
O, wie heftet ihr himmlischer Blick
Augen und Herzen an sich! —
So wie dem nächtlichen Wanderer,
Wann er neben dem lachenden Morgenstern
Jetzt wieder die steigende Sonne grüßt,
Dehnet sich uns im wärmenden Strahl
Der erneuerten Hoffnungen,

Von Wonnegefühlen die Brust;
Die Freude lös't sich in Jubelruf,
Schmilzt in Thränen des Dankes,
Entlodert in Segenswünschen zum Himmel für Euch!

Es harrten des Tags die Greisen des Volkes, —
Als unerwartet uns Du schon kamest im Blüthenmond,
Drangen sie sich in Reigen gehäuft,
Zu schauen gierig ins Antlitz Dir:
Wär es Dir Lust oder Stolz zu betreten als Herrscher Dein Erbe?
Fänden sie wieder in Dir
August en den Guten,
Und Franz den Gerechten?
Und sie wähnten es gerne:
Denn lang war's ihr Segen, nicht eher zu sterben,
Sie sähen dann wieder erstehen in Dir
Der Unvergeßlichen Nachbild.

Freundlich und froh war Dein Eintritt ins Erbe der Väter,
Herzlich Dein Gruß an die Greisen des Volks:
Und sahen sie nicht in der kurzen Erscheinung Raum,
Der Unvergeßlichen Nachbild erstanden in Dir?
Sahn sie nicht — muthig und hehr
Dein Auge spähen auf jedes Bedürfniß,
Und voll der besten Wünsche Dein Herz?
Sie sahn es ...
Und zeugten dem wähnenden Volke: Du seyst es!

Aber dort aus der Halle der Gruft,
Wo die Asche ruhet der Unvergeßlichen,
Erhub sich früh am Morgen heut ein Geist,
Wand sich in Lichtgewölk;
Und das Lichtgewölk ward zur Engelgestalt,
Schwebte dreimal umher an den Zinnen der Burg,
Weilte nun über der Burg,
Und streckte wie opferverrichtend zum Herrscher der Welten,
Eine goldene Schaale gen Himmel —
Entschwand, wie gerufen, dann höher hinauf.
(Wär' es nicht Dein und unser Genius?)
Sieh! da kömmt er zurück, — Dir entgegen; es lodert die Schaale

Von der Gnadenflamme Jehova's, — Dir segnend entgegen,
Und hinschwebend flüstert er über die harrenden Reigen
Jetzt auch die Versicherung des Himmels: Du seyst es!

Ja, so bist Du's, o Pfand und Nachbild der Väter!
Sei Dir denn Segen und Heil,
Joseph!
Dir vielfacher Segen und Heil! —
Und willkomm sei Mutter und Krone des Landes,
Joseph's Herzgewählte! Therese, Du!
O, Ihm einst ähnliche Sprößlinge,
Erhabene, hoffnungsvolle Gebärerin,
Dir auch vielfacher Segen und Heil!
Segen Euch Beiden und Heil!!

O tretet her in unsere Mitte,
Seht, was Euch umgibt, ist Euer Volk,
Deutsches, biederes, herzvolles, rüstiges Volk.
So war es für Franz und Auguste,
So erhielt es der Himmel für Euch.
Liebt Ihr es und seine Sitte,
Schlägt in der Brust Dir, Joseph! das Herzblut der Ahnen,
Dir Therese! das Muttergefühl für Joseph's Geschlecht;
Dann seid Beide so gerne bei uns, wie sie,
Und werdet, wie sie es waren, ganz unser,
Du, unserer Kinder und Enkel Vater!
Du, unserer Kinder und Enkel Mutter!

Herr! so war es doch himmlische Ahnung,
Einst dich kommen zu sehen im Blüthenmond —
Damals kam Frühling und Blüthe mit Dir,
Ueber Dein und unser Erbe.
So wird Joseph, Therese!
Der Antritt Eurer Herrscherjahre,
Unter dem Aerntejauchzen des Volks,
Uns eines segenvollen Jahres Verkündiger;
Der Zukunft wieder ein Zeitmal von goldnem Alter.

Joseph, Du bist ja Freund der lieben Natur
Und des Allerhalters ihrer guten Geschenke!

Ehret die Arbeit des Pfluges,
Ehret die Schwiel' in der Hand des fleißigen Löhners!
Bist selbst Bruder des Fleißes,
Und des durch Arbeit gebeugten Alters.
Der Wittwen und Verlassenen Freund!
O, sei uns darum noch einmal willkommen,
Hundertmal noch willkommner dem Volke,
Dessen Wohlstand Dein Gut,
Dessen Deutschheit Dein Glück,
Dessen Freundschaft Dein Arm ist!
So bist Du ganz unser, und wir ganz Dein,
Mit Hand und Herz ganz Dein.
So waren's Deine Väter;
Wir, Deinen Vätern,
Und wie wir noch ihre Tage,
Werden von nun an die Enkel auch nennen die Deinen
Tage des Segens!

Auch sahst Du mancher fremden Erde Gutes,
Kamst ausgerüstet mit Kenntniß und Thatengeist,
Vielleicht mit Gedanken zurück von neuer Umschaffung.
Aber schau her auf den Reichthum des Landes,
Wie er hervorwächs't unter Gottes offenem Himmel,
Und wie zeiget der Fleiß mit jedem Fleckchen der Erde.
Sieh! beuget sich hier uns jährlich so schwer die Aehre des Fruchthalms,
Längt sich die Faser des Leins,
Schwillt ölträchtig die volle Schote des Rübkohls,
Dickt sich der Forst, indeß auf der Flur voll Obstfrucht der Ast kracht,
Glänzt der fetten Wiese wallendes Futterkraut,
Und drängen sich unübersehbar durcheinander die Heerden,
O! was forderst Du noch von dem Schooße des kreisenden Bodens!
Knüpfe nichts weiter hierin an den Wunsch des zufriedenen Bauers.
Aber kannst Du verhüten, daß nie sich Seuchen verbreiten,
Und die schwärzste von allen, der Wucher?
Kannst Du die Zuchten verschönern, die Futtermittel vermehren,
Uns für Fluren und Gärten die Pflanzenarten verbessern?
Unbewußten Gebrauch von manchem Producte uns weisen?
Kannst Du als Kenner von Baukunst und Wirthschaft, als Schätzer der
Menschheit
Der verwahrlos'ten Hütte des Landmanns bequemere Richtung,

Leichtres und dauerndes Werkzeug den emsigen Händen verschaffen,
Manches Vorurtheil selbst durch besseres Beispiel verscheuchen?
O! so sei Rather oder vielmehr der erste der Prüfer.

Doch, im Adelgefühle, das Glück der Menschheit zu stiften,
Sei Feind von Schmeichler und Trug und all der erfinderischen Künste,
Der Sauger am Nerve des glücklichen Fleißes —
Gönne der Freude ihr Feierkleid.
Nur laß Ueppigkeit nicht den Gewinn der Hände verschütten,
Nie müßige Jugend durch gröbere Wollust die Menschheit entehren.
Sei Richter und Muster für Pflicht und Gesetz, und zeige zu glauben,
Daß auch noch jenseits ein Richterstuhl sei für die Richter der Erde.
Schaffe dann immer die Fluren der Burg zum elysischen Tempe,
Auch der Landmann fühlt hehres Gefühl von unschuldiger Schönheit.
Wenn den Thron der Natur kein Berg mit Schweiß gedüngt,
Seinem Aug' ungenießbar und seinem Herzen verhaßt macht,
Lehrt sie geschmückt ihn leiser die Sprache gemilderter Sitten.

Herr! dies waren von jeher die Künste der glücklichen Herrscher:
Hätte man sie nicht verkannt, dann hätt' im Schlachtengetümmel
Nicht die erniedrigte Menschheit Europens schönste Gefilde
Uebergossen mit Blut, und auf hingestürzten Palästen
Nie mit Geifer und Flamme die traurige Warnung bezeichnet.

Aber wie bürget für Dich die Vertröstung des Himmels,
Ruhen zu lassen den Geist der Väter auf Dir?
Mehr noch Dein eigener Werth, das edle Bewußtsein,
Zu verdienen den Jubel des Volkes durch Können und Wollen?
Schon ihn verdient zu haben durch Thaten und Herz?

O, wer so berufen ist, Herrscher zu sein,
Ist mehr als Hundert, die's sind nur durch Ahnen,
Ist auch in seines Erbes kleinem Bezirk
Mehr als Held und Eroberer;
Seinen Trophäen im Tempel, der fröhnenden Menschheit errichtet,
Flucht nicht die hülflose Mutter und Braut, die bezahlende Nachwelt;
Knirschet kein fürchtender Neid, kein geplünderter Nachbar entgegen.

Joseph! im Frühling des Alters
Führet die Vorsicht Dich schon auf die Bahn,

So glücklich zu werden durch Dich,
Durch ein edles Weib, das die Herrscher-Sorgen versüßet,
Durch ein Volk, das Dich liebt, und durch die erhabene Bestimmung,
Glück zu verbreiten in Ihm für's Folgegeschlecht.

Hat zum Opfer bereinst für Ihren ewigen Altar,
Mit Deinen Musterthaten für unsere Tugend,
Und für dauerndes Glück spät in die Enkelwelt,
Hoch die goldene Schaale wieder
Der Genius angehäuft:

Dann führe Sie, die Sonne Deines Lebens,
Langsam und wolkenlos, wie dieser Sommertag,
Zum späten Abend ins Meer der Zeit.
Und hell, wie der Abendstern,
Leuchte neben Dir, Theresia,
Um Euch her ein Geschlecht,
Unzählbar, wie die Sternensaat,
Aber gut und geliebt, wie der Unvergeßlichen Urbild,
Sturmetrotzend und stark wie die Eichen am Gränzensaum.

3.

Amicissimo FRANCISCO PICKIO a Residentia Severiniana hodie absoluto Eucharisticon.

CIƆ. IƆ. CCLXXXXVIII.

Ergo dies venit, illa dies, qua Tu integer atque
    Liber in excelso conspiciere choro.
Tota Severini resonabit Curia tantum
    Nunc similem patribus posse videre virum.
Te, quem forma decens, ridentis gratia labri
    Splendida caesaries, pectoris ornat honos:
Te cui caeruleae penetrantes omnia stellae
    Ut geminae veneres, frontis in axe micant.
Qui formosorum formosior ipse magister
    Totus Adonis eras ore, vigore, manu.
Quem genius veri, rerum experientia, grandes
    Semper amicitiae composuere sophum.

Qui saecli technas, qui vinum et fercula nosti,
   Callidus accepti censor es atque dati
Qui trabeata timens exoptas undique pulcri
   Simplicis ac recti templa tenere modum.
Qui divinam homines trahis Orpheus alter in aedem
   Scisque idola fori reddere aroma chori
Quam tibi conlatis certatim ecclesia et orbis
   Quaerunt muneribus semper habere suum.
Quem dudum sibi, quod plus est caro mundus et orcus
   Ipsi inter sese praeripuisse volent.
Qui quamvis latebras virtus tua quaerat et umbram
   Ipse tuos oculos allicis in latebras.
Hoc ita postremum sibi forte ecclesia lumen
   Sumpsit, ut occasu splendidiore micet,
Ut fracto serto tantus carbunculus inter
   Promineat reliquas repperiundus opes.
His igitur, tibi quas natura et gratia dotes
   Contulit, in longos utere, amice, dies
Inque Severini, quo clamor te vocat aedem
   Perge via, dudum quam tibi stravit amor.
Totque in fornicibus, quos tonsi munere comples
   Elue, quae intonsus fornice peccat hymen.

4.

Ode an Hardy.

Bei Gelegenheit der Feier seines Künstler-Jubiläums, zu Ende des 18. Jahrhunderts.

Virum musa vetat mori!
Horat.

1.

Du reißt der Zukunft, Hardy! wie längst Dein Ruhm;
Und noch kein Feiersänger der Vaterstadt
   Besang den Namen, den das Ausland
   Unter den Künstlern und Weisen nennet.

2.

Oft wollt' ich's wagen, als noch ungeweiht
In Tönen hoher Frohnung, die Lyra nicht
  Ein Lied erstrebte, wie's die Nachwelt
  Einst in den Hallen des Ruhms Dir würdigt.

3.

Seitdem entschwang ich kühneres Fluges mit
Der höhern Tuba mich ins Gewölk. — Nun sollst
  Du nicht vorüber mir, Jahrhundert!
  Reih' ich nicht Hardy zu Deinen Sternen!

4.

Wem ziemt's denn auch zum Nachhall der Ewigkeit
Im Jubel Seines Ruhmes Ihn einzuweih'n,
  Als Dem, den Hardy's Segnung ehmals
  Kunst und Natur! Euch zum Opfrer salbte?

5.

Verwahrlos't in der Pflege der Dünklinge
Vom hölzernen Alter, strebt' ich nach Dämmerung
  Und blöd vor jedem Sphinx am Wege
  Stand ich — und hascht' — und ich haschte — Schatten.

6.

Und eine hold're Muse zog mich zu Dir —
Ich sah, und staunte, Blendung umfloß mein Aug' —
  Geheimniß war mir Euer hohes
  Zephyrgeflüster, Ihr Seelen Phöbos! —

7.

Hier ist Ihr Tempel: sang Sie dann mir, hier wohnt
Das Tyndaridenähnliche Brüderpaar:
  Wo mancher Gott der höhern Throne
  Ungern hinweg zum Olymp zurückeilt.

8.

Und von dem Chor der Schwestern am Helikon
Schwebt wechselweis hier Eine, stets ungeseh'n,
  Nah' um die Edeln, und erfüllet
  Ihre Gedanken mit Himmelsbildern.

9.

Mit Sonnenblick im Auge, mit leisem Ohr
Für jeden Wohllaut, Jugend im Seelenschwung,
　　Genießen Sie, wie Geister, jeden
　　　Strahl der Natur und der höhern Schönheit.

10.

Genährt mit ihren großen Geheimnissen,
Fließt, wie ein Silberbächlein Ihr Leben hin,
　　Das sich zweiarmig mit dem Urmeer
　　　Reiner elysischen Wonne mischet."

11.

So mir die Muse — Bester! Noch griff ich zwar
Im Wirrgefühl die Größe des Bildes nicht;
　　Doch, stolz auf mein Geschick, entbrannt mirs
　　　Herz vor Entzücken, mich Dir zu nahen!

12.

Du nahmst mich auf zur Weihe, Du lenktest erst
Den ungelehr'gen Finger, ach! ohne Erfolg
　　Zur hohen Plastik, bald mit besserm
　　　Glücke mein Auge zur Geistesübung

13.

Mit Idealen himmlischer Formen. Du
Entzündtest mir die Seele mit Windelmann's
　　Und Sandrart's ew'gen Mustern beß'rer
　　　Vorzeit, mit Hogarth und Mengs zur Flamme.

14.

Du gürtetest mir dann mit dädalischer
Weisheit die kühnen Schwingen zum Adlerflug,
　　Daß ich ins Aetherfeld Dir folgend,
　　　Auch bald am Born der Urschönheit schöpfte.

15.

Dich Meister jeder Praktik im Kunstgebiet,
Dir selber Quelle, mochtest im Schmelzgemäld,
　　Mit ew'gem Pinsel, mochtest im Oele
　　　Deine Gedanken in Leben färben,

16.

Bald sie aus rohem Wachsklos, aus rauhem Erz
Mit kräft'gem Meißel zaubern zu Wesen hin,
  Lernt' ich nun kennen: wenn so jedem
  Spieldruck der Finger die Bildung folgte.

17.

Dir floß des Lebens rasche Bestimmung in
Jedwede Saat des rohen Entwurfs. Dir sprach,
  Dir regte sich auf einmal Schönheit
  Selbst im chaotischen Keim der Dichtung.

18.

Oft half ich, eh' die Schöpfung der Stoff umschlang,
Ihr ins Entstehen, oft rieffst Du mein Auge zur
  Entscheidung, wann die Formen gaukelnd
  Dir sich zur Wahl für den Ausdruck drängten.

19.

Kommt mir zurück zur frohen Erinnerung
Der süßen Stunden, Geister der Bildungen
  In Hardy's Tempel! und umschwebt mir
  Nochmal die Seele, wie Ihr entstandet!

20.

So trafst du, stolzer Schmerz, auf Kleopatra's
Entschlossene Stirne! So wardst du Mädchen mit
  Dem Körbchen, Ihm zu Geßner's Chloe!
  Söhntest du, Greis, nur bei Brod und Wasser

21.

Als Gottvertrauter uns mit der Vorsicht aus! —
Stirbst, Ringer mit dem Tode! Noch unter des
  Betrachters Händen. Lina! bist noch
  Lina durch jegliches Stufenalter.

22.

So streckst Du noch den blendenden müden Fuß,
Diananymphe! rastend vom Fels herab,
  Dein Hylax lauscht — und die Gespielin
  Lehnt sich am fließenden Schooß zur Gruppe.

23.

So hob im weißen Tuftblock, voll Grazie
Sich aus den Fluthen seine Najade, zähmt'
   Ihr steigend Roß — Tritonenkinder
     Necken es schalkhaft noch in der Welle.

24.

Und seines Meißels ehr'nem Triumphe, den
Erhabnen Schwester-Gruppen, hier **Malerkunst**
   Dort **Plastik**, gab er so die Sprache
     Ihn zu verew'gen im Saal des **Fürsten** ...

25.

Freund! Mag Dein Kronos über die Säule des
Jahrhunderts stürzen, schreiten mit mächtiger
   Sens' auf den rollenden Ruinen,
     Um zu zerstören die Saat des Nachruhms;

26.

So schön, als Du sein Gruppenstück bildetest:
Wird er in seinem Denkmal des Deinen nicht
   Gleich dankbar schonen; ha! doch schonen
     Muß er das Antlitz des Weltenrichters

27.

In Menschenbildung, das Du im Schmelzgemäld
Mit **Dolce's** Himmelsfarben so sanft und groß
   Dort schildertest. O! wie dies Auge
     Dir schon die Palme des Sieges zuwinkt!

28.

Dem Erdgeschlecht Ihn so zu veredeln!
Dies ist der Blick, in dem Ihn die Mutter der
   Gefallenen, Ihn der Sänger Sions
     Sah, als den künftigen Gottversöhner.

29.

Der Blick, o **Hardy!** — Segen des Trostes Dir! —
Worin Er deinen sterbenden Bruder zu
   Den Sphären aufnahm, wo Ihr beide
     Immer die Heimat der Schönheit suchtet:

30.

Wann auf der Stufenleiter der Wesen, Ihr
Durch seiner Wunder grundlose Wirblungen
  Mit selbsterfundner Augenrüstung
  Näher den Ursprung der Kräfte spüretet;

31.

Bald heimisch im durchsichtigen Sterngewölb
Von eigner Kunst, der tiefen Planetenwelt
  Mäandertänze spähend, ihren
  Ewigen Strom in der Wirkung haschet;

32.

Bald ihren ernstverschlossenen Übergang
Im Universum durch den Eletterreiz
  Zerlegend, für die Labyrinthe
  Ihres Gestads uns den Faden reichet;

33.

Bald am Gestad selbst wallet in Geisterluft
Der höhern Lieder — Du und Dein Pollur — und
  Er auf der Cremoneser Laute
  Schlug die elysischen Melodien. —

34.

O süßes Leben, das so ein Brüderpaar
Von gleichgestimmtem Hochgefühl, göttliche
  Urania! bei deinem Altar
  Unter den wechselnden Musen lebte!

35.

Ach! Ihr genoßt es, glückliche Brüder! Ihr
Genoßt es lange, saht, wie kein Pilgerer
  Um Kunde reiner Schönheit, Euer
  Pythisches Heiligthum hier vorbeiging.

36.

Wie selbst der stolzerobernde Gallier
Sich Muster Eurer Künste bewundrungsvoll
  Für sein Museum bat, und unsres
  Phidias Wohnung für heilig ausrief.

37.

Er nahm uns unsre Kron', ach! das ewige
Vermächtniß unsres Rubens, dies Musterwerk
    Der höchsten Schwungkraft, nahm uns jede
    Perle der Kunst und des alten Glanzes;

38.

Was trägst du, zierdenthleidete Vaterstadt,
Jetzt aus den Resten deiner Verwüstung noch
    So werth ins kommende Jahrhundert
    Mit dir hinüber, als deinen Hardy?

39.

Ihn, der in Deinen, blödlings vom Afterstolz
Verkannten Mauern nur, das Gestirne ward,
    Das schon bis in die Fernwelt schimmert,
    Hebe Dein Genius! Ihn umstrahle

40.

Die Pflegerin hoher Seelen, Urania
Und ihr, mit euerm Wechselkuß
    Allgüt'ge Musen, und mit eurer
    Lebenerwärmenden Nektarschale!

41.

So steig' Er munter noch, wie ein Morgenstern
In deinen Sonnenbogen, o tagendes
    Jahrhundert, daß nach solchen Wehen
    Leichter und frei Du Dein Haupt emporhebst!

42.

Wo Schönheit und Geschmack vom vergifteten
Unheil'gen Schlackenunrath gesäubert, nun
    Für Kunstgenuß und Lebensfreuden
    Wieder die Menschen am Goldquell einigt —

43.

Und ich, sein Sänger, huld'ge dem Steigenden
(Wenn ich ins Herz der Jugend des Vaterlands
    Von seinem Lichtthau tröpfle), daß ich
    Ihm nur die Füllung der Schale danke!

44.

Erreicht er nun den Höhepunct Seines Laufs;
So glänz Er über Ubien, dort, wo längst,
Als Satelliten, unsern Rubens,
Achen und Pottgießer, Braun und Hülsmann

45.

Mit Geißelbrunn und Helmont umschimmern,
Da glänz' auch Hardy, näher noch am Planet!
Und Enkelwelt der Kölner schöpfe
Schönheitsgefühl Dir in Seinem Strahlguß!

Erklärungen zur vorstehenden Ode.

1. Strophe.

Bernard Kaspar Hardy ward geboren zu Köln im Jahre 1726, und lebte seit langer Zeit als Domvicar daselbst. — Durch Natur und Talent schien er bereits in der frühesten Jugend zur Kunst und zum Studium der schönen Natur bestimmt zu sein. Er hatte mehrere Geschwister. Seine guten Eltern schickten ihn zu der benachbarten Trivial-Schule an der hohen Schmiede, worin damals ein berufener Orbilius, der Magister Siepen hauste, welcher bei jeder Federzeichnung und bei jedem Wachsfigürchen, dergleichen er in den Papieren oder in den Händen des jungen Hardy immerfort antraf, dem Geiste der damaligen Erziehung gemäß, den bösen Genius der Kunst aus ihm herausprügeln zu müssen glaubte, indeß er der bekümmerten Mutter einen für alle gute Hoffnung verdorbenen Menschen an ihm prophezeite. Aber Hardy überstand hier und eben so im Lorenzianer Gymnasium, duldend sein hartes Musennovitiat; nützte, was er für seinen Trieb und Zweck dienlich fand, besonders die Lectüre der Dichter und der Götterlehre, dachte, zeichnete, schnitzte, bossirte und ging den Pfad seiner eigenen Philosophie. In seinem 15. Jahre zeigte er schon von seiner Hand Copieen und eigene Gestalten in Wachs, über deren Natur, Kunstgeschmack und fleißige, dennoch freie Bearbeitung auch der Kenner sich hoch verwunderte. Hardy selbst bekennt es sogar jetzt ohne Schein von Eigenliebe, daß er dergleichen Jugendarbeiten späterhin noch beobachtet habe und gestehen müsse, in der besten Epoche seines Kunstfleißes nicht correcter gearbeitet zu haben. Durch wunderbare Fügungen, die mit allerhand widrigen Schicksalen verknüpft waren (als wenn seit Jupiters Hirngeburt keine Weisheit mehr ohne Gewalt geboren werden könnte), gelangte er oft nur spät zu jedem seiner Wünsche für die Kunst, z. B. irgendwo ein Meisterstück zu sehen, eine Behandlungsart, einen Handgriff zu erlernen, oder sich ein, ihm zum Unterrichte nützliches Kunstwerk eigen zu machen. Sein Hang neigte sich im Praktischen der Kunst zuvörderst zur Oelmalerei. Diesen zu befriedigen gelang ihm dennoch erst dann, als er seiner Bestimmung nach, schon ins erzbischöfliche Seminar aufgenommen, daselbst durch den harmonischen Umgang mit einem ihm ähnlichen Genie die Gelegenheit zum Unterrichte in der Führung des Pinsels und in der Farbenmischung antraf.

Schon seine frühesten Werke darin waren wieder keine Werke, worin man den Anfänger vermuthete. Alles gelang seinem geschwinden und richtigen Auge, seiner leichten und festen Hand, und seinen Wünschen. Copieen beseelte er immer mit dem Geiste des Meisters, und solche, die er besonders nach de Lear und Breughel verfertigte, wurden endlich (obwohl als Copieen von seiner Hand eingestanden), trotz den Originalen bezahlt. Der Herr Director Krahe von Düsseldorf gebrauchte einst gegen ihn den witzigen Künstler-Ausdruck: „Nein Herr Vicar! so ist es nicht erlaubt, zu copiren."

Hardy erwarb sich bald eine große Kenntniß in den Manieren der Meister. Er versuchte jede Art und Praxis in der Malerei, ergab sich fast mit Wuth der Schmelzmalerei (Emaille), worin auch damals hier der Künstler und mehr als gemeine Goldschmied Schroot sehr geschickt war. — Hardy, mehr gelehrter Maler als Schroot, lieferte auch hierin bald Werke großer Kraft; nur bedauert er noch jetzt, daß ihn zu rasch der Gedanke ergriffen habe, darin Gemälde von einer Ausdehnung zu liefern, die der Kunst fast unmöglich waren. — Sein Weltheiland (Siehe die 27. Strophe) ist der Stärke und Vollkommenheit des Schmelzcolorits halber noch immer die Bewunderung der Kenner und Nichtkenner, und seine Liebe zu diesem Stücke vermochte ihn, seither noch jeden Preis dafür auszuschlagen. Diese Arbeit in der Emaille hat er nun, der Beschwernisse, des Zeitverlustes und der Gesundheit wegen, seit vielen Jahren aufgegeben. Inzwischen hatte er dennoch seine anderen Kunstpartien fortgesetzt und mehrere vervollkommnet, theils wieder neue unternommen. Seine Arbeit in weißer oder farbiger Wachsmasse und in Schnitzwerk auf vielfarbigen Muschelschichten in Form der antiken Cameen u. dgl., war auch wegen der leichtern Möglichkeit, sie von ihm zu erlangen, beliebter. In dem Wachse debutirte er nach dem damaligen Zeitgeschmacke erst in Basrelief-Bildnissen der Großen mit den trefflichsten Natur- und Charakterzügen. Auch das Natürliche der Stoffe, und besonders der Spitzen (nur ein leichter Handgriff für ihn) heftete jedes Auge. Er verließ diese niedere Gattung (die er dennoch schon längst mit weißen alabasterartigen Basreliefen für den höhern Kenner unterbrochen hatte) und er behandelte dann mit anständigerm Erfolge die Gattungen, wovon in den Strophen 22—23 die Rede ist. Selbst der Nichtkenner wird Hardy's Wachs-Rossirungen nicht mit jenen vulgären und carminroth auf den Wangen gefärbten Form-Eingüssen der Klosterarbeit vermischen: denn seine Massen sind verschiedenartiger zur Anwendung der Natur und des Colorits der Gegenstände vorbereitete Stücke, die er in rohen Abtheilungen zusammensetzt und mit Holzmeißeln, Stäbchen und Wellchen durch Abschnitzen oder Anbrücken bearbeitet. Dem Kenner braucht dieses nicht gesagt zu werden.

Wichtiger aber für unsere Bemerkung sind Hardy's Arbeiten in durchgehend vergoldeter Bronze, woran er sich trotz aller Beschwernisse mit einem unverdrossenen Eifer wagte. Auch diese gelangen ihm. Außer einigen einzelnen Büsten, besonders einem fleißig bearbeiteten und vergoldeten Kopfe des Homer, gehören hierhin die allegorischen Gruppen, wovon in der Strophe 24 die Rede ist. Sie sind in Absicht der Dichtung und des entspringenden Gefühls meist im mittleren Style, aber dennoch groß und zugleich gefällig in den einzelnen Formen und in der Zusammensetzung. Sie erreichen mit ihren ausgezierten Fußgestellen etwa 1¼ Fuß Höhe. Ihre Verfertigung fällt ungefähr in den Anfang der verflossenen 70ger Jahre 2c. 2c.

Aber zwischen allen diesen Gattungen von Kunsterfindungen und Arbeiten überflog Hardy's Geist auch noch das Gebiet der Forschungen der Physik. Früher hatte er schon mit seinem geliebten Bruder, welcher sich ehedem der Apothekerkunst gewidmet hatte, in der untersuchenden und ökonomischen Chemie, in Farbeproducten, Schmelzwerk 2c. gearbeitet. Diese Kenntnisse kamen ihm auch in der Physik zu Hülfe. Er durchkreuzte die neuen Erfahrungen. Er studirte noch mathematische Hülfskenntnisse, und die beiden Brüder, durch ihren Fleiß und Ordnungsliebe vom Glücke nicht verlassen, scheuten auch nicht manche beträchtliche Ausgabe, um sich zur Vervollkommnung ihrer Kenntnisse und Erfahrungen manches schöne physicalische Werkzeug anzuschaffen; jedoch die trefflichsten davon waren wiederum Arbeiten ihrer eignen Hände oder wenigstens ihres Geistes. — (Siehe darüber Einiges in der 30.—32. Strophe.)

Hardy war immer eben so gefällig für seine Freunde und für Liebhaber der Naturkunde, welche Instrumente seiner Einrichtung wünschten, solche unter seiner Obsorge unverhohlen verfertigen zu lassen, als er auch in Ermunterung und Anleitung junger Genies zur Kunst hülfebietend war, obwohl er nicht mit jeder Art ihres Dankes zufrieden sein konnte.

Seine Arbeiten, so verschiedener Art, sind in allen Weltgegenden verbreitet. Viele seiner Wachsarbeiten gingen über die Meere, und fast jeder Reisende in den besseren Zeiten versah sich mit einer Auswahl davon. In unserm Köln sind einige wenige Häuser, welche beträchtliche Cabinette davon in jeder Gattung besitzen. Zu diesen wird bereinst die zur Kunst wieder erwachende Nachwelt, wie noch jetzt zu Hardy's Wohnung, als zu geheiligten Denkmalen seines Nachruhmes wallfahrten.

Die beiden Brüder von gleichem Geiste des Fleißes und der Harmonie beseelt, demnach sie erst durch manche Mißtöne und Beschwernisse des Lebens und Forschens sich durchgewunden hatten, lebten dann weise und glücklich und empfingen lange die Huldigungen und Wünsche, die sie verdienten, bis Wilhelm, der Aeltere, dem Andern im Jahre 1799 durch den Tod entrissen wurde.

Kaspar's theures Leben fiel fast allein in die Epoche unserer letzten Schicksale, die unsere Vaterstadt in ihrer jetzigen traurigen Gestalt der Sitten und der Einwohner unkenntbar machen. — Aber die Bemerkung ist richtig, daß ein Leben voll Fleiß, dem Priesterthume der Kunst und Natur gewidmet, von Sittlichkeit und Religion nie verlassen, Körper und Seele nährt. — Selbst die meisten großen Lichter der Kunst, ein Da Vinci, Buonarotti und eine Litanie dieser Namen in den Geschichtsbüchern der Kunst, sind spät, oft erst sehr spät erloschen.

Unser Hardy ist jetzt noch in dem 77. Jahre seines Lebens eben der muntere, thätige, geistige, gelehrte, besuchte, bewunderte Künstler und Weise, den man in ihm vor dreißig Jahren fand. Er ist so klug, sich von keinem Schicksale und Gram bemeistern zu lassen. Doch die Musen lassen uns den Mann nicht sterben.

Zur 5. Strophe.

Der Verfasser hatte in seiner wissenschaftlichen Erziehung das Unglück, in eine Lehranstalt zu gerathen, wo es erst gar spät, und eigentlich fast gar nicht Tag werden durfte. Bei Hardy — und durch ihn — sah er das erste Licht, woran sich seine Augen öffneten und stärkten.

Zur 6. Strophe.

Die im Jahre 1769 verstorbene Gemahlin meines ehemaligen Lehrers, des Hrn. Hofraths Menn, Doctor und Professor der Arzneikunst in Köln, geborne Dorothea Schauberg. Eine Frau von Talent, Witz und Weltkenntniß. Sie wandelte mit Hardy in gleichem Alter und gleicher Liebe zur Kunst bei dauernder Freundschaft. Auch sie bildete in Wachs, zeichnete, versuchte bei seiner Leitung die Oelmalerei in der Landschaft und besaß viele Kunstkritik. Ihr Genie war aber vorzüglich für die Tonkunst und die italienische Gesangweise durch die geschicktesten hiesigen und fremden Meister jener Zeit gebildet worden. Sie hatte fast alle Instrumentalmusik geübt, und sich selbst in der theoretisch-musicalischen Kritik zu seltenen Kenntnissen geschwungen. Ihr Wunsch und Spruch war eben der Horazische: Ne turpem senectam vivere nec cithara carentem, besonders, daß ein Frauenzimmer aus der gebildetern Classe, selbst das Wenige, was sie durch Kunst, Musik und Kenntnisse vernünftiger Gattung erworben hätte, nie ganz aus der Uebung verlieren müsse, um die Stunden ihres zur Einsamkeit fortschreitenden Alters (außer ihren Berufsgeschäften) mit sich allein angenehm ausfüllen zu können. Sie konnte es, und in der Gesellschaft Hardy's und des Verfassers cultivirte sie noch dazu die physische Erfahrungskunde und verschiedene Theile der Naturgeschichte. — Die allgemeine Verehrung begleitete sie bis an ihr Ende. Edle, gute Seele! Dir sei wohl!

Zur 12. Strophe.

Hardy wollte den Verfasser erst zu Einer der Kunstpraktiken anführen und wir versuchten es mit der Plastik (im Bossiren). — Es mißlang; die Standesgeschäfte raubten mir dazu Laune und Zeit. Diesem Umstande verdanke ich aber die höhere Einweihung in die Theorie der Kunst unter Hardy's Inspirationen. Er legte mir zuerst Winkelmann's „Geschichte der Kunst des Alterthums", dessen Allegorie für die Kunst und kleinere Werke, Sandrart's Akademie, Hogarth's Zergliederung der Schönheit, Hagedorn's und Mengs' Schriften ec. vor, und erläuterte mir die Geheimnisse der Kunstschönheiten unablässig durch Vergleichungen, Beweise und Beispiele.

Zur 15., 16. u. 17. Strophe.

Erstaunenswürdig war immer des Künstlers Leichtigkeit im Erfinden, seine Sicherheit im Darstellen und seine Hurtigkeit im Verändern. Wie ein handelnder Proteus verwandelte er unverdrossen (war es auch nur eines vorgeschlagenen Gedankens wegen) seine Figur flugs in zehnfache Gestalt, um daraus die gefälligste zu wählen, oder das Unschickliche einer Idee zu zeigen. — Der Verfasser ist stolz, sich des Vertrauens rühmen zu dürfen, womit Hardy ihn mehrmals zur Beurtheilung seiner Ideen zog.

Zur 19. Strophe.

Hier folgen nacheinander die Kunstdarstellungen Hardy's in kurzen, dichterischen Beschreibungen. Man merke, wie Hardy hierin selbst Dichter war und aus der Lesung der Dichter oft sich seine Bildung schuf. Er behandelte gerne die Allegorie, das pathetische häusliche Drama, die Idylle, das Charakter- und Ideal-Portrait, und seltener die höhere epische Gattung.

Zur 20. Strophe.

Kleopatra, eine episch-tragische Darstellung in erhabener Arbeit (haut relief) in dem Moment, wo sie eben die Schlange angesetzt hatte. Schöne, edle Form, Bildung von hohem psychologischen Ausdruck. Das stolze und doch schauerhafte Gefühl äußert sich in der zusammengezogenen Stirne über den Augenbrauen und im Munde. — Die Körperwendung zeigt mit Anstand die schönsten Partieen im Lichte — und die Gewandfalten erhalten dadurch die einfachste, aber eine groß stilisirte Lage. Man glaubt die Kleopatra des Horaz zu sehen. Buch I., Ode 37.

> Quae generosius
> Perire quaerens — fortis et asperas
> Tractare serpentes, ut atrum
> Corpore combiberet venenum,
> Deliberata morte ferocior,
> Saevis liburnis scilicet invidens
> Privata deduci superbo
> Non humilis mulier triumpho.

Ebendaselbst.

Das schöne Landmädchen mit dem Körbchen — idyllisch — nach Geßner: Chloe! immer trägst du dein Körbchen am Arm. Ein sehr einnehmender Gegenstand vom naivsten Ausdrucke. Dazu mag man das Gärtnermädchen rechnen, welches Grünkraut und Savoyerkohl im Schooße trägt. Man kann die schöne Natur nicht interessanter und in geschmackvollerer Unschuld darstellen. Es sind ideal-arkadische Geschöpfe des reinsten Gefühles, in der saubersten geistvollsten Bekleidung aus der höhern Landclasse. Sie scheinen dem Bewunderer gleichsam Dank und Liebe zu antworten. In dem Eigentlichen der Kräuter, und besonders in dem Charakteristischen des Savoyerkohls war Hardy so getreu mit der Schöpfung einverstanden, daß es Schade darum ist, die Arten davon nicht vervielfältigen zu können. Zum Gegenstücke Eines dieser angenehmen Bilder oder zur Mitte zwischen Beiden fiel die Wahl der Kenner von Herz und Geschmack gern auf die Figur eines Mannes, der werth gewesen wäre, ihr Vater zu sein, nämlich:

Zur 20. Strophe.

Auf den mit seinem Loose zufriedenen alten Landmann. Es ist ein Bild im häuslich idyllischen Sentimentalstil und könnte sich zu Voßens Louise oder Kosegarten's Jucunde reimen. Er zeigt sich hinter einem einfachen hölzernen Tische, worauf ein Stück Brod neben einem reinlichen Kruge liegt. Man sieht den noch wirklich so nervichten, blutvollen Greis in seinem Sonntagsrocke. Nach geendigter Wochenarbeit sich nichts Höheres wünschend, scheint er nach verzehrter Labung mit gegen Himmel blickendem heiterm Auge für die, auch so geringe Gabe seines Unterhaltes und seiner Freude dem Allgütigen zu danken. So beruhigten Gewissens, so einig und innig mit Gottes Wille, so rein von jeder Leidenschaft, so jedem Nachbarn sein Glück gönnend, so kummerlos für den Folgetag, spricht er sein Vater Unser, wie es keine andere Seele, keine andere Miene andächtiger sprechen kann. Prunklos ohne Anspruch in Stellung und

Kleidung, wie es ihm ziemt, ist auch die Färbung des Bildes. Alles war hier, wie die Natur mit Wenigem zufrieden, und — ist dennoch so schön und so rührend...

Zur 21. Strophe.

Der sterbende Weise (Philosoph), ein Sujet, welches Harby auf veränderte Weise dargestellt hat. Zuerst gab er ihn sitzend auf einem Sessel, hernach mehr zur Seite liegend auf einem halben Ruhebette. Zuletzt verband er die Idee gelegentlich mit der bestimmten Bedeutung des sterbenden Lavater. Der Gegenstand fand schon bei seiner ersten Erscheinung viele Liebhaber. War es des moralischen Schönen wegen, welches Harby eben so philosophisch mit seinen Bildern verbindet, oder weil das Pathognomische der Vorstellung manche für das sänftere Schöne zu starke Nerven mehr angreift. Es ist das Bild eines ehrwürdigen, zur Hoffnung einer bessern Welt sich auflösenden Gottvertrauten. So starb Gellert: sprach ein Augenzeuge. So starb Lavater: sagte ein anderer. Aber so stirbt jeder Edle, dessen Leben Musik war. Der Wärmestoff des Lebens hat sich hier schon auf einen Punct zusammengezogen. Das letzte Strählchen zittert im brechenden Auge und das sich verhauchende lösende Flämmchen auf der zuckenden Lefze gießt seine Seele bald ins Meer der ewigen Wesen zurück. Das anatomisch-myologische der nackten Körpertheile, und die schwindende Farbe ist vortrefflich ausgedrückt. Man sieht seine kalte Hand. Die hippokratische Nasenspitze zuckt, und dennoch ist nichts Ekles im Bilde. Es ist ein süßer Tod.

Ebendaselbst.

Lina, wir geben diesen Namen einem Cyclus von Idealvorstellungen der Stufen des weiblichen Alters, zum Andenken, daß die Verfasserin der Briefe an Lina (Fr. v. Laroche) unsern Harby mit einer ungemeinen Bezeugung von Antheil besuchte und in ihrer Reisebeschreibung unseres Weisen mit Ehren gedachte. Harby stellt hier dieselbe Figur eines weiblichen Wesens als Kind, als Jungfrau, als Mutter und als ehrwürdige Alte in den Beschäftigungen und in dem geziemendem Geiste ihres Costums und ihrer Gefühle dar. Die Physiognomie und die Charakterähnlichkeit einer reinen, anmuthigen, durch keinen nagenden Harm, keinen Wirbel von Leidenschaften verdorbenen, die Jahreszeiten des Lebens froh durchgewanderten Natur war hier das Thema. Nur so eine Matrone mag mit zufriedener Miene auf die Stufen ihrer Bahn zurücksehen, bei ihrem Betrachtungsbuche sich an Gottes dauerndem Segen laben und über alle die Bemühungen lächeln, womit die jüngere Welt jetzt eilet, im dreißigsten Lebensjahre schon zu dem zu reifen, was die Ehrwürdige dort kaum in ihrem sechszigsten zeigt. Dagegen mag auch nach dem Ablaufe noch eines halben Jahrhunderts dieses wächserne Ideal von der wirklichen Möglichkeit des glücklichen

weiblichen Alters nur als ein schönes Gedicht aus den Sagen der Vorzeit an=
gesehen werden. Zachariä's Gedicht über die vier Stufen des weiblichen Alters
ist der Vorstellung verwandt, und nur im Historischen des Lebenslaufes und
der Beschäftigungen ist es von vielfacherm, individuellerm Gehalte, welches auch
für die redenden, nicht eben so für die plastischen Künste in der Vorstellung
möglich ist.

Hardy hat zum Gegenstücke der weiblichen auch die vier männlichen Alter
geliefert — eben so naive Darstellungen, besonders im Kindesalter, worin er
vorzüglich idealisch und naturvoll ist, und den Quesnoi zu seinem Vorbilde stu=
dirt hat.

Der Dichter übergeht hier noch eine große Folge von Charaktergattungen,
welche der Künstler in gefärbten Wachsmassen herausgab. Diese Stücke sind
durchgehend auf braunem Glasgrunde sich hocherhebend (haut relief) und in
vergoldeten Rahmen zu etwa ³/₄ Fuß Höhe eingefaßt, die Körper mit Händen sind
auch meistens in ³/₄ Lebensgestalt. Alle diese Bildungen Hardy's sind merk=
würdig. Vorzüglich gefallen die Charakter=Portraits Franklin's, Newton's, Vol=
taire's, Rousseau's. Das geizige Weib, der sich glücklich fühlende Jude, und der
verzweifelnde Chemist (eine getroffene Darstellung), der Waldbruder, eine Mag=
dalena, eine Artemisia ꝛc. und in größerm Querformate die schöne schlafende
Schäferin, der liebende Jägerbursche ꝛc. Hardy's Genie, noch jugendlich frucht=
bar, hört wirklich nicht auf, ihre Anzahl mit neuen Erfindungen zu vermehren.
— Der Sänger aber schreitet nun im Liede zu den runden, losen, festen Wachs=
bildern und Gruppen, welche Hardy meistens in weißer Alabaster= und Bisknit=
manier darstellt. Sein vortrefflicher Christus am Kreuze, worin die Schönheit
und der sanfteste Ausdruck des Gottmenschen, und die ganze mythologische und
malerische Bildung von herzergreifender Wirkung ist — müßte billig hier vor
Allem genannt werden.

Zur 22., 23. Strophe.

Schön und ein glücklicher Gedanke ist dieses Gruppenpaar von etwa 1½
Fuß in der Höhe, die Diananymphe und die Najade vorstellend. Die poetische
Beschreibung liefert ihr Thema. Aber die Zeichnung und Zusammensetzung,
den Gewandwurf und die weiche Behandlung daran muß man nur bei dem
Besitzer sehen und — bewundern.

Zur 24. Strophe.

Es sind jene aus 3—4 Figuren zusammengesetzten Darstellungen, die wir
schon oben ankündigten. a) Die der arbeitenden Bildhauerei (Plastik). b) Jene
der arbeitenden Malerei, also jede ein bildliches didaktisches Gedicht, und wie
sich's geziemt, im mittlern Stile. Man kann denken, daß das Genie und die

Hand des Künstlers diese feine, durch die Materie selbst sich verewigenden Geburten bei ihrer Schöpfung sehr sorgsam gepflegt habe. Die Bearbeitung des rohen Gusses hat er, besonders im sanftesten Ausdrucke der Muskelfließungen und der Haare, mit einem langen unermüdeten Fleiße beendiget. Alles ist verdeutlichet, und auf jede Kritik berechnet. Sie ruhen auf schwarz polirten Fußgestellen, woran in verzierten Inschriften: a) ARS ARTIS IMAGO. b) ARS IMAGO VITAE geheftet sind. Ihre Höhen halten etwa 1¾ Fuß. Ihre Beendigung fällt fast in die Mitte der siebenziger Jahre. Der Kurfürst Max Friedrich, der davon gehört hatte, ließ unsern Hardy, den er schon in Köln schätzte, mit diesen Stücken durch Ausdrücke einer besondern Achtung zu sich nach Bonn zu einem Besuche einladen. Er unterhielt ihn da einige Tage mit aller Würdigung und erbat sich von ihm diese beiden Gruppen gegen jeden zu bestimmenden Preis. Sie wurden in dem großen prächtigen Gesellschaftssaale des kurfürstlichen Hofes zwischen den antiken und neuen italienischen Marmorbüsten und Bronzen auf marmorne Tafeln bestimmt, und sollten Hardy's Ruhm auch im Palaste des Landes verewigen. Aber Hardy überlebte schon diese ihre Bestimmung durch den so gewaltsamen Wechsel der Dinge, welche selbst den Ort ihrer jetzigen Existenz unbekannt läßt.

Zur 25., 26. Strophe.

Chronos oder die Zeit, welche die Säule des Ruhmes umstürzt. Eine freie Gruppe in weiß und grau gefärbter Wachsmasse. Schön und bedeutend ist die Dichtung und die Zusammenstellung des Ganzen. Der alte nackte Chronos, von vortrefflicher Anatomie, Stellung und Handlung, sogar die Reaction der Massen spricht selbst in der Zerstörung. — Eine epische Allegorie, deren Stoff zur End-Episode in ein Gedicht über das, eines so gewaltsamen Todes erstorbene 18. Jahrhundert passen möchte.

Zur 27. Strophe.

Das so vollkommen schöne Emaillestück von Hardy's Hand, zu etwa zwei Zoll Ovalhöhe, welches den Weltheiland nach einem berühmten Gemälde von Carlo Dolce vorstellt und demnach von dessen Bruder Guiseppo Dolce sowohl, als von mehrern Schmelzmalern, besonders auch von dem so berühmten Petitot verfertigt worden ist, welches letztere hier noch vor einiger Zeit unter einer Sammlung der vortrefflichsten Stücke Petitot's gezeigt wurde. — Allein die Göttlichkeit des Blickes im Auge und in der Stirne, die Sprache der Weisheit und der reinsten Güte, die Sanftheit der Rundung — und der Haarlocken, dieser keusche Zusammenfluß in den Nuancen der Carnation, diesen hohen ewigen Schimmerton der rothen und der blauen Farbe des Gewandes mit allen Stufungen der Mitteltinten bis zum tiefsten Schatten, dies vollkommene Ganze von Zeichnung und Colorit, was Harby's Händewerk zeigt, übertrifft alles, womit man es in seiner Gattung messen könnte. Es wird als ein Triumph der Kunst hierin angesehen, und selbst ihn besuchende kunstliebende Fürsten haben durch kein Angebot seither noch vermocht, es von ihm zu erhalten.

Zur 28. Strophe.

In Klopstock's Messiade.

Zur 30. Strophe.

Harby's zusammengesetzte Mikroskope haben den Ruhm, daß im innern Mechanismus der Deutlichkeit, Richtigkeit und Kraft, selbst im Aeußern der Vollendung und leichten Beweglichkeit wenige ihnen beikommen. Von seiner Aufspürung, Wahl, Vorbereitung und Untersuchung der Objecte, besonders der so deutlichen Beobachtung seiner Räderthierchen unter so vielfaltigen Gestalten, wird der Gelehrte sowohl als der bloße Bewunderer durchgehends bei ihm gefesselt.

Daselbst.

Spuren von Spur — vestigium, investigare.

Zur 31. Strophe.

Harby's künstliches Planetarium, welches nach der neuesten Theorie binnen einer, mit dem Fixsternhimmel in richtigen Distanzen bezeichneten großen Glaskugel, den Lauf der Irrsterne und ihrer Trabanten mit ihren bestimmten, durch ein inneres Uhr- und Stundenwerk unterhaltenen verschiedenen Bewegungen zeigt. Ein seltenes vortreffliches Stück theils seines einrichtenden Genies, theils seiner eigenen Arbeit. Die Kugel wird von vier vergoldeten Genien getragen. Hiezu kann man die beiden sehr genauen Erd- und Himmelskugeln anführen, die auch des weisen Künstlers eigene Arbeit sind.

Zur 32. Strophe.

In der Electricität hatte der Mann auch immer die vortrefflichsten Maschinen sowohl der Einrichtung, als den Wirkungen nach. Unermüdet in den Versuchen, bewandert in allen Theorieen, unterhält er hier den Kenner eben so angenehm, als den bloßen Bewunderer.

Zur 33. Strophe.

Er und sein Bruder J. Wilhelm lasen in Ruhestunden außer den besten Werken über Natur und Kunst, sehr fleißig die besten Dichter höherer Gattung, z. B. den Virgil, Klopstock's Messiade, Zachariä und dessen Uebersetzungen Milton's —, Wieland, Geßner ꝛc. Dieser verstorbene Bruder war zugleich Musiker, und besaß eine vortreffliche Starivarische Geige, worauf er oft zur Unterhaltung sein Herz ergoß.

Zur 35. Strophe.

Hardy's Wohnung ward in ruhigen Zeiten fast jeden Tag mit dem Besuche der Kunstkenner und der Fremden aller Menschenclassen und Nationen überströmt. — Man besuchte Köln auch seinetwegen.

Zur 36. Strophe.

Die fränkischen Volks-Repräsentanten begehrten eines seiner Mikroskope nebst andern Kunstwerken seiner Hand für das Museum. Sie bezahlten es ihm nicht nur überschwänglich in damals einzigem Assignatengelde, sondern sein Haus ward auch durch einen förmlichen Beschluß von den Kriegslasten freigesprochen. Eine Kunstwürdigung, welche in der ältern griechischen Geschichte nur ihr rühmliches Gegenstück findet.

Zur 39. Strophe.

Hardy hat sich nur binnen den Mauern unserer Stadt zu Dem gebildet, was er geworden ist. Omnia conando. Was wäre der Mann geworden, wenn er die Kunstschätze Italiens gesehen hätte! Für Reisebeschwernisse scheu, besuchte er erst in seinen späteren Jahren, von den Wünschen des Hofr. Krahe gedrungen, die düsseldorfer Galerie — Er sah daselbst auch die trefflichen Bronzetafeln von Soldani's hocherhabener Arbeit, bossirte sie nach, und hatte sie in gleicher Größe binnen so kurzer Zeit fertig, worin man glaubte, daß er selbe kaum angefangen hätte.

Zur 44. Strophe.

P. P. Rubens, der allbekannte Stern der ersten Größe, Johann von Aachen, Augustin Braun, J. W. Pottgießer, Jos. Hülsmann stehen hier, statt der übrigen in Köln gebornen oder gestorbenen großen Meister in der Malerei. Jeremias Geißelbrunn, J. v. Helmont statt der andern großen Bildhauer unserer Stadt, für deren Werke und Andenken, wie für alles, was unsere Volks- und Kunstgeschichte betraf, und was eigentlich unsern Genius und Nationalstolz mehr hätte erwecken und erwärmen können, unsere vorige gelehrte und ungelehrte Erziehung der Jugend unempfindlich, und unsere Wißbegierde unbefriedigt ließ. Der Verfasser hofft bei besserer Muße und Unterstützung ein unterrichtendes Werk über die Kunstgeschichte Kölns zu Stande zu bringen, um die Namen und das Andenken der Werke jener großen Männer und anderer Dinge, die einst unser Stolz waren, nicht mit allem Uebrigen noch gar zu Grunde gehen zu lassen.

5.

HYMNUS.

Salvete sacra pignora,
Quae Numinis clementia,
Ut innovati foederis
Arcam reduxit Ubiis.

Vos gentium primordia,
Qui trina per mysteria
Regem fatendo gloriae
Fonti litastis gratiae!

Qui solis ultra cardinem
Lucis tulistis Vindicem
Et torpidum caligine
Lustrastis ortum lumine.

Per orbis ambitum sui
Testes perennes Filii,
Perire Providentia
Non vestra sivit lipsana.

Haec vos ab ortu in Italas
Rheniquo transmisit plagas,
Clarando testimoniis
Tanti triumphum funeris.

Quousque vos heic incolas
Avita fovit Civitas,
Almam, fidelem, prosperam
Servastis hanc Coloniam.

O, iam recepta ab hospitis,
Quo terror abscondit, focis,
Nil vestra turbet ultimo
Nunc ossa, quo cubent, loco.

Fidelis, alma prospera
Refloreat Colonia.
Sanctamque sumat gloriam
Vobis renasci Regiam.

Et quam beastis patriam,
Servet fides rem publicam
Auctamque tot splendoribus
Sanctis redonet civibus.

Ut triplici mysterio
Quod obtulistis Filio,
Aeterna reddant saecula
Deo Triuni iubila.

6.

Ad clarissimum virum I. MICH. DU-MONTIUM summo inter Vbios templo recenter datum pastorem maxime reverendum epistola poetica M. Gamandri aeditui sui cum notis variorum.

Sub exitum Decembris CIƆ.IƆCCCVI.

> Sed tamen est operae pretium cognoscere, qualcis
> Aedituos habeat virtus.
> *Horat.* Epist. L. II., I. V. 229.

O vir Apostolici venerande Decane Senatus,
Nunc merito nostrum Pastor adepte gregem!
2. Optime tu Doctor, divinae legis amator!
Gemma patrum, terni luxque decusque chori!
Si licet, ut servi pietas tua pulpita tangat,
Blanditer aeditui verba capesse tui.

4. Ex quo de Pauli latebris in limina Petri
Translatus, celebri glorior officio:
Vrbanos didici custodes inter Achillem
Quid deceat, quo se crure vel ore gerat.
6. Quo laudat motu sacrae iactator acerrae,
Qua geminet lychnos, qua levet arte scyphos.
Quis color altari seu quae campana diei
Conveniat, vel quo sidere flammet hymen.
8. Cernes, quando sacris mystas altaribus apto,
Quantum sollicita dexteritate iuvem,
Ne stola dissimili dependeat ordine, ne quid
Lemniscus peccet, margine palla fluat. —
10. Tantus ego nitidi cultor quum totus in hoc sim:
Est decoris proprii cura suprema mihi.
Semper enim gracili difflat se byssina nube,
Ante in denticulos evolitante plica.
12. Iamque diu, quod poscit honor, velamine pullo
Optassem talos circumeunte tegi:
Ne male, quum tango centaurus mysticus aras,
Longipedem aspicias et sine puppe cygnum.

14. Verum alias, venerande Pater, tibi muneris huius
Iuverit illustres exposuisse notas. —

6.

M. Gamander's poetische Epistel an Herrn J. M. Du-Mont, neuernannten Hauptpastor am hohen St. Peters Dome in Köln.
Aus dem Lateinischen übersetzt von C. G. Bruch.
Im Januar 1807.

> Es ist der Mühe werth
> Zu wissen, was für Tempelhüter man
> Der Tugend gebe.   Horaz Ep. B. II. I. V. 229.

Mann ehrwürdig uns längst als Führer ehrwürdiger Männer,
  Sei uns, Verdienter, als Hirt unserer Heerde begrüßt!
Weisester Lehrer des Rechts, des göttlichen Wortes Verehrer,
  Perle der Väter, Du längst dreier Versammlungen Zier.
Ist es dem Diener vergönnt mit Ehrfurcht Dir sich zu nahen;
  O, so vernehme Dein Ohr gütig des Opfermanns Wort.

Aus des heiligen Pauls unscheinbarer Kirche zum hohen
  Peters Dome versetzt, stolz des berühmteren Amts,
Lernt' ich immer mit Fleiß, der städtischen Küster Achilles,
  Was an Stellung und Mien' wohl sich gezieme, was nicht.
Wie mit Anstand schwinge das heilige Rauchfaß der Diener,
  Leuchter verdopple, mit Kunst reiche das Weingefäß dar.
Welche Farb' dem Altar und welche Glocke dem Tage
  Ziemlicher, oder auch wie flimmere Hymens Gestirn.
Sehen wirst Du, wenn einst der Altäre heilige Diener
  Ich bereite zum Amt, wie ich mit sorglichem Fleiß
Helfe, daß ihnen die Stola nicht ungleich herabhäng' und daß nicht
  Etwas ermangl' am Gurt, schleife die Palla den Rand.
So des Nieblichen Freund, und damit ganz nur beschäftigt,
  Heischet den möglichsten Fleiß eigene Zierde von mir.
Daß mit Anmuth mir flattr' und wolkenähnlich das Röcklein,
  Vorn' in zierlicher Falt' ende, mit Spitzengekraus.
Lange schon ist es mir Wunsch, was auch erfordert der Anstand,
  Daß ein schwarzer Talar berge mir Knöchel und Fuß,
Um nicht als mystische Doppelgestalt am Altar zu erscheinen
  Ein langfüßiger Schwan, mangelnd des hinteren Schweifs.

Doch Ehrwürd'ger, genug — Noch gibt es der Dienstesgeschäfte
  Manches, welches Dir nun auch zu eröffnen mich freut.

Quo nunc usque gero summi Custodis honorem;
Doctior hoc templi fama salutat opus.
16. Ecce peregrinis ex orbibus adfluit hospes
Intensa speculans haec monumenta face.
Quodque diu heic gelidae terris siluere Camoenae,
Totum prodigium est, et latuisse dolet.
Nunc operis molem et centum portata columnis
Tympana, nunc tecti florea rostra stupet,
18. Iam Nemesis incusat, quibus haud fuit, id caput artis
Grande tabernaclum contumulasse, pudor!
Iam, quod sacra fames, ignoto iure decori,
De Patrum tumulis aenea signa tulit;
20. Et quod Conradus, templi sanctissimus auctor,
Proiectus mutilo cernitur esse pede!
Haec satis edidici, et nemo miracula templi
Gnavius aut veteres explicat historias. —
22. Ergo ubi sublimes circum longe erro per arcus
Describens nostrae sacra tropaea domus.
Primitus alta trium peto mausolaea Magorum
Thesaurosque, olim queis nituere, crepo,
24. Famosos onyches stellamque adamante coruscam,
Musivasque bases daedaleosque typos.
Quorum inculta loco nunc claudit cistula Reges,
Et prostant pictis crania nuda striis:
26. Donec primaevae, reparanda favore bonorum,
Proferat alma dies rudera fulva pyrae —

Dein Electorum discerno sepulcra potentum
Et fati exuvias, o Medicaea! tui.

28. Festine comites praeter tria duco sacella:
Ne penetrent sparsum luce vagante chaos.
Et iam conspicui lustramus viscera templi,
Quo super excelso fornice vitra micant.
30. Hem! quae maiestas se oculis mirantibus offert!
Non Deitas alio vellet ovare throno.
Splendet inoffenso variati marmoris astro
Grande pavimentum, quo levat ara gradus.
32. Ara superstrato quondam celeberrima saxo
Par cui non aliud margine, mole fuit.

Seit ich das Ehrenamt als Küster im Dome bekleide,
  Ehret des Tempels Gebäu, weiter verbreitet, der Ruf.
Sieh' es wallet hieher von fernem Lande der Schauer,
  Und beleuchtet mit Ernst dieser Umthürmungen Pracht.
Daß erstarret sie schwiegen in diesem Land die Camönen
  Scheinet ein Wunder, fürwahr! und die Verborgenheit schmerzt!
Bald die furchtbare Größ' und das hundertsäulengetrag'ne
  Dach bewundernd, und bald staunend das Blumengezier,
Klagt er der Nemesis an, die einst zu zertrümmern es wagten
  Schamlos, das Wunder der Kunst, den Tabernakel im Chor.
Auch daß schändlicher Geiz, nicht achtend der Rechte des Schönen,
  Dort von der Väter Grab eherne Zierden entwand.
Und daß Konrad selbst, des Tempels heil'ger Erbauer,
  Hingeworfen erscheint, dort mit verstümmeltem Fuß.
Alles das hab' ich gelernt und des Tempels Wunder kann keiner,
  Keiner Geschichten des Orts besser erzählen als ich.
Darum irr' ich oft lang' in den mächtigen Hallen und weile,
  Euch zu beschreiben bemüht, heilige Zierden des Doms.
Und beginnend begrüß' ich die Gräber der heiligen Weisen,
  Preise den köstlichen Schatz, wie er einst glänzte — ach einst! —
Onyxe griechischen Schnitts und den Stern, der blinkte von Demant,
  Säulen von glänzendem Schmelz, Werke dädalischer Kunst.
Sie ersetzt ungeschmückt ein Sarg, der der Heil'gen Gebein birgt,
  Gitteröffnung — bemalt — zeiget die Schädel ganz kahl;
Bis den Urbestand einst, ersetzen den Mangel die Guten,
  Künftig ein glücklicher Tag zeiget im goldenen Rest.

Drauf bezeichn' ich das Grab der mächtigern Fürsten und Priester;
  O Medicäa, auch Deins! hier ist dein Schicksal begränzt!

Dann, mit hastiger Eile, geleit' ich die Schauer vorüber
  Drei Capellen, daß nicht Chaos erspähet' ihr Aug'.
Schauend betrachten sie nun das Inn're des prächtigen Tempels
  Dort wo das schimmernde Glas strahlet im hohen Gewölb'.
Ha! wie dem staunenden Aug' majestätische Pracht hier begegnet!
  Keinen andern Ort wählte die Gottheit zum Thron!
Hier prangt farbiger Marmor in Sterngestalten als Estrich
  Bis zu der Stufe, wo stolz dort sich erhebt der Altar.
Einst berühmt auch er: — es war des bedenden Steines
  Größe, kein anderer gleich, keiner ihm ähnlich an Glanz.

Circum nuda peplo, pariis ornata anaglyptis,
Qua populo obversus Mysta supremus erat.
34. Nunc tumulata quadris antiqui schematis usum
Perdidit et nitidi pegmatis omen habet.
Heic septem basibus tollit Sapientia sedem;
Aurea stat medio mensula sacra Deo.
36. Aureus et limbus, sinus aureus, aurea summi
Curvatura throni stellaque fixa throno.

Haec loquor attonitis, mea qui proludia laudant
Et reddunt lento iam sua sensa cribro:

38. Merx pretiosa quidem: scirent si ignoscere Musae
Misceri gothico serta moderna stylo.
Albicomos etiam tornati marmoris orbes
Ferratosque vetant, crine tumente, trochos,
40. Et male iunctarum discordi glomere rerum
Corripiunt aevi posterioris opus. —
Cur delusus ego popularis imagine Pulcri,
Nunc videar nostris crassior auguribus?
42. Ergo etiam perstringo aras ad utramque columnam
Ista, artis genium ludificante, mitra.
Atque in marmoreas vorsum protendo figuras,
Sacra Patronorum quae simulacra ferunt —

44. Heic sistunt, formasque probant celtisque labores
Indignoque putant has habitare loco.
Sed gravitate styli sublimique arte coruscas
Vellent ante aras tollere utrimque focum.
46. Impostosque globos, culti non symbola sensus,
Prostrato Aligerum substituisse situ.

Haec audita placent, — sensim sic pectora Phoebus
Intrat et indocilem non sinit esse sui.

48. Grandia nunc Archi-mystarum epitaphia Fratrum
Attingo, geminae mollis et artis opus.

Circum Rubeni phrygiatos arte tapetes,
Queis rapuit furax integumenta manus.

Ohne Hülle, gezieret mit parischen Marmorgebilden,
Und der höchste Liturg' kehrte das Antlitz zum Volk.
Jetzt mit Quadern bedeckt, verlor er die Form der Antike,
Gleich ist seine Gestalt der eines niedlichen Schreins.
Hier errichtet ihr Haus auf sieben Säulen die Weisheit,
Golden, der Gottheit geweiht, glänzt in der Mitte ein Stand.
Golden schimmert der Rand, und golden die Blende, ja golden
Selbst die Decke des Throns, golden des Thrones Gestirn.

Staunenden sprach ich oft so, die meinen Vortrag gepriesen,
Aber den tadelnden Sinn halten auch sie nicht zurück.

„Wahrlich ein köstliches Ding, wenn verzeihen die Musen es könnten",
Sprechen sie, „gothischem Styl mischen Modernes hinzu.
„Schnörkel, gewunden von Marmor, zur Zierde des Hutes und Gitter,
Eisern mit strotzendem Haar, tadeln die Göttinnen laut.
Tadeln Zwiespalt im Knäuel der schlechtverbundenen Dinge,
Afterkunst sei dies Werk, Ausgeburt jüngerer Zeit!"
Warum muß ich, bethört vom gemeinen Sinne des Schönen,
Ungebildeter jetzt Kennern erscheinen ein Spott? —
Darum tadl' ich nun selbst der beiden Säulen Altäre,
Daß das kleinliche Dach höhne die reinere Kunst:
Und dann kehr' ich mich schnell zu den beiden Marmorfiguren:
Hier sind des heiligen Orts heilige Schützer gezeigt.

Und hier weilen die Schauer, bewundernd Gestalten und Arbeit:
Eine Meinung nur ist's, unwerth sei ihrer der Ort.
Sie, von erhabener Kunst und ernstem Style beseelet,
Sollten nächst dem Altar glänzen in besserem Licht.
Jene sitzenden Klötze, des Ungeschmackes Symbole,
Weichen und zum Ersatz strahlen ein Engelgebild.

Dieses zu hören ergötzt, und Phöbus erfüllet die Brust mir,
Ungelehrig nicht mehr ist ihm des Hörenden Geist.

Nun berühr' ich die Gräber des Bruderpaars fürstlicher Priester,
Werke von Umfang groß, größer noch beide durch Kunst.

Rings umher Tapeten nach Rubens, im phrygischen Kunstwerk,
Denen einst frevelnde Hand diebisch die Decke geraubt.

50. Hoc ornasse procum tunc munere Furstenbergum
Priscorum fama est, amphitheatra patrum.

Progredimur grandemque stupentes pneumatis arcam
Sistimus in medio, quo data porta, sinu.
52. Heic locus est, ubi Musa sagax iam lumine verso
Respicit immensum non satiata chorum.
Nunc immota tholo, nunc longas mensa columnas,
Nunc vitra patriciis sardonychata tropis,
54. Subtusque extensos pilarum vimine xystos
Aut chlamydatam auro ruminat effigiem.
Saepius elato se laxans pectore clamor
Alta nimis nostro nunciat ingenio.
56. Saepe greges, qui sacra vagi mysteria mandunt,
Rident attoniti pendula spectra viri. —
Panditur hinc mutilis, velut anxia sylva columnis
Vasta, inculta, silens et trabe tecta domus.
58. Nunc ego adhuc, pictas nuper feliciter aras
Congeriem pulcri suppeditasse putans,
Caeruleos thronulos sinuatos marmore fusco
Et glaucoma novi buccino vestibuli.
60. At cito barbarica formarum, pugna colorum
Obiicitur, quando Musa reflectit opus.
Heic male compositi notat aenea viscera scamni
Ornamenta suis ambitiosa locis,
62. Heic imperfecto, quos luscus verna stupescat,
Centones trunco adfigere, disco nefas. —
Sic ego submissis perlinior auribus Arcas;
Et piget ingenium prostituisse meum.

64. Luxuries decorum, vulgaribus apta sacristis
Prosa! flagellato sis mihi cauta malo.

Erigor, encaustis ut sensim accedo fenestris,
Admonitus, prisca quis sit in arte valor.
66. Protinus et largae nostra in praeconia Musae
Quantum aiunt, vestri non sapuere patres! —
Primaeva hoc templum gothicae miracula formae
Exhibuit, multis post imitata modis.

Fürstenberg, so ist der Ruf, als Werber von Insel und Kurhut,
Weih'te das selt'ne Geschenk hier dem Gestühle zur Zier.

Weiter schreiten wir vor, bestaunend die mächtige Orgel,
Stehen dort, wo in der Mitt' uns sich eröffnet das Thor.

Hier ist die Stätte, wo jetzt, sich wendend, die denkende Muse
Das unermeßliche Chor noch ungesättigt beschaut.
Bald das Gewölbe vergleicht mit der Säulen Länge, beweglos,
Bald das gemalte Glas, strahlend Patricierprunk,
Tiefer die Bühnen, geschmückt mit Säulengeflechten, und wieder
Goldgeblümten Rocks, schauet der Heiligen Bild.
Da befrei't die gehobene Brust oft ein staunender Seufzer,
Meinem Geiste zu hoch kündet das Ganze sich an.
Oft auch geschieht's, daß hier der lippenwegende Haufe
Lacht des staunenden Mannes, ob er Gespenster da späh'.
Weiter schauert uns an ein Wald von Säulen, verstümmelt,
Oede, schweigend und leer, bretterbedeckt ist der Dom.
Und nun wähnt' ich, die jüngst noch glücklich gemalten Altäre
Hätten dem schaurigen Ort größere Schönheit verschafft.
Blaue Thrönlein, geschweift, mit dunklem Marmorgeziere,
Und der Anstrich — als neu, rühm' ich die Vorhalle jetzt.
Aber zu bald nur wird der Farben Gemisch und der Formen
Barbarei mir gerügt, richtet die Muse das Werk.
Uebelverbunden, so rügt sie, erscheinen hier eherne Säulchen,
Zierden der schöneren Bank, würdig des beffern Orts.
Hier der formlosen Masse, so lern' ich (nur Einfalt bewundr' es),
Fügen ein edleres Stück, table des schönen Geschmack.
Und so wandre ich, verstummt und hängend den Kopf, durch die Hallen,
Schamroth, daß ich vielleicht eigenen Kunstsinn verhöhnt. —

O Ueberfüllung des Prunks, gemeineren Küstern gefallend,
Sei gemieden von mir mehr als der Geißelung Schmerz! —

Doch, ich erhebe mich bald, den bemalten Fenstern mich nähernd,
Längst erinnert des Werths dieser veralteten Kunst.
Und es preisen die Schauer die vaterländischen Musen,
Sagend: „Welch höherer Sinn hat einst die Väter beseelt! —
Dieser Tempel — er war das Urbild der gothischen Bauart;
Zeigte Wunder, die oft ihm nachgebildet die Kunst.

68. Heic schola multigenis quondam celeberrima palmis
    Floruit et reliquis prima Minerva plagis.
    Quique Argentinae posuit fastigia turris
    Hulsius, est vestri gemma superba soli.
70. Pictorum omne genus mirandusque artis honore
    Encaustes quantis vivit imaginibus!

Haec, quae nescimus, peregrino discimus ore:
    Quum propriae famae nemo magister erat. —

72. At nunc succensent laesis, plorantque relictis,
    Quae reparare pio fas fuit aere, vitris.
    Quis, repetunt, stupor ille fuit, propiore boatu
    Qui male diffractis haec tulit astra fibris? —
74. Dispereant, quae sacra manus ea pignora laedunt!
    Subveniat laxo prompta medela malo!
    Interim in obversas comites traduco columnas;
    Forte vacat charites nunc reperire novas.
76. Mox formidatum quondam pueris Nicolaum
    Monstro et apostolici prisca lavacra pedis.
    Tandem ut Christophorum paranymphi more repictum
    Conspiciunt: fusus fauce cachinnus abit.
78. O! clamant, longi speculum inviolabile saecli,
    Sacrato populis lemmate note Senex!
    Sicine decrepita puerascis imagine, vanis
    Nunc oculis tricolor morio, larva, iocus! —

80. Ergo iterum nunc praeco, meos defendo penates,
    Adplausum turbae, iudiciumque senum,
    Et benefactores et religionis amorem
    Obgero, quidve valet purificare scopum.
82. Sed bilem doctis moveo: res plena pericli!
    Nescio, quae rerum iam documenta citant.
    Archontum est, aiunt, Musarum iura tueri,
    Et genti par esto artis et urbis honor.
84. Cui licet aere suo pictis haec templa Dyotis
    Obtegere et statuis inglomerare nuces?
    Qui benefactor enim nolit clam dona medendis
    Vulneribus laesae contribuisse domus:

Hier war die Schule, die einst durch Menge der Preise berühmte,
Hier war Minervens Sitz, rings umher Alles noch Nacht.
Selbst der Kühne, der dort auf Straßburg's Münster die Spitze
Setzte, Hüls auch war Ubiens edelste Zier.
Und die Maler, von jeglicher Art, und die Maler auf Glase,
Siehe die Wunder der Kunst, lebend im hohen Gebild!"

Dieses wußten wir nicht; ich erfuhr's aus der Fremdlinge Munde,
Unseres eigenen Ruhmes Lehrer, sie fehlten bisher.

Fremde zürnen des Schadens, und weinen, daß den verlaß'nen
Scheiben gespendetes Gold nicht zur Erhaltung gedient.
„Welche Thorheit," so klagen sie laut, „daß ein näherer Donner
Dieser Reste der Kunst Fasergewebe zerbrach!
Dorre die Frevelhand, die die heiligen Pfänder verletzet,
Steur' ein helfender Arm dieser Vernichtigungssucht!"
Unterdessen begleit' ich die Schauer zum südlichen Säulgang,
Ob nicht erspähe der Blick dort ungesehenen Reiz.
Weise dann hin auf der Knaben vormaliges Schreckbild, den Niklas,
Weise zum Fußwaschen dort ihnen das alte Geräth.
Sehen sie endlich, als Bräut'gam den großen Christoph geschmückt,
Neugemalt, dann füllt lautes Gelächter den Mund.
„O der Jahrhunderte, Du unantastbarer Spiegel", so schrei'n sie,
„Längst den Völkern, o Greis, heiligen Namens bekannt,
Wird dein alterndes Bild so wieder zum Knaben, und eitlem
Aug' eine Fratz' und ein Hohn, gar ein dreifarbiger Geck?" —

Drum versuch ich nochmals die Rettung meiner Penaten,
Rühmend den Beifall des Volks, rühmend der Aeltesten Schluß,
Und zur Religion die fromme Liebe der Geber,
Alles erwiedernd, was nur günstig entschuldigt den Zweck.
Doch die Sach' ist gefährlich! Gelehrten rüttl' ich die Galle;
Weiß es der Himmel, was all' sie dem entgegnen mit Grund.
Sache der Obrigkeit ist's, zu schützen die Rechte der Musen,
Heilig sei dem Volk Vaterland, Tempel und Kunst!
Darf für eigenes Gold des Tempels Hallen mit Krüglein
Einer bemalen? — Wer darf Nüsse aufhangen als Schmuck? —
Und die Geber — und wenn sie auch nicht, den Schaden zu heilen,
Gerne spenden geheim, für das verstümmelte Haus;

86. Publica num desunt vobis monumenta, sacellis
 Aut Regum tumulo congrua, sive choro?
 O altare vetus, vicini gloria templi,
 Iam stares fixo dubita gemma loco!...
88. At quantum pietas genio non fulta decori
 Est ad inattentas prodiga quisquilias!
 Sic humero intorto, dum proxima limina cernunt,
 Advertunt, uncto iam Cicerone gradum....

90. Haec non una meos exercet scena labores;
 Et nescit solidas reddere lingua strophas,
 En venerande Pater! quae nostri muneris ansa et
 Quam critica officii est philosophia mei! —

92. Templorum haec Regina manus illapsa potentum est,
 Qui genus et tyrium diripuere iubar.
 Ipsaque sperato iam templa sororia casu,
 Rumor ait lucris invigilasse suis.
94. Sed praevisa Tibi atque alto inviolata pudore,
 Respirat Sponsi nobilitate sui.
 Nec sinet Ubiadum probitas tantum Orbis et Urbis
 Propudio Patriae disperiisse decus!

96. Multa igitur terris rogitans et ab aethere multa,
 Gaudet, quod gemini sis Patriarcha fori.

 O! cui de meliore luto praecordia Titan
 Finxit et eloquii blanda Camoena favos,
98. Qui sensum Pulcri sacra in moderamina confers,
 Heic rarum Tonsis posthabitumque decus.
 Tu reddes cultum sponsae Cleroque favorem,
 Ritibus ornatum conciliiisque fidem.
100. At custodis eges non una cote politi;
 Et me crede virum thematis esse tui!

Fehlen euch etwa dann hier Denkmäler der Kunst, die Kapellen,
  Oder der Könige Grab, oder zu schmücken das Chor?
Billig, ehrwürd'ger Altar, du Ruhm des benachbarten Tempels,
  Billig ziertest du längst hier einen bleibenden Ort —
Aber die Frömmigkeit ist nur selten vertraut mit des Schönen
  Heiligem Genius, ist öfters verschwendrisch für Tand!
Und so kehren sie um: Zur nahegeschauten Thüre
  Wenden sie plötzlich den Schritt, salbend dem Führer die Hand.

Eine der Scenen ist dies, die manchen Tag mich beschäftigt,
  Oefters stottert mir dann auch die verlegene Zung':
Doch, Ehrwürd'ger, es ist ein Hauptverdienst meines Amtes,
  Sieh', welche Philosophie, welche Kritik das erheischt!

In der Mächtigen Hand ist diese Fürstin der Tempel
  Heimgefallen. Geschlecht, Purpur entzogen sie ihr.
Ja, so sagt ein Gerücht, es haben die städtischen Schwestern
  Schlau des Verfalles geharrt, selbst sich getäuscht mit Gewinn.
Doch, zur Braut Dir bestimmt, ergreift sie nun heil'ger Begeist'rung
  Hohes Gefühl; und entzückt athmet sie wieder durch Dich!
Und es wird nie die Großmuth des ubischen Volkes zur eig'nen
  Schande lassen die Zier rauben der Stadt und der Welt!

Nein! den Segen der Erde erflehend und günstige Lüfte,
  Freuet sich Ubien Dein, doppelten Stuhls Patriarch. *)

O Du, dem von besserem Thon Prometheus das Herz schuf,
  Durch die Camöne belehrt, lieblicher Rede geschickt;
Du der des Schönen Sinn mit der heiligen Pflege vereinest,
  (Seltene Zierde, verschmäht hier der Geschorenen Schaar!)
Ehre wirst Du der Braut, und Gunst erwerben dem Clerus,
  Bringen Gebräuchen den Glanz, Glauben der Lehre zurück.
Doch, Dir gebührt auch ein mehr als dreimal geschliffener Küster,
  Glaube drum, ich sei der Mann, der Dir zu dienen versteht.

---

*) Ueberall Sprecher und Freund.

Notae et Animadversiones.

Distichon.

1—2. J. M. Du-Montius Agrippinas, olim Doctor et Prof. publ. utriusque juris clarissimus, Canonicus et Decanus ad SS. Apostolos, Canon. ad aureos Martyres et S. Cuniberti, in curam Parochiae summi templi (S. Petri) repetitis expletis votis multis vocatus, sedem ab obitu Marxii longo mensium tractu vacantem, nuper occupavit. Quod Deus bene vertat. *Nota vatis autograph.*

Ita transiliens colles, nunc Mons in vertice montium: Consectarium allegoricum Alphonsi Fumisugae, Baccalaurei Bibl. formati.

2. Evidenter hujus Hexametri phrases Aedituus noster in magno libro chorali ex antiphona ad Magnificat de communi Doctorum clepsit.

Pancratius Vrtica.

4. E latebris Pauli, id est: Ex Sacristano humiles parochiae S. Pauli evectus sum iu dignitatem Custodis nov-antiquae Metropolitanae.

Nota vatis autogr.

18. Grande tabernaclum: Stetit ad cornu Evangelii, ibique ad medium arcus maioris apicem fastigio pertigit haec stupenda, templo coaeva, moles, subtilissimum totius artis, quam in hoc aedificio divinus operis magister explicuit, atque architecturae gothicae compendium, quod nuspiam simile sibi aut secundum habuit. Sed proh dolor! judicio paucorum, sanis absentibus, augurum ut decreta novi operis victima, uno die, uno velut inscitiae tumultuantis ictu mactata, diffracta, deiecta, contumulata disparuit. Ingemuerunt pretiosis ruderibus ingenui quicunque spectatores; inflevit, repetita obtestatione frustratus, artis et antiqui Pulcri aestumator Quentelius Canon.; excanduit tum temporis inscripta delicto epigraphe, quae luce digna foret; inardescit adhuc perpetuo perditi desiderio posteritas.

Nota Polycarpi Flapp, Ludimag.

27. Archiepiscopi Electores Colon. Bavara Domo nati circa III Magorum sacrarium sepulti, ipsis sacrarii parietibus marmoreis eorum epitaphia monstrantibus. — Mariae Mediceae Reginae Franc. inter Ubios velut in exilio demortuae, intestina ante Mausolaeum RR. condita sunt.

E. Schedis S. Custodiae.

30. et seq. Scite, nec absque popularis Pulcri sensu, describit iam aedituus noster finitam, anno 1770, moderni luxus gratia, summi chori et altaris metamorphosin. Stabat qui nimo heic ab aevo suo consummatissimum antiqui moris opus, templi genio congruum, metamorphosi non indigens, simplex, elevata, solitaria pro sacrificii dignitate mensa, basi

nigra, sed imaginum sacrarum anaglyptis, candidissimi marmoris circumquaque ornata. Huic substratum, uti sola vix quarta parte se iam prodit, illud admirandum 16 pedibus longum; fere 9 latum nigerrimi speculi marmor videbatur, cui tabulae nullibi parem, et sequioris mensurae vix alteram Linnichii in oppido quondam iuliacensi invenies. Erat vero ara nostra in pontificalem ritum dicata, quaquaversum patens aditu; ante Presbyteris Canonicis, retro uni Archiepiscopo aut Papae, versus populum sacrificanti concessa, candelabris gemini usus, medium occupantibus. Post se inter extremas sub tholo columnas, pontificale solium exhibebat; parietibus sanctuarii, hinc stupendo tabernaculo, inde celebrantium Canonicorum tergemino sedili occupatis; caeterum solis angularibus quatuor pilis aeneis, genios ceriferos portantibus, circumdabatur. Sed istam Pulcri simplicis, quam CONRADUS auctor animo volverat, ideam dein translata huc S. Martyris Engelberti tumba et ligneo throno coronata, occuluit, flavisque tandem retro cortinis penitus immersit, impedito in columnarum bases et in III Magorum Mausolaea prospectu — ipsa scenae illius postremae figura multis nostrum adhuc inhaerente, qui isto ex aevo supersumus. Donec novissima metamorphosi hic undulantis architecturae partus, obliterata quavis antiqui moris facie, ardentem recenti rerum splendore cupidinem contentam redderet.

Interim ut suo quisquis abundat sensu, nihil heic quod viventes oderint, sed quod posteri in antiquo Pulcro servando caverint, Urania locuta est. Animadversio IANI DE PARNASSO.

34. PEGMA, Gallis: Bufet. Nobis heic: die Bank för zo stiffeln: id est cunei vel gradationes, in quibus altarium ornamenta exponuntur.

HEINR. KÜLSCH.

38. SEPTEM BASIBUS. hoc est: columnis bellulis canaliculatis parii marmoris, epistyliis, limbis, radiis auratis. — Summatim novo altari non inelegans thema datum fuit: Sapientia aedificavit sibi domum, excidit columnas septem etc. quae a tergo data marmori inscriptio legitur. Sed tota illa, ut eo regnabat aevo, Gallici luxus opella, praeter laudatas columnas parum sapidi, parum Graeci aut Romani habet genii. Neque adeo inscriptioni literam Romanam neque margini huius quadratam sine ridiculo linearum tortu normam convenire noverunt male scioli, ipsisque graduum marmor eorum, incurvationibus ita abundavere, ut a simplici venerandaque totius templi maiestate toto coelo desciverint. Et hanc scilicet in pulcro discordiam Musa nescit ignoscere.

IANUS DE PARNASSO.

46. IMPOSTUSQUE GLOBUS: Designat sediles effigies ligneas Deiparae et

Dist.

S. Petri utrimque sub alata iuxta aram basi, quae forma parioris architecturae soloecismus est, collocatas. Earum nempe gratia alterae insignes marmoreae Patronorum statuae sanctuario eiectae sunt. Sed dicta ratione antiquos in honores remitti possent, id quod et D. aedituus noster calculo subscribit suo.

Pancratius Vrtica.

48. Grandia: Gemina epitaphia Fratrum S. R. I. Comitum Adolphi et Antonii de Schauenburg, Archiepp. Elect. in cathedra sibi subsequentium, quae marmoris candidi figuris, icunculis, bellis frondium ornamentis anaglyphis ipsaque hac operis idea et mole superba sunt.

Nota vatis autogr. ex admiratoribus peregrinis excepta.

53. Nunc vitra patricius etc. Superiores in ambitu chori fenestras: perlucidis figuris musivas et sardonychatas adpellare licet. Vocabulum *sardonychatus* Martialis habet; hoc loco faventissimi usus est: quum scuta donatorum colorata probe designet. Adparent vero his in vitris, quis unquam dixit? etiam signa patricia famil. agrippin. de duro pugno, Superborum, Sapientium etc. (der Hartſauſt, der Oberſtolzen, der Wiſen) qui, qua origine, qua eventuum adfinitate inter aestuantes tum temporis cum Archiepiscopis pugnas, huc se liberales et honorati ingesserint, Oedipo divinandum damus: nisi pietas rem in se totam suscipiat — Sed malim in aliud punctum patrios observatores intentos reddere: nimirum, quod Encaustice (sive vitra, ignis adminiculo pingendi inventio) saeculo XII. exeunte adhuc in rudimentis haeserit. Et quod huius artis progressus maxime, illum architecturae stylum suscitaverit, quem hucusque, quanquam satis ambigue, gothicum adpellamus: quum germanum aut septentrionalem aut latius XIII. Saeculi aut aevi medii stylum salutare iustius foret, cuius utique Metropolitana nostra primum expeditissimum, castissimis proportionibus absolutum, iam ab origine sui ordinis prodigium est. Dignoscitur vero huius styli character columnis longioribus, scapo passim gracili coacervato, arcuum iugis ephippiatis, fenestris exaltatis continuis, spatia intercolumnaria, in tholi cameras usque, complentibus, dein facili atque audacissima nonnumquam fornicum altitudine radiis postremis in tholi nodo strictim coeuntibus, tandem rostris, tabernaculis, apicibus, ornamentis floreis, molem quaquaversum circumdantibus. Per quinque vero anteriora huic stylo et quod excedit, saecula, adultius architecturae genus viguit, charactere singulari, qui, si in praefato Gothici nomen admitteremus, Antigothicus ista ratione diceretur. Tunc enim columnis passim solitariis, graecum fontem mentientibus, et columellis per ambitum elatum passim transeuntibus, arcuum iugis adhuc semicircularibus, fenestellis dis-

persis, contractis, ab origine claris etc. laboratum fuit. Huius adultioris styli exempla iam adhuc in antiquissima templi Capitolini parte, in san-Martiniano, Gereonitico, Apostolino etc. ac in variis, usque in cunas Saeculi XIII exstructis heic civium aedibus, quas vulgus male Templariorum fuisse domos autumat, observamus. Nec id praetereundum summi chori Metrop. spectatoribus, fenestras miro fibrarum et coarctato flexu, ac ipsa vitri natura, iam ab anno 1320 (quo primum iste chorus coepit iubilare sonorus) contra tempestatum et grandinum impetus perdurasse. Caeterum nusquam terrarum gothicae ita dictao architeturae seria maiestas admiratorem adeo percellit, et, si structura ad turres usque continuata foret id magis ageret, ac in templo hoc nostro, cui tum nil simile nil secundum foret . . . Inculcandum proin civibus, et maxime iuventuti patriae, huius templi pretium, ut discant nosse, discant aestimare, discant animo, votis et ope servare tot admiratoribus celebratum suae vrbis prodigium, cui nihil maius unquam meliusve dabit ars posteris, quamvis redeant in aurum tempora priscum.   IANUS DE PARNASSO.

57. PANDITUR etc. Aedituus noster graphice describit, qua iam forma, portam chori egredientibus, inferius templi spatium adpareat. Moles imperfecta, truncata, asseribus intecta, nec nisi relicti vestibuli ratione consideranda, non peregrino colorum glaucomate, non ornamento perenni novi generis, fallenda, verum servato nativo antiquitatis honore affatim admirata. In quo, si dum anno 1731 soloecismus architectonicus patratus sit, quod constructae ampliori portae (cuius vice quondam duplex, intermedio unico altari patebat introitus) novis haec moris forma, aedificii genio prorsus abludens data fuerit, altaribus quasi romanis muro utrimque impictis: nos illius soloecismi notam primorum auctorum culpae dudum consepultam sponte renovato variegatius errore, nostro saeculo, nostro ingenio turpius ipsimet imponimus.
           ANIMADVERSIO OBSCURORUM VIRORUM.

72. Inter saeculi XV et XVI vices eum apicem ars nostra encaustica, eam facilitatem adtigerat, eam tum in colorum varietate tum in formis pulcritudinem, ut non solum templorum, sed adeo ambituum claustralium fonestrae splendidissimis huiusmodi ornamentis distingnerentur. Hic progressus, hic flos artis in causis erat, cur eo aevo senatus Canon. Metropolit. eo convenerit consilio, ut ad ostendenda in templo quoque suo ampliatae Encausticae prodigia, inferiorem partem ambitus extremi septentrionalis absidibus elatis, fornicibus clausis, elevando novarum fenestrarum cyclo aptaverit.

Heic igitur Archiepiscopo pro una, Magistratu Agripp. pro altera

Dict.

integra fenestra sumptus praebente, dein Canonicorum societatibus et Nobilium familiis, quarum heic signa micant, in reliquas dispendia curantibus, ea ibidem artis prodigia cumulata sunt, quae hucusque ab omnibus demirata, iam postremis adpropinquant fatis et mox, quod Superi boni avertant! in ruinas casura ac post tot alias in mercimoniam et longinquas terras abitura, nobis tantae iacturae sensu raro adfectis, longam artis et patriae superbiam sibi consepellent.

ALPHONSUS FUMISUGA.

87. O ALTARE VETUS. Altare immensi laboris, olim summum in templo vicino B. Mariae ad gradus, figurarum scenis distributis et toreumatibus insigniter auratis. Opus gothicum ornando templo Metropol. congener, dudum iam vero eruditae curiositati seclusum, dudum heic desideratum sui styli prodigium; uti duo ibidem altera altaria, SS. Angelorum et Stephani, statuis artem et animam spirantibus et sanae structurae exemplo celebrata etiam translatu dignissima summi templi ornatus forent. *Nota vatis autogr.*

7.

In BRUCHII natales.

Colon. Agrippinae CIƆ.IƆCCCX.

Bruchi flexanimae nepos Minervae
Lucinarius ut mihi reliquit
Absenti catus ille barbitonsor
Me noni, quod inis, ad astra lustri
Convivam rogitas, recensque plena
Obstrictum Tibi pelle symbolizas,
Ne desim lepidi choro diei.

●

Heus! nilne ingenuo times pudori,
Me cuicumque favo venire fucum,
Me cuivis epulo dari colacem?

··

Sed per iura sacrae Tibi suadae
Expugnas animum, vetus repulsam;
Vis laetum, facilemque, vis amicum.

Ergo, macte pudor! repinge frontem
Et mecum patrii comes decoris,

Festos quaere libens Lares vocantis!
Iustum est obsequium laborioso.

En adsum sociis, amice Bruchi!
Nec lautis deero chori tropaeis,
Quantumvis modo τρεχεδειπνος adsim.

Quantum heic est hominum venustiorum!
Quam splendent paterae, strepitque bullis
Vulcani in thalamum coacta Nais,
Nais lactivago vehenda lembo
Hospes ventriculis dicata festis!

En hiscit foliis novata theca;
Fumum ut nicotiae librent avenae!
Heic unctae Cereris strues vacillat;
Heic circum nitidi sinum catini
Sudat Westphalicae toreuma pernae.
Hinc bellaria circulant patellis;
Tostae cidaris hinc imago, carptim
Offert ambrosiam gulis medullam.
Hem! quis dentibus est labor, saporum
Quae certamina! quanta mons dictis!

Ut sensim sociae iocis camoenae
Figunt mollibus hesperum susurris,
Mox fracto salit inquietus hamo
Campana Bromius furens lagena,
Inspumatque scyphos. Bibuntur anni!
Erecto pede tinniuntur anni
Felices, hilares et auspicati!
Qui festi Dominum beent domumque,
Qui vitae superent iter peractae!

In noctem vegeti potant sodales,
Et sensim in strepitus fluunt petulcos.

Tunc demum Aeacides et Hector alter
Veloci iaculo tremendus; hasta
Longa setigera superbus alter,

Torva se adsiliens uterque larva,
Secreto dominas foco reclusas
(Bruchi tota dies id usque graeca est)
Horrendum exagitant, Laresque turbant.

Nunc salvans Helenam suam, stipatus
Bina luce, domum Paris reducit.
(Fratrum sidere candidam putasses)
Et grex, qua data porta, migret omnis
Diversasque petit satur latebras . . .

O factum bene, quod sequax adessem,
Quo nostri mediter typum diei! —
Aeternum sacer esto sic amicis
Natalis Tuus, o beate Bruchi!

8.

JO. BAPTISTA LUGINO e vivis ante Diem sublato scholarium sacrum lacrumae et in parcas dirae.

O, quae cuncta tuo recondis orco
Non contenta datis per arma praedis,
Longas perque luces, geluque durum,
Per flammas, rapidosve ubique fluctus,
Per quidquid reliquum est ferociarum!
Audes implacidi ministra fati
Atrox funebrium Trias sororum,
Falcem in pierias levare mentes
Et sacram tumulo arrogare laurum!
Socors, quod patriis perit camoenis,
Tantundem genio abstrahi nepotum:
Quum sacris pedetentim adesa damnis
Cana haec Romuleae propago gentis
Tantum non habeat, quod usque perdat.

Lapsum vix medio per astra cursu
Fratrem populeae velut sorores;

Sic iam florilegae gemunt camoenae
Fraternum subito perisse sidus!
En! plangunt charites, silent lepores
Et noster chorus Elegantiarum;
LUGINUM patriae decus palaestrae.
LUGINUM patrii cygnum vireti,
LUGINI genium gemunt ademptum
Direptumque sui sophum decoris.

Ah! infesta trias! lues, quod ausa es!
Ut primum aethereas inibit arces;
Sed qua porta negat subire bilem,
Mens haec sacra diis, at aegra curis,
In vos omne prius librabit oestrum!
Oestrum quo caluit sacer poeta;
Oestrum, quo cecinit, quod ausit aetas;
Oestrum, quo domuit malos poetas.
Iam, quos orcus alit polusque, cunctos
Cunctorumque bonos temporum poetas
Omnes, quos didicit puer magistros,
Omnes, quos coluit senex patronos,
Plautos, Vergilios, Terentiosque,
Flaccos, Ausonios, Propertiosque,
Tristes Cornelios, leves Catullos,
Crassos Archilochos, graves Homeros
Et Metastasios et Ariostos,
Dantes, Miltonios, pios Racinos,
Baldes, Santolios, Maseniumque
Nostrum, cum Sociis strigum flagellis,
Utzos, Denisios, Wielandiosque,
Schillerum et similis lyrae cometas
Viventumque novam brevi catervam
In vestram, Furiae! ciet ruinam.
Has dudum cupidus videre mentes,
Praesens aethereis renatus alis,
Alter Bellerophon, premet chimaeram,
Tollens cum socio tubam *Catullo:*
„*Sic vobis male sit malae tenebrae,*
„*Quae vos omnia bella devoratis!!*"
Iam diris elegis sacrisque iambis

Rumpent fila columque forficemque
Ne plus funebrium metus sororum
Quaesitos patriae necet poetas.

Felix sorte tua datusque coelo
Hanc Tu si patriae dabis salutem:
Tunc LUGINE tuis litamus umbris!
Tunc LUGINE tuum nitescet astrum
Illustres patriae creans poëtas
Hoc in Gymnasio ciens poetas
Urbis qui renovant in orbe famam.

In optimi Praeceptoris memoriam
Sub ipsis Ss. inferiarum eius
In templo academico solemnibus
Obtulit
Eiusd. Gymnasii classis Rhetorica
Coloniae Agripp. IV. id. mart. CIƆ.IƆCCCXIV.

Inschriften und Grabschriften.

1.

Tituli et Inscriptiones ad funus eminentissimi et celsissimi principis

D. MAXIMILIANI FRIDERICI,

Archiepiscopi electoris Col. S. R. I. per Italiam archicancellarii, S. S. leg. nati ep. pr. Monasteriens. Vestphaliae et Angriae ducis etc., e gente comitum Koenigsegg-Rothenfels

In templo Metrop. Col. Agripp. Ubior. IIX. et VII. Kal. Iun.

(L). I.). CCLXXXIIII.

Quis desiderio sit pudor aut modus
tam cari capitis? ⁂

A porta exteriori.

CIVIS. HOSPESQUE
SISTITO
SPECTA. ET. INDVLGE. DOLORI.
FVNERI
PRINCIPIS. OPTVMI
MAXIMILIANI. FRIDRICI. PII. FEL. P. P.
COL. VBIOR. ET. MONAST. VESTPHAL.
SACRORUM. ANTISTITIS. MAXVMI
IMPERII. ROM. VIII. VIRI. ELECTORIS
IN. HOC. PATRIAE. TEMPLO.
SOLLEMNES. INFERIAS. D. D.
L. M.
TV. QVOQVE. PIIS. MANIBVS. BENE. PRECARE.

A Columnis.

I.

CINERES
D. ALBERTIADIS. KOENIGSEGGII. ROTHENF. COMITIS
CLARISSIMORVM. SVEV. GENTIS. AVORVM. HAERED.
QVEM. VNVM. QVOD. CONSTAT. ELECT. EPP. NOSTRORVM
SINGVLARI. NVMINIS. PROVIDENTIA
HAEC. METROPOLIS. PATRIAE. GENVIT
ET. INTER
VTRAMQVE. POTENTISSIMARVM. DOMORVM. SOBOLEM
DVOS. IMPP. CAESARVM. AVGG. FRATRES
MEDIVM. REGNANTEM. VIDIT
HOS. IAM. CINERES
CVM. LACRVMIS. LVCTVQVE. POPVLI. HVC. REPORTATOS
TV. MATERNA. TELLVS. EXCIPE
ET. IN. BEATAM. ANASTASIN. CONSERVA.

II.

MAXIMILIANVS. FRIDERICVS
A. cIɔ. Iɔ. CCLXI. IIX. IDVVM. APRIL.
EX. HOC. INLVSTRISSIMO. COLLEGIO
ANNO. SEQVVTO. A. MONASTERIENSI. VESTPHALIAE
IN. CATHEDRAM. SACRI. PRINCIPATVS
CONCORDIBVS. SVFFRAGIIS. EVECTVS
MOX. VRBEM. AGRIPPINENS.
SACRIFICIO. PRECATIONIBVSQVE. INTER. VOTA. PVBLICA
SVSCEPTIS. SOLLEMNITER. INVISIT
INDICTO. cIɔ. Iɔ. cc. LXIIII. S. IMPERII. CONVENTV
IOSEPHVM. II. ROM. AVGVSTVM. INAVGVRAVIT
CONTINVATIS. FAVSTIS. AVSPICIIS
PATRIAM. RELLIGIONE. PACE. IVRIBVS. CAERIMONIIS
COMMODIS. SARTIS. TECTIS. RESTITVTIS. AMPLIAVIT

NVNC. RELIQVIT. BEATIOREM
cIɔ. Iɔ. cc. LXXXIIII. XVII. KAL. MAII
QVVM. VIXISSET. ANN. LXXV. MENS. XI. DIES. II.

III.

EVERGETAE. SERVATORI. P.
QVOD. INSTINCTV. DIVINITATIS. MENTIS. MAGNITVDINE
IN. METV. ARCTISSIMORVM. TEMPORVM. ANNONA. COEMPTA
POPVLO. PROVIDIT. FRVMENTO. LOCIS. OPPORTVNIS
CONSTITVTO. INDVLGENTIA. VECTIGALIVM
ERECTO. FVNDATOQVE. PTOCHODOCHEO. PAVPERIEM
ET. OTIVM. SVSTVLIT. INSIGNI. MVNIFICENTIA
NEC. CVM. DATORE. EMORTVA. VT. CVI. NVLLVM
GRATAE. POSTERITATIS. OFFICIVM. EXAEQVANDAE
PAR. SIET.

IV.

ANNVENTE. HILARITATE. TEMPORVM
HONESTARVM. ARTIVM. STVDIA. DELICIASQVE
COLVIT. TE. PROMOVIT. POLITIORES. LITTERAS
IN. HANC. RHENI. PLAGAM. INTRODVXIT. NOVAM
ACADEMIAM. PATRIAM. ET. INSTRVCTISSIMAM
. BIBLIOTHECAM. ET. QVOS. NATVRA. PARENS
THESAVROS. OFFERT. LOCVPLETE. COPIA. CONGESTOS
VTILITATI. VOLVPTATIQVE. PVBLICAE. RESERAVIT
DIGNVS. QVI. OB. TANTA. MERITA
MONIMENTVM. PVBL.
AETERNITATI. SVI. NOMINIS. CONSECRATVM
V. S. P. V. V.

V.

DILECTISSIMO. PRINCIPI
CVIVS. INVICTA. VIRTVS
A. SOLA. MANSVETVDINE. SVPERATA. EST
QVI. ID. VNVM. CVRAE. SIBI. HABVIT.
SATIS. VT. CVIQVE. FACERET
HVMANITATE. HOSPITALITATE. SVBSIDIIS
IN. CHARITATEM. PATRIAE
LONGINQVOS. VICINOSQVE. TRAXIT
OMNIVM. CORDA. TENVIT
RELICTO. IN. AEVVM. PERPETVVM
TANTI. BONI. DESIDERIO.

VI.

QVOD. SVMMVM. FECIT
FELICISSIMVS. SENEX
QVODQVE. CERTISSIMAE. DIVINITATIS. FIDES. EST
PROLEM. IMMORTALIS. THERESIAE
ADOPTAVIT. SIBI. SVCCESSOREM
QVID. MAIVS. MELIVSVE. DONASSET
CLAMAT. GENIVS. DIVI
RESVRGE. PATRIA
AD. ORIENTEM. PERPETVAE. FELICITATIS.

VII.

HAVE. AETERNVMQVE. VALE
QVI
SAECVLI. QVOD. EVROPAE
MAXVMOS. IMPERANTES. EXHIBVIT
IN. NOBIS. FELICITATEM. CONSVMMASTI

PRINCIPVM. NESTOR
NVNC
VBI. TE. PATRES
TE. DIVEI. ANTECESSORES. EXSPECTANT
REQVIEM. OPTVMORVM. MERITORVM CAPE.

VIII.

DVLCISSIMAM. ANIMAM
EXVVIIS. MORTALIBVS. EXVTAM
TV. DEVS. OPT. MAX.
ET. MAGNA. MATER. SALVTIFERA
ET. VOS. IN. QVORVM. TVTELA. FVIT
DIVEI. FELICESQVE. GENII
IN. BEATAS. SEDES. RECIPITE
VT. PATRIAE. TVTELARIBVS. ADAVCTA
NVNC. IN. SALVTEM. MAXIMIL. FRANCISCI
POPVLORVMQVE. SVORVM
NVMEN. VESTRVM. PROPICIVM
FAXSIT.

2.

Inschriften zur Feier der Wahl des Dompropstes Fr. W. v. Oettingen, 1786.

QVOD. FELIX. FAVSTVMQE. SIET.
CONSILIO. PATRVM. ECCLESIAE. METROPOLEOS. VBIORVM
ELECTO. IN. PRAEPOSITVM. INLVSTRISSIMI. S. SENATVS
OETTINGENSIVM. BALDRIAE. LYCVRGO
QVI
VRBIS. NOSTRAE. IAM. DIV. DECVS. ET. DELICIVM
SVPERIS. DEORVM. GRATVS. ET. IMIS
IIIS. IDIBVS. FEBRVARII. CIƆ. IƆ. CCLXXXVI.
VOTORVM. SVORVM. CORONAM. EXCIPIT
SOLLEMNITER

VIDES. QVANTVM. TE. DIVEI. AMANT. COLONIA
QVOD. QVI. IN. MAX. FRANCISCO. TIBI. AVGVSTVM. DEDERE
NVNC. IN. AVGVSTI. MAECENATE
FRANCISCO. GVILLELMO
CONFIRMATAE. SALVTIS
PORTENDANT. AVGVRIVM.

FRANCISCVS. GVILLELMVS. METROPOL. ELECT. COLON.
ECCL. SVMMVS. PRAEPOTISVS. ET. CVSTODIAE. S.
THESAVRI. PRAEFECT. S. R. I. COMES. OETTINGANVS.
IN. FAMIL. BALDR. ET. SOET. REGNANS.
ANTIQVAM. VILLAM. DOMINICALEM. QVVM. AN.
CIƆ. IƆ. CCLXXXIIII. GLACIALES. FLVCTVS. HACVSQVE.
TRANSVERSVM. RHENVS. PROVOLVERET. IN. RVINAS.
DISIECTAM. EX. IMO. SITV. VBI. IAM. HORTVS. EST.
HVNC. IN. COLLEM. TRANSTVLIT. ET. AMPLIOREM. OPERE.
CVLTVQVE. MELIOREM. RESTITVI. F. SIBI. SVISQVE. IN.
PRAEFECTVRA. SACRAE. CVSTODIAE. SVCCESSORIBVS.
HEIC. SVBVRBANVM. SECESSVM. AN. CIƆ. IƆ. CCLXXXVI.
DIVEI. IN. VESTRA. TVTELA. LOCVS. ESTO.

3.

Inschriften bei der Todtenfeier für Kaiser Leopold II., in der Rathhaus-Capelle zu Köln, 1792.

QVIETI AETERNAE
LEOPOLDI II. IMP.
PII. FEL. AVG.
PACIFICI.

S. P. Q. A.
IN. COMMVNI. POPVLORVM. LVCTV

INFERIAS. VOTA. SVPPLICATIONES
SPE. GERMANIAE. SVB. AVRORAM. EXTINCTA.
CIƆ. IƆ. CCLXXXII.

IOS. II. AVG.
REVERSO. IN. LVCEM. GENIO
T. B. S.

FRATERNVM. SIDVS.
M. THERES. AVG.
MATER CAESARVM HAVE.
SOBOLEM. COMPLEXA. REVISAM.

4.

Inschriften am Rathhause zu Düsseldorf bei dem Einzug Ihrer Herzoglichen Durchlauchten Wilhelm und Marianne von Baiern, den 26. Juli 1804.

DELICIIS. NOSTRIS.
GVILLELMO. ET. MARIANNAE.
NATISQVE. EORVM.
QVOD. BEATVM. IVCVNDVMQVE. SIET.

QVID. VIRTVS.
QVID. AMOR. POPVLI.
ET. SAPIENTIA. POSSIT.
VTILE. PROPONVNT. NOBIS. EXEMPLAR.

ELISAE. AMAL.
SIVE. TV. PRODIS. ERYCINA. RIDENS.
QVAM. IOCVS. CIRCVMVOLAT. ET. CVPIDO.

PIO. AVG.
SIVE. MVTATA. IVVENEM. FIGVRA.
ALES. IN. TERRIS. IMITATVS. ALMAE.
FILIVS. MAIAE.

MAX. DIESPITER.
MAXIMILIANO. IOS. PATRI. P. OPT. FEL.
QVOD. BLANDISSIMA. PROVIDENTIA. VOS. PRINCIPES.
CARISSIMOS. HVIC. POPVLO. SVO. CVSTODES. PRAESIDIVM.
DECVS. BONI. IVSTIQVE. VINDICES DEDERIT.
S. P. Q. DVSSELANVS.

IAMQVE. DIEM.
QVO. PRIMVM. GVILLELME. TE. SOLEMNITER. PRAESENTEM.
QVO. TE. AVSPICE. MARIANNAE. DVLCE. NOMEN. FESTIS.
HONORAT. CIVITAS. ADPLAVSIBVS. VOBIS. ET. SIBI.
TAM. FORTVNATVM. REDIRE. SAEPIVS.
A. SVPERIS. PATRIAE. TVTELARIBVS. EFFLAGITAT.

TV. SPEM. REDVCIS. MENTIBVS. ANXIIS.
INSIGNE. MOESTAE. PRAESDIVM. REI.
ET. CONSVLENTI... CVRIAE.

5.

Inschriften beim Einzug Ihrer Kaiserlichen Majestäten Napoleon und Josephine in die Stadt Köln, den 14. September 1804.

I.

CAESARVM. Hoc. in. loco. vestigia. calcas
NAPOLEON
Heic. Divus. IVLIVS. conivnctis. primo. svblicio. ponte. litoribvs

Heic. MARC. AGRIPPA. Avgvsti. Patris. nvtv. metatis. castris
Vterqve. icto. cum. Vbiis foedere
Eorvm. civitati. Gallicis. moribvs. dvdvm. adsvefactae
Mercatorvm. adflvxv. freqventata. locvm. designavit
Vt. arcerent. vt. non. cvstodirentvr

Hanc. vrbem. sibi. natalem. AGRIPPINA. Avg.
Vt. Gloriam. Pop. Rom. et. vim. svam. sociis. qvoqve
Et. vicinis. nationibvs. ostenderet
Velvt. almae. vrbis. imaginem. in. aidvs. Rom. litoris. evexit
Eqvitvm. et. Veteranorvm. Colonia
Templis. Capitolio, gymnasiis, praetoriis, theatris, portv
Aoternoqve. svi. nominis. honore. insignivit.

II.

Heic. svbinde. lecti. Caesares
Heic. optimi. praesentes. visi. heic. incolae
Civitatem. Agrippinensem. de. imperio. semper. bene. meritam
Ivrivs. svffragiis. dignationibvs. monvmentis
Matrem. Finivm
Optatam. transrhenanis. gentibus
Immo. invidendam. reddidervnt. opvlentia. avctvque.

Hoc. ipso. vestigio. ad. limitis. ornatvm
CONSTANTINVS. Max.
Avgvstalem. svi. pontis. molem. Flvmini. imposvit
Portvm. classivm. statione. instrvxit

IVLIANVS AVG.
Vrbem. amplissimi. nominis. imperio. servatam
His. quod. ivste. credimvs. propvgnacvlis
In litoris Metropolim mvnitissimam constitvit.

III.

Heic vbi. adstas. IMPERATOR
Cessit. Francia. Romana. virtvs
Heic. Francici. Nominis. cis Rhenvm. cvnas. agnosce
Nec. id. iam. sine. divinis. tvae. dominationis
Tvi. nobis. tam. beati. adventvs. avspiciis. evenisse. scimvs

Heic. demvm. CHLODOVEL heic. AVSTRASIAE. Reges
Heic. CAROLVS. ille. MAX. Diveique. post. ipsum. Impp.
Vrbem. Palatinam. Aram. Sacrorvm
Mvsarvm. antiqvam. Sedem
Portvm. deniqve. et. emporivm. omnivm. gentivm
Qvavis. facvltatvm. et. legvm. Indvlgentia
Sacram. sartam. pvblicam
Et. finitimis. popvlis. liberam. atqve. desiderabilem. civitatem
Esse. volverunt

IV.

Idcirco. qvi. omnivm. Te in Vno. CAESARVM
Trivmphos. et. Fortvnam. consvmmas
NAPOLEON
Inter. restitvta. Francorvm. Imperio. Provinciarvm. ornamenta
Hanc. Vrbivm. Rheni. mercvrialivm. hactenvs. Principem
Dvdvm. iactatam. ab. Aemvlis
Novissimis. cladibvs. velvt. sibi. ignotam
Atqve. in. tanta. emporii. opportvnitate.
Limitvm. fato. relictam. spretam. coarctatam
Ne. tum. augvsto. fretv. libertas. et. felicitas. divisa. compareant
Concessis. conlatis. vndiqve. vti. fas. vt. sitvs. ivbent
Subsidiis. commodis. institutis. ornamentis
In. primaevi. sideris. dignitatem
CAESARVM. opvs. restavra.

6.

Auf das Grab Kaiser Karl's des Großen.

CAROLI. MAGNI. P. F. AVG.
AB. AN. ꟾↃ. CCCIIII.
HIC. LOCVS. QVONDAM. RELIQVIAS. CLAVSIT
QVAS. PER. FRID. I. IMP. ELEVATAS
NVNC. FVNDATORI. SVO. DEVOTA
CIVIVM. AQVISGR. COLIT. RELIGIO

IPSA. HAC. VRBE. ANTIQVI. REGNI. SEDE
IN. GALLORVM. POTESTATEM. REVOLVTA
GVBERNANTE. PIO. VII. SVPREMO. PONT.
NAPOLEONE. M. FEL· AVG.
IN. GALLIIS. IMPERIVM. RENOVANTE
CAMBACERES. ET. LEBRVN. COSS
AL. E. MECHIN. PROV. PRAEFECTO

M. ANTONIVS. BERDOLET. I. AQVISGR. EPISC.
HOC. NOVVM. SEPVLCRO. MARMOR. IMPOS.
SACRVM. LOCO
ET. TANTORVM. EVENTVVM. AEVO
MONVMENTVM

A. R S. CIↃ. IↃ. CCCIIII.   A. REP. COND. XII.

7.

Brauweiler.

Brunovillare. quondam. coenobium
ad. purgandam. a. mendicitatis. licentia
Roeranam. Praefecturam
egenis. asylum. derelictis,
vagis. nocituris. custodiam,
fieri. voluit

humanitatis. ex. omni. parte. vindex
Providentia. Napoleonis. Augusti
operas. curante
J. C. F. Ladoucette. Praef.
MDCCCX.

8.

Auf die Rückkehr der Reliquien der heiligen drei Könige.

Optimvm. aeternvm. ter. Sanctvm. nvmen.
Hvnc. tibi. diem. votis. supplicationibvsqve. sacrvm. solennem. facimvs.
Qvod. Sss. Magorvm. lipsanis.
Longa. saecvlorvm. religione. hac. in. vrbe. hoc. in. templo. servatis.
Exorta. hev. qvam. vidimvs. eventvvm. tempestate.
Novenni. foris. refvgio. latentibvs.
Iam. fundata. pace. publ. in. hvnc. perpetvae. qvietis. locvm.
Receptis. pignoribvs. carissimis.
Antiqvvm. patriae. praesidivm. pietati. solativm.
Desideriis. restitvas. thesavrvm.
Qvem. siqvid. svmmis. intercessoribvs. indvlgeas.
Nvlla. plvs. aetas. loco. dimoveat.

Sss. Magorvm. corpora.
Helenae. Aug. imperio. in. orientis. regionibvs. feliciter.
Conqvisita. in. vrbe. F. Constantini. primvm. deposita.
Eustorgivs. in. sacram. Insvbrivm. sedem. transtulit.

Expvgnato. per. Fredericvm. I. imp. Mediolano.
Reinaldvs. Vbiorvm. antistes. caesaris. amicvs. obtinvit.
In. hac. nostra. metropoli. cum. pompa. condidit.
CIƆ. C. LXIIII.
Salvtifero. perpetvae. qvietis. avspicio.
Celebrato per. orbem. vniversvm. monvmento.

Si. neglecta. liminis. hvivs. reverentia. si. tanti.
patrocinii. spreta. fides. in. cavsa. est. si. nostrvm. crimen. est.
Sanctissimi. indigetes. qvod. ex. hac. vrbe. quam. olim. praesidio. et.
fama. servastis. ossa. vestra. svblata. lvximvs.

pro. votis. pro. gavdiis. qvibvs. recepti. thesavri.
Celebramvs. trivmphvm. faxit. pietas. veniam. delicto.
Atqve. hic. locvs. qvo. vos. recondimvs.
Hic. renascens. tvtelae. vestrae. cvltvs.
Deinceps. aeternvs. nobis. sanctvs. et. sacer. esto.

9.

Aufschrift am Eingang des allgemeinen Friedhofes zu Köln. 1809.

Fvneribvs. Agrippinensivm.
Sacer. locvs.
Transi. non. sine. votis. mox. noster!
Havo. in. beativs. aevvm. seposta. seges!

10.

Auf das Grab des Bischofs Berdolet.

Cineres.
Marci. Antonii. Berdoleti.
Dioecesis. Aqvensis. Protoepiscopi.
hic. tenet. locvs.
qvem
Virtvtvm. eivs. testis.
Carolvs. Ladovcettvs.
Provinciae. rvranae. Praefectvs.
honesto. marmore. clavsit.
manesqve. ob. insontes.
pvblicae. commendat. pietati.
vixit. ann. LXX. in. cathedr. VI.
decessit. CIƆ. IƆ. CCCX.
in. pace.

11.

In honorem domvs divinae et in memoriam PETRI ANTE.

Paroeciae. nost. cvi. plus. ann. xxv. praefuit
Qvaqvc. post. temporvm. vices. ex. abolito
D. Martini. min. fano. in. hoc. antiqvissimae
Originis. suae. tcmplvm. Christi. et. B. M. V.
Olim. capitolinvm. cvm. ipso. restitvta. est
Religionis. ardore. crvditionis. amplitvdine
Verbi. divini. animarvmqve. regendarvm
Officio. larga. in. adflictos. volvntate
Pvbl. privatisqve. meritis
Pastoris. integerrimi
Hoc. votis. mvltis
Optatvm. defvncto. monvmentvm
Gregis. svi. pietas. pos.
Servet. in exemplvm. posteritas
Vixit. ann. LXV. M. II
Decessit. Kalend. Mart. CIƆ. IƆ. CCCX.
In. pace.

12.

Auf Joseph Hofmann's Grab.

Nimm nicht hinweg mir den Sohn von Köln, eh' noch ein Zweiter Ihm gleiche,
Sprach die Kunst zur Natur. Aber Ihn nahm die Natur,
Hob Ihn zum Reiche des Lichts, wo Dürer und Rubens Ihn küßten,
Jener, deß Fleiß Er geerbt, dieser, deß Geist Ihn genährt.

13.

Dem König Friedrich Wilhelm III.

Colonia. Clavd. Avg. Agrippinensivm
Ab. antiqva. rhenanae. metropoleos. origine

Iovia. Minervia. Neptvnia. Mercvrialis
FRIDERICI. GVILLELMI
Borvssorvm. Regis. gloriosissimi. Patris. Patriae
Datis. receptis
Per. diem. avspicati. heic. terrarvm. imperii
Sponsionibvs. innixa
Nomini. maiestatiqve. eivs
Pia. fidelis. aeterna
Filio. in. thronvm. svccessoro. designato
Divi. parentis. festa. natalitia
Inter. continvata. pvbl. laetitiae. ivbila
Nobiscvm. celebrante.

14.

Inschriften am Katafalk in der Domkirche bei den Exequien für den Pastor DuMont. 4. und 5. Dec. 1818.

Indvlge. spectator. lacrvmis
Nam. tota. domvs. lvctvs. est
Fvneri
I. MICHAELIS. DUMONTII
Paroeciae. nostrae. Rectoris. opt
Solemnibvs. parentamvs. inferiis
Admitte. bonorvm. largitor. devs
Qvas. offert. hostias. vota. preces
Tanti. qvem. concesseras. viri. memor
Pietas. paroecianorvm.

Perdidimvs. Episcopvm. animarvm. MICHAELEM
Vivvm
Sobrivm. prvdentem. ornatvm
Pvdicvm. hospitalem
Doctorem

Amplectentem. evm. qvi. secvndvm. doctrinam est
Fidelem. sermonem
Cvi. qvando. dabit. aetas. parem.

Sic. abis
Noster. in. terris. MICHAEL
Consvmmasti. cvrsvm
Explesti. meritis. vitam
Dedisti. patriae
Novam. virtvtis. famam
Exemplvm. posteritati
Fvlget. ex. alto. meritorvm. corona
Have. vale.

Register.

A.

Aachen, S. 141, 180.
Achen, Joh. v., 318, 364.
Achterstraße, 122.
Ad aureos Martyres, 48.
Adolph, Erzb., 115.
Advocatus, Vogt, 79.
Aemilier, 7.
Agrippa, Marc. Vips., 4, 5, 26, 31 ff., 63.
Agrippina, 5, 6, 68.
   Feste zur Ehre derselben.
Agrippinenser, 6, 17.
Airsbach, 84.
Albertus Magnus, 142, 158.
Albenbrück, 9.
Alemannen, 49.
Akademie zu Bonn, 259.
Altenmarkt, s. Märkte.
Alterthümer, 207.
Amburbalien, 132.
Amphitheater, 6.
Andreaskirche, Stift, 80.
Anno 47, 77.

Antiquum Summum, 142.
Apologie, 118.
Aposteln, St., 7, 87, 88, 89, 97.
Aquilinus, 71, 73.
Are (ara Ubiorum), 24, 30 ff., 64.
Are, auf der, 22, 29.
Augustus, 4, 32, 35.
Austrasien, 42.

B.

Bachpforte, s. Thore.
Ballhausen = Belgica pagus, 142.
Bellanger, 291.
Benes- (Benesis) -Pfuhl, 85.
Berry, Herzog v., 293.
Bevölkerung der Stadt, 232.
Beyen, 23, 125, 126, 128.
Bibliothek, 178.
Bonn, Hof zu, 259, Universität, 260.
— 141, gegen Köln, 171, 188, 262 ff.
Brandschatzungen, 180, 182, 262.
Braun, 364, 375.
Breite Straße, 69.

27

Brigiden, 59, 194, 103.
Brölmann, 15, 29, 39.
Bruch, C. G., 379.
Brücke, 33, 35.
Bruno, Erzb., 47, 56, 58, 59, 63, 94, 100, 297.
Bücher, 149 ff., 247.
Buonarotti, 366.
Burg, alte, 16, 66.
Burggraf, 104.
Burghof, 11.
Burgmauer, 75.
Burgstraße, 70, 77, 123.

C.

Cäsar, 3, 26, 33, 36, 40.
Capitolium, 10.
Caseusgasse, 169.
Centralschule, 263.
Chlodwig, 42.
Chrysostomos, 350.
Clasen, 107.
Clemens August, 190.
Clemens Joseph, 233.
Coemeterium der Römer, 74.
Columbakirche, 88.
Conrad von Hochsteden, Erzb., 121, 144, 149.
Constantin, Brücke, 34, 37, 42, 56, 142.
Corporationen, geistliche, 273.
Crombach, 29.
Cunibert, 54.
Cunrich, 114.

D.

Dagobert, 54.
Denis, St., Abtei, 293.
Deutscher Orden, 271.

Deutz, 25, 46, 52, 140.
Diedenhofen, 114.
Dierlo, 114.
Dilles, 96.
Dolce, Carlo, 373.
Dom, 142, 277.
Dombild, 295 ff.
Dreikönigenkasten, 327.
Drucke, alte, 201.
Drucker, 255.
Duns Scotus, 243.

E.

Ehrenpforte, 12, 85.
Eick, van, 323.
Eigelstein, 80.
Eigelsteinspforte, 80.
Engelbert der Heilige, 112, 120.
Engelbert von Falkenburg, 125, 129.
Eumenius, 38, 41, 45 ff., 56.

F.

Falkenburg, Dietrich Graf von (siehe Engelbert).
Flügelgerichte, 79.
Franken, 42.
Frankenthurm, 91.
Französische Exactionen, 265.
Friedrich I., Kaiser, 62, 98, 109.
Friedrich I., Erzb., 86.
Fuchs, Max, 297, 325.

G.

Gamandri epistola, 378.
Gau, 284 ff.
Geistlichkeit, 241.
Gelborp, 318, 329.
Gellert, 371.

Georgstift, 55, 82.
Gereonsbriesch, 76.
Gereonskirche, Stift, 70, theb. Legion, 304.
Gerichtsbezirke, 79.
Gottfried von St. Pantaleon, 111.
Griechenmarkt, 83.
Gülich, statt Jülich zu lesen, 233.

H.

Hagen, Gottfr., 126.
Handel, 184, 266, 268.
Handschriften, 199 ff.
Hansebund, 211.
Haquenay, v., 169.
Hardenrath, v., 164.
Hardy, 319, 358, 370 ff.
Hausgenossen, 105.
Heerwege, 69.
Helena, 43.
Heinrich II., Erzb., 155.
Heister, 284.
Heribert, Erzb., 87, 108, 132.
Heumarkt, 95 ff.
Hildebald oder Hildebold, Erzb., 143, 239.
Hillesheim, 44.
Hittorf, 289 ff.
Hochpforte, 10, 84, 114.
Hoffmann, 284.
Hogarth, 360.
Hüls, Johann, Baumeister, 152.
Hülsmann, 364, 375.
Hüpsch, v., 29, 208.
Hunnen, 53.

J.

Jahreswechsel, 111.
Jakobspfarre, 82.
Jerrig, 318.
Jesuiten-Collegium, 70, 199.
Jesuiten, Musik-Anstalt bei denselben, 165.
Inselmarkt, f. Rheininsel.
Johanns-Pfarre, Kirche, 20.
Johanns-Pforte, 84, 99, 112.
Ippenwald, 73, 80.
Juden, 296.
Julian (gen. der Apostat), 49, 52, 87.
Jungenforst, 114.

K.

Kalen-, Kalten- oder Kaltenhäuserpforte, 74.
Kalf, 323.
Kamp, 284.
Kapitel, Domkapitel, 270.
Karl der Große, 55, 143.
Karl der Kühne, 116.
Katharinenkirche, 84, 120.
Köln. — Gründung der Stadt. Erhabene Lage derselben. Ursprünglicher Umfang. Befestigung durch Julian. Mauern. Thore. Vergrößerungen. Vorstädte. Flächeninhalt. Ursachen der engen Bebauung der Straßen u. s. w. 1 ff.
Kornpforte, 93, 97.
Krahe, 375.
Kranenbäumen, 74, 75.
Kreuzbrüderkirche, 166.
Künstler, 253.
Kunst, 282.
Kunstgegenstände, 195.
Kupfergasse, Musik-Anstalt in dortiger Kirche, 166.
Kupferstiche, 204.

L.

Laokoon, 332.
Laroche, v., 371.
Laus-, sage Lohmarkt, 95.
Lavater, 371.
Lenen- oder Leuenpforte, 86.
Limpat, 17, 88.
Lung-Gaffe, 13.
Lupus-Pfarre, 89, 92, 93.
Lyskirchen (Lysolphskirche), 48, 55, 81.

M.

Malergilde, 319.
Malsbüchel, 104.
Maria-Ablaß, 80.
Maria am Ufer, f. Lyskirchen.
Mariengrabenberg, vormal. Burg, 20.
Mariengrabenkirche (Maria zur Stiege), 90, 97.
Märkte, 30 ff., 89, 95.
Martins-Abtei (Groß St. Martin), 15, 18, 95.
Martins-Pfarrkirche (Klein St. Martin).
Martins-Gebuirhaus, 105.
Marspforte, 8, 19, 95, 97.
Matern, der Heilige, 23, 77, 81.
Mathilde, 61.
Mauer, alte, 12.
Mauern um Köln, die ältesten, 7.
Mauritius-Pfuhl, 110.
Mauritz-Kirche, 110.
Max Friedrich, Kurfürst, 259, 373.
Max Heinrich, Kurfürst, 169.
Mengs, 360.
Menn, 366.
Merowäus, 42.
Mesqueba's Bilder, 30.

Morhof, 76, 80.
Moriner, 138.
Musik-Anstalten bei den Kirchen, 68 ff.
Mylius, 11.

N.

National-Versammlung, franz., 171.
Nedelstaul (Nächelstaul), 17.
Neuenar, 7.
Neuß, 232.
— Kirche zu, 339 ff.
Niderich (Niederreich), 76, 108.
Normannen, 58.
Nothhausen, 22, 78, 82.

O.

Oelmalerei, 325.
Oversburg (Oursburg, Ousburg), 93, 98.

P.

Pallast, 11, 104.
Pantaleon, 120.
Paphenpforte, 11, 71.
Paulus-Pfarre, 80.
Perlengraben, 83.
Petitot, 373.
Petrus' Kreuzigung, Gemälde von Rubens, 327.
Peter von Mailand, 336.
Pfarrgemeinden, 78, 81 ff., 272.
Philipp von Heinsberg, Erzb., 62, 98, 106, 109, 113, 119, 149.
Piligrim, 110.
Platea Jovis, 11.
Plectrubis, 18, 281.
Porta Agrippinae, 8.
— Aquilina (Eigelsteinspforte), 8.

Porta Clericorum, 10.
— Flamines, 10.
— Herae (Ehrenpforte), 2.
— Jani, 10.
— Jovis (f. Hochpforte), 12.
— Martis (f. Marspforte), 12.
— Paphia (f. Paphenpforte), 12.
Pottgießer, 365.
Prätorium, 19.

R.

Rath der Stadt, alter, 172.
Reinald, Erzb., 98, 99.
Reinhardt, Val., 37, 85.
Remagen, 141.
Requisitionen, 217.
Rhein, sein Lauf in der Vorzeit, 15 ff.
Rheininsel, vor Köln, 21, 89.
— ehemaliger Umfang der, 24 ff.
— ihre Benutzung unter den Ubiern und Römern, 18 ff.
Rhein-Universität, 217.
Rile, 125, 128, 130.
Rintenpfuhl, 85.
Römermauer, 108.
Rubens, 178, 186, 197, 327, 363.
Rupert, Abt, 45, 46.

S.

Salvian, 53.
Sandrart, 360.
Saphirthurm, 93.
Schauberg, Dorothea, 366.
Schildergasse, 319.
Schlegel, Friedr., 296—298.
Schneider, Eulogius, 261.
Schroot, 366.
Schulden, städtische, 215, 220.

Securis ad radicem, 118.
Servatius, St., 80.
Severins-Kirche und Stift, 49, 67, 114, 120.
Severinsstraße, 122.
Seyen, Sion, 114, 121.
Siegen, 365.
Siegfried v. Westerburg, Erzb., 154.
Stifte, kölnische, 223, 276 ff.
Stiftungen, 250, 280.
Stolzen, Jesuit, 203.
Sueven, 140.
Suger, Abt, 152.

T.

Tempelhaus, 104.
Theophania, 59.
Thore der Stadt, 11 ff., 31, 116 ff., 130.
Thürmchen, 129.
Thürme, 50, 52.
Tiberius, 35.
Tintoretto, 337.
Titian, 336, 337.
Trantgasse, 189.
Tuits, f. Deutz.

U.

Ubier, 2, 6, 27, 33, 140.
Ueberschwemmung, im J. 1784, 174.
Ufer, am, 20.
Ulregasse und -Pforte, 123.
Universität, zu Köln, 259.
Ursula-Gesellschaft, 71.
Ursulen-Acker, 72.

V.

Venetianische Malerschule, 336.
Verluste durch die Franzosen, 187, 267.

Veronese, Paul, 337.
Vinci, da, 366.
Vitellius, 8.
Vorgebirg, das sogenannte, —.
Vorzimmer, 104.
Vorschüsse an die Franzosen von 1756, 174.
Vorstädte, 69, 83, 124.

W.

Wallbefestigungen, 87, 102.
Warinus, Erzb., 59, 89.

Wehrt, 50, 66.
Weyer, Dorf, Kloster, 115.
Wichbold, v. Holte, Erzb., 154.
Wichfried, 82.
Wilhelm, Maler, 323.
Willibert, 46, 143.
Windelmann, 860.
Würfelpforte, 75, 80.

Z.

Zeughaus, 178, 209.
Zülpich (Tolbiacum), 142.

www.ingramcontent.com/pod-product-compliance
Lightning Source LLC
Chambersburg PA
CBHW022109300426
44117CB00007B/646